守住幸福

婚恋与传承守护指南

广州市律师协会　编

中国法制出版社
CHINA LEGAL PUBLISHING HOUSE

图书在版编目（CIP）数据

守住幸福：婚恋与传承守护指南／广州市律师协会编．—北京：中国法制出版社，2023．4
ISBN 978-7-5216-3267-5

Ⅰ．①守…　Ⅱ．①广…　Ⅲ．①婚姻法-中国-问题解答②继承法-中国-问题解答　Ⅳ．①D923．05

中国国家版本馆CIP数据核字（2023）第028735号

策划编辑　戴　蕊　　　　责任编辑　李宏伟

守住幸福：婚恋与传承守护指南

SHOUZHU XINGFU：HUNLIAN YU CHUANCHENG SHOUHU ZHINAN

编者/广州市律师协会
经销/新华书店
印刷/三河市国英印务有限公司
开本/710毫米×1000毫米　16开　　　　印张/26　字数/334千
版次/2023年4月第1版　　　　2023年4月第1次印刷

中国法制出版社出版
书号 ISBN 978-7-5216-3267-5　　　　定价：88．00元

北京市西城区西便门西里甲16号西便门办公区
邮政编码：100053　　　　传真：010-63141600
网址：http：//www.zgfzs.com　　　　**编辑部电话：010-63141804**
市场营销部电话：010-63141612　　　　**印务部电话：010-63141606**

（如有印装质量问题，请与本社印务部联系。）

本书编委会

主　编

吴杰臻　李小非

副主编

张文婕　乔长龄　朱又又

黄晓颖　苏海花　陈　红

孙艳丽　易美玲　曾炜斌

成　员

（排名不分先后）

刘　纯　关　莹　朱少婕　陈丽华　徐颖斯

何丽国　冯志玲　黎桂花　杨满玉　林　萱

杨　娟　孙槐玉　孔健颖　李秋云　徐瑛瑛

李实忠　吴　英　李　苑　文花艳　张　舒

杨　珊　范春燕　张少星　柳嘉利　江　毅

叶红梅　谢　扬　郑嘉文　刘　华　黄梦燕

王潇潇　李　平　张子玉　张　坤　罗　毅

梁智超　陈　欢　梁颖珍　任　隽

序

广州家事律师早在2000年就开始专业化了，并且于2006年成立了婚姻家事专业委员会。在这20多年里，我们感受很深的是，随着居民财富的积累以及法律越来越复杂，人们逐渐开始关注、学习如何保护婚姻中的财产以及在生前着手传承计划。

这也给婚姻家庭生活带来了一些挑战。以前的婚姻家庭生活，大多靠的是传统观念和道德，人们很少谈及财产。然而，法律往往反常识。如果双方白头偕老，自然没问题。一旦发生婚变，往往就叫天不应、叫地不灵。客户总说："哎呀，我早点知道这些就好了！"因此，这些年我们在村居、社区、妇联、各单位及网上科普婚姻、继承法律知识，希望人们更加重视事前的预防，让婚姻家庭生活更加安全、稳定、美好。然而，当一部分人开始关注法律时，另一部分人却还依赖传统观念和常识。双方一旦尝试建立关系，就会发生诸多观念的冲突。要消除这些冲突，就需要更高的法律普及率。

我们在编写这本书时，希望写得更加全面、更加有针对性。因此，我们的内容有以下特点：

第一，涵盖了"婚姻家庭编"和"继承编"，以满足更多读者的需求。

第二，在体系上，我们通过问答的形式解决读者的痛点。尽管在多年的普法后，很多读者对婚姻法律有了总体的认知，但落实到具体问题时，依然不太自信。而我们这本书挑选了婚姻继承方面500多个常见的问题，直接给答案！没错，就是直接给答案。这简直是"法律小白"的福音。

第三，我们花了相当长的篇幅介绍"监护"的内容。目的是帮助人们更好地保护未成年子女，以及解决单身不婚人士日后的"监护、养老"需求。

第四，这本书一如既往地讲求通俗，并配上思维导图大礼包。

当你看完这本书后，愿你能遇见更好的你！

本书编委会

2023 年 5 月 12 日

目　录

上篇　婚姻家庭

第一章　搞懂结婚的门道

第二章 夫妻财产

第四章 反家庭暴力

第五章 离 婚

下篇 继 承

第一章 一般规定

第二章　法定继承

第三章 遗嘱继承

第四章 遗赠和遗赠扶养协议

第五章　遗产的处理、遗嘱执行人以及遗产管理人

上篇　婚姻家庭

第一章 搞懂结婚的门道

一、结婚的要件

1. 结婚需要什么条件？

（1）双方应当完全自愿。[①] 完全自愿，就意味着当事人没有受到胁迫，比如被拐卖的妇女结婚并非出于自愿，这种婚姻是可以撤销的。完全自愿，还意味着当事人具有民事行为能力，能够表达结婚的意愿。一般而言，双方达到法定的结婚年龄，属于有民事行为能力，但有严重的精神疾病而影响到行为能力的，则无法结婚。

（2）必须达到法定结婚年龄。男不得早于22周岁，女不得早于20周岁。

（3）必须符合一夫一妻。一夫一妻要求结婚的当事人必须单身无配偶，有配偶者不得与他人再登记结婚，否则构成重婚。[②]

（4）双方必须是一男一女的自然人。我们国家目前不认可同性婚姻。

（5）结婚的男女没有直系血亲或者三代以内的旁系血亲关系。

（6）要求结婚的男女双方应当亲自在婚姻登记机关办理结婚登记，符合法律认可的事实婚姻除外。

第一个至第五个条件，被称为“结婚的实质要件”，第六个条件，属于“结婚的形式要件”。我们特别强调这个概念，是因为后续的一些法律规定里偶尔会涉及“符合结婚的实质要件”的说法。若没有这方面的铺垫，会影响到读者的理解。

2. 只办婚礼未领结婚证算不算夫妻？

事实婚姻曾在我国存在。由于历史原因或者受传统习俗影响，有些人认为，只

---

① 《中华人民共和国民法典》（以下简称《民法典》）第一千零四十六条：结婚应当男女双方完全自愿，禁止任何一方对另一方加以强迫，禁止任何组织或者个人加以干涉。

② 《民法典》第一千零五十一条：有下列情形之一的，婚姻无效：（一）重婚；（二）有禁止结婚的亲属关系；（三）未到法定婚龄。

要举行了婚礼，亲朋好友认可，就是夫妻了，办不办结婚登记影响不大。但实际上，只举行了婚礼未领结婚证算不算夫妻是以时间为界的。1994 年 2 月 1 日之前，双方符合结婚实质要件的，按事实婚姻处理；1994 年 2 月 1 日之后，双方符合结婚实质要件，却未办理结婚登记的，只能按同居关系处理。①

怎么理解呢？我们举两个例子就会马上明白了。

张三（男）和李四（女），在 1993 年 10 月 1 日举行了婚礼，此时张三 23 周岁，李四 22 周岁。随后，他们就以夫妻名义一直共同生活，还生育了两个孩子。我们假设他们都满足前面所讲到的五个实质要件。那么，法律就认可他们是事实婚姻，具有夫妻关系。

如果 1993 年 10 月 1 日举行婚礼的时候，张三只有 21 周岁，李四只有 19 周岁呢？那么就要看他们在 1994 年 2 月 1 日之前是不是分别满 22 周岁和 20 周岁了。符合法定年龄了，则依然可以视为夫妻；如果还没满法定年龄，那就按同居关系处理。

按事实婚姻处理和按同居关系处理区别是很大的，尤其在财产方面。例如，女方一直做家庭主妇，男方一直在外工作，生活了十几年。万一闹“离婚了”，假如按同居关系处理，女方未必能分到一半的财产。同理，男方如果意外死亡，女方也无法继承男方的遗产。

那么，究竟有没有办法解决呢？我国的法律允许补办结婚登记。② 张三和李四补办了结婚登记后，他们的婚姻是从他们均满结婚年龄那天起算的，即符合结婚实质要件时。这样一来，这十几年积累的财产又可以按照夫妻共有财产处理了。

当然，当前很多需要结婚或近些年结婚的读者，根本不可能遇到事实婚姻。没有领取结婚证，就没有夫妻关系。结婚证的登记日期，才是夫妻关系开始的时间。理解这点很重要！因为，这是婚前财产和婚后财产的分水岭，也很大程度地影响财产的性质。比如，领了结婚证再收彩礼嫁妆，这些钱都是婚后收到的。若干年后，一般很难证明是彩礼和嫁妆，这些婚后收到的赠与，会默认为对双方的赠与，变成共同财产。

---

① 《最高人民法院关于适用〈中华人民共和国民法典〉婚姻家庭编的解释（一）》（以下简称《民法典婚姻家庭编的解释（一）》）第七条规定：“未依据民法典第一千零四十九条规定办理结婚登记而以夫妻名义共同生活的男女，提起诉讼要求离婚的，应当区别对待：（一）1994 年 2 月 1 日民政部《婚姻登记管理条例》公布实施以前，男女双方已经符合结婚实质要件的，按事实婚姻处理。（二）1994 年 2 月 1 日民政部《婚姻登记管理条例》公布实施以后，男女双方符合结婚实质要件的，人民法院应当告知其补办结婚登记。未补办结婚登记的，依据本解释第三条规定处理。”

② 《民法典婚姻家庭编的解释（一）》第六条：男女双方依据民法典第一千零四十九条规定补办结婚登记的，婚姻关系的效力从双方均符合民法典所规定的结婚的实质要件时起算。

二、结婚的程序

3. 可以在哪里的民政局办理登记结婚？

在民政局办理结婚登记，分两种情形①：

（1）内地居民之间登记结婚的，应到一方户口所在地的民政局登记结婚。既可以在男方户口所在地民政局登记结婚，也可以在女方户口所在地民政局登记结婚。

（2）内地居民与港澳台、华侨或外国人结婚的，只能在内地居民一方户口所在地的民政局登记结婚。

4. 办理结婚登记需要什么材料？

根据《婚姻登记条例》第五条的规定，内地居民、港澳台、华侨、外国人在中国境内登记结婚各需材料有所不同。

内地居民应当出具的证件和证明材料：（1）本人的户口簿、身份证；（2）本人无配偶以及与对方当事人没有直系血亲和三代以内旁系血亲关系的签字声明。

港澳台居民应当出具下列证件和证明材料：（1）本人的有效通行证、身份证；（2）经居住地公证机构公证的本人无配偶以及与对方当事人没有直系血亲和三代以内旁系血亲关系的声明。

华侨应当出具下列证件和证明材料：（1）本人的有效护照；（2）居住国公证机构或者有权机关出具的、经中华人民共和国驻该国使（领）馆认证的本人无配偶以及与对方当事人没有直系血亲和三代以内旁系血亲关系的证明，或者中华人民共和国驻该国使（领）馆出具的本人无配偶以及与对方当事人没有直系血亲和三代以内旁系血亲关系的证明。

外国人应当出具下列证件和证明材料：（1）本人的有效护照或者其他有效的国际旅行证件；（2）所在国公证机构或者有权机关出具的、经中华人民共和国驻该国使（领）馆认证或者该国驻华使（领）馆认证的本人无配偶的证明，或者所在国驻华使（领）馆出具的本人无配偶的证明。

---

①《婚姻登记条例》第四条：内地居民结婚，男女双方应当共同到一方当事人常住户口所在地的婚姻登记机关办理结婚登记。中国公民同外国人在中国内地结婚的，内地居民同香港居民、澳门居民、台湾居民、华侨在中国内地结婚的，男女双方应当共同到内地居民常住户口所在地的婚姻登记机关办理结婚登记。

5. 父母不同意子女结婚，把户口簿收起来了，怎么办理结婚证？

现实中，有些父母干涉子女的婚姻，把户口簿收起来了。要解决这个问题非常棘手。因为户口簿是结婚登记的必备资料，《婚姻登记条例》和《婚姻登记工作规范》要求的都是“户口簿”。如果窗口人员机械地按照规程办事，一定要求户口簿，从法律技术上说，自己恰好是户主，问题也就迎刃而解。作为户主，完全可以在公安机关挂失并补办新的户口簿。

笔者咨询过一些民政局的业务窗口，有的民政局可以接受公安机关开具的户籍证明。至于户籍证明上的内容要求，大家务必要问清楚民政局的业务窗口。某区民政局办事人员还特别强调，户籍证明的信息要和户口页的资料一样，而不是人口信息查询表，也不能是户籍档案资料。问题是，公安机关早有文件规定不再出具户籍证明。所以，问题就变得非常棘手，需要跟公安机关的业务窗口进行沟通。

结婚毕竟涉及两个家庭关系的处理。解铃还须系铃人，父母究竟为什么反对这段婚姻？他们作为婚姻的过来人，有一定的人生经验。子女不妨与其保持有效的沟通，让他们列出问题所在，然后理性地对待。经过理性和有效的沟通，相信大家能作出合理的选择和安排。

6. 办理结婚证，能不能委托他人代办？

人在国外，因故不能回国，问能不能委托他人代办离婚，这两年很常见，而问能不能委托他人办理结婚的却非常少。结婚这么大的事情，能不能委托他人去办理呢？

根据《婚姻登记条例》第四条的规定，结婚必须双方亲自办理，不能委托他人代办，其宗旨在于保障当事人系完全自愿结婚。

为什么一定要亲自办理呢？因为结婚是需要完全自愿的。如果可以委托别人办理，那么委托书该怎么做呢？怎么能保证委托书是真的？有人可能会问，那公证过的委托书，行不行呢？是真实的了吧，不会造假吧？没错，公证过的委托书是真的。但有时间去办公证，为什么不直接去民政局呢？这样不更麻烦吗？况且，感情不可能是一直不变的。办公证委托的时候想结婚，但当一方拿着另一方的委托书到民政局时，又如何证明这一刻另一方是想结婚的呢？唯一的办法，只能是双方当事人都到民政局表明其结婚意愿。

没有亲自到场办理结婚登记的婚姻，当事人是可以申请撤销登记的。因为这个登记不合法，违反登记程序。当然，民政局一般也不会凭委托书就给当事人办理结婚登记。

不过，当事人因为有隐情，弄虚作假，冒名顶替办理结婚的，就是另外一种意义上的“委托”了。比如，妹妹因未到法定婚龄，偷拿姐姐的身份证、户口簿去登记结婚。婚后，妹妹和丈夫以夫妻名义生活一起。此时，结婚证上的夫妻为姐姐和所谓的“妹夫”。显然，这种情况下姐姐可以起诉撤销结婚登记。

最后还有一种“委托”形式。本来是姐姐结婚，但没空去办理结婚，委托妹妹持姐姐的身份证与男方前往民政局办理结婚登记。结婚证登记的夫妻为男方和姐姐。事后，姐姐和男方公开举行婚礼，以夫妻身份共同生活，有使用结婚证办理买房、申报子女户口等行为，表明结婚是真实意愿，且符合结婚的实质要件。没有亲自前往民政局办理登记，并不属于婚姻无效的法定情形。因此，不能否定该婚姻关系的效力。①

尽管这不属于无效婚姻，但由于登记程序不合法，当事人可以通过行政复议或行政诉讼的方式提出撤销婚姻登记，但在实际情形下也可能会因为超过诉讼时效而无法撤销结婚证。

当然，即使被撤销结婚登记，双方依然可以去补办结婚登记，婚姻关系会追溯到其具备结婚实质要件的时候。也就是说，这类“委托”办理的瑕疵，是可以补救的。

因此，我们建议当事人应该严格按照婚姻登记程序，双方亲自到婚姻登记机关办理登记。

7. 人在海外，必须回国办理结婚证吗？

人在海外，不一定必须回国办理结婚证。当事人可以选择：

（1）在中国驻该国使领馆登记结婚。当然，在这里办理结婚登记，需要该国本身接受和承认。当事人可以先到有关使领馆咨询该项业务。

（2）在国外的婚姻登记机构办理结婚登记。每个国家办理登记结婚的手续和条件，可能会有所不同。按照该国的法律办理了结婚登记，再前往驻该国的使领馆办理公证认证。公证认证后的结婚证件，可以在中国境内使用，无须回国再办理结婚证。当然，公证认证也是有相应条件的，比如不违反我国法律的强制性规定及公共利益。

8. 与外国人结婚，能在国内办理登记吗？

《婚姻登记条例》第四条第二款规定：“中国公民同外国人在中国内地结婚的，

---

① 参见最高人民法院民事审判第一庭编：《民事审判实务问答》，法律出版社2021年版。

内地居民同香港居民、澳门居民、台湾居民、华侨在中国内地结婚的，男女双方应当共同到内地居民常住户口所在地的婚姻登记机关办理结婚登记。”

因此，与外国人结婚，可以在国内办理结婚登记。双方可以到内地居民户口所在地的民政局办理结婚登记。

9. 已经在国外结婚了，是否需要回国办理结婚证？

中国公民在国外，可能会和中国公民结婚，也有可能和外国公民结婚。有些当事人会咨询，在国外领的结婚证，回中国能不能用？要不要在民政局再办一次结婚登记？

这里面涉及两种情况，第一种是在中国驻国外的使领馆办理结婚登记。这严格上来说，不属于在国外结婚，因为使领馆在法律上属于我国领土。双方办理了结婚证后，可以直接回中国使用。

第二种是双方在国外的婚姻登记机关领取结婚证。这种结婚证是由国外的政府部门颁发的。要在中国使用，需要持该结婚证前往中国驻该国的使领馆办理认证和公证。该认证公证文件，可以在中国使用，证明双方有合法的夫妻关系，无须再回国办理结婚登记。[①]

10. 先后在国外和国内登记结婚，以哪个结婚时间为准？

有些人可能不知道大使馆的认证公证程序，在国外办理了结婚证后，又在中国国内办理了一个结婚证，于是他们手上就有了两个结婚证。

在离婚的时候，就会涉及婚姻关系从什么时候开始的问题。这个时间会关系到夫妻共同财产和债务的认定，具有重大意义。对于婚姻关系成立的时间，可以按照以下方法判断：

（1）以先登记的合法婚姻的时间为准。

比如，2007 年在法国办理结婚证，2010 年在中国办理结婚证。离婚的时候，只要在法国领取的结婚证经过中国使领馆认证、公证，即可证明该结婚证是真实、合法的，婚姻关系就要从 2007 年起算。

（2）先登记的婚姻不合法，则以后登记的为准。

每个国家要承认国外缔结婚姻时，都会考虑是否违反本国的公共利益或基本原则。一方面，结婚证在使领馆办理认证时，使领馆会做审查；另一方面，在法院审

① 参见《民政部办公厅关于对中国公民的境外结婚证件认证问题的复函》（厅办函〔1997〕63 号）。

理离婚案件时，也会有审查。如果先登记的婚姻违反我国公共利益或基本原则，那么我国法院在审理该离婚案时，会以后登记的婚姻时间为准。

三、“瑕疵”婚姻

11. 无效婚姻有哪些？

无效婚姻，是指当事人婚姻的成立，因违反结婚的实质要件而不具有合法婚姻的法律效力，无效的婚姻自始没有法律约束力，婚姻无效的，无过错方有权请求赔偿。《民法典》第一千零五十一条规定：“有下列情形之一的，婚姻无效：（一）重婚；（二）有禁止结婚的亲属关系；（三）未到法定婚龄。”

根据《民法典》总则编的规定，无效的婚姻应该还包括与无行为能力人办理的结婚登记。但由于无行为能力人在办理婚姻登记时，工作人员有相关的询问程序，一般可以识别出来。间歇性精神病患者，在办理婚姻登记时并未发病，应视为其办理婚姻登记时具有民事行为能力。

与无效婚姻类似的是可撤销的婚姻，最终的效果都是婚姻自始无效。但它们之间在实际运用中会产生许多不同的影响，尤其在分割财产和继承遗产等方面。我们会在接下来的问题中回答。

12. 可撤销的婚姻有哪些？

可撤销的婚姻，包括“受到胁迫而缔结的婚姻”和“婚前隐瞒重大疾病”两种情形。

（1）胁迫婚姻可以撤销。

根据《民法典》第一千零五十二条的规定，因胁迫结婚的，受胁迫的一方可以向人民法院请求撤销婚姻。请求撤销婚姻的，应当自胁迫行为终止之日起一年内提出。被非法限制人身自由的当事人请求撤销婚姻的，应当自恢复人身自由之日起一年内提出。

（2）隐瞒重大疾病的可撤销婚姻。

根据《民法典》第一千零五十三条的规定，一方患有重大疾病在结婚前没有如实告知的，另一方可以向人民法院请求撤销婚姻。被隐瞒方应当自知道或者应当知道撤销事由之日起一年内提出。究竟哪些才是婚前应当告知的重大疾病？

从结婚长期共同生活、相互扶持的目的看，“重大疾病”通常是指治疗费用巨大且在较长时间内严重影响患者正常工作和生活的疾病。[①] 我们可以参考以下方式确定：

（1）《母婴保健法》中认为暂时不适宜结婚的疾病，均属于婚前应当告知的重大疾病，包括：医学上认为不宜生育的严重遗传性疾病，需要医院出具的诊断证明。指定的传染病，例如艾滋病、淋病、梅毒及其他医学上认为影响结婚和生育的传染病。有关精神病主要是指精神分裂症、躁狂抑郁症和其他重型精神病和不能、不宜生育的精神病。[②]

（2）可参考中国银保监会、中国保险行业协会、中国医师协会发布的重大疾病范围。毕竟该类疾病客观上需要巨大的治疗费，也严重影响人的正常生活和工作。

（3）对于其他疾病，法院具有较大的自由裁量权，需要结合双方结婚时的年龄和家庭生活的实际情况来判定。

婚姻被撤销后和婚姻被宣告无效后，夫妻双方都自始没有婚姻关系。但有所不同的是，可撤销的婚姻的主动权在无过错方；无效的婚姻主动权并不在无过错方，不仅夫妻双方都可以申请宣告无效，利害关系人也可以申请。

比如，婚后发现对方有重大疾病，但被隐瞒的一方未必会申请撤销婚姻，因为可能还有很深的感情。如果隐瞒疾病的一方或其他人也有权申请撤销婚姻，那就对无过错的一方很不公平了。

又比如，双方结婚几年后，丈夫的收入较高，积累了比较多的夫妻财产，但很不幸地猝死了。经过尸检和调查，发现丈夫在以前就患有某个比较严重的疾病，且有以前的治疗记录。此时，如果其他继承人可以申请撤销婚姻，那么配偶就不再享有法定的继承权。

13. 一方婚前患有精神病，婚姻是否必然无效？

（1）《民法典》实施前，婚姻法规定的婚姻无效包含“婚前患有医学上认为不应当结婚的疾病，婚后尚未治愈的”的情形。

我国《母婴保健法》第九条及《母婴保健法实施办法》第十四条均将“发病期间的精神病”列为“暂缓结婚者”，原卫生部颁布的《异常情况的分类指导标准（试行）》亦将“精神分裂症、躁狂抑郁症和其他精神病发病期间”列为“暂缓结

---

① 参见《中华人民共和国民法典婚姻家庭编继承编理解与适用》，人民法院出版社2020年版，第100页。

② 参见《母婴保健法实施办法》第十四条和原卫生部颁布的《异常情况的分类指导标准（试行）》。

婚者”而非“禁止结婚者”。

因此，如果婚前患有精神病，结婚时治愈了，则婚姻仍然有效。

（2）《民法典》规定的婚姻无效的情形不包含“婚前患有医学上认为不应当结婚的疾病，婚后尚未治愈的”的情形。因此《民法典》实施后，婚前是否患有医学上认为不应当结婚的疾病不是婚姻是否有效的条件。但如果精神病人在登记结婚时尚未治愈，其严重程度导致其不具备民事行为能力，无法理解结婚的含义，无法作出自愿结婚的意思表示，缺乏结婚的必要条件，则婚姻无效。

如果办理结婚时并未发病或其患病程度较轻，能表达自愿结婚的意思，则婚姻仍然有效。然而，如果其隐瞒病情，配偶可以在知道或应当知道之日起一年之内向法院请求撤销婚姻。

14. 结婚时未达法定婚龄，婚姻是否必然无效？

《民法典婚姻家庭编的解释（一）》第十条规定：“当事人依据民法典第一千零五十一条规定向人民法院请求确认婚姻无效，法定的无效婚姻情形在提起诉讼时已经消失的，人民法院不予支持。”

根据上述法律规定，达到法定结婚年龄是结婚的实质要件，未达到法定年龄的婚姻无效。但是，结婚时未达到法定结婚年龄，在提起确认婚姻无效诉讼时达到法定结婚年龄的，则婚姻有效。

15. 一方婚前智力障碍，婚姻是否必然无效？

目前《民法典》只规定三种无效婚姻的情形，并未包括婚前智力障碍。但要判断是否有效，还需要从办理结婚登记时，当事人是否具有完全的民事行为能力方面来考虑。这就需要事后的鉴定。

原卫生部颁布的《异常情况的分类指导标准（试行）》附件三有关影响婚育的几种疾病的诊断要点，将精神发育迟滞或称精神发育不全，迟滞或智力低下分为三类：

第一类：重度智力低下（白痴），智商在 25 至 30 以下，相当于婴儿智力，不会说话，只能发音，感情反应基于原始本能状态，生活不能自理，无防卫能力。禁止结婚。

第二类：中度智力低下（痴愚），占 20%左右。智商在 25 至 50，培养教育后只会简单生活用语，词汇贫乏，连贯性差，教育后有简单数的概念和简单劳动，生活半自理，很难进行学习。可以结婚，不能生育。

第三类：轻度智力低下（愚鲁），约占75%。智商在50至70，发病率3‰，发音较前清楚，培养后可学会连贯用语，思维能力差，分不清主次，计能有困难，能从事简单劳动，生活能自理。可以结婚，不宜生育。

参考上述标准，只有“第一类”才可能是完全丧失民事行为能力，会导致婚姻无效。

16. 被父母“逼婚”的，能撤销婚姻吗？

虽然《民法典》第一千零五十二条规定，一方受到胁迫而结婚的，可以申请撤销婚姻。但日常生活中，有些子女所说的“逼婚”多种多样，是否属于法律上的胁迫，需要从以下两方面看待。

（1）要看父母的“逼婚”行为是否达到法律上的威胁和强迫，导致婚姻中的一方当事人违背自己的真实意愿而缔结婚姻的后果。如果父母逼婚只是口头上的催促和普通要求，子女虽然不大想结婚，则不构成撤销婚姻的法定条件。

（2）如果父母以当事人或其近亲属的生命、身体、健康、名誉、财产等方面造成损害为要挟，使其产生恐惧心理，最终违背真实意愿结婚，则构成法律上的“胁迫”，当事人可申请撤销婚姻。①

需要注意的是，只有受胁迫一方可以向法院请求撤销婚姻，另一方无权申请撤销婚姻，且撤销婚姻有时间限制，即应当自胁迫行为终止之日起一年内提出。如果被非法限制人身自由的，当事人应自恢复人身自由之日起一年内提出，且不适用诉讼时效中止、中断或者延长的规定。

17. 因“欺诈”或“重大误解”而结婚的，究竟能不能撤销婚姻？

笔者在代理婚姻案件的过程中，有时会遇到一些“奇葩”的婚姻。比如：

（1）有代理人诉说：“婚前男方和我说自己有五套房屋，但结婚后才发现一套都没有。这完全是欺骗嘛！如果我知道是这样的，我肯定不和他结婚啊。”

（2）因为女方做生意，住豪宅、开豪车，男方以为遇到“富婆”。结婚之后，女方不仅没有给他带来任何经济好处，还经常和他借钱。在一起生活的时间长了后，他才知道这位“富婆”负债累累，豪宅是租的，豪车是贷款买的。男方责问女方是骗子，女方却说：我从来没说过自己是“富婆”吧？是你自己以为的，不是我

---

① 可参照《最高人民法院关于适用〈中华人民共和国婚姻法〉若干问题的解释（一）》（已废止）第十条第一款：婚姻法第十一条所称的“胁迫”，是指行为人以给另一方当事人或者其近亲属的生命、身体健康、名誉、财产等方面造成损害为要挟，迫使另一方当事人违背真实意愿结婚的情况。

说的。

归根结底，上面的这些问题，就是所谓的“欺诈”或“重大误解”。在民法典立法的过程中，有观点认为遇到“欺诈”和“重大误解”，这种婚姻是可以撤销的。但这种观点最终没有被采纳，主要是认为无论结婚的动机是什么，但双方是自愿、真实结婚的。婚姻中总有这些、那些情况是法官没有办法了解清楚的。实务中，也很难把握尺度。①

因此，如果一方隐瞒年龄或禁止结婚的血缘关系，可以申请宣告婚姻无效；如果只是隐瞒了其他情况或对配偶的一些情况了解不足、有重大误解的，只能通过离婚解决，而不能撤销婚姻。

四、“瑕疵”婚姻的救济程序

18. 哪些人可以提起撤销婚姻的诉讼？

现实中，隐瞒重大疾病的一方有时也会希望撤销婚姻。因为，他掌握更多的证据，比起诉离婚来得快一些。那么，在符合撤销婚姻的情形下，究竟谁才有权利主张撤销婚姻呢？

《民法典》第一千零五十二条②及第一千零五十三条③明确规定在受胁迫和隐瞒重大疾病的情况下，受胁迫一方或被隐瞒重大疾病的一方可以向法院提起撤销婚姻的诉讼。这是民事诉讼中撤销婚姻的做法。此外，还有一种行政复议或行政诉讼撤销婚姻的做法。准确来说，这不是撤销婚姻，而是撤销婚姻登记的行政行为。

现实中，一方伪造使用他人的身份办理婚姻登记。那么，被冒用身份的人该怎么办呢？被冒用身份的人，并没有真实的婚姻关系，不能通过正常的离婚民事程序来解除双方的婚姻关系，故其只能在知道之日起60天内提出撤销婚姻登记的行政复议或诉讼，而法院则会支持撤销婚姻的诉求。当然，民政局发现这类情况，也可以依职权主动注销婚姻登记。

可提起撤销婚姻之诉的主要是存在以下情形的个人：

（1）被胁迫、限制人身自由的一方，可以申请撤销婚姻；另一方不可以。

---

① 参见《中华人民共和国民法典婚姻家庭编继承编理解与适用》，人民法院出版社2020年版，第91—92页。

② 《民法典》第一千零五十二条第一款：因胁迫结婚的，受胁迫的一方可以向人民法院请求撤销婚姻。

③ 《民法典》第一千零五十三条第一款：一方患有重大疾病的，应当在结婚登记前如实告知另一方；不如实告知的，另一方可以向人民法院请求撤销婚姻。

（2）隐瞒重大疾病的一方不能申请撤销，但另一方可以申请撤销。

（3）被冒用身份信息登记结婚的当事人，可以起诉民政局撤销婚姻登记或向所在辖区人民政府申请行政复议。

19. 哪些人可以提起确认婚姻无效的诉讼？

正如撤销婚姻的动机一样，有些人基于利益的考虑，比如财产的继承，而提起确认婚姻无效之诉。此时，哪些人可以提出婚姻无效的诉讼呢？

根据《民法典婚姻家庭编的解释（一）》第九条①规定，有权请求确认婚姻无效的主体，包括：

（1）婚姻当事人，即夫妻任一方均可主张婚姻无效。

（2）相关利害关系人。利害关系人因婚姻无效的事由而有所不同：以重婚为由的，为当事人的近亲属及基层组织；以未到法定婚龄为由的，为未到法定婚龄者的近亲属；以有禁止结婚的亲属关系为由的，为当事人的近亲属。

在民法意义上，配偶、父母、子女、兄弟姐妹、祖父母、外祖父母、孙子女、外孙子女为近亲属。而基层组织一般指的是居民委员会、村民委员会。

20. 任何时候都可以请求撤销婚姻吗？

《民法典》第一千零五十二条②及第一千零五十三条③规定，受胁迫婚姻的撤销情形以及隐瞒重大疾病的可撤销婚姻情形中，请求撤销婚姻有时间限制，法律明确为一年的除斥期间，且不适用诉讼时效中止、中断或者延长的规定。其中，因受胁迫而结婚的，受胁迫一方应当自胁迫行为终止之日起一年内提出；被非法限制人身自由的，自恢复人身自由之日起一年内提出；一方婚前隐瞒重大疾病，另一方主张撤销婚姻的，自知道或应当知道被隐瞒之日起一年内主张撤销婚姻。

21. 任何时候都可以请求确认婚姻无效吗？

一般情况下，由于婚姻的存续在时间上具有连续性，其中一方主张请求确认婚

---

① 《民法典婚姻家庭编的解释（一）》第九条："有权依据民法典第一千零五十一条规定向人民法院就已办理结婚登记的婚姻请求确认婚姻无效的主体，包括婚姻当事人及利害关系人。其中，利害关系人包括：（一）以重婚为由的，为当事人的近亲属及基层组织；（二）以未到法定婚龄为由的，为未到法定婚龄者的近亲属；（三）以有禁止结婚的亲属关系为由的，为当事人的近亲属。"

② 《民法典》第一千零五十二条第二款、第三款：请求撤销婚姻的，应当自胁迫行为终止之日起一年内提出。被非法限制人身自由的当事人请求撤销婚姻的，应当自恢复人身自由之日起一年内提出。

③ 《民法典》第一千零五十三条第二款：请求撤销婚姻的，应当自知道或者应当知道撤销事由之日起一年内提出。

姻无效可随时主张。对于夫妻一方或双方死亡后，生存一方或者利害关系人请求确认婚姻无效的，人民法院应当受理。

但如果法定的无效婚姻情形在提起诉讼时已经消失的，则法院不予支持。比如，结婚登记的时候女方只有 18 岁，本人虚报了年龄。2 年后，女方满 20 周岁，此时男方才起诉法院请求确认婚姻无效，那么法院就会驳回男方的请求。

22. 夫妻一方或双方死亡的，生存一方或利害关系人可否申请确认婚姻无效？

可以。《民法典婚姻家庭编的解释（一）》第十四条规定，夫妻一方或者双方死亡后，生存一方或者利害关系人依据民法典第一千零五十一条的规定请求确认婚姻无效的，人民法院应当受理。

夫妻一方或双方死亡，其婚姻关系已自然解除。但在一些纠纷案件中，夫妻二人的婚姻是否有效，将影响继承人或其他利害关系人的继承权、债权等权益的实现。故在司法实践中，即便夫妻一方或双方死亡，仍有其他利害关系人或生存一方向法院申请确认婚姻无效。

据此，夫妻一方死亡的，生存一方及利害关系人可以申请确认婚姻无效。夫妻双方死亡的，利害关系人可申请确认婚姻无效。

23. 利害关系人请求法院确认婚姻无效的，谁为原告，谁为被告？

《民法典婚姻家庭编的解释（一）》第十五条规定："利害关系人依据民法典第一千零五十一条的规定，请求人民法院确认婚姻无效的，利害关系人为原告，婚姻关系当事人双方为被告。夫妻一方死亡的，生存一方为被告。"

（1）夫妻均生存时，主张婚姻无效的利害关系人为原告，婚姻关系当事人双方为被告。例如，张三在 2005 年和李四在 A 县城登记结婚，张三外出打工后认识了王五，并与之在 B 市登记结婚。李四知道后，起诉法院主张张三和王五的婚姻无效。此时，原告是李四，被告是张三和王五。

（2）夫妻一方死亡的，主张婚姻无效的利害关系人为原告，生存一方为被告。在上述的例子里，如果张三因工伤意外死亡，留下了一笔遗产和工伤赔偿款，李四向法院起诉主张张三和王五的婚姻无效。此时，原告是李四，被告是王五。

24. 法院受理确认婚姻无效的案件后，原告可否申请撤诉？

原告起诉请求宣告婚姻无效后，不可以撤诉。《民法典婚姻家庭编的解释（一）》第十一条规定："人民法院受理请求确认婚姻无效案件后，原告申请撤诉的，不予准许。对婚姻效力的审理不适用调解，应当依法作出判决。涉及财产分割和子女抚养的，可以调解。调解达成协议的，另行制作调解书；未达成调解协议的，应当一并作出判决。”

25. 被他人冒用身份登记结婚，该如何处理？

在现实中，有些人突然发现自己在若干年前已经莫名其妙地办理了婚姻登记。例如，男方周某和女方张某打算结婚，但女方还没到法定结婚年龄，没办法办理结婚登记。于是，女方伪造了一个身份证，身份证上的名字和身份证号恰好为李某，头像则为女方自己。后来，女方对外一直使用这个虚假的身份生活。之后，公安机关发现她使用假身份证的情形，此时李某才知道自己被结婚了。

显然，李某既无法向法院请求宣告婚姻无效，因为不属于婚姻无效的法定情形——重婚、未到法定年龄、具有禁止结婚的近亲属关系。李某也无法起诉离婚，因为他们本来就没有结婚的意愿，不具备结婚的实质要件。如果这个问题得不到解决，李某就无法回归正常生活。

《民法典婚姻家庭编的解释（一）》第十七条第二款规定：“当事人以结婚登记程序存在瑕疵为由提起民事诉讼，主张撤销结婚登记的，告知其可以依法申请行政复议或者提起行政诉讼。”

显然，申请行政复议或提起行政诉讼，是解决这个问题的唯一路径。根据《婚姻登记条例》第四条的规定，民政局的婚姻登记显然不符合程序——李某没有亲自到场，没有询问当事人的意见。

需要特别注意的是，当事人应在知道或应当知道被冒用身份结婚之日起 60 天内申请行政复议或行政诉讼。现实生活中，有的当事人直接提起婚姻无效的诉讼，在等待或纠缠的过程中，白白错过了 60 天的诉讼时效。等到其醒悟过来，为时已晚。最终，问题要么得不到解决，要么只能指望民政局主动纠错。

26. 结婚证错误登记为他人，本人的婚姻是否有效？

现实中，有些时候婚姻登记部门工作人员失误，把夫妻一方的身份信息错误登记为第三人。比如，张三和李四登记结婚，结婚证上的身份信息虽名字均为张三、李四，但李四的身份证号写错了，而错误的身份证号恰恰指向王五。在这种情况下，究竟是张三和李四是夫妻，还是张三和王五是夫妻？

显然，张三和李四以夫妻名义共同生活，是实质上的夫妻，但证件上却无法完全体现出来。而王五则是莫名其妙被结婚的那位受害人。对于王五的解决办法，可以参照上述问题的回答来处理。现在的问题是，张三和李四怎么办？

张三和李四具有结婚的实质要件——本人自愿结婚、符合结婚年龄、没有禁止结婚的情形等，但没有形式要件——结婚证。这个问题是民政局工作人员的操作错误造成的。当事人可以向婚姻登记机关申请纠正或变更。如果婚姻登记机关拒绝纠正的，应及时提起行政复议或行政诉讼，请求婚姻登记机关履行职责。

27. 撤销婚姻或婚姻无效后，财产和子女该怎么处理？

《民法典》第一千零五十四条①规定，无效的或者被撤销的婚姻自始没有法律约束力，当事人不具有夫妻的权利和义务。在婚姻被宣告无效或被撤销后，财产的处置按以下方式处理：(1) 原则上同居期间取得的财产按共同共有，除非能证明为个人财产。② (2) 同居期间所得的财产，先由当事人协议处理，如果当事人在同居期间对财产的归属有约定的，要依据当事人的约定分割当事人同居期间的财产。(3) 如果当事人对同居期间财产的归属没有约定，又达不成协议，人民法院对当事人同居期间所得的财产，根据照顾无过错方的原则予以分割。(4) 因重婚导致婚姻无效的财产处理，不能侵害合法婚姻当事人的财产权益。即如要多分因重婚导致的无效婚姻当事人同居期间所得财产给无过错方，不得侵害重婚一方合法婚姻中配偶的财产权益。

例如，甲有配偶又在异地与乙登记结婚，人民法院根据照顾无过错方的原则，分割甲乙在无效婚姻期间所得财产时，需要追加第一个合法婚姻中的配偶作为有独立请求权的第三人参加诉讼。

关于子女抚养问题，法院可进行调解或调解不成后予以判决，未抚养子女一方应给付抚养费以及享有对子女的探视权，且子女对父母的财产享有继承权。

28. 婚姻无效或被撤销，无过错方可否要求赔偿？

可以。根据《民法典》第一千零五十四条第二款规定，婚姻无效或者被撤销的，无过错方有权请求损害赔偿，以保护无过错方的合法权利和利益。

在无效婚姻中：(1) 未满结婚年龄，伪造资料或明知出生登记的年龄虚大，却

---

① 《民法典》第一千零五十四条第一款：无效的或者被撤销的婚姻自始没有法律约束力，当事人不具有夫妻的权利和义务。同居期间所得的财产，由当事人协议处理；协议不成的，由人民法院根据照顾无过错方的原则判决。对重婚导致的无效婚姻的财产处理，不得侵害合法婚姻当事人的财产权益。当事人所生的子女，适用本法关于父母子女的规定。

② 《民法典婚姻家庭编的解释（一）》第二十二条：被确认无效或者被撤销的婚姻，当事人同居期间所得的财产，除有证据证明为当事人一方所有的以外，按共同共有处理。

没告知另一方，伪造资料或隐瞒的一方有过错。如果双方都知道未满结婚年龄，那么双方都有过错。(2) 有禁止结婚的血缘关系，双方都知道的，视为双方有过错；一方知情却隐瞒对方的，隐瞒方有过错。(3) 出现重婚的，隐瞒已婚状况的一方有过错，双方均明知的，则双方有过错。

在可撤销婚姻中，显然胁迫和隐瞒重大疾病的一方属于过错方。

五、婚前事宜

29. 收取彩礼是违法的吗?

一方面，一些农村地区的天价彩礼愈演愈烈，结婚成本越来越高；另一方面，大众的法律意识逐步提高。由于《民法典》出现“禁止借婚姻索取财物”① 的表述，那么彩礼的合法性也就得到广泛关注了。

我们可以肯定的是，正常、合理的彩礼并不违法。首先，彩礼是我国婚嫁的传统习俗，是男女双方在结婚前，男方为了与女方缔结婚姻关系自愿给女方的礼金。其次，《民法典婚姻家庭编的解释（一）》规定了彩礼返还条件，从侧面证明彩礼的合法性。

可是，大众依然会有疑惑，一方面《民法典》禁止借婚姻索取财物，另一方面司法解释又承认彩礼。这不是很矛盾吗?

其实禁止借婚姻索取财物，并不是什么新的规定，1950 年、1980 年通过的《婚姻法》和 2020 年通过的《民法典》都有此规定。实际上，彩礼属于历史的产物，常常和包办婚姻、买卖婚姻、借婚姻索取财物交织在一起。法院在审理这类案件时，要结合实际情况，了解婚姻当事人的真实意思，识别这种婚姻的实质。② 所以，司法解释才规定结婚后没有共同生活的，需要返还彩礼。因为女方很可能没有真实的结婚意愿，而是索取财产的工具。司法解释还规定，因给彩礼而导致生活困难的，应返还彩礼，这也是对过高的彩礼的一种价值评判。

---

① 《民法典》第一千零四十二条第一款：禁止包办、买卖婚姻和其他干涉婚姻自由的行为。禁止借婚姻索取财物。

② 参考最高人民法院第一民事审判庭编著：《最高人民法院婚姻法司法解释（二）的理解与适用》，人民法院出版社 2015 年版，第 143 页。

30. 什么情况下需要返还彩礼?

法律对彩礼的返还有明确严格的条件，并不能随意要求返还。①

（1）双方未办理结婚登记手续。

女方或女方父母收取彩礼后，无论基于什么原因悔婚，抑或男方悔婚，最终的结果都是没有办理结婚登记。此时，男方主张要求返还彩礼，法院原则上予以支持。

然而，司法实践中还有一种比较特殊的情况。双方办了婚礼共同生活时间比较长，甚至生育了子女，但没有领取结婚证。在这期间，收取的彩礼可能会部分或全部用于家庭共同生活。如果仅因为没有办理结婚登记，就要求女方返还全部彩礼，容易导致不公平。在司法实践中，人民法院会根据双方共同生活的时间、彩礼数额并结合当地风俗习惯等因素，确定是否返还及具体返还的数额。

例如，在2020年江苏省高级人民法院发布的婚姻家庭典型案例中，唐某（男）与张某（女）于2016年1月经人介绍相识，六天后订立婚约，不满一个月即举办婚宴并共同生活，同年年底生育一子，次年3月开始分居。其间，唐家给付张家彩礼82.6万元、黄金3两等物品，还办了18桌婚宴，给了128条香烟。张家则以木质家具（价值19.8万元）、床上用品等物品作为陪嫁。因双方和好无望，唐某及其父母以负债支付彩礼为由，起诉张某及其父母，要求返还彩礼82.6万元。

一审法院认为，综合考虑唐某与张某共同生活的时间、已生育一子的事实、彩礼的数额及使用情况、双方的经济状况等因素，酌情判令张家向唐家返还彩礼33.04万元。二审法院在审理过程中了解到当地早婚、闪婚的陪嫁物品忌由女方取回的风俗，以及孩子由张某抚养的事实，综合考虑张家陪嫁折抵、唐某应支付一定抚养费等因素，经调解双方一致同意由张家向唐家返还彩礼18万元。②

（2）虽办理结婚登记，但双方未共同生活，离婚时可主张返还彩礼。

男女双方登记结婚后，在法律上已经形成合法的夫妻关系。但如果男女双方一直没有共同生活，即没有发生夫妻之间应有的相互扶助、共同生活的经历，那对男女双方而言，仍没有实质意义上的夫妻关系。而且，这样的规定可以避免在收取一

---

① 《民法典婚姻家庭编的解释（一）》第五条：当事人请求返还按照习俗给付的彩礼的，如果查明属于以下情形，人民法院应当予以支持：（一）双方未办理结婚登记手续；（二）双方办理结婚登记手续但确未共同生活；（三）婚前给付并导致给付人生活困难。适用前款第二项、第三项的规定，应当以双方离婚为条件。

② 2020年度江苏婚姻家庭典型案例之五。

方彩礼且办理结婚登记后并不与另一方共同生活或一走了之的骗钱行为。

（3）婚前给付彩礼，并导致给付人生活困难，离婚时可主张返还彩礼。

司法实践中一般认为，这里的生活困难指的是绝对困难——依靠自己已无法维持当地最基本的生活水平。

31. 婚前发现对方出轨，悔婚需要返还彩礼吗？

显然，这符合彩礼应当返还的情形。此时，双方仅是男女朋友关系。这种身份关系不受法律保护。订婚后一方出轨，在道德层面受到谴责；在法律层面上，另一方仍须退回彩礼。

需要注意的是，如果收取彩礼后，双方同居共同生活时间较长，而收取的彩礼已实际用于共同生活期间的开支，这部分金额会在彩礼返还金额中予以扣除。举证责任由收取彩礼的一方来承担。如果没办法完全证明所有开支金额，法院会结合男女双方共同生活的时间长短、当地的生活开支水平对返还的数额进行酌定。

32. 婚前被家暴流产，悔婚需要返还彩礼吗？

如前文所述，未办理结婚登记的，给付彩礼一方有权主张返还彩礼。但如果因为收到彩礼的一方被家暴、流产，而部分彩礼已用于共同生活或治疗的，返还的彩礼数额可以酌情减少。但受害方可根据暴力行为及造成损伤的程度，向法院主张要求身体、精神损害赔偿及支付相应的医疗费。

33. 双方生活多年，但没有领取结婚证，需要返还彩礼吗？

我们以 1994 年 2 月 1 日为界，区分两种情况来看。

在 1994 年 2 月 1 日前男女双方以夫妻名义共同生活的，符合结婚的实质要件，属于法律认可的事实婚姻。在两人确立婚姻关系之后多年仍一直保持共同生活，显然不符合法律所规定的返还彩礼的条件。

在 1994 年 2 月 1 日后，男女双方才开始以夫妻名义共同生活，不具有法律认可的夫妻关系。尽管如此，这类“夫妻”已共同生活多年，他们当中的大多数已生育子女。一般而言，收取的彩礼已实际用于共同生活之中，并无返还的必要。当然，如果双方近两三年才举行婚礼、收取彩礼并以夫妻名义共同生活，那么法院依然会根据实际情况酌情考虑彩礼是否需要返还以及返还的数额。

34. 恋爱期间收到对方的钱财，分手时需要返还吗?

恋爱期间收取恋人给予的财物，在分手时是否需要返还，需要根据所给予财物的不同法律关系来分析。一般而言，有以下三种法律关系:

（1）感情联络的赠与

恋爱期间，一方为表达爱意和联络感情，送给对方财物。那么分手时，无须返还财物。恋爱期间的各种纪念日、节日、生日发生的小额转账、红包、礼物，被认定为赠与的可能性较大。具有特殊含义的转账金额，如金额为520元、1314元的红包等，一般认为属于感情联络性质的赠与，接受方无须返还财产。

（2）借贷

恋人之间也可能存在借贷行为，那在分手时，出借方很可能要求返还。现实中，因为双方是恋人，金钱往来时一般比较随意。即使明知道是借贷，一般也不会打借条。一旦分手，金钱的纠葛很可能就随之而来。

目前，此类纠纷在司法实务中争议较大。有些时候，主张为出借的一方需要证明是借贷；有些时候，主张为赠与的一方需要证明是赠与。举证责任由谁承担，往往决定案件的胜负。

因此，无论是提供资金的一方，还是接受资金的一方，请务必在一开始就明确资金性质。若为借款关系，则明确借款金额、还款期限、有无利息等；若为赠与，也能免去后续争议。

（3）彩礼或以结婚为条件的赠与

显然，若为彩礼或以结婚为条件的赠与，则要遵循彩礼的返还规则。

实务中，有些大额财产并非随风俗而给付的彩礼，明显超出感情联络的范围。我们要具体看给付财产时两人所处的关系，给付财物是否以结婚为条件，以及财物的价值、类型等。有时候，法院还要结合给付方的家庭经济水平，考虑确定给付的财物是否属于彩礼或以结婚为条件的赠与。

总而言之，在恋爱的时候，不要因为感情好而忽视这类法律风险。在收到财物后，在微信里多问一句“这是送给我的吗?”，就能消除很多隐患。日后这些聊天记录，或许能证明“给付财物”的性质。

35. 恋爱期间的花费，在分手时需要平摊吗?

恋爱期间，不可避免会产生共同消费，比如吃饭、住宿、游玩等期间的花费等。这些花费属于交往过程中的正常开支，属于双方共同的消费。在无明确约定的情况下，分手时一方无权以此为由要求对方返还。

尽管如此，在一些新闻报道中，我们依然看到一方在分手后，起诉法院要求另一方返还恋爱中的一些共同消费支出。为了尽快摆脱这些纠缠，在调解中一方愿意返还另一方一些款项。但这并不意味着有相应的法律依据。

36. 如何了解对方的婚史？

目前，我国的婚姻登记部门尚未全国联网。尽管如此，一些省份仍可以在线查询婚姻状况（只可查自己，不可查别人）。大家可以尝试让恋人查询一下所在省份的婚姻登记情况，以核实对方的婚姻状况。

接下来为大家介绍用支付宝查询自身婚姻状况的方法。

(1) 打开支付宝，在支付宝搜寻“国家政务服务”，点一下“国家政务服务平台”小程序并进入。

(2) 在小程序首页，将左上角的定位调整到户籍所在地，比如广东省。

(3) 点登录，登录完之后，下滑至“我的证照”，点击“添加证照”。

(4) 选择“中华人民共和国结婚证”。如果是已婚，将会看到“授权关联”的字样，授权之后便可以看到电子结婚证；如果是未婚，看到的是“您暂无可关联的卡”的字样。

查询电子离婚证的过程也大致相同。

但即使通过这个方法把所有省份的登记情况都进行了查询，也并不能百分之百放心。因此，在日常生活中要学会多留意。除了主动询问对方的婚史情况以外，也要多接触对方的家人、朋友、同学等，多参与到对方的生活中，可以通过第三人更加了解对方的情况。

37. 有配偶一方隐瞒已婚情况和他人结婚，他人是否构成重婚？

重婚罪是故意犯罪，不是过失犯罪。[①] 有配偶的一方，又与他人结婚的，显然属于故意而为之，构成重婚罪。其对他人隐瞒婚姻状况，他人显然不是明知的，没有犯罪故意，不构成重婚罪。但需要注意的是，后来知道其有配偶而继续对外以夫妻名义共同生活。后续的行为属于“明知而为之”，会构成重婚罪。

38. 有配偶一方隐瞒已婚状况和他人交往，他人是否可以主张精神损害赔偿？

由于婚姻信息属于公民的个人隐私，并不会开放供公众查询。那别有用心的人

---

① 《刑法》第二百五十八条：有配偶而重婚的，或者明知他人有配偶而与之结婚的，处二年以下有期徒刑或者拘役。

就可能会采取各种各样的手段瞒天过海，隐瞒自己的婚育情况与他人交往，因此“被小三”的情形在现实生活中其实是存在的。

根据常理，受害方必然受到精神损害。这究竟是道德问题，还是法律问题？这种精神损害究竟是基于侵害了什么样的权利而产生的？是违反了什么义务而导致的？

法律倒是明确规定了夫妻之间的忠实义务。因此，违反夫妻忠实义务到一定程度，无过错方在离婚时可以主张精神损害赔偿。

同理，法律有没有规定谈恋爱必须坦诚、忠诚？有没有法律上的披露义务？

显然，我们在现行的法律中找不到明确的规定。因此，实务中很难确切地说明隐瞒婚育情况的一方，具体侵害了相对方什么权利，或违反了什么样的义务。这种精神损害赔偿，在理论与司法实践中均存在较大的争议。尽管难，但并不意味着司法实践中没有支持的案例。

例如，在某起案件中，女方多次询问男方的婚姻状况，男方坚定表示自己是未婚，并要与女方结婚。这令女方误以为是以婚姻为目的恋爱。女方在此错误认识的基础上与男方发生性关系，并导致人工流产。本案经一审、二审法院审查认定，认为男方的行为是侵害了女方的一般人格权，未将女方视为平等、具有人格尊严的民事主体，最终判决男方需支付女方精神抚慰金5万元。

这起案件中有两个比较重要的关键点：一是男方在女方多次明确询问确认是否已婚时，仍坚定地否认自己已婚。这种行为具有明显的欺骗性。二是在双方明确以结婚为目的，但在交往过程中，女方曾因为男方的欺骗而最终选择人工流产。这给女方的身心均带来了较大的实际损害。

39. 交往多年，对方出轨，可以主张青春赔偿金吗？

在实务中，我们偶尔会接到这样的咨询：情侣分手时，一方希望另一方对自己的青春损失进行一定经济上的补偿。但无论是否有青春损失，我们非常遗憾地告诉你，答案是不可以。因为“青春赔偿金”并非法律概念，在我国法律中并不存在什么“青春赔偿金”的说法。因此，要求索赔“青春赔偿金”是没有法律依据的。

同时，法律并不保护男女朋友关系。所以，无论男女双方是基于什么原因分手，一方都不存在索要赔偿金的权利基础，无论这个赔偿金是青春损失，还是精神损害。

40. 分手时索取钱财，是否会构成敲诈勒索？

敲诈勒索罪，是指以非法占有为目的，对被害人使用威胁或要挟的方法，强行索要公私财物的行为。构成敲诈勒索罪必须符合以下条件：

行为人使用威胁或者要挟的方法勒索财物，这是敲诈勒索罪最主要的特点。威胁和要挟，是指通过对被害人及其亲属精神上的强制，使其在心理上造成恐惧，产生压力。威胁或者要挟的方法多种多样，如以将要实行暴力、揭发隐私、毁坏名誉相威胁等。形式可以是书面的，也可以是口头的；可以是明示，也可以是暗示。

因此，如果索要分手费时采取以上的非法手段去索要不受法律保护的财物，该行为可能涉嫌敲诈勒索罪。但是，如果是单纯地索要分手费，没有通过非法的恐吓等威胁手段的，那是不会构成敲诈勒索罪的。

需要提醒的是，索要分手费是没有法律依据的。但如果分手时一方自愿给付的，那法律也不会干涉。

41. 恋爱期间，女方是否有权单方中止妊娠？

曾有一名男士咨询过笔者这个问题。该男士离异后和一位女士谈恋爱，后女朋友意外怀孕，但女朋友因故想要打掉胎儿。因此想要咨询能不能阻止她打胎？能不能要赔偿？

《妇女权益保障法》第三十二条明确规定，妇女依法享有生育子女的权利，也有不生育子女的自由。而《民法典婚姻家庭编的解释（一）》第二十三条也规定，夫以妻擅自中止妊娠侵犯其生育权为由请求损害赔偿的，人民法院不予支持。

婚姻关系里，女性都可以单独决定是否中止妊娠，更何况他和女朋友就没有任何人身关系。

42. 如何解除同居关系？

同居双方没有法律上的人身关系，当事人只需要自行分居，无须去法院解除。但如果在同居期间，有生育子女或形成共同财产的，双方协商不成的，可以到法院起诉处理子女抚养及财产分割问题。

43. 解除同居关系时，财产如何处理？

一般认为，只有双方共同所得的收入和购置的财产，才能按一般共有处理。比如，双方把收入放在一起管理、花销；双方共同经营某个店铺；共同出资购买房屋；等等。双方对取得财产的投入和出资，会在很大程度上影响分割的比例。

在同居财产纠纷中，转账的出资容易证明，但无形的投入或现金投入，难以证明。况且，在共同生活中，总有一方把钱多花在生活上，另一方花在其他方面如购房上。当房产只登记在一方名下，另一方无出资证明就会很被动。

因此，对于正在同居或即将同居的双方，宜通过书面协议对生活开支的承担及购置大件财物的权属及份额进行约定。这既可以避免双方因为经济问题约定不明而产生的争吵，也可以降低日后产生财物争议的风险。

一方同居前形成的财产，另一方无出资，那么该财产就是一方的个人财产。双方在同居期间形成的财产，也并不理所当然地属于共同财产，原则上要按约定认定份额。在无约定的情况下，一般按出资比例认定份额。

在2021年1月1日《民法典》实施之前，《最高人民法院关于人民法院审理未办结婚登记而以夫妻名义同居生活案件的若干意见》尚未被废止。在此之前同居并形成的财产，可以按照该司法解释来确定。该司法解释第十条规定："解除非法同居关系时，同居生活期间双方共同所得收入和购置的财产，按一般共有财产处理……"所谓一般共有，在《物权法》《民法总则》以及《民法典》陆续实施后，其实就是没有共同共有身份关系之间的人形成的共有财产。原则上，这些同居期间共同所得形成的财产，按一般共有处理。

结婚基础法律知识思维导图

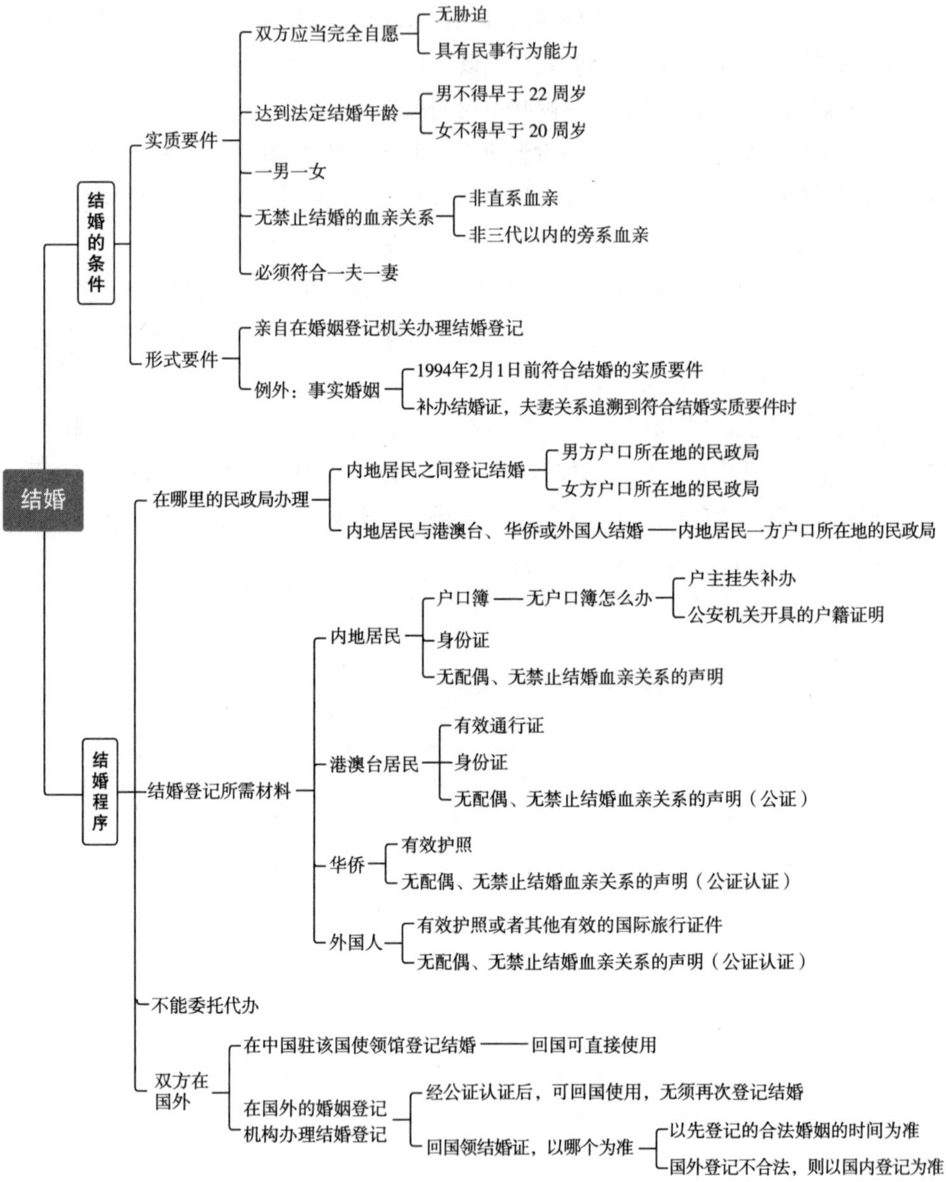

接上图

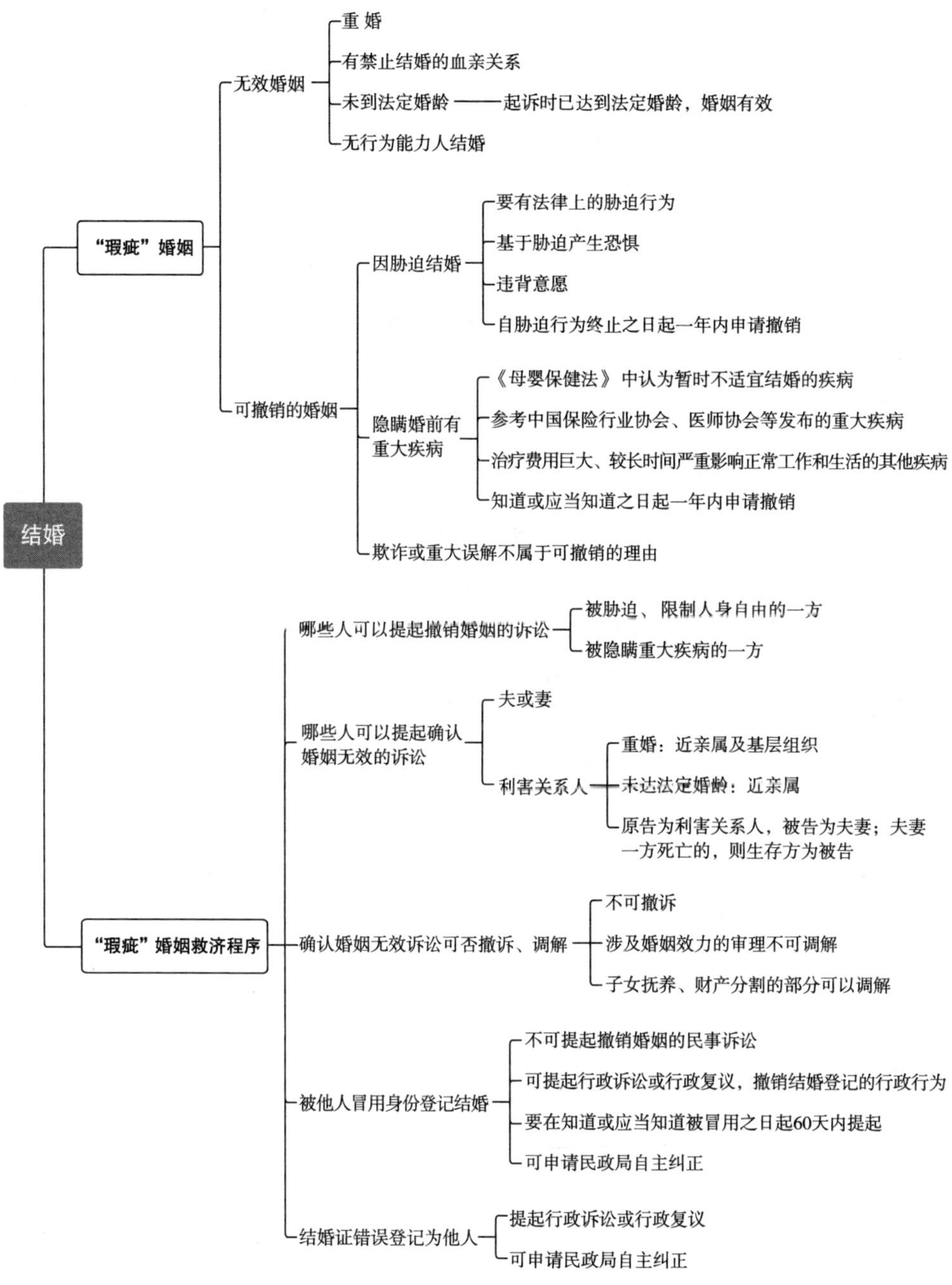
结婚
“瑕疵”婚姻
无效婚姻
重 婚
有禁止结婚的血亲关系
未到法定婚龄
起诉时已达到法定婚龄，婚姻有效
无行为能力人结婚
可撤销的婚姻
因胁迫结婚
要有法律上的胁迫行为
基于胁迫产生恐惧
违背意愿
自胁迫行为终止之日起一年内申请撤销
隐瞒婚前有重大疾病
《母婴保健法》中认为暂时不适宜结婚的疾病
参考中国保险行业协会、医师协会等发布的重大疾病
治疗费用巨大、较长时间严重影响正常工作和生活的其他疾病
知道或应当知道之日起一年内申请撤销
欺诈或重大误解不属于可撤销的理由
“瑕疵”婚姻救济程序
哪些人可以提起撤销婚姻的诉讼
被胁迫、限制人身自由的一方
被隐瞒重大疾病的一方
哪些人可以提起确认婚姻无效的诉讼
夫或妻
利害关系人
重婚：近亲属及基层组织
未达法定婚龄：近亲属
原告为利害关系人，被告为夫妻；夫妻一方死亡的，则生存方为被告
确认婚姻无效诉讼可否撤诉、调解
不可撤诉
涉及婚姻效力的审理不可调解
子女抚养、财产分割的部分可以调解
被他人冒用身份登记结婚
不可提起撤销婚姻的民事诉讼
可提起行政诉讼或行政复议，撤销结婚登记的行政行为
要在知道或应当知道被冒用之日起60天内提起
可申请民政局自主纠正
结婚证错误登记为他人
提起行政诉讼或行政复议
可申请民政局自主纠正

接上图

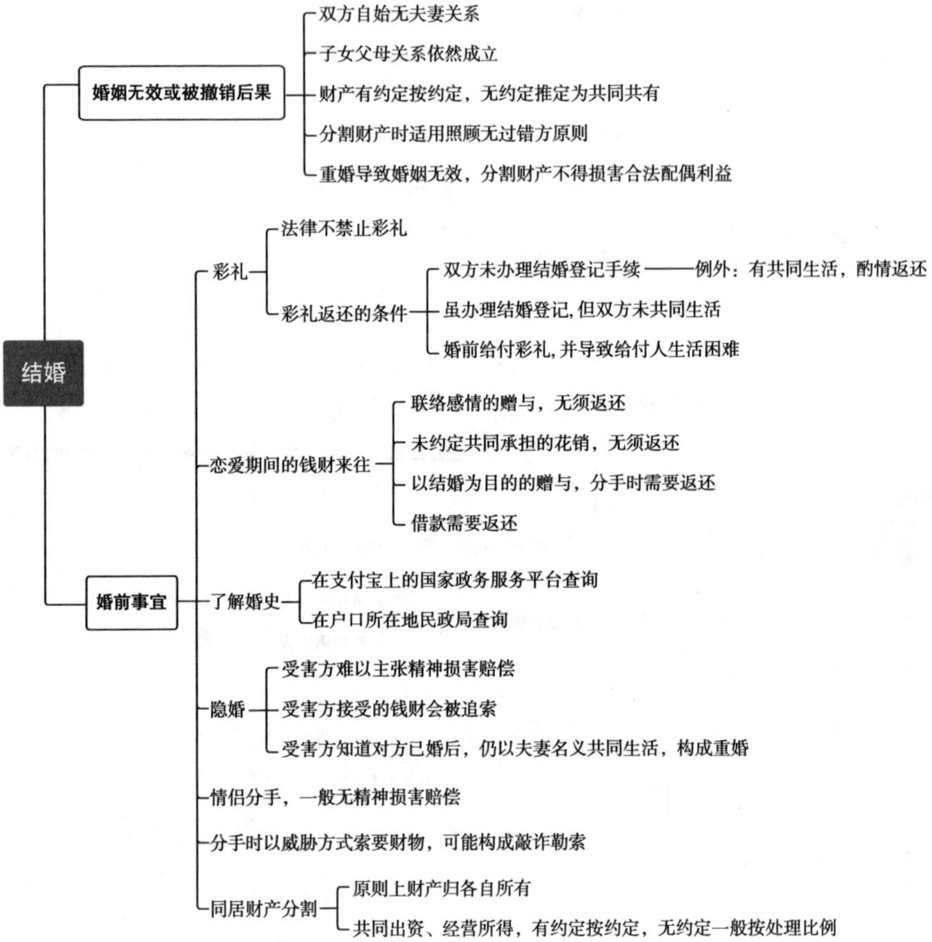
结婚
婚姻无效或被撤销后果
双方自始无夫妻关系
子女父母关系依然成立
财产有约定按约定，无约定推定为共同共有
分割财产时适用照顾无过错方原则
重婚导致婚姻无效，分割财产不得损害合法配偶利益
婚前事宜
彩礼
法律不禁止彩礼
彩礼返还的条件
双方未办理结婚登记手续
例外：有共同生活，酌情返还
虽办理结婚登记,但双方未共同生活
婚前给付彩礼,并导致给付人生活困难
恋爱期间的钱财来往
联络感情的赠与，无须返还
未约定共同承担的花销，无须返还
以结婚为目的的赠与，分手时需要返还
借款需要返还
了解婚史
在支付宝上的国家政务服务平台查询
在户口所在地民政局查询
隐婚
受害方难以主张精神损害赔偿
受害方接受的钱财会被追索
受害方知道对方已婚后，仍以夫妻名义共同生活，构成重婚
情侣分手，一般无精神损害赔偿
分手时以威胁方式索要财物，可能构成敲诈勒索
同居财产分割
原则上财产归各自所有
共同出资、经营所得，有约定按约定，无约定一般按处理比例

第二章　夫妻财产

一、夫妻财产制度

44. 夫妻婚后的财产都是共有的吗?

我国法定的夫妻财产制度是夫妻共同财产制。从《民法典》第一千零六十二条、第一千零六十三条及其司法解释看，婚后取得的收入、财产原则上推定为夫妻共同财产，只有符合特殊规则的财产才会视为个人财产。

因此，无论对于法律从业者，还是对于普通读者而言，在分辩财产是个人财产还是共同财产时，我们建议按照以下思路去判断:

首先，书面的约定优先，即要看夫妻之间是否书面约定了分别财产制或对部分、个别财产进行特别约定。当然，我们还要进一步判断这些约定是否有效、是否可以撤销。比如，双方把一方的婚前个人房屋约定为共有，但房屋既没有过户，协议也没有公证。这种情况属于夫妻之间的赠与，赠与方可以任意撤销、反悔。

其次，在没有书面约定的情况下，先推定婚后取得的财产为共同财产，婚前取得的财产为个人财产。

最后，存在法律特别规定的情形。比如，婚前财产在婚后产生的孳息和自然增值，法律特别规定为个人财产。当一方婚前的定期存款在婚后到期产生了一些利息，虽然是婚后取得的收益，但本金和利息都属于个人财产。

大家在理解夫妻共同财产时，还需要特别注意的是:

第一，夫妻共同财产并不等同于夫妻各占一半。在财产没有分割之前，双方是不分份额地共同共有。只有在财产分割的时候，才确定各自分得的具体份额。司法实践中，分割夫妻财产时往往均等分割，但还要综合考虑照顾女方及未成年子女。另外，对于转移、隐匿、挥霍及恶意制造共同债务的一方，可能会少分甚至不分，但一般不分的情况比较少见。

第二，由于夫妻共同财产在未分割之前，属于双方不分份额地共同共有。那么，在处置共同财产时原则上需要双方协商一致。然而，日常生活中，不可能事事都能先商议后处理。为了交易的效率和安全，《民法典》又赋予了夫妻双方都享有家事代理权，以及交易相对方善意取得制度，用于判断单方处置的财产、借款等事宜是否有效。对于这些特殊规则，我们会在另外的章节里进行阐述。

第三，个人财产不会因为结婚而自动变成共同财产。也就是说，夫妻一方的个人财产，不会因婚姻关系的延续而转化为夫妻共同财产。当然，当事人双方有书面约定的除外。所以，无论结婚多长时间，一方的个人财产永远都是个人财产，不会自动转化为夫妻共同财产。

45. 夫妻之间能否个性化地约定财产制度？

现实生活中，有不少夫妻对各自的财产都默认归各自所有、各自支配，互不干涉。例如，夫妻双方都有自己的事业。男方年收入 20 万元，女方年收入 50 万元，各自都在婚前按揭买了房屋。结婚时，双方都口头说过各自的钱归各自所有，各自自由支配。结婚后，男方的钱基本够还贷和自己花销，女方则从原来的 50 万元收入上升到 100 万元。若干年后，双方要离婚。此时，女方的存款有 200 万元，男方存款只有 2 万元。于是男方对女方说，你账上的存款属于共同财产，要分一半。女方当然不愿意了。女方认为当初都说好 AA 制了，自己的钱跟男方没有一点关系。

这就引发两个问题：(1) 夫妻之间能不能个性化地约定财产制度，比如约定财产归各自所有？(2) 如果能约定那么该怎样约定才有效？

(1) 夫妻之间可以个性化地进行财产归属及家庭共同开支的相关约定。

《民法典》第一千零六十五条允许夫妻之间对财产进行约定。[①] 夫妻财产协议的内容，一般由夫妻双方灵活协商。总体而言分两大类：

第一，财产归属的约定。财产归属的约定主要涉及个人财产的归属、共有财产的归属。最简单明了的夫妻财产约定就是约定婚前和婚后各自名下的财产归各自所有——夫妻分别财产制。正如上述案例的夫妻那样。

---

① 《民法典》第一千零六十五条：男女双方可以约定婚姻关系存续期间所得的财产以及婚前财产归各自所有、共同所有或者部分各自所有、部分共同所有。约定应当采用书面形式。没有约定或者约定不明确的，适用本法第一千零六十二条、第一千零六十三条的规定。夫妻对婚姻关系存续期间所得的财产以及婚前财产的约定，对双方具有法律约束力。夫妻对婚姻关系存续期间所得的财产约定归各自所有，夫或者妻一方对外所负的债务，相对人知道该约定的，以夫或者妻一方的个人财产清偿。

当双方约定个人财产归属时，只能约定归个人所有。如果把个人财产约定为对方所有或共有，那么就属于赠与，而不是夫妻财产约定。比如，一方有一套婚前全款购买的房子，双方约定各占 50%。此时，就是一方对另一方的赠与。夫妻赠与和夫妻财产约定有本质的区别。

当双方约定共有财产归属时，可以约定归某一方所有，也可以约定继续保持共有但明确具体比例。比如，婚后共同共有的房屋，双方约定一方占 20%，另一方占 80%。

因此，在签署夫妻财产协议时，首先要区分哪些是个人财产，哪些是共有财产。只有夫妻共有财产适用财产协议相关法律规定。

此外，对于没有明确法律规定的权属容易产生争议的财产，也可以考虑进行约定。比如，一方婚前房屋在婚后收到的租金，一方投资股票或股权所得的收益，等等。

第二，对家庭共同开支的约定。夫妻间约定分别财产制的前提下，应对共有的家庭支出、子女支出等进行约定。比如，可以约定双方各自拿出一定比例的收入或具体金额的钱款存入家庭共同开支账户、账户由谁管理、家庭开支包括哪些具体的事项、超出多大金额的家庭开支需要双方同意、孝敬长辈的费用、医疗费用、机动费用等都可以进行约定。

此外，在家照顾父母、孩子、操持家务等的“全职太太”或者“全职先生”，因为长期没有外出工作，其在经济创收方面的能力一般会比外出工作一方的配偶弱，在离婚后面临着一定的经济困境。目前，法律尚未明确规定家务补偿的标准，法院也未形成统一的判定尺度。因此，在财产约定中，明确对全职照顾家庭一方的经济补偿标准、补偿年限等都是对“全职太太”“全职先生”一种比较好的保护方式，也体现了对家庭付出的认可和尊重。

（2）应经双方平等协商，采用书面方式约定。

夫妻财产约定，应当采用书面方式约定。口头约定或通过短信聊天等方式约定，在实务中很难得到支持。正如案例中的夫妻，虽然在结婚时口头约定各自财产归各自、互不干涉，但这种口头约定不符合法律规定的书面形式，不具备法律效力。在离婚时，女方的 200 万元存款会被推定为夫妻共同财产。这种案例在实务中很常见，希望读者务必注意采用书面方式约定！也不建议通过微信或短信约定，因为微信或短信聊天也很难视为传统的书面约定，且很难长久保存，一不小心删除了便难以恢复。

当然，一份夫妻财产协议要合法有效，还要满足协议有效的普适性条件。如签署协议的双方都具有民事行为能力，不存在欺诈、胁迫等可撤销情形，不违反法律强制性规定，等等。

综上，我们建议签订财产协议前，要详细了解相关法律规定，及时寻求律师的帮助，在情感与财产安全中找到平衡，可以选择对双方认为重要的财产进行约定，对不重要的财产做灵活处理。做到既合法有效，又合情合理。

46. 签订财产协议后，能反悔吗？

现实生活中，会存在一方想挽回感情而签署财产协议等情形。但签了协议后，因为各种原因，一方又有可能反悔。比如，丈夫出轨被妻子发现了。丈夫感到十分愧疚，想挽回婚姻。于是与妻子签署了一份财产协议，约定丈夫名下的两套房屋均归妻子个人所有。其中，房子A是婚前全款购买的，房子B是婚后购买的。签了协议两个月后，丈夫忽然醒悟过来了。他想着人到中年，收入没有提升，房价太高了，很难再赚钱买一套房子。万一哪天妻子要离婚，自己该怎么办？于是，他就反悔了，不配合妻子办理房子的过户。

对于这样的财产协议，我们就要学会区分“夫妻财产约定”和“夫妻之间的赠与”了。符合财产约定的性质，一旦签署便不能反悔。但夫妻之间的赠与协议，原则上在不动产过户或动产交付之前，赠与方可以撤销赠与，除非这份赠与协议经过公证。

根据民法典司法解释的规定，我们可以归纳为：

(1) 把个人财产约定为共有或另一方所有的，属于赠与；

(2) 把个人财产约定归各自所有的，属于夫妻财产约定；

(3) 把夫妻共有财产约定为个人所有或明确共有份额的，属于夫妻财产约定。

在上述案例中，房子A属于丈夫婚前的个人财产，现约定归妻子所有，显然属于赠与行为。房子B是夫妻共同财产，约定为妻子个人所有，属于夫妻财产约定。由于财产约定协议没有经过公证，房子也没有过户，所以丈夫可以就房子A反悔，不能就房子B反悔。

因此，夫妻签署财产约定协议时，一定要先区分哪些财产属于个人的，哪些属于共同的。一方获得另一方的财产赠与，要及时过户（交付）或做公证，否则没有法律保障。当然，现实中存在因房屋有抵押，无法及时过户或担心对方签署后不去做公证等情形的，不妨寻求律师的帮助。

47. 夫妻财产约定协议必须公证吗？

通过上述问答，我们知道夫妻之间关于财产的协议，性质上可能是《民法典》第一千零六十五条规定的财产约定，也可能是财产赠与。

当这份协议属于财产赠与时，如果无法立即办理房屋变更登记的，则应当进行公证，以防一方反悔撤销该赠与。比如，男方婚前购置的一套房屋，尚有抵押贷款未清偿。婚后双方签订协议，约定房屋归双方共同共有。想把房屋变更为夫妻两人名字，一般需要银行同意或偿清贷款，如果不具备这些条件，为了保障协议的效力，就应当进行公证。

当这份协议属于夫妻财产约定时，协议自双方签字之日起生效，双方无权任意反悔。离婚时，法院将依据该协议的约定判决财产的归属。此时，公证并非必需的。当然，在条件允许的情况下，签署协议并进行公证，也是不错的选择。其好处包括协议会保存在公证处，能方便地证明协议签订的时间、双方是自愿签署的，等等。

48. 夫妻约定各自承担债务，就可以避免被负债了吗？

在日常生活中，当夫妻一方在外举债，另一方最担心的便是被另一方的负债所连累。因此，不少夫妻宁愿采用分别财产制，也不愿意共同负债。于是，他们想到了一个办法——签订夫妻财产协议，不仅约定财产的归属，还特别约定了各自名义所负的债务各自承担。甚至，他们还去公证处做了公证。

那么，这样的一份协议真的有用吗？一方负债的时候，另一方真的可以不用承担吗？

这就涉及夫妻财产协议能否对抗债权人的问题。

根据《民法典》第一千零六十五条第三款①的规定，婚姻存续期间的财产约定是否可以对抗债权人需区分不同的情况。

（1）夫妻共同对外负债的，比如共同作为债务人或保证人签署借款协议、保证协议、借条、欠条等情形的，即使夫妻签署的财产协议约定该债务由某一方承担，债权人仍有权要求夫妻二人共同承担该债务，也不论债权人是否知悉债务人夫妻之间的财产约定。

（2）夫妻一方对外所负的债务，但债权人不知道债务人与其配偶之间的财产约定，那么法院首先要审查该债务是个人债务还是共同债务。如果判定是个人债务

---

① 《民法典》第一千零六十五条第三款：夫妻对婚姻关系存续期间所得的财产约定归各自所有，夫或者妻一方对外所负的债务，相对人知道该约定的，以夫或者妻一方的个人财产清偿。

的，则以一方个人财产清偿；如果判定是共同债务的，则由双方共同清偿。此时夫妻之间的财产协议无法对抗债权人。

（3）夫妻一方对外所负的债务，且有证据证明债权人知道债务人与其配偶之间的财产约定，则该财产协议可以对抗债权人。不过，在实务中夫妻财产协议并没有公认的公示方式。一般只有夫或妻主动出示该协议时，债权人才有可能知道。

49. 婚后双方财产独立支配，算不算“AA 制”？

在日常生活中，有些夫妻经济相对比较独立，默认各自的收入归各自支配，心里甚至都认可各自的财产归各自所有。我们知道即使在现实生活中一直践行着夫妻分别财产制，没有书面的约定，仍不具有法律效力。这就意味着，在法律上，双方的财产依然适用夫妻共同财产制。离婚时，一方主张分割对方名下的财产，法院依然会根据夫妻共同财产制的法律规定来判断财产归属。毫无疑问，依据夫妻共同财产制的规定，大多数婚后取得的财产都属于夫妻共同财产。

通过这点，大家也应该知道，法律规定和日常生活认知往往有差异，而这种差异往往会对我们的财产权益产生重大影响。所以，抛弃想当然，对法律保持敬畏，方能更好地保护自己。

50. 夫妻间的借款是否需要归还？

看到这样的问题，读者也许会疑惑：夫妻的财产不是共有的吗？他们之间为什么还会产生借款？其实，在日常生活中或多或少会存在这样的情况。比如：张三和李四结婚，结婚前，张三向李四支付了 20 万元彩礼。结婚后，张三因做生意，想买辆车撑撑门面。可是，张三手上的钱不够，又不想跟银行借。他心想，李四手上还有 20 万元彩礼，不如跟她要过来买车。李四有点委屈地说，她根本不开车，也不想买车。于是，张三只好说当作借的，一年后还给李四。后续的三年里，张三确实赚了一些钱，且不定期地转钱给李四。除了日常花销用掉的，李四把结余下来的钱都存起来了。此时，李四账上已经有 50 万元存款了。最近，张三又和李四说，最近有位朋友需要借款，给的利息还不错，两三个月就能还回来。但李四认为风险太高，不大愿意。于是，张三又提出向李四借 50 万元，以后收不回来钱的话，钱由张三负责还给李四。两年后，他们闹离婚。李四要求张三偿还 70 万元借款。张三坚决否认是借款，张三认为其中 20 万元是李四自愿给他的，另外的 50 万元是出借给别人的。

在这样的案件中，李四给张三的 70 万元究竟算不算借款？能不能要求返还？

其实，《民法典婚姻家庭编的解释（一）》第八十二条①明确认可夫妻之间的借款。在离婚时，出借方可以按照借款协议的约定要求对方返还。只是，当以夫妻共同财产出借时，要求该借款用于另一方的个人经营或个人事务，而非共同经营或共同生活。此外，借款的资金来源于个人财产，还是共同财产，在归还时会有所区别：

（1）出借方所出借的款项系夫妻共同财产时，则本质上借款方是从双方的夫妻共同财产中借款，也是双方合意对夫妻共同财产的处分。所以，当出借方要求对方还款时，还款金额以及利息，优先适用借款协议的具体约定。如没有约定具体出借金额、还款金额的，则还款金额应当扣减原本归属于借款一方个人所有的那部分，即返还借款金额（本息）的一半。

（2）出借方所出借的款项全部来源于具婚前或婚后个人财产，那么该笔借款一般应当按照普通自然人之间的借贷关系来处理。即应当按照双方实际借贷的金额以及关于借款利率、借款期限等约定偿还。

（3）出借方所出借的款项部分来源于夫妻共同财产、部分来源于个人财产，那么可以参照上述第一种、第二种情况，将借款金额按照款项性质进行区分，分别处理。

在上述的例子中，李四首次借给张三的 20 万元是其个人财产，后来借给张三的 50 万元是夫妻共同财产。理论上，张三要偿还李四 45 万元（20 万元+50 万元/2）。然而，李四和张三只有口头约定，如在离婚时不能证明该事实，则李四的诉求未必能实现。

因此，在婚姻中涉及夫妻之间的借款，务必用书面协议的方式确定下来。如果没有借款协议，即使有转账记录，也不一定能认定为借款。

51. 在我国有没有分居协议？

（1）什么是分居协议

分居协议，是指夫妻在没有离婚的前提下，约定分开居住、不再共同生活的书面协议。一般包括夫妻分居意愿、分居期间权利义务的约定。如子女的临时抚养、共同财产的管理、部分财产的归属、分居的起止时间、分居期限、分居的终止条件等条款。

---

① 《民法典婚姻家庭编的解释（一）》第八十二条：夫妻之间订立借款协议，以夫妻共同财产出借给一方从事个人经营活动或者用于其他个人事务的，应视为双方约定处分夫妻共同财产的行为，离婚时可以按照借款协议的约定处理。

（2）分居协议的效力

目前，我国并没有关于分居协议的具体法律规定，分居协议的效力存在一定的不确定性。但实践中分居协议或能起到以下作用：

第一，在双方签订有分居协议并实际履行的情况下，分居协议可作为双方因感情不和分居的有力证据。

第二，分居协议中关于财产的约定，对双方有约束力。若不涉及财产赠与，则原则上不可以任意撤销。在正式离婚时，双方对财产协商不一致的，法院会参考分居协议中的财产约定判决财产归属。

第三，分居协议可确认和约定子女的抚养及日常生活、学习、教育、医疗方面的开支及分担情况。离婚时，该协议可以在一定程度上证明孩子实际需要的合理性。

第四，分居协议如涉及豁免对方忠诚义务的，尽管相关条款很可能因违反公序良俗而不被认可，但不排除该约定在一定程度上可能起到降低过错方的过错程度，影响精神损害赔偿数额的作用。

第五，分居协议中约定分居多长时间自动离婚的条款，属无效条款。双方仍然需要到婚姻登记机关办理离婚手续，或到法院诉讼离婚。

52. 忠诚协议有没有效力？

在实务中，有些夫妻希望能够制约对方不出轨，于是就签了所谓的“忠诚协议”。这类忠诚协议都会约定如果一方出轨就要承担某种责任，其中以“净身出户”“财产归某一方”“赔偿多少钱”最为典型。也就是说，违反忠诚义务的一方，需要少分或不分财产，或者承担赔偿责任。

当然，也有些忠诚协议会约定一些人身关系的处罚，比如“孩子归非过错方抚养”“无条件离婚”“一些体罚措施”等。这类约定毫无疑问是无效的。因为任何人身权利的剥夺只能由法律规定或法律明确授权，而不能由当事人自主约定。比如，双方在忠诚协议里约定孩子归非过错方抚养。在离婚的时候，出轨的一方反悔并要求孩子归其抚养的，法院依然会按照《民法典》关于抚养权的相关规定，即“以最有利于子女”的原则判决抚养权的归属，而不是依照忠诚协议的约定。

实务中，有两种类型的忠诚协议争议较大。第一种是“一方违反忠诚协议，全部或部分财产就归另一方所有”这类财产归属的约定。第二种是“一方违反忠诚协议，需要赔偿另一方精神损失费多少钱”这类赔偿责任的约定。

关于忠诚协议的效力，最高人民法院民事审判第一庭编写的《民事审判指导与参考》（总第64辑）中倾向性认为法院对有关“忠诚协议”问题不予处理，此类协议应当依靠当事人自觉自愿履行。[①] 当然，这只是代表该合议庭的看法，并未上升为具有法律效力的司法解释。事实上，在最高人民法院起草原《婚姻法司法解释（三）》时，对关于忠诚协议的效力条款就争议很大，最终正式发布的司法解释也没有对这个问题进行规定。之后颁布的《民法典》及相应的司法解释也尚未涉及忠诚协议的效力问题。

从律师实务上分析，忠诚协议本质上是夫妻之间签署的民事协议。既然法律对忠诚协议没有特殊的规定，则应当适用《民法典》合同编的相关规定，只要忠诚协议不存在欺诈、胁迫、重大误解或显失公平等情况，原则上协议是成立的，至于各条款的效力问题，实践中审判法院有较大的自由裁量权。

虽然忠诚协议的效力具有不确定性，但签订忠诚协议后，对协议双方仍具有一定的心理约束。另外，现实中如果一方出轨并产生悔意时，我们倾向于建议签订夫妻财产协议，而非忠诚协议。因为，法律明确规定夫妻财产协议对双方具有约束力。

53. 一方有过错，双方能否在不离婚的情况下约定财产归属？

现实生活中，一方发现配偶存在婚外情、家庭暴力、虐待、遗弃、赌博等过错情形时，过错方可能会主动承认错误、保证改正，同时也愿意对无过错方进行经济上的弥补和保障，以求谅解。

这时候或许有人会说，夫妻一方有严重过错导致感情破裂就要找“离婚律师”去协助办理离婚了，这是一种误解。很多人认为有过错就得离婚，“婚姻法”是“离婚法”，承办婚姻家事业务的律师等于“离婚律师”。其实不然。家事律师往往在接到该类当事人的求助后，首先对其予以心理安慰和疏导，引导其走出情感痛苦

---

① 当初起草《最高人民法院关于适用〈中华人民共和国婚姻法〉若干问题的解释（三）》（以下简称《婚姻法司法解释（三）》）时，对“忠诚协议”的效力问题作了专门规定，即“夫妻双方签订相关忠诚协议，人民法院经审查没有欺诈、胁迫等情形，应当认定为有效。如果当事人约定的赔偿数额过高，一方可以请求人民法院予以适当调整”。但由于对该问题的争议过大，起草过程中将其搁置。虽然“忠诚协议”问题缺乏相关规定，但法官不能拒绝裁判，故目前各地法院裁判不一。有认定“忠诚协议”有效的，也有认定无效的，还有主张“忠诚协议”属于道德、感情范畴的协议，法院不应赋予其强制执行力。一旦法院认定“忠诚协议”有效，当事人就要费尽心思证明对方具有出轨的行为，势必出现捉奸成风的负面社会效应，不利于婚姻家庭关系的稳定。综合考虑实际情况及权衡利弊，我们更倾向于法院对有关“忠诚协议”问题不予处理，此类协议应当依靠当事人自觉自愿履行。见《民事审判指导与参考》（总第64辑）《关于2012—2014年离婚案件相关情况的调查分析报告》，人民法院出版社2016年版。

和怨恨的阴霾，并请其将精力重点放在寻求解决矛盾的方法上。

很多时候，过错方为了寻求对方的谅解，愿意在经济上对配偶作出一定的补偿，比如可能同意家庭开支以后都由其承担，或者将夫妻共同财产绝大部分归于无过错方，甚至把其婚前个人财产也归于夫妻共同享有等。如果类似方案能够实现，无过错方获得的经济利益已大过诉讼离婚时按照法律规定分割夫妻共同财产能获得的额度。此外，过错方的这种姿态也在一定程度上表达出其确有悔意和挽救夫妻感情的意愿。此时如双方感情尚未完全破裂，无过错方可以考虑原谅过错方，未必一定要走向离婚。

此时，夫妻双方可以签订一份书面的夫妻财产协议对有关事项进行约定。该协议的初衷是构建和谐美好的家庭关系，签订的基础是双方就婚前及婚内的财产分配、债务的承担、家庭费用支出等事项自愿协商一致。

实际操作中，家事律师可根据当事人提供的家庭情况、财产情况及分割意愿、债务情况和承担、家庭费用支出情况等事项，协助当事人在法律允许的范围内提出协商方案，并在双方协商一致后为当事人起草书面的夫妻财产协议。当事人在签署书面协议后，视具体情况同步办理公证或财产过户的手续。

签署此类财产协议既能使无过错方的身心痛苦得以缓解，也能在一定程度上促使过错方彻底改正错误。一些夫妻通过前述做法最终成功化解了婚姻危机，家庭关系得以维系，双方也能在短期内恢复正常的工作和生活。

无论是原《婚姻法》还是现行的《民法典》，立法均是为了促进家庭关系和谐、社会公平稳定，并非一部离婚时才适用的法律。我们应多从这些法律的预防性功能和非诉层面进行研究和运用，以实现其预防纠纷、化解纠纷的社会功能，最终达到维护公民合法权益以及社会公平正义的法律效果。

54. 夫妻财产协议里能不能提前约定离婚时抚养权归属？

大众所讲的“抚养权”一般是指离婚时孩子跟随某一方生活，在判项中一般表达为“婚生子女×××由原告/被告直接抚养”。抚养既是父母对其子女的一项人身权利，也是一项义务。

有些人为了避免离婚后受到人身和财产的双重损失，选择在夫妻关系稳定时，签订婚内协议并提前约定子女的抚养权，以此来防范婚变风险。

目前，法律明确允许夫妻就财产进行书面约定，即可以约定婚姻关系存续期间所得的财产以及婚前财产归各自所有、共同所有或者部分各自所有、部分共同共有，有约定的以约定为准。但法律并未明确能提前约定子女抚养权。未成年子女抚养问题一般是在离婚时才处理，具体体现在离婚协议或离婚案件调解书、判决书中。

实务中，即便双方提前对子女抚养问题作出了约定，也无法排除任何一方在离婚时改变主张。此时，法院依然会依照最有利于子女的原则，综合考虑各方的抚养意愿、抚养能力、孩子意愿等因素，依法作出判决，而不是依照双方的约定进行判决。

55. 可以提前书面约定家务补偿标准吗？

在《民法典》实施之前，只有在采用了分别财产制的家庭中，长期从事家务劳动的一方才可以在离婚时要求补偿。《婚姻法》实施了多年后，人们逐渐认识到家务劳动的价值——从事家务劳动的一方，对另一方的工作、社会身份、竞争力等无形价值有无可替代的重要贡献。虽然其在理论上能够享受到共同财产制的好处，但由于长期远离社会、缺乏工作技能，在离婚后要重新回到职场必将面临很多困难。于是，《民法典》第一千零八十八条①对“家务补偿”的适用条件作出了调整：不仅适用于分别财产制的家庭，也适用于共同财产制的家庭。

但《民法典》未明确具体的补偿标准。司法实践中，一般由法官根据婚姻关系存续时间、从事家务劳动的时长、家务劳动量、当地经济水平及当事人的经济状况等因素酌情判定。从补偿金额来看，不同地区、不同法院判决数额没有统一标准，现有司法判例的补偿金额自 1 万元至 12 万元不等。从能够检索到的案例情况来看，申请一方获得的家务补偿金额远低于当事人的预期。例如，广东省高级人民法院于 2021 年 11 月 25 日发布的 8 个贯彻实施《民法典》典型案例之八：梁某乐与李某芳离婚纠纷案中，女方获得家务补偿款 1 万元。浙江省海盐县人民法院发布 5 起适用《民法典》典型案例之四：蔡某某与金某某离婚获经济补偿金纠纷案——全职太太离婚获经济补偿金案中，女方获得离婚经济补偿数额为 3 万元。

在这种背景下，有些人可能会想到提前约定家务补偿标准。《民法典》对此没有明确规定，实务中我们认为，提前约定比不约定好。

（1）约定意味着补偿标准是双方认可的，未来可以供法院参考。双方除了约定具体数额外，还可以明确补偿标准的一些参考因素，比如前面提到的家务分工、家务负担、当事人的收入情况等。即使将来法院不认可协议的效力，也能为法院确定

① 《民法典》第一千零八十八条：夫妻一方因抚育子女、照料老年人、协助另一方工作等负担较多义务的，离婚时有权向另一方请求补偿，另一方应当给予补偿。具体办法由双方协议；协议不成的，由人民法院判决。

家务补偿的标准提供一些双方认可的参考因素。

（2）根据《民法典》合同编总则的规定，婚姻继承编没有明确规定的，可以参照合同编适用，这也为此类协议的有效性提供了一定的法律支持。

56. 在什么情况下，夫妻一方可以请求紧急分割财产？

不知道读者们有没有想过这样的场景：丈夫的工资每个月基本上都交给妻子保管。若干年后，妻子账上有40万元存款。丈夫的父亲生病了，要支付昂贵的医疗费用30万元。妻子认为，丈夫还有兄弟姐妹，他们也应该要分担；况且，家里还有两个孩子、有未还清的房贷，每个月过得紧巴巴的。因此，妻子不同意全部的医疗费用由他们一家来承担。

从法律上讲，妻子账上的40万元是共同财产。一般而言，分割共同共有的财产的前提是解除家庭身份关系，即离婚。众所周知，当一方不同意离婚时，另一方起诉法院需要经历较长的程序。如今人命关天，等不了那么长的时间。在这样紧急的情况下，法律规定丈夫可以不要求离婚，而只分割夫妻共同财产。

《民法典》第一千零六十六条①对夫妻一方请求紧急分割共同财产作出了明确规定。

（1）夫妻一方有隐藏、转移、变卖、毁损、挥霍夫妻共同财产或者伪造夫妻共同债务等严重损害夫妻共同财产利益的行为。该情形的核心要点在于一方具备主观恶意实施损害夫妻共同财产的行为且必须达到“严重”程度。

例如，一方未经另一方同意擅自出售夫妻共同房产，将所得价款用于赌博等违法行为，该变卖行为属于严重损害另一方的财产利益，但是如果一方是以市场价格出售房产并且将所得价款用于夫妻共同生活的，则不属于上述规定情形。而对于行为“严重”程度的判断标准，需要结合行为的性质和次数、夫妻共同财产金额大小、有无对夫妻共同财产造成损失等因素综合认定。在实务中，法院对该条件的审查一般会比较严格。

（2）夫妻一方负有法定扶养义务的人患重大疾病需要医治，另一方不同意支付相关医疗费用。该情形的适用需同时满足以下三个条件：

第一，对象是“负有法定扶养义务”的人。一般是指父母、未成年子女或不能

---

① 《民法典》第一千零六十六条：婚姻关系存续期间，有下列情形之一的，夫妻一方可以向人民法院请求分割共同财产：（一）一方有隐藏、转移、变卖、毁损、挥霍夫妻共同财产或者伪造夫妻共同债务等严重损害夫妻共同财产利益的行为；（二）一方负有法定扶养义务的人患重大疾病需要医治，另一方不同意支付相关医疗费用。

独立生活的成年子女。在特殊情况下，还包括祖父母与孙子女之间、外祖父母与外孙子女、兄弟姐妹之间。对于夫妻一方本人患重病需要医治是否适用该情形，实践中存在争议。最高人民法院倾向于认为，夫妻一方可以直接起诉对方履行扶养义务并强制划扣相关款项用于治疗，无须通过分割财产来实现。①

第二，被扶养人患重大疾病需要医治。法律对于重大疾病没有具体规定，可参考保监会对重大疾病保险范围，结合医疗花费金额、医疗诊断认定。

第三，夫妻另一方不同意支付医疗费。

最高人民法院民事审判第一庭编写的《民事审判实务问答》中提到，在不离婚的情况下，通过诉讼分割夫妻共同财产是一种极为特殊的情况，人民法院在司法实践中应当严格掌握适用条件，不得擅自扩大适用范围。

二、常见的财产归属

57. 哪些财产属于个人财产？

个人财产，包括双方约定为个人的财产以及法律规定为个人的财产。约定的财产，要看协议是否有效；而法律规定为个人的财产，可以通过以下规则去把握。

（1）一方婚前取得的财产，原则上属于个人财产。

最常见的就是婚前一方全款购买并登记在出资方一人名下的房屋、自己银行账户里的存款以及婚前一方单独出资成立的公司或拥有的股权等。

凡事都有一些例外。比如，双方婚前同居并共同经营，那么经营所取得的收入虽然存在一方的账户里，且是婚前取得的财产，但并不完全是一方的财产。又比如，通过婚前共同收入所购置的房子，虽然登记在一方名下，但由于房子通过共同收入转化而来，显然也不完全属于一方的财产。

（2）一方婚后取得的下列特殊财产，依然属于个人财产：

第一，一方因受到人身损害获得的赔偿或者补偿。例如，军人的伤亡保险金、伤残补助金、医药生活补助费、医疗事故赔偿、交通事故赔偿、保险金赔付等。

第二，遗嘱或者赠与合同中确定只归一方的财产。例如，婚后父母转账100万元给女儿，转账备注为“赠与女儿个人，与配偶无关”或签署了赠与女儿个人的声明或其他能证明赠与个人的合同、协议等。

---

① 参见最高人民法院民法典贯彻实施工作领导小组：《中华人民共和国民法典婚姻家庭编继承编理解与适用》，人民法院出版社2020年版，第183页。

第三，一方专用的生活用品。如个人衣服、鞋帽、眼镜、假牙、书籍等日常生活用品，但不包括价值较大的手表、包包等贵重物品和奢侈品。[①] 当然，不同经济状况的家庭，“价值较大”的含义不同，因此在实务中经常争议较大。

第四，一方婚前个人财产在婚后转为其他形态的财产。典型的就是一方在婚后出售其婚前已付清房款的个人房屋后所得的楼款，即财产从房屋转换为货币；或一方在婚后的拆迁中获得的对婚前个人房屋价值的补偿款或安置房，即婚前个人房屋婚后置换所得的货币或房子，且上述财产仍登记在自己名下或存放在自己账户中。[②]

第五，婚前个人财产在婚后的孳息和自然增值收益。孳息是原物产生的物或收益。比如，存款产生利息、鸡鸭下的蛋、果树结的果实等。自然增值是指该增值的发生是因通货膨胀或市场行情的变化所致，与夫妻一方或双方是否为该财产投入资金、劳动、管理等无关，是财产所有人拥有的财产因所有人以外的变化因素的存在而出现的价值增长状态。财产所有人在此状态的发生过程中并未起到任何积极推动作用，即财产所有人并未将原有财产投入价值再生产的过程中。[③]

第六，军人的伤亡保险金、伤残补助金、医药生活补助费属于个人财产。

第七，其他应当归个人所有的财产。

识别个人财产，本身是一个非常复杂的问题。上述介绍的只是法律明确列举的个人财产，但仍然有一些复杂的财产需要个案具体分析，建议遇到类似情况时，及时寻求律师的专业帮助。

58. 哪些属于夫妻共同财产？

夫妻共同财产包括双方约定为共有的财产和法律规定的共有财产。法律规定的共同财产包括：

(1) 婚后取得的工资、奖金、劳务报酬。这里的“工资、奖金”泛指工资性收入。目前我国职工的收入除基本工资之外，还有各种形式的补贴、奖金、福利等，甚至还存在一定形式的实物收入。在一些现代企业中，还存在年薪、股份期权等收入形式，这些都属于工资性收入。劳务报酬是指工资、奖金形式之外个人提供劳务、服务的报酬所得，如演员、运动员劳务所得等。简而言之，婚后合法收入均

---

① 杨立新编著：《〈中华人民共和国民法典〉条文精释与实案全析（下）》，中国人民大学出版社2020年版，第114页。

② 《民法典婚姻家庭编的解释（一）》第三十一条：民法典第一千零六十三条规定为夫妻一方的个人财产，不因婚姻关系的延续而转化为夫妻共同财产。但当事人另有约定的除外。

③ 最高人民法院民事审判第一庭编著：《最高人民法院民法典婚姻家庭编司法解释（一）理解与适用》，人民法院出版社2021年版，第250页。

是夫妻共同所有。

（2）生产、经营、投资的收益。这里的收益既包括农民的生产劳动收入，也包括工业、服务业、信息业等行业的生产、经营收益，还包括投资收益。投资收益，无论是投资入股成立公司、企业、商业体获取分红或股份增值，还是理财、股票、基金等投资的收益，均属于夫妻共同财产。

（3）知识产权的收益。指婚姻关系存续期间，实际取得或者已经明确可以取得的财产性收益。例如，婚姻关系存续期间，作品因出版、上演、播映后取得的报酬或允许他人使用而获得的报酬，专利权人转让专利权或许可他人使用其专利所取得的报酬，商标所有人转让商标权或许可他人使用其注册商标所取得的报酬等。①

（4）继承或者受赠的财产。婚后接受的赠与或继承的财产，推定为共同财产，但遗嘱或者赠与合同中确定只归一方的除外。

（5）男女双方婚内实际取得或者应当取得的住房补贴、住房公积金。

（6）男女双方婚内实际取得或者应当取得的基本养老金、破产安置补偿费。

（7）夫妻一方个人财产在婚后产生的收益，但孳息和自然增值除外。比如，男方婚前投资设立公司，婚后继续经营管理，取得的股东分红及股权溢价属于共同财产。

（8）由一方婚前承租、婚后用共同财产购买的房屋，登记在一方名下的。

（9）其他应当归夫妻共同所有的财产。

上述介绍的只是法律明确列举的共同财产，但仍然有一些复杂的财产需要个案具体分析，建议遇到类似情况时，及时寻求律师的专业帮助。

59. 婚后收到的彩礼算个人财产吗？

在现实生活中，有不少夫妻是先领取结婚证，后举办婚礼。女方很多时候是在婚后才收到彩礼。那么，这种婚后收到的彩礼，究竟是属于个人财产，还是共同财产？

从性质上来说，既然定义为彩礼，自然就是男方或其父母随风俗，以结婚为目的赠与女方的财物。应当属于赠与女方个人的，属于个人财产。然而，现实的难点是，在发生争议的情况下，如何证明这笔财物就是彩礼呢？特别是夫妻双方生活多年，财产往往会发生混同。如果有媒人证明当初洽谈的彩礼数额和支付时间，有当

---

① 王丽萍、李燕、瞿甜甜编著：《〈中华人民共和国民法典·婚姻家庭编〉释义》，人民出版社2020年版，第65页。

地村民、居民或村委会、居委会证明存在彩礼的风俗，均可以起到一定的证明作用。如果没有这种情形，此时女方的证明难度就比较大了。证明不了该笔款项是彩礼，就要按照婚后收到的赠与来处理，极有可能被认为是对双方的赠与。

所以，建议当事人尽量在结婚登记之前收取彩礼；婚后收取彩礼的，务必留下证据，比如当初的聊天记录，或要求对方转账时备注彩礼。

60. 婚后收到的嫁妆算个人财产吗？

嫁妆一般是指以男女双方结婚为目的，女方亲属向女方个人给付的财物，性质上属于女方的个人财产。然而，由于全国各地风俗不一样，当嫁妆给付发生在登记结婚之后，就可能面临与婚后收取彩礼一样的困境。如无法有效举证，很容易被推定为婚后接受的一般赠与，归夫妻共同所有。

因此，建议家长在婚前给付嫁妆；婚后给付嫁妆的话，建议在转账时备注给女儿个人，具备条件的，可签署书面的赠与协议或书面声明赠与女儿个人。

61. 婚前存款在婚后产生利息和理财收益，属于共同财产吗？

婚前存款在婚后产生利息和理财收益，主要考虑收益属于孳息、自然增值还是投资收益。

个人财产在婚后产生的孳息、自然增值属于个人财产，个人财产投资取得的收益，属于共同财产。①

存款的利息，包括活期利息和定期利息，都属于法定孳息，显然属于个人财产。理财的收益，不是法定孳息。因为理财产品一般是指银行募集资金用于投资项目的非保本、浮动收益的金融产品，理财收益显然有投资收益属性。既然理财收益不属于法定孳息，那是不是自然增值呢？这就要看夫妻一方是否投入了管理和劳动。在婚姻生活中，购买哪些理财产品，如何管理好这些理财产品，也是需要投入智力劳动和时间的。有些理财产品浮动大一些，有些理财产品收益高一些。因此，结婚之后，夫妻一方用自己的婚前个人存款购买理财产品，其收益应属于共同财产。当然，如果夫妻一方在婚前就购买了理财产品，结婚后才到期赎回的，其收益一般属于个人财产。

---

① 《民法典婚姻家庭编的解释（一）》第二十五条：婚姻关系存续期间，下列财产属于民法典第一千零六十二条规定的“其他应当归共同所有的财产”：（一）一方以个人财产投资取得的收益；（二）男女双方实际取得或者应当取得的住房补贴、住房公积金；（三）男女双方实际取得或者应当取得的基本养老金、破产安置补偿费。

62. 婚前买的股票、基金在婚后产生的收益，属于共同财产吗？

投资股票、基金的收益包括两种，一种是分红，另一种是增值后取得的差价。分红属于投资收益，根据《民法典婚姻家庭编的解释（一）》第二十五条①规定，属于共同财产。而股价、基金净值的增加，则需要判断是不是自然增值了。

一般认为，婚前持有股票在结婚之后，从未操作交易，其产生的收益跟夫妻的管理、劳动、投入无关，而是市场行情波动导致的自然增值。但如果婚后有操作过交易，比如高抛低吸或换股的，股票的收益就不是自然增值。这个主流的观点和司法实践，在2011年《婚姻法司法解释（三）》实施后就逐步形成了。同理，婚前购买的基金也是如此。② 当然，以“从未操作过”作为认定“自然增值”的标志，其实也值得商榷。无论购买股票还是基金，毫无疑问都是一种投资行为。只是，投资股票是自己选择，投资基金，则把钱交给专业人士去投资。

投资股票，需要更多的个人学习、管理投入。即使婚前购买后长期持有不动，也非常考验人的知识结构、眼光和心态，更需要长期花时间跟踪行业和公司的数据。购买基金，对投资者的要求低一些。基金的净值增加或减少，有些跟市场行情波动挂钩，有些则和基金公司和基金经理不断管理、投资有很大关系。司法实践中，这种把婚前就开始长期持有的收益视为市场波动的结果，与人的劳动无关、与公司的净资产、利润增加无关的做法值得商榷。在办理这类案件时，当事人或律师或可以围绕增值的性质展开更深入的讨论。

关于婚前购买的股票、基金在婚后产生的收益的性质认定，总结如下：

（1）婚前以个人存款购买的股票、基金，无论婚后有没有操作过，分红均属于共同财产。

（2）婚前以个人存款购买的股票、基金，在婚后没有操作过，则本金和增值的收益一般归个人；若婚后经过一番操作，则本金归个人，增值的收益一般归共同所有。

（3）结婚后才以个人存款购买股票、基金的，属于婚后操作交易的投资行为，分红属于共同财产，增值的收益一般也是共同财产。

---

① 《民法典婚姻家庭编的解释（一）》第二十五条：婚姻关系存续期间，下列财产属于民法典第一千零六十二条规定的“其他应当归共同所有的财产”：（一）一方以个人财产投资取得的收益；（二）男女双方实际取得或者应当取得的住房补贴、住房公积金；（三）男女双方实际取得或者应当取得的基本养老金、破产安置补偿费。

② 山西省太原市中级人民法院（2021）晋01民再61号判决认为：上诉人王某于2004年9月13日购买部分基金，其间未交易，是基于王某婚前财产的自然增值，并非夫妻共同经营行为而产生的增值，该基金王某于2007年7月10日赎回，赎回时价值10617.05元，应为其个人财产，本院对此予以认定。

（4）以个人财产投资产生的亏损，无论发生在婚前还是婚后，均由自己承担，与对方无关。

63. 婚前个人房屋在婚后产生的租金，属于共同财产吗？

租金，究竟是不是房屋的孳息，本身就存在争议。

在最高人民法院2011年的解读中，并没有把租金归为孳息。① 随后，最高人民法院民事审判第一庭在《民事审判指导与参考》（总第56辑）的指导案例中指出："一方个人所有的房屋婚后用于出租，其租金收入属于经营性收入，应认定为夫妻共同财产。"

然而，《民法典》实施后，最高人民法院在2021年的解读中把租金视为孳息。② 不过，其又进一步认为，租金的取得与夫妻的协作劳动有关系，应视为夫妻共同财产。③

我们认为这种认定比较符合我国夫妻家庭生活的现状。如果家庭只有一两套房屋出租的，其租金一般已经在日常生活中消费掉。当租金足够多，能积累相当的存款时，就意味着出租管理的房屋比较多，需要付出较多的精力去管理，从而将这部分收益视为夫妻共同财产更具有合理性。

64. 婚前投资经营的公司，配偶享有权益吗？

公司经营过程中会产生两种收益。第一种是股份（权）分红；第二种是股份（权）价值的提升或转让股权时产生差价。

分红是典型的投资收益，属于夫妻共同所有。股份（权）价值的提升与公司的生产经营有直接的关系，因此，股份（权）的增值并非自然增值，是生产经营或投资带来的收益，也属于夫妻共同财产。此外，股东身份权利只属于投资人个人，配偶无权干涉公司的经营。

65. 婚前个人所有的商品房屋在婚后的拆迁补偿，算共同财产吗？

《国有土地上房屋征收与补偿条例》第十七条规定："作出房屋征收决定的市、

---

① 见《最高人民法院婚姻法司法解释（三）理解与适用》，人民法院出版社2011年版，第98页。

② 最高人民法院民事审判第一庭编著：《最高人民法院民法典婚姻家庭编司法解释（一）理解与适用》，人民法院出版社2021年版，第249页。

③ 最高人民法院民事审判第一庭编著：《最高人民法院民法典婚姻家庭编司法解释（一）理解与适用》，人民法院出版社2021年版，第261页。

县级人民政府对被征收人给予的补偿包括：（一）被征收房屋价值的补偿；（二）因征收房屋造成的搬迁、临时安置的补偿；（三）因征收房屋造成的停产停业损失的补偿。市、县级人民政府应当制定补助和奖励办法，对被征收人给予补助和奖励。”

从上述规定可知，房屋拆迁补偿款的项目不仅包括对房屋价值的补偿，还包括对拆迁房屋原居住人、使用权人的补偿项目。比如搬迁费、临时安置补偿款等其他各类补贴、奖励费用等。

因此，如房屋是一方婚前的个人财产，则针对房屋价值作出的补偿，应属于个人财产。而其他几个补偿项目则应视案件具体情况而定，比如被拆迁房屋是由夫妻或与其他家庭成员共同居住或共同从事生产经营使用的，那么搬迁费、临时安置补偿款、停产停业损失补偿等补偿项目应归属于夫妻及其他同住人共同所有，具体处理还要结合当地拆迁政策和拆迁补偿协议的签署情况来判断。

此外，如果被拆迁房屋系一方婚前所购买的商品房，婚后仍偿还房贷的，那么婚后所偿还房贷及增值部分是夫妻共同财产。此时房屋遭遇拆迁，则配偶可根据婚后偿还房贷部分的比例，主张按比例获得对应房屋价值的补偿款。

此类案件需要考量的因素众多，包括拆迁安置政策、房屋来源、房屋性质、人口因素以及当事人对房屋的建造、装修是否具有贡献等。所以在判断某一套房屋拆迁安置补偿利益如何分割时，不能仅以某一个单独的因素进行认定，需要综合考量，并根据公平原则进行具体分析。

66. 婚前个人按揭购买的房子，配偶享有权益吗？

近些年来，由于房价较高，婚前能全款买房的人并不多。更常见的情况是，有一方在婚前按揭贷款购买了房屋，结婚后夫妻一起还贷。

（1）什么是婚前个人按揭购房

第一，婚前以个人名义签订房屋购买合同，不能以对方名义或双方名义签订。

第二，婚前以个人财产支付首付。

第三，婚前以个人名义办理按揭手续，即对方没有共同参与签订按揭贷款合同。

第四，房屋登记在首付方个人名下。如果房屋登记在对方名下或双方名下，则不能按婚前个人按揭房屋的规则处理。

（2）何谓婚后共同还贷

一般而言，婚后的还贷会被推定为共同还贷。因为，双方默认采用夫妻共同财产制。婚后取得的财产、收入都先视为共同财产。即使婚后一直由一方偿还贷款，另一方没有参与还贷，也会视为共同还贷。除非房屋登记人能证明还贷的资金来源于个人财产，如婚前个人存款、父母赠与其个人的钱款、个人继承的财产。需要特别注意的是，婚后取得的住房公积金也属于共同财产。因此，公积金还贷属于共同还贷。此外，以租养贷，原则上也属于共同还贷。

（3）配偶出资装修，并不能视为共同出资。在离婚时，只能请求对方就装修的残值进行补偿。因此，“婚前男方出钱买房，女方负责装修”的情形并非共同出资。

（4）婚前个人按揭购买的房子，在离婚的时候怎么处理呢？根据法律的规定，在离婚时，双方对该类房产归属协商不成时，法院会把房屋判给房屋登记人所有，尚未偿还的贷款由房屋登记人偿还。房屋登记人要就婚后共同还贷及对应增值的部分补偿另一方。①

67. 婚后购买的名牌手提包、手表，属于个人财产吗？

法律规定个人专用生活用品属于个人财产，比如衣物、鞋帽、化妆品、书籍、首饰等，一般不会存在争议。但有些生活用品物品价值较高，比如名牌手提包、手表、珠宝等，是否也属于个人财产呢？

由于每个家庭的经济收入、消费习惯等差异较大，这个问题在法律上并无定论。司法实践中一般以是否使用夫妻共同财产购买、家庭收入、消费习惯、物品的价值大小、物品是否具备投资属性等因素作为主要参考依据综合评判。如果此类名牌手提包、手表等物品在家庭收入总额中占有相当的比例，且具有一定保值增值属性的，可以综合认定为夫妻共同财产；但如果家庭经济收入可观，此类物品的消费只占家庭总收入的很小比例，又专属于夫妻一方占有使用的话，则可综合认定为夫妻一方的个人财产。

68. 婚前父母为子女出资购买的房子，属于个人财产吗？

父母在婚前为子女出资买房，十分常见。我们认为，双方有证据能证明当时的实际出资情况、份额约定或代持等情况的，则按实际情况来认定。然而，大多数案

---

① 《民法典婚姻家庭编的解释（一）》第七十八条：夫妻一方婚前签订不动产买卖合同，以个人财产支付首付款并在银行贷款，婚后用夫妻共同财产还贷，不动产登记于首付款支付方名下的，离婚时该不动产由双方协议处理。依前款规定不能达成协议的，人民法院可以判决该不动产归登记一方，尚未归还的贷款为不动产登记一方的个人债务。双方婚后共同还贷支付的款项及其相对应财产增值部分，离婚时应根据民法典第一千零八十七条第一款规定的原则，由不动产登记一方对另一方进行补偿。

件中双方均难以证明，那么就需要按照法律规定来推定。一般而言会有以下类型：

（1）一方父母全额出资，房屋登记在自己子女名下；

（2）一方父母出资首付，房屋登记在自己子女名下；

（3）双方父母全额出资，房屋登记在一方子女或双方子女名下；

（4）双方父母出资首付，房屋登记在一方子女或双方子女名下；

（5）一方父母全额出资，登记在对方名下；

（6）一方父母出资首付，登记在对方名下。

第一种、第二种房屋的归属。毫无疑问，第一种房屋属于婚前个人财产；第二种房屋按照婚前个人按揭房处理，离婚时只有婚后共同还贷及对应增值部分属于夫妻共同所有。当然，如果双方在婚前均有承担还贷的，则要考察另一方帮忙还贷究竟是借款还是赠与，抑或共同还贷，计算返还金额具有较大的不确定性。因此，我们不建议读者在尚未建立婚姻关系或没有书面约定的情况下，参与另一方房屋的还贷。

第三种、第四种房屋的归属。根据《民法典婚姻家庭编的解释（一）》第二十九条第一款的规定①，父母的出资均视为对自己子女的赠与，父母明确表示赠与双方的除外。看上去，这种规定似乎很明确。但实际运用起来，也容易引发争议。因为，法条规定的是出资的赠与对象，而不是房屋的份额。

例如，男方父母给了男方 100 万元，女方父母给了女方 50 万元。随后，双方凑够 150 万元购买一套房屋，房屋登记在女方名下。购房款 150 万元，来源于男方父母出资的 100 万元加上女方父母出资的 50 万元。按照上述法律规定，男方父母出资的 100 万元只赠与男方，女方父母出资的 50 万元只赠与女方。实务中，在房屋分割时，存在两种观点。

一种观点认为，仅针对父母的出资本身进行认定，即男方父母出资的 100 万元归男方，女方父母出资的 50 万元归女方。假设离婚时该房屋价值 300 万元，其中 100 万元出资款归男方，50 万元出资款归女方，房屋剩余的 150 万元价值归夫妻共同所有。因此，男方分得 175 万元，女方分得 125 万元。

另一种观点认为，根据出资比例计算男女各方所占房屋份额。根据此观点，上述案例中，男方占该房屋 2/3 份额，女方占 1/3 份额，房屋分割时也按该比例进行。

---

①《民法典婚姻家庭编的解释（一）》第二十九条第一款：当事人结婚前，父母为双方购置房屋出资的，该出资应当认定为对自己子女个人的赠与，但父母明确表示赠与双方的除外。

这也是最高人民法院在解读该司法解释时的观点。“不管事后双方子女有无婚姻关系抑或该房屋所有权登记者是谁，都应视为子女双方按各自的出资份额共有该房屋的所有权。”①

当然，最高人民法院民事审判第一庭的观点只是倾向性意见，尚未上升到法律或司法解释的高度，仅有参考价值。地方法院在审理个案时，未必一定会采纳这种观点。

第五种、第六种房屋的归属。这类房屋在离婚时，双方更加会吵得不可开交。比如，婚前男方父母出资 300 万元全款购买婚房，由于男方没有购房资格，房屋登记在女方名下。如果完全按照上述规定和最高人民法院民事审判第一庭的解读，男方父母出资视为对男方个人的赠与，那么房屋份额全部归男方。这就有违普通人的常识了。若是赠与男方的，那为何要登记在女方名下呢？女方岂不白白浪费了购房名额？显然，这样的处理很难以服众，也不符合日常生活逻辑。基于公平的原则，法院也可能只认定出资款 300 万元归男方个人，房屋依然是共同的。这时，房屋增值部分就属于夫妻共同所有。另外，因为房屋登记在女方名下，也不排除法院把房屋认定为夫妻共同所有，但出资多的一方可适当多分。②

又比如，婚前男方父母出资 150 万元付首付，剩下的 150 万元由女方向银行贷款。结婚不成的话，按照上述规定处理，男方出资了 150 万元，故男方可分得房屋一半份额；女方贷款出资 150 万元，故分得房屋一半份额并独自承担尚未偿还的贷款。这样处理相对公平。若双方结婚若干年后又要离婚，那么婚后共同还贷部分也视为共同出资。共同出资对应的房屋份额又属于共同的。

综上，我们认为处理上述房屋分割时，应尽量想办法还原当初的出资情况、为何这样出资、究竟赠与谁、房屋份额有没有约定、父母的出资是赠与还是借款、是否存在代持等情况。读者在婚前购置房屋时，应当明确约定出资性质及房屋份额，避免让这样重大的家庭财产处于一种不确定的状态。

---

① 最高人民法院民事审判第一庭编著：《最高人民法院婚姻法司法解释（三）理解与适用》，人民法院出版社 2011 年版，第 124 页。

② 《上海市高级人民法院关于审理婚姻家庭纠纷若干问题的意见》第十三条：夫妻一方婚前出资购置房屋，权利登记在双方名下的，为夫妻双方共有财产。如未约定按份共有，可认定共同共有，但在离婚分割该房产时，出资一方可适当多分。《深圳市中级人民法院关于婚姻家庭纠纷案件的裁判指引（2014 修订）》第二十六条：夫妻一方婚前出资购买房产，登记在夫妻双方名下，如双方未对该房产作出特别约定，应认定该房产为夫妻共同所有，但在离婚分割该房产时，出资一方可适当多分。

69. 婚后父母为子女出资购买的房子，属于共同财产吗？

婚后父母为子女出资买房，是常见的购房行为之一，也是在离婚中争端最频繁的情形。原因在于法律并没有非常明确所有的出资情况，法官在法条的理解上也会存在一些差异。父母为子女出资买房的时间也很重要，在《民法典》实施前和实施后的认定是有所不同的。

我们认为，双方有证据证明当时的实际赠与情况、份额约定或代持等情况的，则按实际情况来认定。然而，大多数案件中，双方均难以证明，那么就需要按照法律规定来推定。一般而言会有以下类型：

第一，一方父母全额出资，房屋登记在自己子女名下；

第二，一方父母出资首付，房屋登记在自己子女名下；

第三，双方父母全额出资，房屋登记在一方子女或双方子女名下；

第四，双方父母出资首付，房屋登记在一方子女或双方子女名下；

第五，一方父母全额出资，登记在对方名下；

第六，一方父母出资首付，登记在对方名下。

（1）民法典实施前所购买的房屋

根据《最高人民法院关于适用〈中华人民共和国民法典〉时间效力的若干规定》实施的时间效力，在《民法典》实施前即 2021 年 1 月 1 日前父母婚后为子女出资购房，应适用《最高人民法院关于适用〈中华人民共和国婚姻法〉若干问题的解释（二）》（以下简称《婚姻法司法解释（二）》）第二十二条和《婚姻法司法解释（三）》第七条的规定。

第一，一方父母全额出资，房屋登记在自己子女名下。这种情况毫无争议，视为对自己子女的赠与，房屋属于出资方的子女个人所有，不属于夫妻共同财产。

第二，一方父母出资首付，房屋登记在自己子女名下。这类房屋的首付由一方父母出资，剩余房款由夫妻向银行贷款。有司法观点认为，只有全额出资才可以视为对子女的个人赠与，否则应视为对双方的赠与，整套房屋属于夫妻共同财产。也有司法观点认为，首付的出资视为对自己子女的赠与，因此首付对应的房屋份额属于个人财产，按揭贷款属于共同债务，按揭贷款对应的房屋份额属于夫妻共同财产。

第三，双方父母全额出资，房屋登记在一方子女或双方子女名下。登记在一方子女名下的，按父母出资比例认定夫妻共同财产的份额。比如，房屋购买价 500 万元，男方父母出资 200 万元，女方父母出资 300 万元，无论房屋登记在女方名下还是男方名下，女方均享有 60%份额，男方享有 40%份额。倘若房屋登记在双方子女名下，则视为对双方的赠与，一般而言不按出资比例分割，而是按夫妻共同共有的房屋分割。原则上份额对半，并考虑照顾无过错方、女方及未成年子女的利益。

第四，双方父母出资首付，房屋登记在一方子女或双方子女名下。这类房屋的首付由父母出资，剩余贷款由夫妻向银行按揭支付。

当房屋登记在一方子女名下时，由于房屋不是父母全额出资，在实务中能否视为对子女的个人赠与，存在很大争议。若首付视为对自己子女的赠与，则首付对应的房屋份额按出资比例计算，贷款对应份额属于夫妻共同共有。比如，男方父母出资 24 万元首付，女方父母出资 30 万元首付，夫妻按揭贷款 126 万元。首付占房屋总价的 30%，该部分份额按出资比例享有，按揭贷款对应的 70% 房屋份额由夫妻共同享有。若首付不能视为对子女的个人赠与，则整套房屋属于夫妻共同共有。

当房屋登记在子女双方名下时，则可以视为对双方的赠与，整套房屋均为夫妻共同共有。

第一，一方父母全额出资，登记在对方名下。若无特别约定，或有充分的证据证明该出资是个人赠与，则视为对双方的赠与，该房屋属于夫妻共同共有。

第二，一方父母出资首付，登记在对方名下。若无特别约定，或有充分的证据证明该出资是个人赠与，则视为对双方的赠与，该房屋属于夫妻共同共有。

（2）民法典实施后所购买的房屋

《民法典婚姻家庭编的解释（一）》不再明确婚后父母出资赠与的对象。即使全额出资，房屋登记在自己子女名下，也并不理所当然视为对自己子女的赠与。

首先，有约定的按约定处理。比如，约定为借款或赠与子女个人。

其次，没有约定的，则属于婚后接受的赠与，默认为对夫妻双方的赠与。因此，不管房屋登记在一人名下，还是双方名下，很容易被认定为夫妻共同共有。不再像以前那样区分出资比例，也不再根据登记情况推定为个人赠与。当然，也有观点认为，登记在自己子女名下，可以推定为是个人赠与的意思表示。这会在将来的司法实践中引发诸多争议。因此，当父母在婚后出资时，应该提前与子女约定出资的性质，究竟是借款，还是个人赠与，还是赠与双方？否则，该出资只会为日后的争端埋下伏笔。

70. 婚前一方出资购买的房屋，登记在另一方名下，房屋归谁？

女方在婚前支付了 100 万元首付，按揭购买了一套房屋，登记在自己名下。然而，这 100 万元来源于男方。那么，这套房屋究竟是女方个人财产，还是夫妻共同财产？

对此，我们千万不能简单地因为房屋登记在女方名下，就认为是女方的婚前个人按揭房；也不能因为男方有出资，就认为按出资比例的份额共有。探究男方100万元出资的性质、当初买房时双方的真实意思，至关重要。

（1）假如女方有相应的证据证明这100万元是男方赠与女方的，那么，该套房屋就是女方婚前个人按揭房。

（2）假如这100万元是男方出借给女方的。比如，有借款协议、转账凭证、借条、欠条类的证据，或者离婚时男方主张是借款，女方也承认是借款。那么，房屋属于女方的婚前个人按揭房，只是女方需要向男方偿还100万元借款。

（3）假如当初双方有共同买房的意愿，也有相应的证据（如聊天记录、录音录像或其他书面约定）证明是因为征信、购房资格等问题，需要登记在女方名下。在没有约定具体份额时，需要看双方是否结婚。若双方未结婚的，不具有共同共有的家庭关系基础，则按出资比例享有份额的概率大。即100万元属于男方的出资，女方贷款部分属于女方的出资，贷款视为女方的个人债务。若双方已经结婚的，在约定不明时，该房屋视为共同共有。分割房屋时原则上平等分割，或考虑照顾无过错方、女方和未成年子女的利益原则，或考虑适当照顾出资较多的一方。[①]

（4）借名买房的，则根据当地借名买房的司法惯例处理。比如，按照借名买房协议，男方可以主张返还出资款，或请求女方协助过户等。

71. 婚前一方出资购买的房屋，登记在双方名下，属于共同财产吗？

结婚前，男方以自有资金出资100万元购置房屋，房屋登记在双方名下。这类房屋属于共同财产吗？

房屋办理产权证后，产权证上会显示为共同共有或按份共有。共同共有状态下，共有份额一栏会显示为“共有”，按份共有状态下，共有份额一栏会显示相应的比例。因此，即使出资款均由男方出资，登记在双方名下的房屋应属于二人共

---

① 《上海市高级人民法院关于审理婚姻家庭纠纷若干问题的意见》第十三条：夫妻一方婚前出资购置房屋，权利登记在双方名下的，为夫妻双方共有财产。如未约定按份共有，可认定共同共有，但在离婚分割该房产时，出资一方可适当多分。

《深圳市中级人民法院关于婚姻家庭纠纷案件的裁判指引（2014修订）》第二十六条：夫妻一方婚前出资购买房产，登记在夫妻双方名下，如双方未对该房产作出特别约定，应认定该房产为夫妻共同所有，但在离婚分割该房产时，出资一方可适当多分。广东省高级人民法院《全省民事审判工作会议纪要》（粤高法〔2012〕240号，2021年1月1日废止）第六十五条：以结婚为目的，夫妻一方婚前个人出资购买的房屋登记在另一方名下，如果没有证据证明出资方明确表示归登记一方个人所有，离婚时对该房屋一般应按夫妻共同财产处理。

有，除非双方另有书面约定。

（1）当不动产权证上已显示双方具体的份额比例，分割时原则上按照该比例分割。

（2）当不动产权证显示为共同共有，可能需要进一步考察婚姻状况。若未结婚的，分割共同共有的房产时，出资一方可适当多分。若男女双方结婚多年，甚至生育子女了，此时离婚的话，还要考虑照顾无过错方、女方和子女利益等原则，均等分割的概率更大一些。

72.“假离婚”后购买的房屋，算不算夫妻共同财产？

（1）“假离婚”的含义

现实生活中的“假离婚”一般包括两种情形：第一种，没有经过正常的离婚程序，直接通过制造假的离婚证来实现“假离婚”；第二种，夫妻双方没有离婚的真实意思，而是为了一定的目的，比如获得购房名额、降低购房首付比例等，走完整个离婚法律流程，领取真实的离婚证或者获得离婚判决书或调解书。

第一种“假离婚”不管是在夫妻双方的意思表示上，还是在法律效果上，都是假的，男女双方仍是夫妻。

第二种“假离婚”中夫妻并没有离婚的真实意思，在心理上二人均认为没有离婚，但是在法律层面已经真实、合法地完成了整个离婚程序。目前司法实践中倾向于认为，完成离婚程序后夫妻关系就已经解除。至于离婚中的财产分割条款是否可以撤销，则要看签订协议时是否存在欺诈、胁迫等可撤销事由，如果不存在欺诈、胁迫等情形，那么离婚财产分割也是合法、有效的。① 所以，从这个意义上说，并没有所谓的“假离婚”，凡是完成了登记离婚或者诉讼离婚程序的，都是真离婚，能产生真离婚、真分财产的法律后果。

（2）“假离婚”后购房权属认定

如果是第一种意义上的“假离婚”，则没有产生法律意义上的离婚效果，双方还是夫妻关系，在“假离婚”后购买的房屋仍会按照婚姻关系存续期间购置房屋的规则来认定是属于个人房产还是夫妻共有房产。

如果是第二种意义上的“假离婚”，情况要稍微复杂一些，因为已经离婚，双方没有夫妻关系，不能直接适用夫妻共有财产的相关规定。

---

①《民法典婚姻家庭编的解释（一）》第七十条：夫妻双方协议离婚后就财产分割问题反悔，请求撤销财产分割协议的，人民法院应当受理。人民法院审理后，未发现订立财产分割协议时存在欺诈、胁迫等情形的，应当依法驳回当事人的诉讼请求。

1989 年 12 月 13 日，最高人民法院发布《关于人民法院审理未办结婚登记而以夫妻名义同居生活案件的若干意见》［法（民）发〔1989〕38 号］，该意见第十条规定："解除非法同居关系时，同居生活期间双方共同所得的收入和购置的财产，按一般共有财产处理……" 2021 年 1 月 1 日，《最高人民法院关于废止部分司法解释及相关规范性文件的决定》实施，废止了《关于人民法院审理未办结婚登记而以夫妻名义同居生活案件的若干意见》。目前，《民法典》与《民法典婚姻家庭编的解释（一）》均未明确同居关系的财产分割规则。

根据以往的司法实践，法院通常要审核"假离婚"后男女双方对于购买房屋的合意、出资来源、还贷情况、贡献大小、同居情况、过错情况等因素。但《民法典》及其司法解释并未明确规定同居共有，法院考虑同居共有情形没有了法律依据。实践中此类问题的处理可参考以下思路：

"假离婚"时，若对银行存款、现金等资产进行了分割，而一方使用分得的银行存款、现金等资产去购买房屋，另一方对房屋没有出资或其他贡献，也没有共同购买房屋的合意，则该房屋倾向于被认定为购房一方的个人财产。

比如，小王和小李协议离婚，离婚协议书上约定"各自名下的银行存款、现金归各自所有"，然后小王用自己银行卡内的资金购买了一套房屋。那么，在离婚协议书中的财产分割条款没有被认定无效或撤销的前提下，该房屋原则上应属于小王个人所有。

如果"假离婚"时双方没有分割银行存款、现金等资产，双方内心认为只是虚假的离婚，于是对离婚协议书的内容书写极其简单，仅写了房屋归谁所有，并未对其他财产明确分割意见。此时，没有分割的银行存款、现金等资产在权属上仍属于夫妻共有财产，一方使用了未分割的银行存款去购买房屋，则本质上属于用"双方共有的钱"购买房屋。这种情况下，该房屋应属于双方共有。至于是按份共有，还是共同共有，还应看双方是否办理了复婚手续。没有办理复婚手续的，不具有夫妻关系，依照《民法典》关于共有财产的规定①，宜根据出资金额、贡献大小、是否存在过错等情况，酌定各方按比例享有房屋份额；已经办理复婚的，亦存在被认定为夫妻共同共有的可能。

当然，前述结论并非绝对。在使用双方的"钱"购买房屋的情况下，也可能认

① 《民法典》第三百零八条：共有人对共有的不动产或者动产没有约定为按份共有或者共同共有，或者约定不明确的，除共有人具有家庭关系等外，视为按份共有。第三百零九条：按份共有人对共有的不动产或者动产享有的份额，没有约定或者约定不明确的，按照出资额确定；不能确定出资额的，视为等额享有。

定房屋归购房一方个人所有，但购房一方需要补充分割离婚前未分割的银行存款、现金等资产给对方，或者把一方的出资认定为“借款”“赠与”，以此来平衡双方的利益。

实践中，“假离婚”后的购房权属认定除了考虑购买房屋的合意、出资来源、还贷情况、贡献大小、过错情况等因素外，还要考虑在结果上如何更好地实现个案的公平正义，这也就导致了认定结果上的差异。日常生活中，夫妻双方都应当注意保存证据，以便在发生争议时能用证据还原案件真实情况。双方也可以直接签订协议书，针对该房屋的权属、出资、还贷等情况进行约定，以减少争议。

73. 一方没有出钱买房，房屋加名有没有用？

房屋加名究竟有没有用？是婚恋讨论区的热点话题。日常生活中我们讨论的房屋加名问题，常见于以下两种情形：

（1）买房的时候，以双方名义购买，最终房屋登记两人名字。

明明是用男女双方的名字买房，为什么要牵涉到“加名”的说法呢？实际上，在谈婚论嫁时，双方可能会讨论房屋的署名问题。比如，男方家负责出钱买房，打算写自己的名字。此时，女方要求也署上自己的名字。在双方心中，就是把原本只写男方名字的房屋，再加上女方的名字。对话时，用到“加上我的名字”“加上女方名字”这种类似的表达。

因此，这里所谓“加名”，其实就是房屋还没买，双方就讨论署谁名字。实际上，它不是在房产证上加女方名字。更严谨地说，是以谁的名义签房屋购买合同。以谁的名义签合同，以后房产证就会写谁的名字。

这个阶段，“出资”来源于男方自有资金，还是来源于男方父母，对房屋份额可能会产生重大影响。

如果购房资金来源于男方自己，则无论是婚前买房，还是婚后买房，只要以男女双方名义购买的，房屋都是共同财产。房屋份额是“共同共有”，还是“按份共有”，则取决于房屋购买合同上填写的份额。所以，当初的房屋购买合同关于份额的约定是很重要的。

如果购房资金来源于男方父母，则该出资究竟是赠与，还是借款，在将来的纠纷中存疑。若认定为借款，则债务由夫妻共同承担，而房屋则属于夫妻共同财产。若认定为赠与，则分婚前出资，还是婚后出资，可参考本书前述问答。

（2）男方把已有的房屋，加上女方名字。

很明显，这种情况是房产证已经登记了男方名字，然后再去房管局办理变更，把房产证变成双方共同共有或按份共有。此时，无论男方当初买房的款项如何得来，原则上都不影响房屋份额。

因为即使这套房屋当初由男方父母出资，只要房屋登记了男方名字，父母对男方的赠与已经完成，这套房屋就是男方自己的。此时，再加上女方名字，其实就是男方把自己的财产赠与一部分给女方。当然，过程中大家仍须特别留意这两次过户究竟以赠与还是买卖方式办理。若是买卖方式过户，最好保留能证明是赠与关系的聊天记录或签署赠与协议等，避免对方将来以没有支付购房款为由解除买卖合同，要求返还房产。

（3）总结如下：

第一，房产证上的份额比例，比出资更重要。

第二，一方以自有资金买房，最终的房产证登记在双方名下的，房屋属于夫妻共有。

第三，一方父母婚前出钱买房，却要登记双方名字，争议较多，宜明确约定房屋份额和出资性质——究竟是借款，还是赠与个人，抑或赠与双方。

第四，一方已经取得房产证，再过户加上另一方名字，房屋则为共同所有。

74. 借用别人的名字买房，会有什么风险？

在大多数家庭中，房子是价值最高的财产。在婚姻生活中，有些夫妻为了规避限购政策，借用别人名字买房。借名买房隐含极大风险，我们不建议当事人通过这样的方式买房。

（1）实际出资人的法律风险

第一，代持人侵占房产。遇到房价不断上涨或者离婚，代持人有可能不承认代持，想把房屋据为己有。比如，房屋借用男方弟弟的名义购买，出资款为 200 万元。若干年后，房屋价值为 350 万元。此时，夫妻闹离婚，男方指使弟弟不承认代持。

第二，代持人私自处分房产。代持人出售、出租、将房屋赠与他人、在代持房产上设定抵押或居住权给他人，或者与他人产权互换、与共有人分家析产，如遇代持人离婚时也可能被作为夫妻共同财产进行分割。

第三，代持人因为负债，房屋被查封拍卖。

第四，因代持人去世房产被继承。

第五，政府征收代持房产，并对代持人进行房产安置和拆迁补偿等。

当实际出资人遇到上面的情况时，就需要提起房屋确权的诉讼。法院是否认定出资人实际拥有房屋所有权，决定了出资人挽回损失的程度。

房屋确权，要面临两个困难：

一是没有代持协议，出资证明不完整。比如有些款项是现金支付，有些款项是夫妻一方多年前支付，离婚后另一方不知道从何查起。没有调取到相应的支付流水，就难以证明全部出资情况。

二是法律依据存在不确定性。目前法律有明确规定不支持确权的是以父母名义购买房改房。[①] 其他类型的房产代持，尚未有统一规定，在司法审判实践中也存在诸多争议。有些案例认定代持行为，实际出资人拥有房产的所有权，这种处理方式完全保护了实际出资人的利益。有些案例判决认为，基于物权登记主义，实际出资人只能请求返还出资，而房产所有权归代持人，这种处理方式导致房屋增值的利益由代持人享有。有些案例则认为，实际出资人与代持人有明确约定有权请求过户的，在实际出资人具备购房资格时，可以要求把房屋过户至实际出资人名下。

（2）代持人的法律风险

除了实际出资人有以上种种风险，其实代持人也是存在法律风险的。

首先，根据各地限购限贷政策，代持人帮别人购房，自己就可能丧失了购房资格，或者不能享受银行贷款首付和利率的优惠政策。其次，如实际出资人不按期足额向银行偿还贷款本息，代持人将涉诉；除了需花费时间、精力应诉外，还将影响到代持人甚至其配偶个人征信，代持人或将面临被法院强制执行、限制高消费、列为失信人、司法拘留等被动情况。最后，即便代持双方签署了书面的代持合同，在未经司法确认前代持人对外仍是产权人身份，代持期间如代持房产面临其他纠纷时，代持人需履行产权人的相关权利义务，积极主张或应对。

综上，房产代持存在法律风险，我们不建议采用这种方法持有财产。毕竟买房是人生大事，切勿图一时便利而懊悔终身。

75. 夫妻出资购买但登记在未成年子女名下的房子，属于夫妻共同财产吗？

《民法典》第二百一十七条规定，不动产权属证书是权利人享有该不动产物权的证明。据此，登记在未成年子女名下的房屋理应属于未成年子女的财产。况且，按照中国的传统，父母购买房屋登记在子女名下，一般含有赠与子女的意思。

然而，现实生活中也总会存在一些例外。比如，夫妻出资购买房屋，登记在子

---

① 《民法典婚姻家庭编的解释（一）》第七十九条：婚姻关系存续期间，双方用夫妻共同财产出资购买以一方父母名义参加房改的房屋，登记在一方父母名下，离婚时另一方主张按照夫妻共同财产对该房屋进行分割的，人民法院不予支持。购买该房屋时的出资，可以作为债权处理。

女名下的目的是规避债务。因此，也有一种观点认为要探究夫妻的真实意思。[①] 从一些债务执行的案件来看，确实有些法院根据实际情况，认为未成年子女名下的大额财产，与其收入不相符的，可以视为家庭共有财产从而被纳入可供执行的财产范围。例如，在（2017）最高法民申3404号案中，债务人将18套房屋登记在自己的未成年子女名下，法院综合分析房屋购买时间、产权登记时间、负债情况及购房款的支付，认定案涉18套房屋应为家庭共有财产。

在离婚案件中，当夫妻双方对登记在未成年子女名下的房产性质主张不一致的时候，认为房产系夫妻共同财产的一方需要提供更为充分的证据方能获得法院的支持。

因此，我们建议父母出资购买房屋登记在子女名下时，宜保留能证明房屋登记在子女名下真实意图的相关证据，比如当事人协商此事的聊天记录、书面协议、说明等证据。

76. 婚后以工龄向单位购买的房屋，属于共同财产吗？

婚后以工龄向单位购买的房屋，一般称为房改房。房改房诞生于1994年国务院下发的《关于深化城镇住房制度改革的决定》，它是指城镇职工根据国家和县级以上地方人民政府有关城镇住房制度改革政策规定，按照成本价或者标准价购买的已建公有住房。房改房是根据职工工龄、职务、工资、家庭人口等多种因素综合考虑后在房屋价值计算上给予职工的政策性优惠福利，其具有出售对象的特定性、出售价格的非市场性、享受优惠政策的一次性等特殊属性，与商品房的属性有所不同。

有观点[②]认为，按照目前我国城镇住房制度改革的有关政策，按成本价或标准价购买公有住房，是以城镇职工家庭（夫妇双方）为购房主体，且每个家庭只能享受一次。夫妻一方按房改政策购买住房时享受了其配偶的工龄优惠，该住房应当视为其夫妇双方共同购买。据此，房改房应视为夫妻共有财产。

由于现有法律及相关司法解释对房改房婚前与婚后的权属性质及分割问题没有明确的规定，仅有相关的参考意见及审理指南。实践中对工龄优惠是“财产性权

---

① 最高人民法院民事审判第一庭编：《民事审判实务问答》，法律出版社2021年版，第139—140页。

② 见住建部《关于唐民悦房改房产权认定问题的复函》（建住房市函〔1999〕005号）：司法部律师公证工作指导司：你司（98）司公函018号函和（99）司公民便字027号收悉。经研究，答复如下：按照目前我国城镇住房制度改革的有关政策，按成本价或标准价购买公有住房以城镇职工家庭（夫妇双方）为购房主体，且每个家庭只能享受一次。本案中，唐民悦按房改政策购买住房时享受了其配偶的工龄优惠，该住房应当视为其夫妇双方共同购买。因此，我司认为，该住房应视为唐民悦与其配偶共有财产。此复。

利”还是“政策性补贴”存在较大分歧。目前实务界倾向性观点①认为，工龄优惠具备人们认可的经济价值，是一种财产性利益，具有财产权利的性质。

我们认为，工龄优惠虽具有财产权益性质，但从购买房改房福利和优惠政策性质上看，带有浓厚的“人身”属性。当夫妻因工龄优惠等就房改房权属产生争议时，应结合民法典的规定，并结合当事人之间的身份关系、不同种类工龄优惠性质、房款出资比例等因素综合进行分析、认定。

（1）使用夫妻共有财产所购的房改房。

婚姻关系存续期间，夫妻双方用共同财产购买的房屋，即使权属证书登记在一方名下，也应认定为夫妻共同财产。实务中，许多讼争房产虽登记于配偶一方名下，但该房屋系在婚姻存续期间购买，且购买该房改房时还享受了夫妻双方的工龄折扣的优惠政策，在无证据证明购房款并非来源于夫妻共同财产时，应认定讼争房产系夫妻共同财产。

（2）使用夫妻一方个人财产所购的房改房。

双方婚姻关系存续期间以一方个人财产购买房改房，该房屋房改时使用了配偶另一方的工龄优惠折扣购买，考虑工龄优惠具有财产属性，虽产权登记在出资方个人名下，该房屋仍然具有一部分的夫妻共同份额。人民法院在分割该财产时，会综合考虑工龄所带来的优惠及个人出资的比例酌情认定夫妻共有的比例和个人所有的比例。

当然，如果夫妻一方以个人财产出资购买的房改房，登记在另一方名下，法院很可能会将整套房屋认定为夫妻共同财产。

当购买房改房的款项来源于一方父母，则要先认定该出资是赠与个人，还是赠与双方。即使出资是赠与个人，根据房改房的性质及政策性优惠，部分房屋份额仍应视为夫妻共有。

（3）婚后购买、离婚后才取得产权且登记在一方名下。

婚姻存续期间双方出资购房，使用双方工龄，离婚后才取得产权且登记在一方

---

① 王成：《直管公房使用权相关问题研究——以物权法为视角》，载《北京审判》2011 年第 9 期。对婚姻存续期间一方承租离婚后使用原配偶工龄优惠所购公房权属的认定鉴于公有住房承租权也是一种具有财产价值的财产权，在婚姻法中亦具有财产性权益性质。北京市第一中级人民法院课题组：《关于离婚诉讼中涉城市房产疑难问题的调研报告（下）》，载《北京审判》2015 年第 9 期，第 29 页。夫妻按照房改房政策购买的已承租公有住房，其售价中包含了夫妻双方工龄折扣等福利待遇，该工龄优惠可计算并转化为具体的财产性利益。可见，工龄优惠完全符合财产或财产权益的本质属性，具备人们认可的经济价值，可通过相应计算确定具体的数额及在整个购房款中的比例，应当认为其属于财产性利益，完全符合财产或者财产权益的本质属性。

名下，未登记方出资且使用了工龄，该房屋依然属于二人共有。离婚后，未登记方仍有权要求分割。

总而言之，婚后以工龄向单位购买的房屋，无论房屋登记在谁名下，也不论出资情况如何，总会因为使用工龄优惠购买的原因而具有一定的夫妻共同份额。至于夫妻共同份额的比例，则要考虑出资贡献和登记情况，由人民法院认定。

77. 婚后购买的经济适用房，属于共同财产吗？

《经济适用住房管理办法》第二条规定，经济适用住房是指政府提供政策优惠，限定套型面积和销售价格，按照合理标准建设，面向城市低收入住房困难家庭供应，具有保障性质的政策性住房。经济适用房与商品房相比，其是有限产权的住房，土地属于政府划拨性质，对于购买主体及上市交易均有限制。

（1）夫妻婚后共同出资购买的经济适用房。

婚姻关系存续期间，夫妻共同出资购买经济适用房，即使该经济适用房尚未办理产权证，只要夫妻双方已支付了全部房款，该房屋即属于夫妻共同财产。

（2）夫妻一方婚后出资购买的经济适用房。

婚后申请经济适用房，一般系以家庭的名义，使用了双方身份所带来的社会福利，购买的房屋本身有较大的折扣。在婚姻关系期间以一方个人财产购买经济适用房的，虽产权登记在出资方个人名下，该房屋仍有一部分的夫妻共同份额。人民法院在分割该财产时，会综合考虑房款中所涉及的夫妻共同财产比例来酌情认定夫妻共有的比例和个人所占的比例。

（3）由父母出资在婚后购买的经济适用房。

当婚后购买经济适用房的房款由一方父母出资时，则要先认定该出资是赠与个人，还是赠与双方。即使出资是赠与个人，根据经济适用房的性质，部分房屋份额系夫妻共有。

78. 婚后置换房屋该注意什么？

一般来说，婚前购买的房屋属于婚前个人财产。婚后置换房屋，操作不当，也容易变成共同房产。婚后置换婚前房屋应该注意以下事项：

（1）保存好婚前购房的预售（买卖）合同、付款发票、产权证等资料。

预售（买卖）合同、付款发票、产权证等资料是证明房产归己所有的有效证据，必须慎重保存。若购房的合同及发票已经遗失，可到售房时的房地产开发公司或到房地产交易中心查询和复印。

（2）若将婚前房产婚后出售，最好将与配偶共同还贷部分中应属配偶的部分留存。

婚前全款房或婚前已经还清贷款的房屋，在出售后所得的房款依然属于个人所有。但婚前按揭房尚未还清贷款的，在婚后存在共同还贷的情况。此时，婚前房产出售后的售房款，有一部分是属于夫妻共有的，建议将属于共有的那部分资金单独保留，不要和个人所有部分的资金发生混同。

比如，婚前按揭房在结婚的时候房屋价值为300万元，出售房屋前已共同还贷30万元，出售房屋时的成交价为450万元，尚欠按揭款200万元。此时，房屋在婚后的增值率为50%，则夫妻共同还贷30万元，其对应增值为15万元。因此，可以将45万元共同存款留存，剩余的款项则为个人财产。

在实务中，房屋过户给买家之前，一般需要先一次性还清按揭贷款并涂销抵押。不少夫妻会用夫妻共同存款一次性还款，或用买家的首付款还款。此时，这部分还贷是否属于共同还贷，将来很可能会存在争议。如果法院将此视为共同还贷，那么对应的增值也会变成共同的。

在房屋增值较多的情况下，两者的差距会较大。此时，我们建议用自己的婚前个人存款或借用父母的资金一次性还贷，避免共同还贷可能引发的争议。当然，如果房屋没有增值或增值较少时，则如何一次性还贷并不会带来太大影响。

（3）售房款资金规范管理。

售房后，不论是定金、首付款和其他相关款项，尽量打入一个账户内，避免一行多户头或多行多账户操作，造成资金来源和去向说不清、举证不能的情形。

（4）买卖交易尽量转账，不要采用提现交易。

转账的支付方式，资金来源以及汇款人和收款人信息都可以从银行查出，产生纠纷时容易查清。但若是现金交易，资金来源以及使用资金的性质在产生纠纷时很难说清，容易产生争议。

（5）产权登记在自己一人名下。

如果新购置的房屋产权登记在夫妻双方名下或对方名下，即使购房款为夫妻一方个人财产，也会因登记的情况导致产权发生变化。此时，房屋产权归夫妻双方共同共有，离婚时自然作为共同财产予以分割。但若登记在自己名下，另一方便不能自然拥有房产权利。

当旧房的售房款不足以全款购买新房时，往往会向银行按揭贷款。此时，如果夫妻之间没有书面约定，贷款为夫妻共同债务，贷款对应的房屋份额为共同所有，只有首付款对应的房屋份额为个人所有。

最后，由于房屋置换涉及利益较大，交易环节复杂，可能会导致新房变为夫妻共有。我们建议适当寻求律师的专业帮助，对交易的过程进行把关。

79. 公司员工激励的期权，属于共同财产吗？

期权原本是金融学概念，本质是一种选择权，指能在未来特定时间，选择以特定价格买进或卖出一定数量的特定资产的权利。[①] 回到股权激励领域，期权通常分为股票期权和股份期权。

（1）期权的特点

大壮是广州牛牛股份公司的销售经理，他进入公司后一直努力工作，公司的业绩军功章里有他的一大份功劳。

大城市的房价很高，但大壮从来没有放弃在城市买房的目标。2019 年的某天老板把大壮叫进了办公室。办公室里，老板向大壮提出了个激励计划：只要销售部的业绩每年保持增长 20%，三年后，大壮可以每股 3 元的价格购买公司 1 万股的股权，当然也可以选择不购买。至此，公司授予了大壮 1 万股的股票期权。

大壮激动了，现在公司股票的市场价位 6 元/股，将来股票到手后，不单单自己的资产增加了，以后公司每赚一分钱，里面都有自己的一部分。

这下大壮的工作积极性更高了，为了自己的买房梦，他比以往更加兢兢业业了。

举这个例子，是想说明股票期权具有以下特点：

第一，期权具有人身属性。期权授予是针对特定对象，如公司核心人员、高级管理人员等。公司的期权文件里会对员工的期权设置诸多限制，如不可转让等。

第二，期权附实现条件。获得期权激励的员工获得的是“可期待性”和“选择权”，仅是一种“持股资格”，而非实际持有公司股权。只有达到约定条件后方能行权，行权后才拥有实实在在的股票/股权。而行权条件通常和员工的服务年限、业绩、设定目标的完成度、股票价值的上升等情况挂钩。

第三，期权实现具有不确定性。一方面，期权存在行权条件无法达成的可能性。如员工严重违反员工手册，期权被公司没收、员工辞职而失去期权、公司业绩不达标等。另一方面，即使达到行权条件，员工也有可能不行权。比如，到期股票价格跌破 3 元的行权价，员工觉得会吃亏，就暂时不行权购买。

---

① 陈清泰、吴敬琏：《股票期权激励制度法规政策研究报告》，中国财政经济出版社 2001 年版，第 13 页。

（2）期权的财产性质

目前《民法典》中并没有明确股票期权为夫妻共同财产类型之一，那么，股票期权是否属于夫妻共同财产呢？

我们必须先分析股票期权的性质。前面已经提过股票期权的特点是具有人身属性，且人身性与收益的不确定性紧密联系。受激励员工从获得股票期权，到行权后获得股票这一实际的财产性收益，实际上需投入大量劳动或智力精力，在此过程中，所得的期权并没有转化为实在的有形财产，但是已经转化为获得更高收入的能力、机会或资格①，这符合法定夫妻财产共同所有制的内在本质。

另外，无论从立法规定角度，还是司法实践的角度，股票期权属于财产性权益毫无疑问。早在2011年、2012年，上海地区便有相关的案例认定股票期权属于夫妻共同财产。② 而《民法典》出台后，在第一千零六十二条新增加了“劳务报酬”“投资的收益”这两项夫妻共同财产类型，更为股票期权在夫妻共同财产类型中的归类进一步提供了法律依据。

（3）期权是否属于夫妻共同财产

不同的情形下，需结合具体的案件情况综合分析，简述如下：

第一，期权是在婚前获得，也在婚前行权。员工在结婚前就被授予期权，且在婚前行权，取得公司股权/股票。显然，员工取得的股权/股票完全以个人财产和婚前劳动为对价，应认定属于其个人财产。

第二，期权在婚前获得，婚内行权。这里的关键点是确定行权的那部分期权的行权条件是在婚前已经满足，还是在婚后才满足的。首先，婚前已经满足行权条件。假如大壮取得的1万股期权在第三年（2022年）满足了行权条件。此时，大壮尚未结婚，但由于股票价格跌破了3元，因此暂时没有行权购买股票。2023年1月，大壮和翠花结婚，2024年1月，大壮行权购买公司的股票。在这种情况下，一般认为权益的取得与婚后的劳动无关，故行权后取得的股票属于个人财产。当然，如果行权时使用了夫妻共同存款购买，那么至少本金部分是夫妻共同的。其次，婚后才满足行权条件。假设大壮和翠花结婚的时间是2021年1月，公司给出的行权时间是2022年。则法院会酌情考虑婚内这部分时间的贡献，认定部分股票的财产价值为夫妻共同所有。

第三，期权婚内获得、婚内行权。夫妻一方在婚内被授予期权，且在婚内行权

① 高留志：《家务补偿制度的立法完善》，载《河北法学》2004年第2期，第48页；康娜：《我国离婚财产分割规则之法经济学反思》，载《社会科学家》2009年第6期，第72页。

② 参见（2011）黄民一（民）初字第1260号、（2012）浦民一（民）初字第17439号民事判决书。

购买了该股票、股权。那么，行权购买的股票、股权一般属于夫妻共同财产。

第四，期权婚内获得，离婚后行权。首先，婚内取得的期权，在离婚前已满足行权条件。在离婚前，这类期权已满足行权条件，其价值贡献来源于婚内的劳动，故完全属于夫妻共同财产。虽然该期权在离婚后才行权，但不影响其共有的属性。当然，夫妻一方在离婚后以个人财产行权购置股票/权，在计算共同财产价值时，应当扣减该出资。其次，婚内取得的期权，在离婚后才满足行权条件。在离婚前，有些期权尚未满足行权条件。那么，就要根据实际情况，计算婚内的贡献和婚后的工作贡献的比例。对此，法院有较大的裁量权，同时也需要结合公司的股权激励文件来考量影响婚内和离婚后贡献的因素。

80. 婚后在一方的宅基地上建成的房子，属于共同财产吗？

婚后在一方宅基地上建成的房子，是否属于夫妻共同财产，在司法实践中存在不同的观点。主要的观点有两种：一种是以宅基地使用权的归属作为房屋权属的主要判断依据；另一种是以各方的出资、房产的实际使用、户籍所在地情况等因素作为综合判断依据。①

首先，本文所讨论的宅基地是一方在婚前取得的，那么根据《土地管理法》的相关规定，该宅基地的使用权人一般包括该方婚前的家庭共同成员，故并不包括婚后的配偶。根据《不动产登记暂行条例实施细则》和《不动产登记操作规范（试行）》相关规定，申请宅基地使用权及房屋所有权登记的主体为用地批准文件记载的宅基地使用权人。这就明确了宅基地上房屋所有权登记主体是宅基地的使用权人。根据上述规定，为便于作出房屋的权属判定，有相当部分案件是以宅基地使用权归属作为认定婚后建房权属的主要依据。在这种情况下，婚后在一方宅基地上建成的房子，是无法被认定为夫妻共同财产的。

其次，现实生活中，婚后在一方宅基地上建房时，配偶往往会有出钱、出力、出物资等对建房的实质性贡献。而且房子建成后，配偶也会在该房产里共同居住，并对房屋承担相关的装修、管理、修缮等责任。《民法典》第二百三十一条规定："因合法建造、拆除房屋等事实行为设立或者消灭物权的，自事实行为成就时发生效力。"这为地上房屋的权属应自房屋建成之日起进行认定，而非从宅基地使用权分配之日起进行认定提供了法律依据。因此，产生了另一种认定观点，即以各方对建房的贡献、房产的实际使用、户籍所在地情况等因素作为综合判断依据。因此，

① 参见梅夏英、周丽华：《论宅基地上房屋建成后的权属认定》，载《法律适用》2021年第3期。

如果配偶能够举证证明其在建房时出资出力，那么该房屋所有权将可能根据各方贡献的大小作为共同财产予以分割。

我们认为，宅基地使用权和宅基地上建造的房屋，属于两个物权。只是在“房随地走”的分割原则下，无法把宅基地判给一方，而把宅基地上的房屋判给另一方。婚后合法建造的房屋，都要求有报建的手续，能证明该房屋的建造时间在婚姻关系存续期间。根据《民法典》第二百三十一条[①]的规定，建造人在婚后建造房屋，自建造之日起取得房屋的所有权，因此，宜将所建造房屋推定为夫妻共同财产，除非建造人能证明房屋的出资全部来源于个人存款。

那么，法院在处理该类宅基地房屋时，可以：

（1）把房屋判给宅基地使用权人一方，由该方向另一方补偿相应的房屋价值。

（2）对房屋进行实物分割，即某楼层归男方，某些楼层归女方。

（3）确认双方对房屋享有的份额，并按照份额比例将部分楼层判给男方使用，剩余的楼层判给女方使用。

81. 婚后设立自媒体账户、网店和购买的虚拟货币等虚拟财产属于夫妻共同财产吗？

夫妻财产中，除了我们常见的房屋、汽车、银行存款外，还存在虚拟财产，比如自媒体账号、网店、虚拟货币等。虽然原则上婚姻关系存续期间的财产属于夫妻共同财产，但由于虚拟财产本身的一些特性，所以在认定是不是属于夫妻共同财产时也存在一定的差异。

（1）自媒体账号

夫妻一方或双方用自己的名字注册了自媒体账号，比如微信公众号、新浪微博账号、抖音账号、快手账号、哔哩哔哩账号、小红书账号等，那么这些自媒体账号是否属于夫妻共同财产？

根据目前各大自媒体平台的服务协议约定，虽然自媒体账号是自媒体人注册的，但是自媒体账号的所有权并不属于注册人，而是属于自媒体服务平台，注册人只是账号的使用权人。

鉴于自媒体账号的所有权不属于注册人，那么自媒体账号的所有权本身也就不属于夫妻共同财产。在殷某某与王某的离婚纠纷案中，一审、二审法院即驳回了当

---

① 《民法典》第二百三十一条：因合法建造、拆除房屋等事实行为设立或者消灭物权的，自事实行为成就时发生效力。

事人提出的分割八个微信公众号的请求。[①]

虽然注册人只对账号拥有使用权，但是，运营状况良好的自媒体账号是具有经济价值的。在婚内投入了大量的时间、精力，发布引人关注的内容，吸引粉丝关注，具有一定的传播力、影响力，可以获得广告收入、导流收入。因此，自媒体账号具有一定的商业价值。

那么，自媒体账号使用权的价值是否可以分割？司法实践中案例并不多，但倾向于可以分割。

比如，在尹某、袁某、张某与赵某的合伙协议纠纷案中，法院就委托专业的资产评估公司对案涉微信公众号进行了价值评估，并根据情况对评估的市场价值进行了下调后酌定价格，而后在合伙人之间进行分割[②]；在郑某与田某的离婚纠纷案中，法院认为自媒体账号需要运营才可能有收益，同时存在账号被关闭或其他情形出现时一文不值的风险，不支持对账号进行分割，但是分割其他财产时对对方进行了适当倾斜。[③]

所以，虽然不能直接针对自媒体账号所有权进行分割，但是若自媒体账号存在一定的商业价值，可以对其使用权的价值进行分割，在价值不确定时可以申请价值评估。

除此之外，在婚姻关系存续期间，运营自媒体账号所产生的收益属于夫妻共同财产，运营收益一般最终体现在银行存款、微信存款、支付宝存款等存储账户上。

（2）网店

如果夫妻在婚内以个人名义在淘宝网、天猫、聚划算、飞猪、京东、微店、拼多多等网络平台注册开店，那么该网店是否属于夫妻共同财产？

司法实践中，网店的所有权一般归注册者或者实际经营者。如果网店的注册者与实际经营者都是夫妻一方或双方，那么该网店属于夫妻共同财产。[④]

如果网店的注册者是夫妻一方，但实际经营者并非夫妻，而是夫妻之外的其他人，比如父母、兄弟姐妹、朋友等，那么网店的所有权会存在争议，法院倾向于认为网店属于实际经营者。[⑤] 此时夫妻一方虽然是网店的注册者，但该网店并不属于夫妻共同财产。

---

① 详见（2016）辽01民终13122号民事判决书。

② 详见（2019）沪02民终7631号民事判决书。

③ 详见（2019）辽1282民初3240号民事判决书。

④ 详见（2014）甬东民初字第1579号民事判决书。

⑤ 详见（2020）苏0322民初2046号民事判决书、（2019）沪0112民初27494号民事判决书。

另外，如果夫妻是用公司的名义注册网店，那么该网店属于公司所有，不属于夫妻共同财产，夫妻可以通过分割公司的股权或股权价值实现对网店享有的权益。

在经营网店的过程中，可能会形成商品库存，也可能会注册商标、拍摄照片、视频等形成商标权、著作权、商誉等知识产权，还可能会因出售货物或提供服务形成对外债权。如果网店属于夫妻共同财产，前述商品库存、知识产权等所涉及的财产利益、对外债权也属于夫妻共同财产。夫妻双方可以协商确定网店及其相关的库存、知识产权、债权的整体价值[①]，也可以通过评估的方式分别确定其财产价值或整体价值。

除此之外，在婚姻关系存续期间，经营网店所产生的收益也属于夫妻共同财产，经营收益一般最终体现在银行存款、微信存款、支付宝存款等存储账户上。

（3）虚拟货币

虚拟货币，主要是指互联网上的非真实的货币，比如比特币、莱特币、以太币、泰达币等。

虚拟货币虽然号称“货币”，但在我国并不具有法定货币的地位。2021 年 9 月 15 日，中国人民银行、中央网信办、最高人民法院等发布了《关于进一步防范和处置虚拟货币交易炒作风险的通知》，明确规定：“虚拟货币不具有与法定货币等同的法律地位。比特币、以太币、泰达币等虚拟货币具有非货币当局发行、使用加密技术及分布式账户或类似技术、以数字化形式存在等主要特点，不具有法偿性，不应且不能作为货币在市场上流通使用。”

《中国人民银行、工业和信息化部、中国银行业监督管理委员会等关于防范比特币风险的通知》（银发〔2013〕289 号）就曾对比特币的属性进行阐述：“虽然比特币被称为‘货币’，但由于其不是由货币当局发行，不具有法偿性与强制性等货币属性，并不是真正意义的货币。从性质上看，比特币应当是一种特定的虚拟商品，不具有与货币等同的法律地位，不能且不应作为货币在市场上流通使用。”亦即，虚拟货币充其量属于虚拟商品，不具有与法定货币等同的法律地位，不能作为货币在市场上流通使用。任何人和组织不得从事虚拟货币相关的非法金融活动，参与虚拟货币投资交易活动也会存在相关民事法律行为无效的法律风险。

比如，在姚某诉马某、史某民间借贷纠纷一案[②]中，姚某出借了“价值 90 万元人民币”的 129870USDT（泰达币）给马某、史某，马某、史某还向姚某出具了借

① 详见（2014）闵民一（民）初字第 18439 号民事判决书。
② 详见（2021）苏 0591 民初 1823 号民事判决书。

条，约定了还款日期。因马某、史某逾期不偿还借款，姚某起诉至法院要求偿还未还借款本息。人民法院认为："公民投资和交易不合法的'虚拟货币'，虽系个人自由，但是不能受法律保护。马某、史某和姚某通过网络虚拟货币发生的行为，不受法律保护，由此导致的后果及损失由双方自行承担。"法院判决驳回姚某的诉讼请求。

理论上来说，使用夫妻共同财产购买虚拟货币，则虚拟货币也属于夫妻共有，此时只是财产的形态发生了变化，而权属没有发生变化。但考虑到虚拟货币本身的特性与法律性质，司法实践中要分割虚拟货币并不容易。目前司法实践中，离婚诉讼中分割虚拟货币的情况并不多见，我们认为虚拟货币可以按如下情况处理：

第一，若夫妻双方都认可虚拟货币的存在，且对虚拟货币的分割不存在争议，建议双方自行处理。在甘某与张某离婚纠纷一案①中，法院认为："关于投资 10000 元虚拟货币的问题，因该投资系虚拟货币，且为我国法律所禁止，张某亦表示愿意将该投资账户转让给甘某，故本院对此不予处理。"

第二，若夫妻双方都认可虚拟货币的存在，但对虚拟货币的分割存在争议，一方主张按照虚拟货币数量分割，一方主张按照虚拟货币折算成人民币的价值分割，此时法院可能很大程度上仍会以"虚拟货币的投资和交易不受保护"为由而不予处理。但若个别法院认为虚拟货币是虚拟商品，也属于夫妻共有财产，可以进行分割。那么法院亦倾向于对虚拟货币的数量进行分割，而不是将虚拟货币换算成人民币价值进行分割，即对虚拟商品进行实物分割。

在深圳某科技公司与某区块链公司的确认合同无效纠纷一案②中，一审法院判决合同无效，并判决深圳某科技公司"返还服务费 252900USDT，如不能返还，应折价补偿人民币 1740000 元"。二审法院对该判决进行了纠正，认为："原审判决上诉人如不能返还，应折价补偿人民币 1740000 元，实质上是变相支持了虚拟货币与法定货币之间的兑付和交易，与《关于防范代币发行融资风险的公告》规定的禁止虚拟货币的兑付、交易及流通的精神不符，本院予以纠正"，二审判决变更为深圳某科技公司"返还服务费 252900USDT"，不支持按人民币折价返还。同理，在离婚纠纷中，若将虚拟货币折算成人民币进行分割，则相当于变相认可其与人民币之间的兑付与交易，与现行法律规定相悖。

第三，若持有虚拟货币一方拒绝承认持有，则另一方很可能无法证明虚拟货币

① 详见（2017）鄂 02 民终 1458 号民事判决书。

② 详见（2020）粤 03 民终 26385 号民事判决书。

的真实存在，此时可以考虑直接分割购买虚拟货币的资金。如果一方使用夫妻共有财产购买虚拟货币，则预示着银行账户的资金“不翼而飞”，在无法查实虚拟货币的情况下，另一方可以主张对转移、隐藏的银行账户资金进行分割①，从而弥补夫妻共有财产的损失。

82. 婚后购买的保险，属于夫妻共同财产吗？

保险合同分为两种：一种是消费型的保险。投保人购买之后没有分红，日后也没有任何现金返还，如人身意外险、旅游险、财产责任险等。另一种是储蓄型的保险。投保人购买之后，保单具有现金价值。现金价值会随着逐年缴费和保险公司的管理而有所增加，投保人或被保险人根据合同的约定，每隔一段时间可以取得分红。如果投保人解除该类储蓄型的保险，保险公司也会按照当期的保单现金价值返还给投保人。因此，保单是否有夫妻共同的财产性利益，主要看是哪种保单。判断保单最直接的依据就是保险合同条款和保单的现金价值表。一般而言，保险合同会把现金价值表附在合同之中，从这个表里可以看出保单每年的现金价值。

在离婚时，当夫妻一方和保险公司解除合同，会得到一笔现金价值的费用返还。这笔费用属于夫妻共同存款，自然可以按数额分割。然而，在离婚时，当事人没有和保险公司解除合同且希望以后继续履行合同的，这种情况又该如何处理？

依照《第八次全国法院民事商事审判工作会议（民事部分）纪要》第四条②规定，投保人和被保险人同为夫妻一方的，投保人支付保单现金价值的一半给另一方。

实践中，另一种常见的情形是，夫妻一方为未成年子女购买保险。那么，当被保险人是子女时，如何处理？

我们认为，当父母为子女投保，保险合同尚在履行之中，涉及子女的利益。同时，现金价值的大小，也与子女是否触发保险理赔的情形有关。比如，如果子女将来得了重疾，理赔用于治疗后，保单的现金价值会大幅减少。因此，在离婚时法院不宜将这类保险作为夫妻共同财产进行分割。

---

① 《民法典》第一千零六十六条：婚姻关系存续期间，有下列情形之一的，夫妻一方可以向人民法院请求分割共同财产：（一）一方有隐藏、转移、变卖、毁损、挥霍夫妻共同财产或者伪造夫妻共同债务等严重损害夫妻共同财产利益的行为……

② 《第八次全国法院民事商事审判工作会议（民事部分）纪要》第四条：婚姻关系存续期间以夫妻共同财产投保，投保人和被保险人同为夫妻一方，离婚时处于保险期内，投保人不愿意继续投保的，保险人退还的保险单现金价值部分应按照夫妻共同财产处理；离婚时投保人选择继续投保的，投保人应当支付保险单现金价值的一半给另一方。

83. 婚前购买的保险，但婚后继续缴纳保费，属于夫妻共同财产吗？

根据上述问答可知，保险合同是否存在夫妻共同的财产性利益，主要看保险合同条款和保单现金价值。那么，消费型的保险在婚后继续缴纳保费，显然也不会有现金价值。当然，有的消费型的保险保费不高且一次性缴纳，很少出现分期缴纳的情形。而夫妻一方在婚前购买保险时没有子女，也很少出现被保险人是子女的情况，已生育子女二婚的除外。

常见的争议情形是夫妻一方在婚前为自己购买储蓄型保险，被保险人也是自己，婚后持续缴纳保费的情况。在这种情况下，保单的现金价值既有婚前财产的贡献，也有婚后财产的贡献。我们认为可以通过计算婚后缴纳保费的比例确定现金价值中属于夫妻共同财产的比例。

84. 因年金保险取得的生存金，属于夫妻共同财产吗？

所谓的年金保险，一般是指在被保险人生存期间，保险人按照合同约定的金额、方式，在约定的期限内，有规则、定期地向被保险人支付保险金的保险。年金保险与意外险、疾病险有明显的区别。意外险和疾病险是被保险人出现人身意外或疾病后，保险公司向被保险人理赔。被保险人获得的理赔金额属于人身损害的赔偿，属于被保险人的个人财产。①

通常来说，如果夫妻一方在婚姻关系存续期间购买这类保险，而自己或对方又是被保险人的，则定期领取的年金属于夫妻共同财产。

如果夫妻一方在婚前就购买了这类保险，婚后有继续缴费的，则领取的年金里含有夫妻共同的份额。法院处理该类保险年金会有一定的自由裁量权，通常要考虑婚前和婚后缴纳的比例。

当然，如果夫妻关系存续期间，夫妻一方为未成年子女购买年金险如教育险等，此时要注意保险合同的约定，年金究竟是支付给被保险人，还是投保人。如果合同明确约定支付给被保险人，而实践中往往是投保人即父母一方代为领取，此时所领取的年金归属可能会存在争议。因此，夫妻一方为未成年子女购买年金险时，务必注意合同条款的设置。否则，在离婚时另一方可能会主张分割所领取的年金。

① 《第八次全国法院民事商事审判工作会议（民事部分）纪要》第五条：婚姻关系存续期间，夫妻一方作为被保险人依据意外伤害保险合同、健康保险合同获得的具有人身性质的保险金，或者夫妻一方作为受益人依据以死亡为给付条件的人寿保险合同获得的保险金，宜认定为个人财产，但双方另有约定的除外。婚姻关系存续期间，夫妻一方依据以生存到一定年龄为给付条件的具有现金价值的保险合同获得的保险金，宜认定为夫妻共同财产，但双方另有约定的除外。

85. 婚后取得的住房公积金，是否属于夫妻共同财产？

住房公积金是单位及其在职职工缴存的长期住房储金，专项用于住房消费支出，不得挪作他用。住房公积金由两部分组成，一部分由职工所在单位缴存，另一部分由职工个人缴存。职工个人缴存部分虽然由单位从工资中代扣，但本质上仍然属于员工自己掏钱缴存。

（1）婚后取得的住房公积金属于夫妻共同财产

《民法典婚姻家庭编的解释（一）》明确规定了在婚后男女双方实际取得或者应当取得的住房补贴、住房公积金，在双方没有采用书面形式明确约定的情况下，应当属于夫妻共同财产。[①]

因此，个人婚前按揭房在婚后以公积金还贷的，属于夫妻共同还贷，对应的房屋份额属于夫妻共同财产。

（2）实际分割的处理

住房公积金每月缴纳至住房公积金管理中心账户，如果要提取，对缴存人有一定条件，且必须先证明是专项用于住房消费支出，具有限制性。在夫妻关系存续期间，如果没有法定事由出现，公积金所有权人是无法将住房公积金从其账户中提取出来的。“资金无法变现”往往成为离婚案件中，抗辩方拒绝分割住房公积金的重要理由。所以，在面临离婚财产分割的时候，通常是先证明公积金账户的资金总额，再按婚内财产共同共有的原则，折价分割。

86. 婚后缴纳的社保，是否属于夫妻共同财产？

“社保”即“社会保险”的简称，根据《社会保险法》第二条[②]规定，社会保险包括养老保险、失业保险、工伤保险、医疗保险、生育保险五种。

（1）婚后缴纳的养老保险个人账户对应资金属于夫妻共同财产

养老保险，全称社会养老保险金，个人养老保险账户由个人缴纳部分和社会统筹基金两部分组成。《民法典婚姻家庭编的解释（一）》明确规定婚姻关系存续期

---

① 《民法典婚姻家庭编的解释（一）》第二十五条：婚姻关系存续期间，下列财产属于民法典第一千零六十二条规定的“其他应当归共同所有的财产”：（一）一方以个人财产投资取得的收益；（二）男女双方实际取得或者应当取得的住房补贴、住房公积金；（三）男女双方实际取得或者应当取得的基本养老金、破产安置补偿费。

② 《社会保险法》第二条：国家建立基本养老保险、基本医疗保险、工伤保险、失业保险、生育保险等社会保险制度，保障公民在年老、疾病、工伤、失业、生育等情况下依法从国家和社会获得物质帮助的权利。

间，男女双方实际取得或者应当取得的基本养老金属于夫妻共同财产。[①] 离婚案件中，往往夫妻双方尚未退休，不符合领取养老保险金条件，但养老保险金账户中在婚后个人实际缴付的部分系夫妻共同财产，法院会对能够查明的金额予以分割。[②]

（2）婚内领取的失业保险属于夫妻共同财产

失业保险不设立个人账户，是对因失业而暂时中断生活来源的劳动者提供物质帮助进而保障失业人员失业期间的基本生活，促进其再就业的制度。在婚内失业期间领取的失业保险金，系失业者劳动收入的替代收入。根据《民法典》规定，婚姻关系存续期间取得的工资、奖金、劳务报酬等，为夫妻的共同财产，因此失业保险金也应当归夫妻共同所有。

（3）婚后缴纳的医疗保险个人账户对应资金属于夫妻共同财产

医疗保险，分为职工基本医疗保险、城镇居民基本医疗保险、新型农村合作医疗等。医疗保险账户，有个人缴纳部分，对应医保个人账户；另有用人单位缴纳或政府补贴部分，对应医保统筹账户。

个人账户资金又分为当年计入金额和账户历年结余累计金额。目前在司法实践中，个人账户资金涉及夫妻财产部分可分割，也即如果是婚内以夫妻共同财产缴纳的个人账户资金，按夫妻共同财产分割。

（4）工伤保险属于个人财产

工伤保险，是为了保障因工作遭受事故伤害或者患职业病的职工获得医疗救治和经济补偿，促进工伤预防和职业康复，分散用人单位的工伤风险。工伤保险待遇属于“一方因受到人身损害获得的赔偿或者补偿”，具有较强的人身属性，应当属于个人财产。[③]

（5）生育保险有争议

生育保险包括生育医疗待遇和生育津贴，是否属于夫妻共同财产，司法实践中

---

① 《民法典婚姻家庭编的解释（一）》第二十五条：婚姻关系存续期间，下列财产属于民法典第一千零六十二条规定的“其他应当归共同所有的财产”：（一）一方以个人财产投资取得的收益；（二）男女双方实际取得或者应当取得的住房补贴、住房公积金；（三）男女双方实际取得或者应当取得的基本养老金、破产安置补偿费。

② 《民法典婚姻家庭编的解释（一）》第八十条：离婚时夫妻一方尚未退休、不符合领取基本养老金条件，另一方请求按照夫妻共同财产分割基本养老金的，人民法院不予支持；婚后以夫妻共同财产缴纳基本养老保险费，离婚时一方主张将养老金账户中婚姻关系存续期间个人实际缴纳部分及利息作为夫妻共同财产分割的，人民法院应予支持。

③ 《民法典》第一千零六十三条：下列财产为夫妻一方的个人财产：（一）一方的婚前财产；（二）一方因受到人身损害获得的赔偿或者补偿；（三）遗嘱或者赠与合同中确定只归一方的财产；（四）一方专用的生活用品；（五）其他应当归一方的财产。

的两种意见均有各自依据，目前尚无定论：一种观点认为，生育保险系女方因生育子女而导致劳动力中断时给予的生育津贴和医疗待遇[①]，是国家为女职工提供的专门保障，具有人身依附性和专属性，应为女方的个人财产。[②] 另一种观点认为，生育保险制度属于国家的基本社会保险制度，所有用人单位根据雇佣员工人数，不分男女，统一缴纳，所以男职工也是生育保险的保障主体，不能认为生育保险是保障妇女一方的，生育医疗补助和生育津贴其实质是生育产假期间的工资补偿，均属于对夫妻共同财产损失的补助，属于夫妻共同财产。[③]

87. 婚后取得的复员费，是否属于夫妻共同财产？

复员费是对军官、文职干部经批准，退出现役作复员安置时，依据军龄长短计发给个人的各种费用的统称。

（1）婚后取得的复员费属于夫妻共同财产

发放复员费的目的在于对退伍军人安家、回乡生产生活等提供资金支持。所以虽然复员费是一次性费用，但根据它的性质和目的，可以将它看作国家向退伍军人支付的自入伍至七十岁期间的薪酬，婚姻关系存续期间对应的那部分薪酬，自然属于夫妻共同财产，其余属于个人财产。

（2）具体怎么计算

根据《民法典婚姻家庭编的解释（一）》第七十一条规定[④]，以夫妻婚姻关系存续年限乘以复员费、自主择业费年平均值，所得数额为夫妻共同财产。计算公式为：年平均值×婚姻年限。

什么是年平均值？

法律规定年平均值是指：将发放到军人名下的复员费、自主择业费总额，按人均寿命七十岁与军人入伍时实际年龄的差额，均分得出的数额。

---

① 《社会保险法》第五十六条：职工有下列情形之一的，可以按照国家规定享受生育津贴：（一）女职工生育享受产假；（二）享受计划生育手术休假；（三）法律、法规规定的其他情形。生育津贴按照职工所在用人单位上年度职工月平均工资计发。

② 详见（2013）昆民二终字第1191号、（2015）红民初字第7007号、（2019）宁02民终753号民事判决书。

③ 详见（2014）朝民初字第26427号、（2015）淄民一终字第709号民事判决书。（2019）宁02民终753号民事判决书。

④ 《民法典婚姻家庭编的解释（一）》第七十一条规定："人民法院审理离婚案件，涉及分割发放到军人名下的复员费、自主择业费等一次性费用的，以夫妻婚姻关系存续年限乘以年平均值，所得数额为夫妻共同财产。前款所称年平均值，是指将发放到军人名下的上述费用总额按具体年限均分得出的数额。其具体年限为人均寿命七十岁与军人入伍时实际年龄的差额。"

如果一个人 20 岁入伍，25 岁结婚，30 岁退伍，35 岁离婚，退伍时取得 15 万元复员费，那么：年平均值 = 150000÷（70-20）= 5000 元，复员费中属于夫妻共同财产的部分 =（35-25）×5000 = 50000 元。

88. 父母在子女结婚前去世，但子女婚后才继承的财产，属于共同财产吗？

在现实中，时常会出现这类情况：父母去世后，子女没有急着办理继承手续，又或者在漫长的继承诉讼中，与他人结婚了，在婚后，才把遗产继承到自己名下。此时，看上去该遗产是在婚后取得的，那么是否属于夫妻共同财产呢？

我们认为，该财产不属于夫妻共同财产，属于一方婚前财产。因为，继承自被继承人死亡时就已经开始了。① 即父母去世后，子女虽然没有办理继承手续，但继承已经开始。有遗嘱的，按遗嘱继承；没有遗嘱的，按法定继承。此后，无论什么时候把遗产过户至各继承人名下，只是遗产的处理时间问题。所以，法律进一步规定，在遗产处理完毕之前，继承人可以书面方式表示放弃，否则视为接受继承。

《民法典》第二百三十条②明确规定，因继承取得物权，自继承开始即发生效力，即在被继承人去世时那一刻起，遗产就属于继承人所有了。因此，无论什么时候处理遗产，物权都是从被继承人死亡时就已经取得了。

所谓“在婚后才继承”的说法，只是大众误把“遗产过户或办理继承公证”等同于继承，但实际上这属于遗产处理的程序，而不是继承发生的时间。

故，婚前父母去世，子女婚后才办理继承手续取得的遗产，依然属于婚前个人财产。

89. 夫妻双方都是股东，是否按工商登记上的股权比例享有股权？

当夫妻双方都是股东的时候，夫妻之间有了复合身份，既涉及婚姻家庭法律关系，又涉及公司法律关系。股权实际行使之时，是否按工商登记比例，要从对内关系和对外关系两个场景分别讨论。

（1）对外关系中，应按工商登记上的股权比例享有股权

在公司对外关系中，股权更注重股东的人身属性，比如在股东会决策、公司对外担保、合同签订等商事活动中，应当适用《公司法》相关规定，在没有相反证据的情况下，应按工商登记的股权比例享有股东权利、承担股东义务。

---

① 《民法典》第一千一百二十一条第一款：继承从被继承人死亡时开始。

② 《民法典》第二百三十条：因继承取得物权的，自继承开始时发生效力。

根据《公司法》规定，股东权利凭证可通过公司章程、股东名册、公司登记机关登记、认股书等查询确认，未经登记机关登记的，不得对抗第三人。[①] 也就是说，工商登记具有对外公示的效力，即使夫妻双方都是公司股东，即使另有股权比例的约定，但这都属于股东间的内部关系，在公司对外活动中仍以工商登记上的股权比例为准。

（2）夫妻内部关系中，一般不以工商登记的比例认定夫妻享有的份额

在夫妻内部关系中，如在离婚财产纠纷中、婚内财产分割时，更加注重股权的财产属性，更多地适用婚姻家庭法律规定，如《民法典》婚姻家庭编及其司法解释等。

第一，如果夫妻双方之间对股权有书面约定则按约定享有股权。

根据《民法典》的规定，夫妻可以书面形式约定财产制，夫妻财产关系中有书面财产约定的，先适用书面财产约定，没有约定的适用法律规定。比如，在婚后以夫妻共同财产成立的公司中，丈夫持有 80%的股权，妻子持有 20%的股权。但后来，夫妻书面约定妻子占有该公司 80%的股权，丈夫仅占有 20%。则在双方离婚时，妻子可以主张分割 80%的股权数量或对应价值。

第二，无书面约定、以夫妻共同财产出资的，不按工商登记比例享有股权。

婚后出资获得股权大多以夫妻共同财产出资。如果双方之间没有关于股权的书面约定，那么该股权属于夫妻共同财产，不按工商登记比例享有股权。

有人会问，难道工商登记不能看作双方的书面约定吗？答案是确实不能。按照日常生活经验及常识理解，夫妻通常被视为统一体，加之夫妻财产是共有的，因此在投资设立公司时，不会像普通的合作伙伴一样严格按照出资比例登记股权，因此工商登记载明的持股比例并不能视为夫妻间的财产约定。有些地方法院对该问题专门作了相应的规定，明确指出除非双方另有约定，如书面的夫妻财产协议等[②]，工商登记中载明的夫妻双方股权份额不构成夫妻间财产约定。

90. 夫妻是否按产权证登记的比例享有房屋份额？

通常来说，登记了夫妻名字的房屋，会注明“共同共有”或“各自 1/2”的比

---

① 参见《公司法》第三十二条。

② 参见北京市高级人民法院民一庭《关于审理婚姻纠纷案件若干疑难问题的参考意见（2016）》第二十二条、《江苏省高级人民法院关于〈家事纠纷案件审理指南（婚姻家庭部分）〉》第四十二条、《浙江省高级人民法院关于审理婚姻家庭案件若干问题的解答［高法民一〔2016〕2 号］》第十三条、《深圳市中级人民法院关于婚姻家庭纠纷案件的裁判指引（2014 年修改）》第二十四条等。

例。但如果产权证上明确登记的房屋比例不同，如一方登记为90%，另一方登记为10%。在离婚的时候，是否也按照9：1的比例分割呢？

这个问题的本质，就是要探究产权证上登记的比例是否视为夫妻对房屋份额的确认或约定。司法裁判实务中有两种不同观点。

（1）按照产权登记确定份额，即认可双方约定按份共有

这种观点认为，婚后购买房产，通常房产交易登记中心在产权登记前，会要求夫妻双方填写登记申请表，该表格要求填写“共同共有”“按份共有及比例”的内容，同时窗口还会对双方做一份询问笔录。尽管有些夫妻没怎么看就签字了，但这些材料属于非常严肃的法律文件，视为双方对房屋份额作出约定。由此，双方对房产权属达成了按各自比例共有的协议，这符合夫妻财产分别制的规定，对双方都有约束力。民事主体应遵循诚信原则，才属公允，因此双方应按约定执行。[①]

（2）夫妻关系特殊，房产登记份额不必然是约定按份共有

这种观点认为，因夫妻身份的特殊性，夫妻房产共同共有为原则，另有约定除外。但产权登记的比例，不能等同于夫妻对财产共有性质和各自份额的约定。因为产权证上登记不同份额，并非夫妻书面约定财产的形式，否则登记在一方名下的夫妻共同房产为何通常均分？况且夫妻财产关系基于婚姻关系，属于人身关系，应优先适用《民法典》婚姻家庭编的相关规定，而不能仅适用《民法典》物权编关于物权登记的规定。如果登记份额为按份共有，那么夫妻是否可以随时提出分割房产？事实上，夫妻分割房产有严格的条件限制，比如离婚、一方有严重损害夫妻共同财产利益行为之时[②]方可。

经过研读大量的法院判例，在夫妻没有举证另有约定的情况下，目前司法实务裁判主流观点依旧倾向于按照产权登记情况确定各方份额。然而，在个别案件中，法官根据具体情况行使了自由裁量权，不按照登记的份额分割房屋。这类裁判虽不具有代表性，但也足以引起我们的警惕。为此，我们建议：

（1）夫妻选择按份共有登记时，应对份额的比例有所沟通和思考。如双方沟通后确定了比例，宜另外签订书面的确认书或者财产协议。

---

① 详见（2016）辽01民终10980号、（2016）沪02民终7445号、（2016）宁01民终643号、（2016）粤06民终5447号、（2017）京0114民初14619号、（2018）沪0112民初8656号、（2019）沪0115民初4324号、（2020）沪0115民初29191号、（2021）湘0802民初531号等民事判决书。

② 《民法典》第一千零六十六条：婚姻关系存续期间，有下列情形之一的，夫妻一方可以向人民法院请求分割共同财产：（一）一方有隐藏、转移、变卖、毁损、挥霍夫妻共同财产或者伪造夫妻共同债务等严重损害夫妻共同财产利益的行为；（二）一方负有法定扶养义务的人患重大疾病需要医治，另一方不同意支付相关医疗费用。

（2）当房屋登记在一人名下，产权登记中心要求配偶填写放弃产权声明时。如果配偶一方并非真实意思要放弃，此时，夫妻二人一定要另外签署书面协议，协议明确约定房屋虽登记在一人名下实际归属夫妻共同财产，还可以明确在产权登记中心配合填写的放弃产权声明只是遵循行政手续的要求，并不是配偶方真实意思表示。

三、夫妻财产处理权

91. 如何理解夫妻平等的财产处理权？

《民法典》第一千零六十二条第二款规定，夫妻对共同财产，有平等的处理权。对于夫妻共同财产，夫妻双方都有平等的所有权及处理权。具体表现为：

第一，夫或妻在处理夫妻共同财产上的权利是平等的，因日常生活需处理夫妻共同财产的，任何一方均有权决定，属于家事代理权的范畴。

第二，夫或妻非因日常生活需对夫妻共同财产做重要处理决定的，夫妻双方应当平等协商，取得一致意见。

实际上《民法典》只是简单地要求夫妻在处理重大财产时协商一致。比如出售共有房屋、大额借款、大额消费等。但如果夫妻在长期共同生活中，并没有定期、及时地了解对方收入及支出情况，等到离婚的时候才发现对方没有存款或已经将房屋出售。此时，其主张自己不知情或未经其同意，法院未必会采信。法院可能会倾向于认为夫妻对于家庭经济情况应当知情，特别是在夫妻感情没有出现重大矛盾之前。

因此，为了塑造夫妻之间的财产安全，不能只靠法律赋予的平等处理权。夫妻在日常生活中应采用一定的措施对财产进行管理以及了解对方的收入、存款及财产使用情况，如夫妻共同房产宜登记在双方名下等。

92. 如何理解家事代理权？

《民法典》第一千零六十条①规定了家事代理权。一般情况下，因家庭日常生活需要，夫妻一方以自己的名义或者家庭的名义实施法律行为处分夫妻共同财产的，该处分行为的效力对夫妻二人均产生法律效力。因为基于有效的婚姻关系，一

---

① 《民法典》第一千零六十条：夫妻一方因家庭日常生活需要而实施的民事法律行为，对夫妻双方发生效力，但是夫妻一方与相对人另有约定的除外。夫妻之间对一方可以实施的民事法律行为范围的限制，不得对抗善意相对人。

方当然地享有日常事务法定代理权。除非实施法律行为的夫妻一方与相对人另行约定该法律行为仅归属于自己承受的，否则该法律行为直接归属于夫妻双方共同承受。同时该条文也规定了，夫妻之间对一方可以实施的民事法律行为范围的限制，不得对抗善意相对人。

简而言之，因为家庭日常生活需要，夫妻一方有权单方处分共同财产，法律效力却及于夫妻双方。由于家事代理权只限定基于“家庭日常生活需要”，那么什么是“家庭日常生活需要”就至关重要。

根据最高人民法院的观点，家庭日常生活需要是指通常情况下必要的家庭日常消费，主要包括正常的衣食消费、日用品购买、子女教育、老人赡养等各项费用，是维系一个家庭正常生活所必需的开支。①

因此，判断是否属于家庭日常生活需要，主要从用途、金额和家庭收入及过往的消费习惯综合判断。比如，一个 2 万元的医美消费项目，对于月收入不足 4000 元的家庭来说，就不是家庭日常生活需要的消费；但对于月收入 10 万元的家庭来说，则可能是合理的。因此，日常生活需要并不能简单地以金额论。

基于上述“家庭日常生活需要”，夫妻双方均享有家事代理权，可“以自己的名义”，亦可“以夫妻共同的名义”，还可“以家庭的名义”实施家事代理行为，但对家事代理权约定限制不得对抗善意相对人，目的系保护善意的交易相对方，保护交易的公平性与安全性。

第一，为防止夫妻一方滥用家事代理权，夫妻通过约定对一方家事代理权限范围的限制，不能对抗善意的相对人。

第二，因家庭日常生活需要，夫妻一方超出约定限制范围，虽属无权代理，但交易相对人善意时，该行为应该受到保护，产生法律效力。即善意相对人有权主张该法律行为直接归属于夫妻共同承受。例如，夫妻双方约定借款超过 5000 元的，应当取得另一方的同意。丈夫在未告知妻子的情况下，为孩子报兴趣班刷了 6000 元信用卡。若丈夫无力偿还该信用卡欠款，银行属于善意的第三人，可以要求夫妻共同承担该笔债务。

93. 夫妻一方擅自卖了房子，配偶可以要求返还吗？

在现实生活中，有些夫妻双方共同共有的房屋只登记在了夫妻一方名下。例如，婚后购买房屋时，支付的款项是夫妻共同存款，但只登记了丈夫的名字。这类

---

① 见《夫妻共同债务究竟如何认定？——最高人民法院民一庭负责人解读夫妻债务纠纷案件司法解释》。

房屋本身属于夫妻共同共有。

尽管如此，在房屋登记管理的规定中，房屋登记人才是权利人，其配偶只能算是利害关系人。比如，房屋登记了丈夫名字，权利人自然就是丈夫。在一些地区办理房屋过户、抵押时，房管局只需要权利人签字，并不需要配偶签字。那么，夫妻一方出售房屋时，可能与配偶进行过商议，也可能没有进行过商议。配偶事后主张买卖合同无效并要求返还房屋，可能存在配偶方真的不知情，也有可能事先知情，但由于房价上涨，找理由阻止交易。此时，则需要判断买受人是否属于善意取得。①

善意取得的要求如下：

第一，买受人主观上是善意购买。不存在恶意串通，如买受人有理由相信出卖人是单身，又如买受人已经尽了相关注意义务，或者买受人不应当知道房屋属于夫妻共同且未经配偶一方同意出售等。如果买受人是男方近亲属，很难推脱说不知道这套房屋属于夫妻共有。

第二，买受人支付了合理的房款。所谓合理的房款，一般要求不低于市场价的 70%。

第三，已经办理房产过户手续。

以上三个要求缺一不可。在买受人已善意取得房屋产权的情况下，配偶只能要求擅自出售房屋的一方赔偿损失，而不能要求返还房屋。在买受人不符合善意取得的情况下，配偶可以“无权处分”为由阻止房屋过户或要求返还房屋。

94. 夫妻一方擅自资助其亲戚买房，配偶可以要求返还吗？

夫妻一方擅自资助其亲戚买房，属于将大额的夫妻共同存款擅自赠与他人，显然侵害了另一方的财产权益，配偶可以要求返还出资，但不能要求返还房屋。因为当初赠与的标的物本身是存款，而不是房子。

但有种观点认为，该赠与行为应认定部分无效，而非全部无效。理由是夫妻共同存款中既包含丈夫的份额也包含妻子的份额，他人所获赠的存款中有一半为夫妻一方的份额。因此，配偶只能要求返还一半存款。

我们认为，夫妻共同财产在尚未分割时，属于不分份额地共同共有。只有在分割的时候，才能明确各自具体的份额。在离婚析产或婚内析产诉讼中，有照顾无过错方、女方和子女权益的分割原则，也有关于转移、隐匿、损毁、挥霍财产的法律

① 《民法典婚姻家庭编的解释（一）》第二十八条第一款：一方未经另一方同意出售夫妻共同所有的房屋，第三人善意购买、支付合理对价并已办理不动产登记，另一方主张追回该房屋的，人民法院不予支持。

责任。在实际分割时，可能一方会分得多于一半的财产。

因此，夫妻共有财产在未分割时依然是一个共同共有的整体，应当全部返还。最高人民法院民事审判第一庭在相关的指导案例中也持此观点。①

95. 夫妻一方给予其父母的生活费、医疗费、养老费等钱财，配偶可以要求返还吗?

《民法典》第一千零六十七条规定子女有赡养父母的义务，成年子女不履行赡养义务的，缺乏劳动能力或者生活困难的父母，有要求成年子女给付赡养费的权利。《老年人权益保障法》第十四条也规定子女对父母负有赡养义务，赡养人的配偶应当协助赡养人履行赡养义务。

因此，夫妻一方婚后给父母的生活费、医疗费、养老费等钱财具有赡养的性质。如果给付金额未明显超出当地的生活消费水平和赡养人的负担能力，即使未取得另一方的事先同意或事后追认，另一方也不得要求返还。因为另一方也负有协助赡养的义务。

至于在离婚时，是否可以要求配偶赔偿赡养费一半的夫妻共同财产损失，则可能会存在争议。如果给付金额明显过高，对于明显超出的部分，配偶则可以主张返还。由支付赡养费的一方证明其合理性、必要性和实际支出情况，比如用于住院治疗等。同理，在离婚诉讼中，给予父母非必要的高额赡养费，可能会被认定为转移或擅自处分夫妻共同财产，损害配偶的利益，其应当少分或不分，又或者向另一方进行补偿。

96. 夫妻一方赠与钱财给情人，配偶可以要求返还吗?

将夫妻共同财产赠与情人的行为，因属于无权处分且违反公序良俗，应认定为无效。

虽然，因家庭日常生活需要而处理夫妻共同财产的，任何一方有权决定。夫妻一方赠送给情人的礼物、钱财等显然不属于夫妻日常生活需要且不可能取得配偶的同意，已经侵犯了夫妻共同财产权，属于无权处分。同时，赠与财产给情人的行为本身也违反公序良俗，属于无效的民事法律行为。

在实务中需要注意四点:

---

① 最高人民法院民事审判第一庭:《夫妻一方擅自将共同财产赠与他人的纠纷如何处理》，载最高人民法院民事审判第一庭编:《民事审判指导与参考》2013年第2辑(总第54辑)，人民法院出版社2013年版，第119—124页。

第一，返还的标的。夫妻一方将存款转账给情人，情人再用于购买房屋或车辆，配偶应主张返还原赠与标的，即金钱，而不是房子或车辆。如果夫妻一方先购买房子，再把房子过户给情人，此时赠与的标的是房子，配偶可以要求返还房子。

第二，一般而言，在这类案件中，出轨方和受赠方会以存在经济交易或劳动报酬来抗辩。主张返还一方，最好能证明存在出轨的事实。

第三，配偶主张返还款项，要提供相应的转账流水等凭证证明款项的去向。在离婚案中，通过法院或律师调取的流水会更加完整。若只有一两笔转账记录就起诉对方，法院可能不会进一步调取对方更多的私人流水，无法查清所有的赠与款项。因此，这类案件要么出轨方充分配合提供证据，要么往往需要经历离婚案件对证据进行一轮细致的摸查之后再启动。

第四，在离婚案件中发现对方赠与情人钱财，未必一定另案向情人主张返还。可在离婚案中，直接主张出轨方赔偿一半或以上的款项。这样会更加节省时间、精力。

97. 夫妻一方给予私生子女的抚养费，配偶可以要求返还吗？

所谓“私生子女”，即非婚生子女，法律规定非婚生子女与婚生子女具有同等的权利。父母对未成年的“私生子女”也有抚养义务。

原则上，夫妻一方给予私生子女抚养费，属于履行父母法定义务，而不是赠与。配偶不能以“违反公序良俗”或“擅自处分夫妻共同财产”为由主张返还。但是，夫妻一方给予的抚养费远超子女实际需要，给家庭带来沉重负担的，配偶则可以主张部分返还。

在判断抚养费的合理性、必要性时，法院会根据当地生活水平、子女的实际需要和支付抚养费一方的收入情况来综合判断。不过，夫妻一方给予私生子女抚养费，毕竟只是其个人义务，客观上损害了夫妻共同财产。那么，其配偶在离婚时可以就已支出的抚养费主张赔偿一半或以上。比如，已查明的流水中，丈夫在三年里总共给了私生子抚养费 100 万元。妻子在离婚的时候，可以要求丈夫赔偿 50 万元或以上的款项。

98. 夫妻一方打赏主播钱财，配偶可以要求返还吗？

夫妻一方打赏主播钱财，配偶可否要求返还，一般分两种情况：

第一，通过直播平台向主播进行打赏。一般认为，通过直播平台向主播打赏，是打赏人与直播平台构成合法有效的服务合同关系而支付的款项，是网络消费行为，而非赠与行为。配偶不能要求返还。

在一般直播表演活动中，打赏人会与直播平台签订《用户服务协议》以及《充值协议》等合同，主播个人或所属公司也会与直播平台签订《直播主播签约协议》，打赏人、主播、平台之间存在“网络服务三角法律关系”，具有明显的服务合同性质。一方面，打赏人向主播打赏的并不是真实钱款，而是虚拟道具；另一方面，打赏人在观看直播时，使用虚拟道具享受了增值服务，亦获得了精神上的满足。因此其进行打赏并非无所得，不具备赠与合同所具有的单务性、无偿性要素。打赏行为应认定为网络消费行为，而非赠与行为。①

第二，通过微信、银行转账等方式私下向主播打赏。这种打赏属于私人赠与关系，尤其打赏人与主播存在不正当男女关系时，打赏行为不仅属于擅自处分共同财产，且违反公序良俗。配偶可以主张返还这部分赠与的款项。

此外，根据《民法典》第一千零六十六条规定，如果夫妻一方在直播消费过程中，打赏的金额较大，属挥霍夫妻共同财产，损害夫妻共同财产利益。另一方可以请求法院分割夫妻共同财产，以及时止损。在离婚纠纷中，夫妻另一方也可基于打赏方挥霍财产的理由主张多分财产。

99. 夫妻一方出售了股权，配偶可以要求返还吗？

毫无疑问，出售股权并不属于家事代理权的范围。单方擅自出售股权，会损害配偶的共同财产权。可是，法律同时要考虑保护交易的安全。对案外人来说，可能不知道股权属于夫妻共有，也不知道出售人的婚姻状态。

通常股权出售可分为正常出售和恶意串通两大类型。

（1）一方正常出售股权

目前存在“有权处分”和“无权处分”两种意见。

第一，有权处分。这种意见认为，虽然夫妻就登记在单方名下的股权产生的股息、分红、转让价款中婚内对应增值溢价部分等财产性收益享有共有权，但股权本身并非单纯的财产权，股东身份本身具有很强的人身属性，股东本人是股权转让的合法主体。

最高人民法院在（2014）民二终字第48号民事判决书中明确论述为：“股权作

---

① 见浙江省金华市中级人民法院（2020）浙07民终4515号民事判决书，上海市第二中级人民法院（2020）沪02民终9826号民事判决书。

为一项特殊的财产权，除其具有的财产权益内容外，还具有与股东个人的社会属性及其特质、品格密不可分的人格权、身份权等内容。如无特别约定，对于自然人股东而言，股权仍属于商法规范内的私权范畴，其各项具体权能应由股东本人独立行使，不受他人干涉。在股权流转方面，我国《公司法》确认的合法转让主体也是股东本人，而不是其所在的家庭。”

也就是说，夫妻一方作为股权登记方正常出售股权的，无论股权出资来源于个人财产还是夫妻共同财产，也无论配偶是否知情，均属于有权处分。

第二，无权处分。这种意见认为，婚姻关系存续期间，如果是以夫妻共同财产出资而取得的股权，即使登记在单方名下，仍是夫妻共同财产，夫妻双方有平等的处理权。登记方若未经配偶同意擅自出售股权，则属无权处分。无权处分行为直接导致股权过户的行为无效，买受人需要返还股权。

目前，较为主流的意见还是认为属于有权处分。退一步讲，就算“无权处分”，如果正常出售股权，即商业动机及对价合理，双方也实际履行，受让方也可以作为善意第三人获得股权。所以，配偶主张返还股权的要求通常难以被支持。

（2）一方以转移、隐匿财产为目的出售股权

夫妻关系从发生矛盾、冲突升级，到真正关系破裂，离婚过程旷日持久。如果一方凭借股权登记在自己名下或者控制公司等优势，完全可以绕开或排除另一方支配，从容有计划地转移、隐匿财产，包括出售股权。这也确实是很多离婚案件中常常上演的戏码。

从已有的判决来看，法院对配偶单方转让股权存在以下两种裁判结论：

第一，转让行为有效或“相对”有效。如前所述，单方有权处分再加受让方善意取得，通常会认定转让有效。如果能证明无权处分，但是受让方善意取得，为了保护善良风俗和交易安全，通常也会认为转让行为“相对有效”，也即主张返还的诉求不会被支持。

第二，转让行为无效。现实中，确实存在受让方与出售方关系密切，股权交易价格呈明显不合理低价甚至赠送的情况，但相对方常以合同“实际履行”，如价款已支付、工商登记已变更、“契约自由所以交易价有其合理性”等理由来抗辩，立足点在于善意取得，这确实是要求返还股权的最大障碍。如何突破？

最高人民法院在（2018）最高法民终 851 号案件中认为，股权转让未支付合理对价，并且发生在当事人离婚诉讼期间，转让股权行为属于恶意串通，损害配偶的合法权益，股权转让无效，配偶可主张返还。

因每个家庭发生的故事千差万别，经梳理已有判决，符合以下条件，主张返还

股权获得支持的概率大大增加。

第一，能证明出售股权方存在主观“恶意”：比如配偶知情且已经明确反对，仍然“擅自”出售；比如离婚诉讼期间，配偶已明确提出分割股权诉求后出售。

第二，能证明股权受让方存在主观“恶意”：受让方并无合理商业动机、诉求，明显知情夫妻关系恶化，仍然以不合理低价或者免费获得股权等。

第三，能证明双方恶意串通，客观上表现为受让价格不合理，实际上未支付股权对价，对公司业务一问三不知、法庭上对交易细节的回答多处自相矛盾等。

（3）总结如下：

第一，对于单方擅自出售股权的行为，配偶要求返还的难度比较大。因为“恶意串通”或“虚假意思表示”都是主观、动机层面的定性，都比较难证明，除非该动机外化成其他证据。毕竟，客观事实不等于法律事实，客观事实不一定有充分的证据以让法官采纳。如何举证及论述特别考量律师的专业能力。

第二，如果主张返还股权的诉求未被支持，可以考虑先证明其行为属于“转移、隐匿夫妻共同财产”等严重损害夫妻共同财产利益的行为，在离婚诉讼中，主张“对该方少分或不分夫妻共同财产”，同时另案主张损害赔偿。

100. 夫妻关系恶化，一方瞒着对方购买保险，是否属于转移夫妻共同财产？

夫妻关系恶化，一方隐瞒对方购买保险，这个行为是否属于擅自处分夫妻共同财产，需要从多方面考虑：

第一，如果一方利用个人财产购买保险，则不存在转移夫妻共同财产的情况。

第二，如果一方使用共同财产购买保险，则要从购买该保险的合理性、必要性及由谁受益等方面考虑。

通常来说，以夫妻及子女以外的人作为被保险人，一般可视为不合理的开支。金额相对于收入、可支配存款来说较小，一般可视为合理开支。为子女购买合理金额的重疾险、教育险，一般可以视为合理开支。又比如，如果夫妻双方及子女已经有多份保险，却依然使用大量存款购买保险，也很可能被视为擅自处分共同财产。

从极端的情形来看，如果一方有 100 万元存款，在离婚诉讼期间全部拿去购买保险。离婚时该保单的现金价值只有 60 万元。那么另一方既可以主张分割保单 60 万元现金价值，也可以尝试主张一方属于擅自处分共同财产，要求购买保险一方补偿 50 万元即保费的一半给另一方。

四、夫妻债务

101. 夫妻一方对外借债，另一方没有签字，需要共同承担责任吗？

日常生活中，对外举债存在两种情形：一种情形是夫妻双方作为借款人，夫妻双方与出借人签署借款协议、借条等。这是夫妻两人协商一致的借款行为，通常也愿意共同去偿还。另一种情形是夫妻一方个人借款，另一方没有签字，甚至都不知情。在这种情况下，借款到底由谁来还？另一方需要承担责任吗？

有些人会想当然地认为："只要我没签字，他借的钱应该由他自己去偿还，跟我没有关系，凭什么需要我来还？"我们也经常会遇到这样的咨询者。这可能是很多人的直觉，但通过这样的直觉得出的答案其实并不完全准确。

《民法典》第一千零六十四条①明确规定了夫妻个人债务、共同债务的具体情形。根据该规定，夫妻双方共同签名或者夫妻一方事后追认等共同意思表示所负的债务，或者所借款项用于家庭日常生活的，均属于夫妻共同债务。虽然该条款明确规定了"夫妻双方共同签名或者夫妻一方事后追认等共同意思表示所负的债务"属于夫妻共同债务，但并没有规定只有夫妻一方签名就不属于夫妻共同债务。

其实，有没有签名只是一种外在的表现形式，最重要的是要分析有没有"借款的共同意思表示"。通俗一点说就是，夫妻双方有没有共同商量着去借款，或另一方有没有明确认可该借款行为。

（1）没有双方签名，也可能属于夫妻共同债务

如果另一方没有签名，但是有证据证明夫妻双方有借款的共同意思表示，那么该笔借款依然属于夫妻共同债务，没有签名的一方也需要承担还款责任。例如，丈夫单方向朋友张三借款 20 万元，借条上面只有丈夫一个人签名，妻子并没有在现场，也没有签名。但是借款前妻子跟丈夫说："现在我俩的钱凑在一起才 30 万元，还差 20 万元，要不你去问问你的亲戚朋友，找他们借点，到时候我们有钱了再还给他们"，丈夫说："好的，我问问张三试试"，妻子答复："好。"

在这样的案例中，虽然只有丈夫一人去借款、签名，但实际上是夫妻两个人共同决定的，这样的债务同样属于夫妻共同债务，妻子需要承担还款责任。

---

① 《民法典》第一千零六十四条：夫妻双方共同签名或者夫妻一方事后追认等共同意思表示所负的债务，以及夫妻一方在婚姻关系存续期间以个人名义为家庭日常生活需要所负的债务，属于夫妻共同债务。夫妻一方在婚姻关系存续期间以个人名义超出家庭日常生活需要所负的债务，不属于夫妻共同债务；但是，债权人能够证明该债务用于夫妻共同生活、共同生产经营或者基于夫妻双方共同意思表示的除外。

所以，不能把“没有签名”简单地等同于“不用承担责任”。没有签名但有借款的共同意思表示也需要承担责任。对于债务人和债权人而言，无论哪一方都应当保存好借款当时的证据，以便在发生纠纷时用证据说话，保护自己的合法权益。

（2）事后主动还款也可能成立夫妻共同债务

借款前，夫妻双方没有商量，一方没有提前征得另一方的同意。但是借款后另一方明确跟债权人表示自己认可这笔债务、愿意还款。基于事后对债务进行了追认，那么该笔借款同样属于夫妻共同债务，追认的一方也需要承担责任。

除了明确的追认外，生活中可能还存在一种情况。借款之前，配偶并没有跟你说要去借款，突然有一天，你接到了一个电话，电话那头说：“你是某某的老婆吗？我是张三，你老公欠我 20 万元，到现在还没还，你们打算什么时候还？”也有可能电话都没有，突然某一天债主就直接登门拜访了。“人在家中坐，债从天上来。”

配偶可能对事情的发生一脸茫然，回来询问丈夫，丈夫说：“之前我手头紧，找张三借了 20 万元，怕你生气，没敢跟你说”，后又详细陈述了自己借钱的原因、过程、用途等。妻子听后表示理解，愿意与丈夫一起共渡难关。于是，妻子从自己的银行账户里面转账了 8 万元还给张三。

在此种情况下，配偶方并没有口头上明确地表示追认债务，但是行动上履行了还款的义务，这是不是也相当于“事后追认”债务呢？对于该情形的理解与认定，目前司法实践中存在较大的争议。

部分判决认为还款行为属于事后追认债务。比如在林某与王某、陈某民间借贷纠纷案①中，福建省高级人民法院认为：“三份涉讼借条虽系王某在其与陈某夫妻关系存续期间以王某个人名义出具的，但涉讼借款系通过陈某的账户向林某转账偿还……认定陈某的还款行为系追认涉讼借款是其与王某夫妻共同债务的意思表示。”

部分判决认为还款并不能反映出有追认债务的意思表示。比如在金某、王某与陈某、符某返还原物纠纷案②中，浙江省台州市中级人民法院认为：“在符某与金某的通话录音中，符某只是称可能出售其与陈某共有的房子帮陈某偿还一部分债务，因为该房屋为与陈某共有，用陈某所有部分房款偿还债务，并不能反映出符某有追认债务的意思表示。”

从风险防范的角度考虑，对于配偶而言，如果对债务不知情，也不想认可债务，则建议不宜轻易主动还款或承诺还款，否则有可能被认定为对债务进行“事后

① 参见福建省高级人民法院（2019）闽民申 1597 号民事裁定书。

② 参见浙江省台州市中级人民法院（2019）浙 10 民终 3103 号民事判决书。

追认”从而背负债务。

除共同签名或追认等具有共同意思表示所形成的债务属于夫妻共同债务之外，因家庭日常生活需要、用于夫妻共同生活或用于共同经营的债务，也属于夫妻共同债务。至于如何判断符合三种情形，我们在后续的篇幅中会进一步详细介绍。

102. 如何判断借款是否属于家庭日常生活需要？

根据我国《民法典》第一千零六十四条第一款规定①，夫妻一方借款如果用于家庭日常生活需要，那么该笔借款也属于夫妻共同债务。

这条规定实际是指，为了家庭日常生活需要而借款，可以不经过夫妻两个人同意，即使只有一方去借款，也可能成为夫妻双方的共同债务。

（1）“家庭日常生活需要”的范围

“家庭日常生活需要”，通俗一点说，是指一个家庭在日常生活中为了维持正常的生活而必须具备的需求。比如说，人活着要吃饭，那么一个家庭为了生存而购买大米所进行的消费就属于家庭日常生活需要；我们每天都要上班赚钱养活自己或者整个家庭，为了按时上班选择搭公交车、地铁而支付的交通费用就属于家庭日常生活需要。

按照现代的经济发展水平与生活水准来说，“家庭日常生活需要”的囊括范围是非常广的，不仅包括了最基本的衣食住行，还包括了适当的文化娱乐消费。

2018年1月17日，最高人民法院民一庭负责人就《最高人民法院关于审理涉及夫妻债务纠纷案件适用法律有关问题的解释》② 答记者问时曾阐述家庭日常生活的范围：“国家统计局有关统计资料显示，我国城镇居民家庭消费种类主要分为八大类，分别是食品、衣着、家庭设备用品及维修服务、医疗保健、交通通信、文娱教育及服务、居住、其他商品和服务。家庭日常生活的范围，可以参考上述八大类家庭消费……”

除了最高人民法院进行了答复外，一些地方也作了规定，比如浙江省高级人民法院在《浙江省高级人民法院关于妥善审理涉夫妻债务纠纷案件的通知》（浙高法〔2018〕89号）也曾作过类似的解释：“‘家庭日常生活需要’是指夫妻双方及其共同生活的未成年子女在日常生活中的必要开支事项，如正常的衣食住行消费、日

---

① 《民法典》第一千零六十四条第一款：夫妻双方共同签名或者夫妻一方事后追认等共同意思表示所负的债务，以及夫妻一方在婚姻关系存续期间以个人名义为家庭日常生活需要所负的债务，属于夫妻共同债务。

② 该司法解释已经失效，但其内容与《民法典》关于夫妻共同债务问题的规定原则上一致。

用品购买、医疗保健、子女教育、老人赡养、文化消费等。”

“家庭日常生活需要”虽然没有明确的边界，看起来是个大箩筐，但所涵盖的范围类型基本上都是上述几类，在个案中法院会根据案件的具体情况判断。

但是，值得注意的是，“家庭日常生活需要”所产生的借款必须确实用在了家庭日常生活方面，而不是假借“家庭日常生活需要”的名目把借款用在了其他方面。

比如丈夫生病住院，妻子在外借了5万元给丈夫治病，该借款属于典型的因“家庭日常生活需要”所负债务。但如果妻子以丈夫生病治疗为由，在外借了5万元之后拿去买“地下六合彩”或挪作个人其他消费，则该借款并没有用在家庭日常生活上，不属于夫妻共同债务，应当由妻子个人承担。

所以，发生纠纷时对于借款的真实用途的考察至关重要。对于债务人而言，应当保存好使用款项的相关证据，包括消费发票、合同、支付凭证等，以便在论证属于夫妻共同债务时能提供事实依据。

（2）合理把握“必要开支”

从上文可以看到，“家庭日常生活需要”的范围似乎特别广，很多人会感到害怕。如果这样，那岂不是可以随便去借钱？借完钱之后可以拉着配偶一起去还债？

但其实如果大家细细品读，会注意到法律上严谨的措辞是“家庭日常生活需要”，而不是全部的“需要”。所以这一类单方借款要成为夫妻共同债务，必须限定在家庭基本的、日常的必要开支范围内。

不管是最高人民法院民一庭在答记者问上的答复①，还是上文中我们提到的浙江省高级人民法院的规定，都强调了“必要的家庭日常消费”“正常的衣食消费”“正常生活所必须的开支”“必要开支项目”这样的字眼。

因此，因“家庭日常生活需要”而对外借款是有限度的，并不是毫无节制的。超前消费、奢侈消费不属于“必要开支”范围，即便用于生活，也可能不属于夫妻共同债务。借款应当与夫妻双方的收入情况、家庭资产情况、消费习惯等因素相匹配。

比如，月收入3000元的家庭，丈夫在观看直播时借5万元网贷用于打赏主播，该笔借款虽然用于文化消费上，但其明显不属于必要的支出。又比如，月薪

---

① 《妥善审理涉及夫妻债务纠纷案件　依法平等保护各方当事人合法权益——最高人民法院民一庭负责人就〈最高人民法院关于审理涉及夫妻债务纠纷案件适用法律有关问题的解释〉答记者问》（2018年1月17日）：“家庭日常生活需要的支出是指通常情况下必要的家庭日常消费，主要包括正常的衣食消费、日用品购买、子女抚养教育、老人赡养等各项费用，是维系一个家庭正常生活所必须的开支。”

4000 元的张三为了在微信群中攀比话费余额，对外借了 10 万元用于充话费，该借款虽然用于通信消费上，但也不属于必要支出，同样不应当被认定为夫妻共同债务。

在司法实践中，要判断借款是不是家庭日常生活上的"必要开支"需要结合具体案情，不同的法院甚至不同的法官可能会存在不同的观点。

有读者可能会问："司法实践中存不存在某一个固定的金额界限来认定属不属于家庭日常生活需要？"

浙江省高级人民法院曾将 20 万元作为考量夫妻共同债务的因素之一，20 万元以内属于"为家庭日常生活需要"所负债务。① 这一判断标准属于浙江地方性标准，在实施过程中曾引起广泛争论。一个地方既存在年收入 5 万元的家庭，也存在年收入 100 万元的家庭，这两个资产状况相差较大的家庭在"家庭日常生活需要"的"必要开支"项目上是不同的。对于年收入 100 万元的家庭而言，20 万元的借款属于"家庭日常生活需要"可能是合理的，但是对于年收入 5 万元的家庭而言，20 万元是不是确实属于"家庭日常生活需要"则是个需要谨慎考察的问题。如果不分情况，把 20 万元及以上的借款都认定为夫妻共同债务，对于没有同意举债的配偶来说是一种伤害，将会损害未举债一方的利益，并且容易形成夫妻之间的"内斗"。

基于一个地域范围内家庭类型的多样化，目前，固定金额判断标准没有推广至其他省市，国家层面也没有整齐划一地规定一个固定金额。在司法实践层面，留下了比较大的空间，由法官根据具体案情进行自由裁量。

整体而言，如果借款是用在"家庭日常生活需要"上，并且控制在"必要开支"限度内，则属于夫妻共同债务，由夫妻双方共同承担，反之，则不一定属于夫妻共同债务。

103. 如何判断借款是否用于共同生活？

现代社会中，一个家庭生活不仅限于传统的家庭日常生活，还存在大量的超出家庭日常生活范围的支出，不只有"柴米油盐酱醋茶"，还有"诗和远方"。比如外出旅游、购买汽车、培养爱好等。

---

① 《浙江省高级人民法院关于妥善审理涉夫妻债务纠纷案件的通知》规定："以下情形，可作为各级法院认定'为家庭日常生活需要所负债务'的考量因素：(1) 单笔举债或对同一债权人举债金额在 20 万元（含本数）以下的；……以下情形，可作为各级法院认定'超出家庭日常生活需要所负债务'的考量因素：(1) 单笔举债或对同一债权人举债金额在 20 万元以上的……"

如果是借款消费在金额上明显超出家庭日常生活所需，那么这笔借款该由谁来承担呢？

《民法典》第一千零六十四条第二款规定[①]，如果夫妻一方借款超出家庭日常生活需要，但是用于夫妻“共同生活”，那么该笔借款属于夫妻共同债务。

也就是说，并不是所有的超出家庭日常生活需要所负的债务都是由借款方一个人来承担。如果借款用在了“共同生活”上面，那么需要由夫妻共同承担。

什么是“共同生活”？“共同生活”并不是指单纯地居住在一起，而更多是指财产消费支配上的共同意思表示或者共同受益体。根据最高人民法院民一庭的理解，“共同生活”主要包括“共同消费”“形成夫妻共同财产”或者基于“共同利益”的支出。[②]

（1）共同消费

“共同消费”，就是指虽然是夫妻一方借款，但实际由夫妻两人一起消费支配了。比如，妻子借了5万元，然后夫妻两人一起用于旅游消费；丈夫借款10万元，买了颗戒指给妻子作为生日礼物；等等。

这里读者可能会有疑问：“如果我不知道这些钱是借的呢？”生活中不乏一些人通过借款来满足对方的需求，或者满足夫妻双方的需求。没有参与借款的一方本以为自己是享受生活的“公主”或“王子”，最终发现享受完之后大家一起变成“打工人”去还债。

没有参与借款的一方表示自己对借款并不知情时，法院通常会考虑夫妻双方的关系、财产规模、收入情况、消费习惯、资金往来密切程度等，从侧面去判断借款是否为夫妻两个人的意思表示、消费是否为夫妻两个人的共识，从而综合判断是否属于夫妻共同债务。

（2）形成夫妻共同财产

“形成夫妻共同财产”，就是指虽然是夫妻一方借款，但是使用借款之后形成了夫妻共同财产。

比如，丈夫找朋友张三借了20万元、找同学李四借了15万元，然后把婚内的

---

① 《民法典》第一千零六十四条第二款：夫妻一方在婚姻关系存续期间以个人名义超出家庭日常生活需要所负的债务，不属于夫妻共同债务；但是，债权人能够证明该债务用于夫妻共同生活、共同生产经营或者基于夫妻双方共同意思表示的除外。

② 《妥善审理涉及夫妻债务纠纷案件 依法平等保护各方当事人合法权益——最高人民法院民一庭负责人就〈最高人民法院关于审理涉及夫妻债务纠纷案件适用法律有关问题的解释〉答记者问》（2018年1月17日）：“这些支出系夫妻双方共同消费支配，或者用于形成夫妻共同财产，或者基于夫妻共同利益管理共同财产产生的支出，性质上属于夫妻共同生活的范围。”

存款80万元拿出来，凑齐首付，在婚内买了一套房子。那么，张三的20万元借款和李四的15万元借款实际上变成了房屋的一部分。婚内购买的房屋属于夫妻共同财产，借款为夫妻共同财产作出了“贡献”，妻子最终也享受到了利益，那么妻子也应承担还款的责任。张三和李四的借款属于夫妻共同债务。

“形成夫妻共同财产”的借款是比较容易被认定为夫妻共同债务的，一般情况也容易被夫妻双方接受。虽然产生了借款，但也形成了夫妻共同财产。在承担债务的同时，可以通过分割夫妻共同财产来“回本”。

（3）共同利益

“共同利益”，是指虽然是夫妻一方借款，但是借款实际上是基于夫妻双方的直接共同利益，在效果上是直接有利于夫妻双方的，而不仅仅是借款的那一方。

比如，像上文举例的借款用途为一起旅游、借款买房等，无论是共同消费，还是形成夫妻共同财产，实质上借款行为是基于夫妻双方的共同利益，所以才会更倾向于认定为夫妻共同债务。但如果仅仅为了一方个人利益，如借款30万元用于支付自己个人婚前全款房产的税费和物业管理费，因为借款利益全部归于丈夫，那么被认定为夫妻共同债务的可能性就比较小。

夫妻之间本身存在直接的或间接的共同利益。比如，丈夫做生意，妻子在家照顾老人小孩。丈夫的生意越好，妻子就可享受更多的共同利益。若丈夫借款用于做生意，本质上有间接的共同利益，如果按照这样的标准，那么人人均可能被负债。因此，民法典采用的是“用于夫妻共同生活”的说法，对应的是现有的、直接的夫妻共同利益，而不是潜在的、间接的共同利益。

（4）律师建议

虽然法律没有直接对“共同生活”的含义和范围进行规定，但最高人民法院的答复成为诸多法院认定“共同生活”所负债务的解题思路。如果符合上述三种情形，被认定为夫妻共同债务的可能性会大大增加。

但同时也可以看到，上述三种情形是比较宽泛的标准，具体情形还与每个法官的理解判断有关。这就导致司法实践中类似案例可能得到完全不同的判决。

对于普通夫妻而言，若想降低被负债的概率，可以从以下几点做好防范：

第一，向对方明确表示拒绝债务，并保存好相关证据；

第二，多多关注家庭财产的变化，对于大额消费、大额资产的增加，及时与对方沟通，留意是否存在债务；

第三，提升自身的经济实力，努力做到经济上的自给自足，降低对对方的经济依赖，降低双方资金往来的紧密程度；

第四，在夫妻关系破裂时尽量分居，实现居住空间上的分离，也可签署财产协议，约定个人举债的债务分担问题，避免被恶意举债。

104. 如何判断借款是否用于共同生产经营？

根据我国《民法典》第一千零六十四条第二款规定[①]，如果夫妻一方借款超出家庭日常生活需要，但是用于“夫妻共同生产经营”，那么该笔借款也属于夫妻共同债务。

“共同生产经营”主要是指，由夫妻双方共同决定生产经营事项，或者虽然由一方决定但另一方进行了授权的情形，通常包括共同从事工商业、共同投资与购买生产资料等情形。通俗理解就是，经营活动并不是一个人独自实施的，配偶或多或少地参与了经营。

判断是不是属于夫妻共同生产经营，一般会结合经营活动的性质与夫妻双方的地位、作用来认定。比如夫妻双方在股份有限公司、有限责任公司、个人独资企业、合伙企业、个体工商户、农村承包经营户等主体中是怎样的角色，在某个投资项目中起到了怎样的作用等。

（1）双方参与生产经营

“共同生产经营”中最典型且不具有争议的方式就是夫妻双方都参与生产经营。

比如，夫妻双方共同出资成立某个公司、企业等经营实体，共同作为股东或合伙人，共同做经营决策；或者一方作为股东经营公司、企业，另一方作为理事、财务人员、行政人员、销售人员等其他非股东身份开展工作；夫妻一起炒股、一起投资房产；等等。

夫妻双方在一起参与生产经营过程中，会对于生产经营理念、计划、目标、人员、资金、具体决策事项等进行商议，或者虽然没有商议，但另一方知晓并服从决策，继续参与生产经营，形成夫妻两人对整体经营活动的认可与维持。

当经营遇到困难或者需要扩大生产时，夫妻一方去借款用于经营。基于夫妻双方对整体经营活动的认可与维持，会默认没有借款的另一方对借款行为也是认可的，从而借款被认定为夫妻共同债务，另一方需要承担还款责任。

比如，丈夫和妻子共同成立了某有限责任公司，丈夫持股70%，妻子持股30%，如果丈夫向张三借款500万元投入了公司经营活动中，那么500万元的债务

---

① 《民法典》第一千零六十四条第二款规定：“夫妻一方在婚姻关系存续期间以个人名义超出家庭日常生活需要所负的债务，不属于夫妻共同债务；但是，债权人能够证明该债务用于夫妻共同生活、共同生产经营或者基于夫妻双方共同意思表示的除外。”

属于夫妻共同债务，妻子也要承担。

需要特别注意的是，夫妻共同债务是指夫或妻的债务，如果是以公司的名义借款，则属于公司的债务，适用《公司法》及其他相关法律法规，而不是直接适用夫妻共同债务的规定。

（2）一方参与生产经营，另一方牵涉生产经营

此种情况主要是指夫妻双方没有一起参与生产经营活动，仅一方参与生产经营，但使用了另一方的身份信息、银行账户等导致另一方牵涉生产经营之中。这种情况在日常生活中也很常见。

比如，一方注册公司，为避免成立一人有限责任公司，将配偶身份信息也登记为名义上的公司股东，但配偶实际不参与生产经营；或者一方在生产经营过程中利用配偶的银行账户走账；或者一方是公司股东，将配偶登记为公司监事，但配偶实际不参与生产经营；使用另一方的身份信息、账户进行注册炒股；等等。对于此种情况，不一定都会成立夫妻共同债务。

如果另一方对于牵涉生产经营是同意或者默认的，实际上表明一方获得了另一方的授权，那么单方借款用于经营形成的债务就属于夫妻共同债务。

比如，丈夫经过妻子同意后，借用妻子的身份信息，把妻子也登记成公司股东，或者拿妻子的银行账户，用于公司往来款的走账，虽然妻子实际上不经营公司，但是妻子已经同意丈夫使用其个人信息，表明妻子愿意牵涉到生产经营当中去，愿意承担风险。所以丈夫单方对外借款 500 万元用于公司经营，该笔 500 万元借款也属于夫妻共同债务。

反之，如果一方并没有获得另一方的同意或默认，另一方被迫牵涉生产经营当中，则不必然属于夫妻共同债务。

比如，丈夫盗用妻子的身份信息注册股东，妻子的签名也是他人冒签的；或者盗用妻子的银行账户用于公司走账，那么基于被牵涉进生产经营并非妻子的意思表示，是丈夫通过不正当不合法的手段实现的。即便如此，实践中，另一方牵涉生产经营的情形被认定夫妻共同债务的概率非常高，原因有二：

第一，即便是出现盗用身份信息、盗用银行账户的情况，配偶很难用证据证明存在盗用的事实。日常生活中一方获取配偶的个人信息是非常容易的，身份信息、银行账户等个人信息并不存在获取难度。也许你知道是对方盗用了，但是你很难证明。

第二，另一方知道身份信息、银行账户被盗用的情况，但没有及时表示反对并采取补救措施。比如在后续的生活中，你知道自己被登记为股东了，或者你从手机

短信提示中看到了自己的银行卡频繁有业务资金往来、知道自己的银行账户被用于公司走账，而你默认现状，没有明确的反对的意思表示，也没有采用相当的救济措施制止对方继续使用。本质上相当于你对该行为进行了“追认”，那么也会被认定为存在“共同经营”。

所以，在日常生活中，如果要避免被无缘无故牵涉进对方的生产经营之中，即便是夫妻，也要保护好自己的个人信息，并且勇于表达自己的个人意见，不要对关系自己切身利益的事情采取睁一只眼闭一只眼的态度。

（3）个体工商户和农村承包经营户

对于个体工商户和农村承包经营户而言，同样需要对个人经营还是夫妻经营进行区分。

个体工商户如果是个人经营，那么经营者个人对外所借的债务属于经营者的个人债务。但如果个体工商户是夫妻共同经营，那么经营者以个人名义所借的债务则属于夫妻共同债务。如果无法区分是个人经营还是夫妻共同经营，则推定为夫妻经营，认定属于夫妻共同债务。① 农村承包经营户的债务认定与个体工商户的债务认定相似。

105. 为何说夫妻共同经营容易带来无底洞的共同债务？

现实生活中，夫妻共同经营带来的债务，是非常容易形成的，也是危害较大的。说它危害大，是因为“因家庭日常生活所需”的债务在金额上非常有限，且用于“共同生活”的债务要看到实实在在的用途，而“用于夫妻共同经营”的债务在金额上可以无限大，“经营所需”范围也很宽泛。

我们可以假设男方经营一家公司，女方是公司的挂名股东之一。有一天，男方赌博输掉了很多钱，很想翻本。他跟放贷的老板借了 500 万元。签的借款合同约定借款的原因为“公司资金周转”。签了合同后，老板也通过银行转账了 500 万元给男方。事后，男方没钱还。放贷的老板申请查封了他们的夫妻共同房产，并起诉他们夫妻俩，要求共同偿还。放贷的老板很容易完成了自己对案件的举证责任。包括：借款合同证明了借款的事实；转账凭证证明了已经出借了 500 万元的事实；借款合同证明了借款基于公司资金周转，是用于公司经营；借款人和他妻子均是公司的股东，存在共同经营的事实。女方抗辩：我没有参与公司经营，该笔款项没有用

---

① 《民法典》第五十六条：个体工商户的债务，个人经营的，以个人财产承担；家庭经营的，以家庭财产承担；无法区分的，以家庭财产承担。农村承包经营户的债务，以从事农村土地承包经营的农户财产承担；事实上由农户部分成员经营的，以该部分成员的财产承担。

于公司经营。

事实上，女方等于要证明不存在的事实。从证明逻辑上说，不存在的事实是无法证明的。因此，她的证明难度非常高。她没有参与公司经营，也没有公司的财务资料，很难针对500万元进入男方账户后的去向进行证明。

现实中，更多的是一方借款后，有些款项用于家庭生活，有些款项转给其他人，有些款项用于付货款，有些则是取现。诉讼中很难明显识别出不是用于公司经营。

在感情恶化后，丈夫主动配合其他债权人，制造虚假的循环流水，伪造共同经营的债务，配偶则是防不胜防。需要进一步提醒的是，伪造债务，提起诉讼，意图非法侵占他人财产，属于诉讼诈骗，构成诈骗罪。这是目前国家严厉打击的犯罪行为，请勿以身犯险。

第一，作为经营一方，应当诚信经营。若需个人借款，应及时与配偶沟通，共同商议决定，获取配偶的支持。在确因生产经营而负债的情况下，保存客观真实的负债证据与经营证据，勿制造虚假债务，勿进行虚假诉讼，否则严重者可构成虚假诉讼罪等刑事犯罪。

第二，作为未参与经营的一方，如无必要，不要挂名公司股东或公司任何职务，对公司经营相关文件不要轻易签署。与经营一方充分沟通公司经营情况、了解公司经营动态。在不同意借款时明确表明自己的态度，并及时保存拒绝举债的相关证据。在诉讼中，调取债权人与债务人有关借款的银行流水往来，尽最大努力核实债务的真实性与真实用途。

106. 双方约定了债务各自承担后，对方所负的债务是否就与自己无关？

有些人在结婚前担心债务，签署了婚前财产协议，约定“各自名义所负的债务由各自承担”，甚至采用夫妻分别财产制。也有些夫妻，在结婚之后，签订了这类条款。

那么，夫妻约定了债务各自承担后，对方所负的债务，是否就真的与自己无关呢？

实际上，这类协议无法对抗债权人，除非债权人知道该约定。[①] 比如，去银行贷款，需要配偶签字。需要贷款的一方，主动出示经过公证的协议，银行也接受债务由个人承担的，此时，债务就与配偶无关。

---

① 《民法典》第一千零六十五条第三款：夫妻对婚姻关系存续期间所得的财产约定归各自所有，夫或者妻一方对外所负的债务，相对人知道该约定的，以夫或者妻一方的个人财产清偿。

同理，在离婚协议、离婚调解书中，当事人也会对债务如此约定。这类约定，也不能对抗债权人。①

因此，无论夫妻对债务如何约定，最终依然要根据《民法典》第一千零六十四条来认定是否属于夫妻共同债务。如果是共同债务，由夫妻共同承担；是个人债务，则由举债方个人承担。

既然对债权人不起作用，那签署协议约定债务各自承担岂不是毫无用处？并非如此。虽然对债权人不生效，但是对夫妻双方是有效的，夫妻仍须遵守。当一方共同承担了对方的债务后，可以向举债方追偿。

107. 因侵权行为、违法犯罪行为所负债务是否属于夫妻共同债务？

除了借款等合同之债外，夫妻共同债务还可能发生在侵权领域。比如，生活中因发生交通事故造成他人伤亡，或者殴打他人，或者因阳台花瓶杂物跌落、窗户坠落等高空坠物导致砸伤或砸死他人，或者自家饲养的动物撞伤或咬伤他人等，因侵权行为所产生的债务是否属于夫妻共同债务？

如果侵权行为是夫妻双方共同实施的，依照侵权责任的相关规定②，夫妻二人都是侵权人，都需要承担侵权责任。但如果侵权行为是夫妻一方实施的，由此产生的债务属于行为人个人债务还是夫妻共同债务？

对于这一问题，理论与司法实践中都存在很大争议。

一种观点认为，一方侵权行为形成的债务也属于夫妻共同债务。因为家庭或者配偶享有的家庭共同财产实际上由侵权人与配偶共同努力获取，基于利益共享、责任共担的原则，配偶也要承担责任。该推导逻辑实际上就是前文我们所说的“受益论”在“用于夫妻共同生活、共同生产经营”中的运用，用配偶是否受益来评价是否需要承担责任。

比如，丈夫购买了一辆小型货车用于送货，途中醉酒驾车发生交通事故，撞死路人。由于丈夫开小型货车实际上是用于家庭生产经营，驾驶行为所获收益最终服务于夫妻的共同生活、形成夫妻共同财产。因此在驾驶小型货车送货途中发生交通事故所产生的侵权责任属于夫妻共同债务，配偶应当共同承担。③

---

① 《民法典婚姻家庭编的解释（一）》第三十五条第一款：当事人的离婚协议或者人民法院生效判决、裁定、调解书已经对夫妻财产分割问题作出处理的，债权人仍有权就夫妻共同债务向男女双方主张权利。

② 《民法典》第一千一百六十八条：二人以上共同实施侵权行为，造成他人损害的，应当承担连带责任。

③ 详见（2020）陕04民终2297号民事判决书。

又比如，丈夫购买三轮机动车的主要用途是帮别人加工大理石，加工大理石的收益用于家庭，而丈夫驾驶三轮机动车发生交通事故时其车上有加工大理石的工具，认定丈夫是在工作途中发生交通事故，属于在从事家庭经营活动中发生侵权行为，机动车的运行利益由夫妻双方共同享有，其运行风险亦应当由夫妻双方共同承担。①

另一种观点认为，一方侵权行为形成的债务属于个人债务。该观点认为没有法律规定因侵权行为产生的债务属于夫妻共同债务。而且配偶并不是实施侵权行为的行为人，不应当承担侵权的连带责任。

比如，丈夫与张三因谈到开出租车以及押金的事发生口角，后丈夫持菜刀砍死张三，造成张三死亡。法院认为夫妻一方的侵权行为所承担的赔偿责任应当是侵权者的个人责任，由此产生的债务不属于夫妻共同债务，不能以夫妻共同财产来偿还，应由夫妻一方个人财产偿还。因此法院仅执行了夫妻共同财产的一半，保留了妻子的一半份额。②

现实生活中，侵权行为可能只是民事责任，也有可能构成犯罪产生刑事责任。但一方侵权行为产生的债务中配偶承担的责任仅限于金钱赔偿责任，通俗一点说，就是配偶只存在要不要和行为人一起赔钱的问题，而不需要与行为人一起承担刑事责任。

根据以上分析发现，对于一方侵权行为所产生的债务是否属于夫妻共同债务，司法实践中存在许多同案不同判的情况。整体而言，如果侵权发生的起因或者目的是基于一定的家庭利益或者使家庭或配偶受益，被认定为夫妻共同债务的概率会变大。

另外，值得注意的是，前文例子中构成夫妻共同债务一般是在正常、合法的工作、生活中所产生的侵权行为。根据《民法典婚姻家庭编的解释（一）》第三十四条第二款③规定，如果一方的侵权行为本身涉嫌犯罪活动的，比如赌博、吸毒、嫖娼等，在违法犯罪活动中所负的债务则属于行为人个人债务，不属于夫妻共同债务。

---

① 详见（2020）苏13民申226号民事裁定书。

② 详见（2020）黑执复60号执行裁定书。

③ 《民法典婚姻家庭编的解释（一）》第三十四条第二款：夫妻一方在从事赌博、吸毒等违法犯罪活动中所负债务，第三人主张该债务为夫妻共同债务的，人民法院不予支持。

五、居住权

108. 什么是居住权？

根据我国由来已久的传统习惯，居者有其屋，安居才能乐业。之所以在婚姻家庭编中介绍居住权，是基于居住权所涉的法律关系主要集中在婚姻、赡养、养老、继承、财富传承等生活领域。居住权有助于在充分尊重住宅所有权人意志和利益的基础上，灵活兼顾保障家庭关系中老人、妇女、儿童等弱势方的居住权益。居住权制度充分体现了物权所有人的自主权利，也充分体现了对人权的尊重。同时，居住权还是保民生促和谐必不可少的法律制度。

《民法典》施行后，很多人初次接触到居住权这个名词，疑问居住权是什么？居住权什么时候用？如何用？本文中及随后问答里，我们将介绍居住权的主要运用场景、设立的主要流程以及日常一些常见问题，读者们可综合阅读，以便更好地了解和行使该项权利。

居住权是《民法典》物权编新增的一种用益物权。该制度把特定自然人稳定居住在他人房产的这种状态纳入法律权利保护的范围，并上升到一种物权的高度。设定了居住权的房屋在居住权期限内即便发生出售、转让、抵押、继承的情况，居住权人仍可以享有居住、使用的权利。居住权人不但可以约束房产所有权人的权利，还可以对抗其他相关主体，因此居住权是仅次于房产所有权的权能。

居住权典型情况：比如，离婚时，夫妻共同房产的所有权归一方，该方为另一方或者孩子设定居住权；父母提前将房产传承过户给子女，子女为父母设定居住权；立遗嘱人在遗嘱中将房产所有权留给某继承人，但在该房上设定居住权给其他需要照顾的人。本书的其他章节中将详细介绍居住权在日常家庭生活中的主要情形，在此不再展开。

1. 居住权的构成要件

(1) 居住权的主体双方

居住权人仅限于自然人，可以是一人或多人。由于居住权人具有主体特定性，因此居住权不得转让、继承。企业、单位、法人和非法人组织等都不能作为居住权人，但可以为他人设立居住权。

而设立居住权的人必须是已办理所有权登记住宅房产房屋的所有权人，并办妥了不动产所有权登记。房产属于共有的，由所占份额三分之二以上的按份共有人或者全体共同共有人共同同意并申请设立。

（2）居住权的设定对象、范围

由于不动产具有不同种类，而可设立居住权的对象仅限不动产中“住宅”性质的房产。公寓、商铺、地库、厂房等商业经营性用房则不能设立居住权。至于宅基地上盖的房产是否可设？由于其土地用途特殊，故设立情况也比较复杂。据了解，目前不动产登记机构暂不能受理宅基地上自建房以合同的方式进行居住权设立登记。而设立居住权的具体范围，可以是一个不动产单元的整套房产，也可以是单元内的部分范围和位置。

（3）设立的方式和登记手续

设立的方式有三种：第一，以书面合同的方式设立。此种方式设立居住权须由当事人采用书面形式订立居住权合同，并应当向不动产登记机构申请居住权登记，居住权自登记时设立。第二，以遗嘱的方式设立。以遗嘱方式设立居住权的，包括了遗嘱继承和遗赠两种方式，必须以有效遗嘱为前提。第三，以人民法院、仲裁机构的生效法律文书设立或者确认居住权的情况。即通过载有居住权内容的法院裁判文书，请求登记居住权。

合同设立居住权应当向登记机构申请居住权登记，居住权自登记时设立。而前述以遗嘱设立或者以人民法院、仲裁机构的法律文书设立确认的居住权，其权利在被继承人死亡继承开始时或者法律文书生效时设立，设立后应及时向登记机构申请居住权首次登记，否则不能对抗第三人。

居住权发生变更、终止、消灭的，应当及时办理变更或注销登记。

2. 居住权的相关权能

居住权依法设立后，居住权人在设定期限内享有占有、使用他人房产的权利。其间居住权人还能排除他人对住宅的不法妨害，也就是说当居住权遭受侵害时，居住权人可单独行使物权保护，要求司法机关排除房屋所有人或第三人对其居住权的妨害。已设立居住权的房产或具体位置不得出租。双方设立居住权应确定为无偿使用。前述两种情况当事人另有约定的，可根据实际情况遵循双方的意愿。

居住权人也应负有合理使用和管理的义务，不得有擅自改建或损害住宅的行为，且居住权人需承担日常有关费用等。

3. 居住权和房产租赁关系的区别

虽然居住权和房产租赁权同样是对他人的住宅享有占有和使用的权利，但本质大不相同，为方便读者理解，我们将居住权和租赁权进行了对比。

租赁权	双方形成债权关系，拥有债权请求权。	对人权、相对权 承租人支配力较低，使用的权能不仅有法律限制，还受到出租人意志的严格限制，依附出租人的意志较高。出租人随意性较大，合同期内可赔偿违约金或经济损失就有权收回房屋，承租人较容易受到侵害，居住稳定性没有居住权高。 除“买卖不破租赁”的特定场景，承租人无法对抗第三人。	租赁物不限于住宅，居住权人不限于自然人。 可约定转租，合同未到期，承租人的同住人可继续居住。	可以是事实租赁关系，也可签订书面租赁合同，合同即便不到有关部门登记备案也不影响合同效力。 可约定具体期限，但最长不超过 20 年。	有偿使用，需支付租金或承担对价。 租赁双方一般情况为没有亲属关系的人。兼顾商业性和使用性。
居住权	属于用益物权关系，享有物权请求权。	对世权、绝对权居住权具有较强的支配力和排他性，其效力仅次于所有权。设立后不仅可以排除房屋所有权人清出，还能排除他人对住宅的不法妨害。	租赁物仅限于住宅，居住权人仅限于自然人。 居住权人不能转让给他人居住；居住权人去世的，即便居住权没到期，其继承人或同住人不能居住。	以合同设立的居住权，必须签订书面居住权合同，且需经有关部门登记后才设立居住权。 期限可设具体期限，也可以是居住权人的终身，存在比 20 年更长期限。	原则上无偿使用，双方另有约定有偿的除外。 一般情况为具有亲属、姻亲关系的人，具有照顾弱势群体或者特定人的扶助性。

109. 办理居住权需要什么手续？

居住权的设立方式有通过合同、遗嘱和司法裁判确权的三种方式。权利设立的时间和条件各有不同①；设立及设立后如发生变更、消灭情形的应进行相关事项的登记。因此居住权在不动产登记机构的登记方式也有首次登记、变更登记和注销登记三种。权利设立后，为居住权人日常居住便利，相关主体应当及时将相关情况告知物业服务人。

① 刘样发：《民法典婚姻家庭编热难点问题之理论与实务研究》，来源：http：//www. gdcourts. gov. cn/index. php？ v=show&cid=209&id=56083。

目前我们所在的广东省广州市的居住权登记制度已正式落地。本文中，我们将以广州市地区的居住权登记为范例作主要介绍。

1. 申请登记主体

（1）居住权人（自然人，可一人或多人）。如遇居住权人身边有必须与居住权人共同生活的其他人或者贴身照顾居住权人的人，条件允许的，建议将这些人员一同列明登记。

（2）设立居住权人，即住宅不动产的所有权人（自然人或者单位主体）。设立居住权的人必须是国有土地上住宅类房屋的所有权人。房产属于共有的，由所占份额三分之二以上的按份共有人或者全体共同共有人共同申请；属于房改房的，还应当经原房改房购房人夫妻双方共同申请。

设立居住权的不动产为已经办理所有权登记的住宅房产，若仅办理了预告登记或者仅签订了购房合同而未办理不动产所有权登记的，并非真正意义上的不动产所有权人，暂不能办理居住权设立。

（3）委托他人代为办理的，需提交符合条件的《委托书》和其他手续。

2. 办理居住权登记的种类和手续

居住权登记目前分为三种：首次登记、变更登记、注销登记。

（1）首次登记。主要根据设立居住权的三种情形进行登记。

第一，以书面合同的方式设立。登记时需提交书面的《居住权合同》；由居住权人和不动产所有权人共同申请。目前仅限于在国有土地上的住宅房地产可设立居住权；其中不动产已办理抵押登记的，需另外提交抵押权人同意办理居住权登记的证明材料。

居住权的设立须由当事人采用书面形式订立居住权合同；合同签订后，应当向登记机构申请居住权登记，居住权自登记时设立；居住权原则上无偿设立，但是当事人另有约定的除外。

《居住权合同》条款一般包括当事人的姓名或者名称和住所、住宅的位置、居住的条件和要求、居住权期限、解决争议的方法等条款。双方商议合同时对其他有关事宜尽量约定具体、详细，并可设定违约责任等保障条款。签署有关协议可视具体情况考虑是否办理公证，以便登记机关查核双方约定的一些特殊事项。

如果此前已签署夫妻财产协议、离婚协议、赠与合同、继承协议等文书并设立居住权条款的，双方还应再前往不动产登记机构按条款的约定另行签订《居住权合同》，并进行登记。必要时可在继承、赠与、夫妻婚内或离婚析产等过户登记时一同递交居住权登记申请，最大限度保障居住权人。

第二，以遗嘱的方式设立。以合同设立与以遗嘱设立居住权的区别在于遗嘱设立的居住权不存在即时性，居住权在被继承人死亡、继承开始时设立。另外，合同设立是双方约定的，遗嘱方式是遗嘱人单方的意愿。合同设定的灵活性较高，诸多事项可以由当事人双方约定。

以遗嘱方式设立居住权的，必须以存在合法有效遗嘱为前提；设立登记可由居住权人单方申请。申请登记时申请人应提交生效的遗嘱和遗嘱人死亡证明等材料。

特别提示，以遗赠的方式设立居住权的，受遗赠人自应当知道受遗赠后的六十日内作出接受或者放弃遗赠的表示，没有表示的，视为放弃遗赠。遗嘱继承或者遗赠附有义务的，继承人或者受赠人应当履行义务，否则可能丧失接受遗产的权利。

第三，以人民法院、仲裁机构的生效法律文书设立或者确认居住权的情况。虽然法律没有明确规定裁判设立居住权这种方式，但现实中仍存在这种虽已形成居住权法律关系，但又没有进一步去登记机构作设立登记的情形；或者由于各地的登记制度没有全面完善，部分地区暂时无法以合同或者遗嘱的方式完成登记，因此仍需裁判方式进行补充设立。以此种方式申请登记时，申请人需提交生效的法律文书，可由居住权人单方申请。

综上，我们对居住权设立时间及其设立效力和登记效力总结为：以合同方式设立居住权的，应当向登记机构申请居住权登记，居住权自登记时设立。以遗嘱设立或者以人民法院、仲裁机构的法律文书设立确认的居住权，其权利在被继承人死亡、继承开始时或者法律文书生效时设立。无论何种设立方式，均应及时向登记机构申请居住权首次登记，否则不能对抗第三人。

（2）变更登记。

合同或遗嘱另有约定并已经过首次登记的居住权，有下列情形之一的，可以申请变更登记：

第一，居住权期限、居住范围、不动产的门牌地址等发生变化的，由居住权人和房屋所有权人共同申请变更登记。

第二，居住权人姓名、身份证明类型或者身份证明号码发生变化的，可由居住权人单方申请。

（3）注销登记。

已经办理居住权首次登记的，有下列情形之一的，当事人可以申请办理注销登记：第一，居住权人死亡的，房屋所有权人可单方申请；第二，居住权期限届满的，房屋所有权人或居住权人可单方申请；第三，居住权人放弃权利的，居住权人可单方申请；第四，房屋所有权人和居住权人共同约定注销居住权的，房屋所有权人和居住权人共同申请；第五，住宅灭失或被征收、生效法律文书判定权利灭失的，房屋所有权人或者居住权人可单方申请；第六，法律文书被依法撤销失效的，一般情况下由房屋所有权人单方申请。

以上三种登记除了提交相应事项登记申请表和主体身份材料外，还需根据登记机关的要求提交各种办证条件的材料。其中，首次登记居住权的房产已办理抵押登记的，需另外提交抵押权人同意办理居住权登记的证明材料。变更登记和注销登记的还需提交不动产登记证明，也就是说此前已经办理了首次登记的证明。

正确设定居住权，在设立居住权时还应注意不能侵害他人的合法权益，不得违反法律、行政法规的强制性规定、公序良俗等。

110. 没有到房管局登记，只有书面协议，居住权能成立吗？

居住权设立分为三种情形：（1）以书面合同方式设立的，双方应签订书面的居住权合同，并前往登记机构进行居住权登记，登记完成时设立；（2）通过遗嘱方式设立的，需遗嘱人已作出合法生效的遗嘱，并在遗嘱人死亡、继承开始时设立；（3）以司法确认方式设立的，需居住权人前往人民法院、仲裁机构主张权利，并以生效的法律文书确认权利时设立。

因此，当事人仅签有《居住权合同》，而后续没有进行居住权登记的，居住权没有设立。就如离婚双方需在婚姻登记机构完成离婚登记时，所签署的离婚协议才发生法律效力。

而以遗嘱或者以人民法院、仲裁机构的法律文书设立确认的居住权，其权利在被继承人死亡、继承开始时或者法律文书生效时设立；设立后应及时向登记机构申请居住权首次登记，否则不能对抗第三人。

因此，建议尽量以书面合同方式进行设立，并尽快前往不动产登记机构办理《居住权合同》的签署和登记。以合同方式进行居住权登记时由居住权人和不动产所有权人共同申请；如不动产已办理抵押登记的，需另外提交抵押权人同意办理居住权登记的证明材料。

如此前通过签署夫妻财产协议、离婚协议、赠与合同、继承权协议等文书设立居住权条款的，建议双方应再行前往不动产登记机构按条款的约定另行签订《居住权合同》并进行登记。如所在地登记机构具备一站式办证条件的，可在继承、赠与、夫妻婚内财产协议或离婚析产等过户登记时一同递交居住权登记申请，最大限度保障居住权人。

如仅签署了协议约定居住权条款而最终没有完成行政登记，或者说部分地区仍未开通居住权登记的，也可以根据该协议请求人民法院、仲裁机构对居住权事宜进行司法确认并出具相关法律文书。

111. 设立了居住权的房屋，能否出售？

设立了居住权的房屋，可以出售、转让，但不影响居住权人正常居住在该房屋内。房屋所有权人转让带居住权的房屋，无须征得居住权人同意。登记机构在办理已经设立居住权的房屋所有权转移登记时，要求受让人确认已经知晓设定有居住权的情况。

不过，对于居住权人而言，即使房屋被出售了，其依然可以根据已设定的居住权继续居住、使用该房屋。其权利本身不会因为房屋出售而被影响。然而，对于购房人而言，得到的房屋价值会大大折损。

在此，提醒房屋买受人，购买房产时除了要事先查询房屋权属情况、抵押登记情况、司法查封情况外，还需核实该房产是否有居住权登记，否则在居住权存续期间，购房者即使对房产享有所有权，也无法实际占有、使用该房产。

112. 设立了居住权的房屋，能否用于抵押贷款？

设立了居住权的房屋，仍可以用于抵押贷款。但办理抵押权登记时，登记部门会要求抵押权人在询问表中明示其知悉房屋已设立居住权，仍申请办理登记。

一般认为，房屋存在居住权会影响房屋抵押的经济价值。根据物权优先效力原则，先设立的居住权优先于后设立的抵押权，当债务人无法清偿债务，抵押权人实现抵押权时应附带居住权一并转让，新受让人须继续享有和履行原房屋所有人对居住权人的权利和义务。

在此提醒：（1）债权人若准备接受债务人以房屋作为抵押物时，为保障抵押房产无居住权的负担，应当先行查询该房屋居住权设立情况；（2）作为抵押权人，应在抵押合同中对居住权的期限以及抵押优先权行使冲突时如何处理进行约定，以避免居住权和抵押权的冲突问题；（3）作为房屋所有权人，因设立居住权的房屋在抵押贷款方面将受到一定限制，房屋所有权人应当在居住权设立期限上进行合理的安排，为后期抵押贷款预留空间。

113. 房屋出售后，居住权人会不会被强行赶出房屋？

由于居住权是物权，具有对抗所有第三人的效力。房屋买受人在购买房屋前，完全可以在房产证或查册表上看到居住权的情况。

当设有居住权的房屋被出售后，买受人不能将居住权人强行赶出房屋。因为买受人享有的房屋所有权不能对抗原本已登记生效的居住权，居住权人对该房屋仍享有居住、使用的权利。

若出现买受人主张居住权已经消灭，把居住权人强行赶出房屋，居住权人可以通过报警、诉讼等法律途径解决。

114. 设立了居住权后，房东又把房子出租给他人，怎么办？

居住权是物权、用益物权、他物权、对世权、绝对权。居住权表现为居住权人对住宅有排他支配力，可以对抗包括所有权人在内的任何人。也就是说居住权设立后，无论住宅的所有权如何流转或被设置权利负担，其他权利人均无权要求居住权人搬离。

值得注意的是，根据《民法典》第三百六十九条[①]的规定，除非居住权人同意或事先约定，否则，房屋所有权人不得将设有居住权的房屋出租。因此，在已经依法办理了居住权设立登记的居住期间，所有权人不得把已设定居住权的区域或者房屋出租给他人，否则就损害了居住权人的利益。但如果双方有特殊约定的，居住权人可以依据双方意愿把设立居住权的房屋进行出租。

如所有权人把房屋出租的，居住权人可向后面的承租人出示居住权登记证明并要求其搬出，且可建议其另向房东主张权利。若所有权人仍不改正的，居住权人可向人民法院、仲裁机构以物权保护或者居住权纠纷提起诉讼或者申请仲裁，请求排除不动产所有权人或第三人对其居住权的妨害。

另外，同时提醒承租人，在《民法典》施行后，租房前除了应前往当地不动产登记机构查询该房的有关信息，同时注意一并查询该房屋是否设定了居住权。如已设立居住权的，需根据居住权的范围和期限谨慎考虑，以防因前面居住权保护而不能使用和居住所租赁的房屋，引发不必要的法律纠纷。

115. 夫妻一方擅自为他人设置居住权，另一方能不能主张无效？

在现实中，原本夫妻共有的房屋登记在男方个人名下。男方未经女方同意，在这套房屋里为自己的母亲无偿设置了居住权。女方发现后，能不能要求婆婆协助注销该居住权？显然，男方的行为损害了夫妻平等的财产处分权，属于无权处分。既

---

① 《民法典》第三百六十九条：居住权不得转让、继承。设立居住权的住宅不得出租，但是当事人另有约定的除外。

然居住权是一种物权——用益物权，第三人通过无权处分人为其设立而取得房屋的居住权，同样要遵循善意取得的规则。

在上述案例中，男方的母亲属于无偿取得居住权。而善意取得，要求支付合理的对价。同理，当男方为自己的私生子、情人设置居住权，也理应属于无效的行为。

另外，倘若房屋的承租人为了更好地保护自己，于是和男方商量给予更合理甚至更高的对价，请求为承租人设置三年的居住权。此时，承租人转化为居住权人，是善意的第三人，女方则不可以主张居住权无效。

116. 设立居住权，需要付费吗？

根据《民法典》第三百六十八条①的规定，一般情况下，居住权的设立是免费的。但法律允许居住权人与房屋所有人协商约定付费事宜。

也就是说，居住权一般是无偿设立，但是当事人约定需要付费的，按当事人的约定执行。设立居住权，应当向登记机构申请办理居住权登记。居住权自登记时设立。登记机构免收不动产登记费。

117. 居住权能否转让和继承？

根据《民法典》第三百六十九条②的规定，一般情况下，居住权不能转让给他人。居住权人去世时，居住权未到期的，也不得由他人继承。

据此，居住权不得转让，也不能继承。居住权是由房屋所有人为保障特定主体的居住需要而设立的用益物权，具有主体特定性，不具有转让或继承的权利，否则会间接影响所有权人的权益。

118. 房屋设定抵押后是否可以设定居住权？

房屋设定抵押后，仍可以设定居住权，但办理居住权登记需先通知抵押权人并取得抵押权人同意的证明材料。

按照物权优先效力原则，先设立的抵押权优先于居住权，居住权人应承受该抵押权的负担，当债务人无法清偿债务，抵押权人要求优先受偿抵押物时，先按照不动产存在居住权进行询价和报价，若该不动产价值不足以清偿抵押权人的全部债权，则应涤除（涂销）该不动产上的居住权再进行询价和报价，以保障抵押权人的

---

① 《民法典》第三百六十八条：居住权无偿设立，但是当事人另有约定的除外。设立居住权的，应当向登记机构申请居住权登记。居住权自登记时设立。

② 《民法典》第三百六十九条：居住权不得转让、继承。设立居住权的住宅不得出租，但是当事人另有约定的除外。

权益。权利涤除后该不动产上设立的居住权归于消灭。

在此提醒：(1) 居住权人在设立居住权前，应先行查询房屋的抵押情况；(2) 抵押权人若允许抵押人在抵押期间设立居住权，需对抵押物设立居住权的期限予以把控。如可以约定抵押人在对房屋进行抵押登记后对房屋的部分为他人设立居住权。若居住权设立期限届满时间早于房屋抵押期限届满时间，则不会对抵押权人的抵押权实现产生不利影响。

119. 居住权是一辈子的，还是有期限的？

根据《民法典》第三百七十条①的规定，居住权期限可以通过居住权合同双方约定，或者由居住权设立人单方确定。居住权期限分为固定期限和不固定期限两种。固定期限，即明确约定或确定居住权的具体期限，比如 10 年、5 年等具体时长；不固定期限，是指合同或所有权人明确居住的条件。比如，“居住权人终身居住”的条款，即意味着居住权人可以在此房屋一直居住，直到去世为止。此时，居住权人可居住一辈子。实践中，有一些情况需要特别注意：

(1) 设定居住权人居住一辈子的情形

首先，不建议在合同约定或者遗嘱等中设定“居住权人永久居住”的文字表述，容易因字面歧义引发争议。可考虑以“居住权限自登记设立或者遗嘱生效开始，至居住权人某某某生理死亡时或者人民法院宣告其死亡的法律文书生效时终止”。

其次，虽然可以设定居住到居住权人死亡时止，但基于房屋灭失或被征收或生效法律文书确定居住权消灭等原因也会最终导致居住权提前终止。因此在双方约定设立居住一辈子时，居住权人要注意考察房屋目前的实际状况，楼龄如何、土地使用权的剩余年限、是否为年久失修的危房，是否已列入或者规划有可能列入被拆迁的范围等因素，大概估量可实际居住的时间。

最后，如果合同或者遗嘱没有列明具体期限的，为保护居住权人的权利，目前实践中推定为到居住权人去世的情况较多。

(2) 可以设定不同时间的期限

法律没有规定设立居住权具体的期限，三个月、三年、五年、十年等都可以根据具体约定来设定。设立有期限的居住权，务必书面具体明确居住权的起止时间，以防因不够具体明确而导致推定为居住权人居住一辈子。

---

① 《民法典》第三百七十条：居住权期限届满或者居住权人死亡的，居住权消灭。居住权消灭的，应当及时办理注销登记。

（3）登记机构不建议约定以条件成就作为居住权消灭的情形

如采用合同方式设立居住权的，如约定某些情况成就居住权就终止，登记部门很难核实相关条件是否成就。因此不建议采用以此种方式作为居住权消灭情形。例如离婚协议约定，一方在没有付清房屋补偿款给另一方前，另一方可一直居住在该房屋至收齐全部款项时止。如前述情形，可建议根据双方的诚信度和感情基础情况设立一个较为合适的明确的居住期限，如到期前确实条件已成就的，居住权人再以放弃居住权的方式，前往登记机构申请居住权注销登记。

如双方确实认为以条件成就作为居住权消灭情形较为贴合其意愿的，不打算约定具体期限设立的，房屋所有权人就需有心理准备可能会发生诉讼。如居住权人在条件成就时不协助办理注销登记的，所有权人需通过向法院提起诉讼，由法院对案件事实进行查明和认定，以进一步判定条件是否成就、居住权是否消灭。最终所有权人再凭法院出具的生效法律文书，单方向登记机构申请居住权注销登记。

120. 日常在什么情形下需要查询房屋居住权的登记情况？

居住权表现为居住权人对他人所有的住宅具有较强的排他支配力，也就是说居住权设立后，无论住宅的所有权如何流转或被设置权利负担，其他权利人均无权要求居住权人搬离，其权限仅次于所有权。因此房屋办理继承、买卖、抵押、出租等手续是不会影响到居住权人在房屋内正常居住使用的，但对相对方造成的影响就非常大。

建议有关权利人或者合同相对方若有以下常见情形时，除了查询房产的有关信息外，同时还需要查询该房产的居住权登记情况：（1）承租或买房；（2）与产权人结婚或借款给产权人；（3）相对方准备以该房设定抵押权或居住权作为交易或合作的条件对价时；（4）与产权人签订遗赠扶养协议或附条件的赠与协议、继承人继承附条件的遗产；（5）拟就不动产提起诉讼和申请仲裁的情形时等。

查询房产居住权登记情况通过在不动产登记机构以查册的方式，例如广东省广州市是相关权利人持有关证明材料前往广州市不动产登记中心，填写、提交《广州市不动产登记查册表》，申请查询居住权情况。

查询了解该房是否有登记设立居住权，如被查询房屋已登记居住权，可根据居住权人的信息、居住权范围、使用期限、是否有偿设立、是否已发生变更和权利消灭等情况作考虑。

夫妻财产制度思维导图

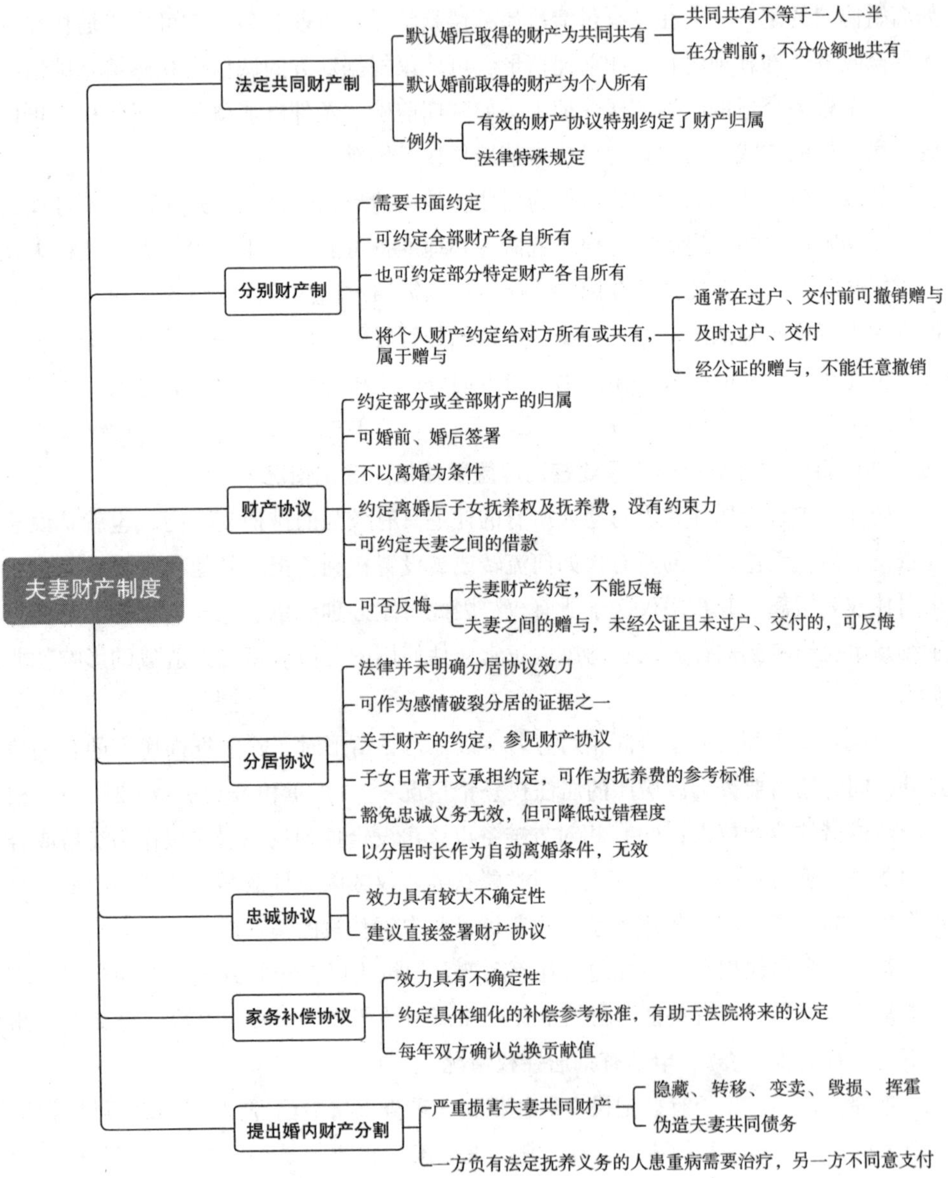
夫妻财产制度
法定共同财产制
默认婚后取得的财产为共同共有
共同共有不等于一人一半
在分割前，不分份额地共有
默认婚前取得的财产为个人所有
例外
有效的财产协议特别约定了财产归属
法律特殊规定
分别财产制
需要书面约定
可约定全部财产各自所有
也可约定部分特定财产各自所有
将个人财产约定给对方所有或共有，属于赠与
通常在过户、交付前可撤销赠与
及时过户、交付
经公证的赠与，不能任意撤销
财产协议
约定部分或全部财产的归属
可婚前、婚后签署
不以离婚为条件
约定离婚后子女抚养权及抚养费，没有约束力
可约定夫妻之间的借款
可否反悔
夫妻财产约定，不能反悔
夫妻之间的赠与，未经公证且未过户、交付的，可反悔
分居协议
法律并未明确分居协议效力
可作为感情破裂分居的证据之一
关于财产的约定，参见财产协议
子女日常开支承担约定，可作为抚养费的参考标准
豁免忠诚义务无效，但可降低过错程度
以分居时长作为自动离婚条件，无效
忠诚协议
效力具有较大不确定性
建议直接签署财产协议
家务补偿协议
效力具有不确定性
约定具体细化的补偿参考标准，有助于法院将来的认定
每年双方确认兑换贡献值
提出婚内财产分割
严重损害夫妻共同财产
隐藏、转移、变卖、毁损、挥霍
伪造夫妻共同债务
一方负有法定抚养义务的人患重病需要治疗，另一方不同意支付

常见的财产归属思维导图

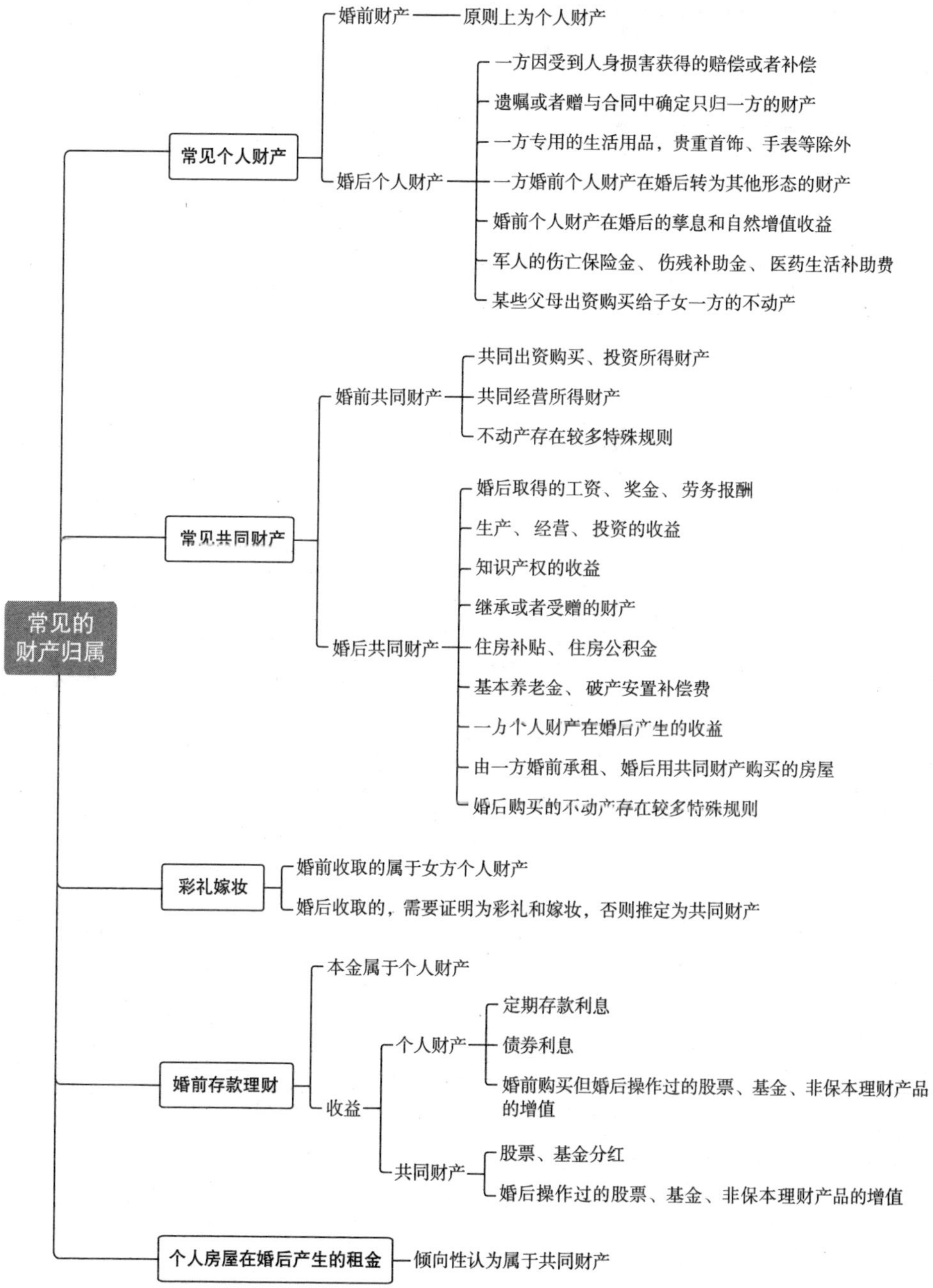

接上图

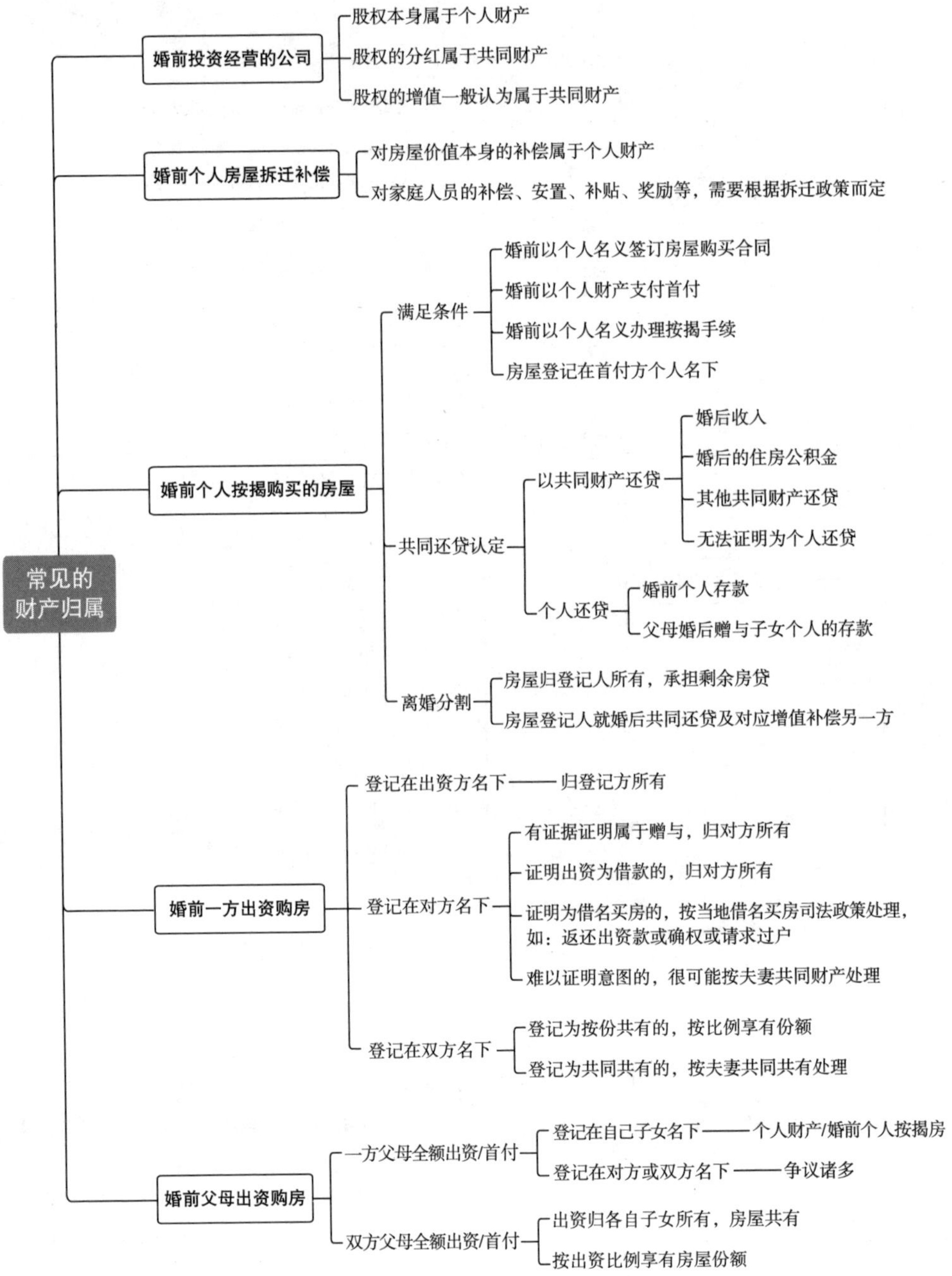
常见的财产归属
婚前投资经营的公司
股权本身属于个人财产
股权的分红属于共同财产
股权的增值一般认为属于共同财产
婚前个人房屋拆迁补偿
对房屋价值本身的补偿属于个人财产
对家庭人员的补偿、安置、补贴、奖励等，需要根据拆迁政策而定
婚前个人按揭购买的房屋
满足条件
婚前以个人名义签订房屋购买合同
婚前以个人财产支付首付
婚前以个人名义办理按揭手续
房屋登记在首付方个人名下
共同还贷认定
以共同财产还贷
婚后收入
婚后的住房公积金
其他共同财产还贷
无法证明为个人还贷
个人还贷
婚前个人存款
父母婚后赠与子女个人的存款
离婚分割
房屋归登记人所有，承担剩余房贷
房屋登记人就婚后共同还贷及对应增值补偿另一方
婚前一方出资购房
登记在出资方名下
归登记方所有
登记在对方名下
有证据证明属于赠与，归对方所有
证明出资为借款的，归对方所有
证明为借名买房的，按当地借名买房司法政策处理，如：返还出资款或确权或请求过户
难以证明意图的，很可能按夫妻共同财产处理
登记在双方名下
登记为按份共有的，按比例享有份额
登记为共同共有的，按夫妻共同共有处理
婚前父母出资购房
一方父母全额出资/首付
登记在自己子女名下
个人财产/婚前个人按揭房
登记在对方或双方名下
争议诸多
双方父母全额出资/首付
出资归各自子女所有，房屋共有
按出资比例享有房屋份额

接上图

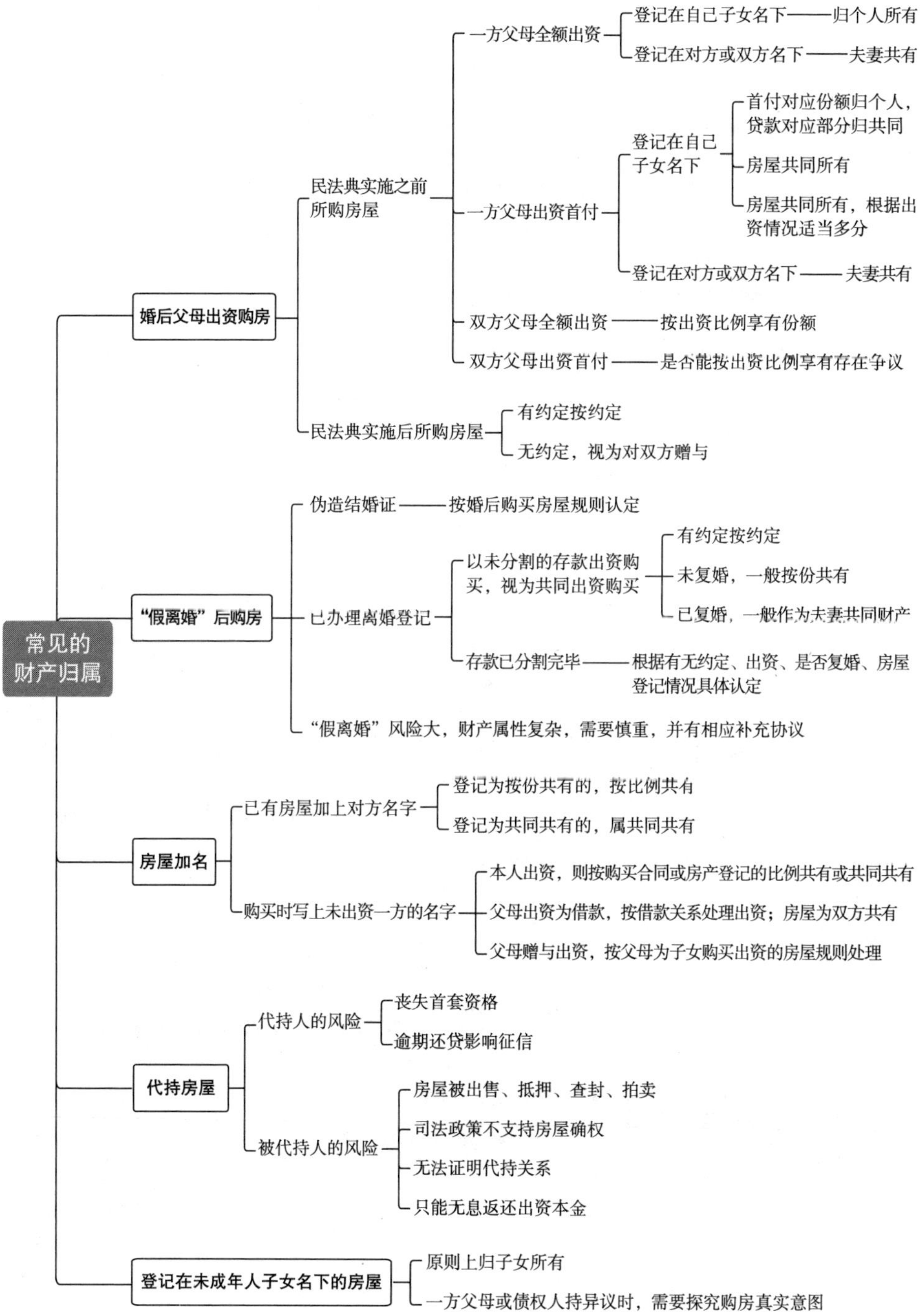
常见的财产归属
婚后父母出资购房
民法典实施之前所购房屋
一方父母全额出资
登记在自己子女名下——归个人所有
登记在对方或双方名下——夫妻共有
一方父母出资首付
登记在自己子女名下
首付对应份额归个人，贷款对应部分归共同
房屋共同所有
房屋共同所有，根据出资情况适当多分
登记在对方或双方名下——夫妻共有
双方父母全额出资——按出资比例享有份额
双方父母出资首付——是否能按出资比例享有存在争议
民法典实施后所购房屋
有约定按约定
无约定，视为对双方赠与
“假离婚”后购房
伪造结婚证——按婚后购买房屋规则认定
已办理离婚登记
以未分割的存款出资购买，视为共同出资购买
有约定按约定
未复婚，一般按份共有
已复婚，一般作为夫妻共同财产
存款已分割完毕——根据有无约定、出资、是否复婚、房屋登记情况具体认定
“假离婚”风险大，财产属性复杂，需要慎重，并有相应补充协议
房屋加名
已有房屋加上对方名字
登记为按份共有的，按比例共有
登记为共同共有的，属共同共有
购买时写上未出资一方的名字
本人出资，则按购买合同或房产登记的比例共有或共同共有
父母出资为借款，按借款关系处理出资；房屋为双方共有
父母赠与出资，按父母为子女购买出资的房屋规则处理
代持房屋
代持人的风险
丧失首套资格
逾期还贷影响征信
被代持人的风险
房屋被出售、抵押、查封、拍卖
司法政策不支持房屋确权
无法证明代持关系
只能无息返还出资本金
登记在未成年人子女名下的房屋
原则上归子女所有
一方父母或债权人持异议时，需要探究购房真实意图

接上图

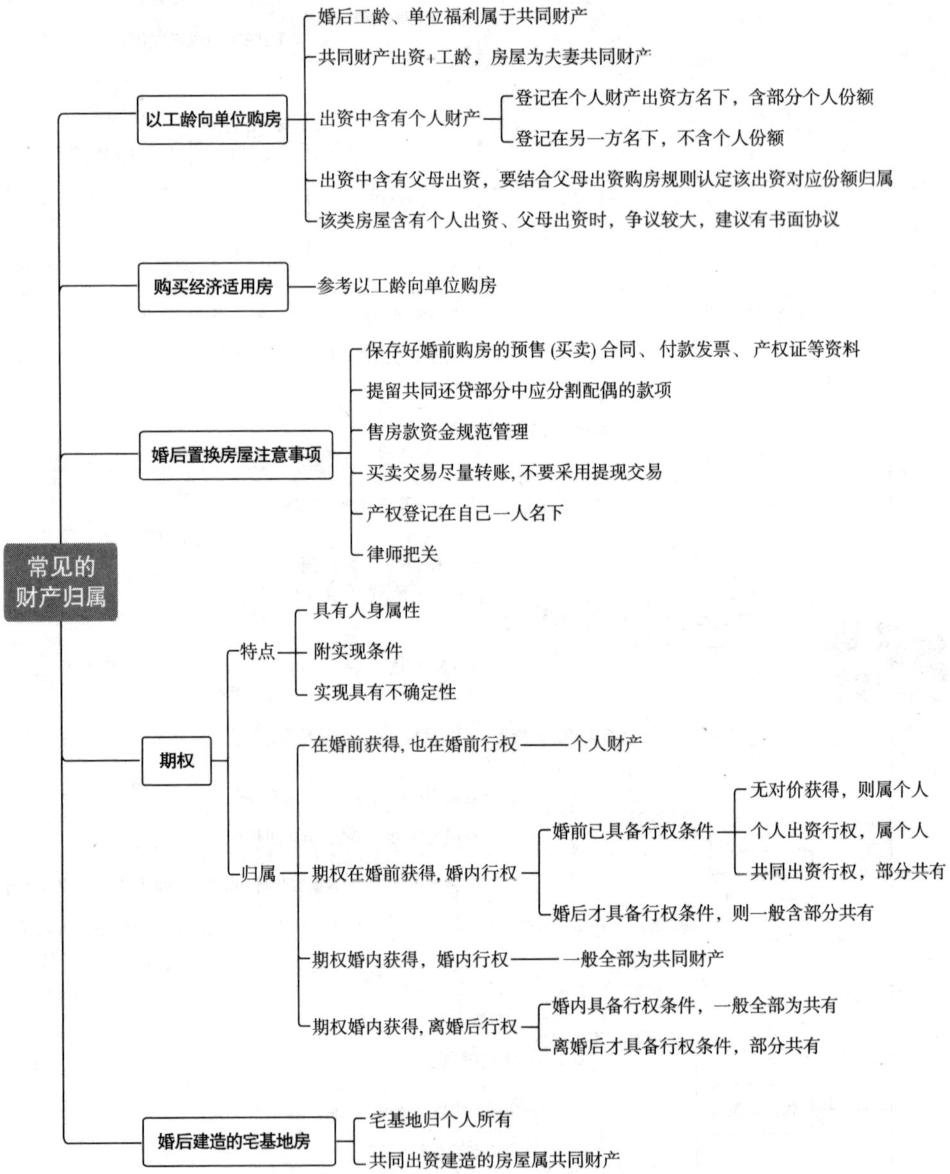
常见的财产归属
以工龄向单位购房
婚后工龄、单位福利属于共同财产
共同财产出资+工龄，房屋为夫妻共同财产
出资中含有个人财产
登记在个人财产出资方名下，含部分个人份额
登记在另一方名下，不含个人份额
出资中含有父母出资，要结合父母出资购房规则认定该出资对应份额归属
该类房屋含有个人出资、父母出资时，争议较大，建议有书面协议
购买经济适用房
参考以工龄向单位购房
婚后置换房屋注意事项
保存好婚前购房的预售（买卖）合同、付款发票、产权证等资料
提留共同还贷部分中应分割配偶的款项
售房款资金规范管理
买卖交易尽量转账，不要采用提现交易
产权登记在自己一人名下
律师把关
期权
特点
具有人身属性
附实现条件
实现具有不确定性
归属
在婚前获得，也在婚前行权
个人财产
期权在婚前获得，婚内行权
婚前已具备行权条件
无对价获得，则属个人
个人出资行权，属个人
共同出资行权，部分共有
婚后才具备行权条件，则一般含部分共有
期权婚内获得，婚内行权
一般全部为共同财产
期权婚内获得，离婚后行权
婚内具备行权条件，一般全部为共有
离婚后才具备行权条件，部分共有
婚后建造的宅基地房
宅基地归个人所有
共同出资建造的房屋属共同财产

接上图

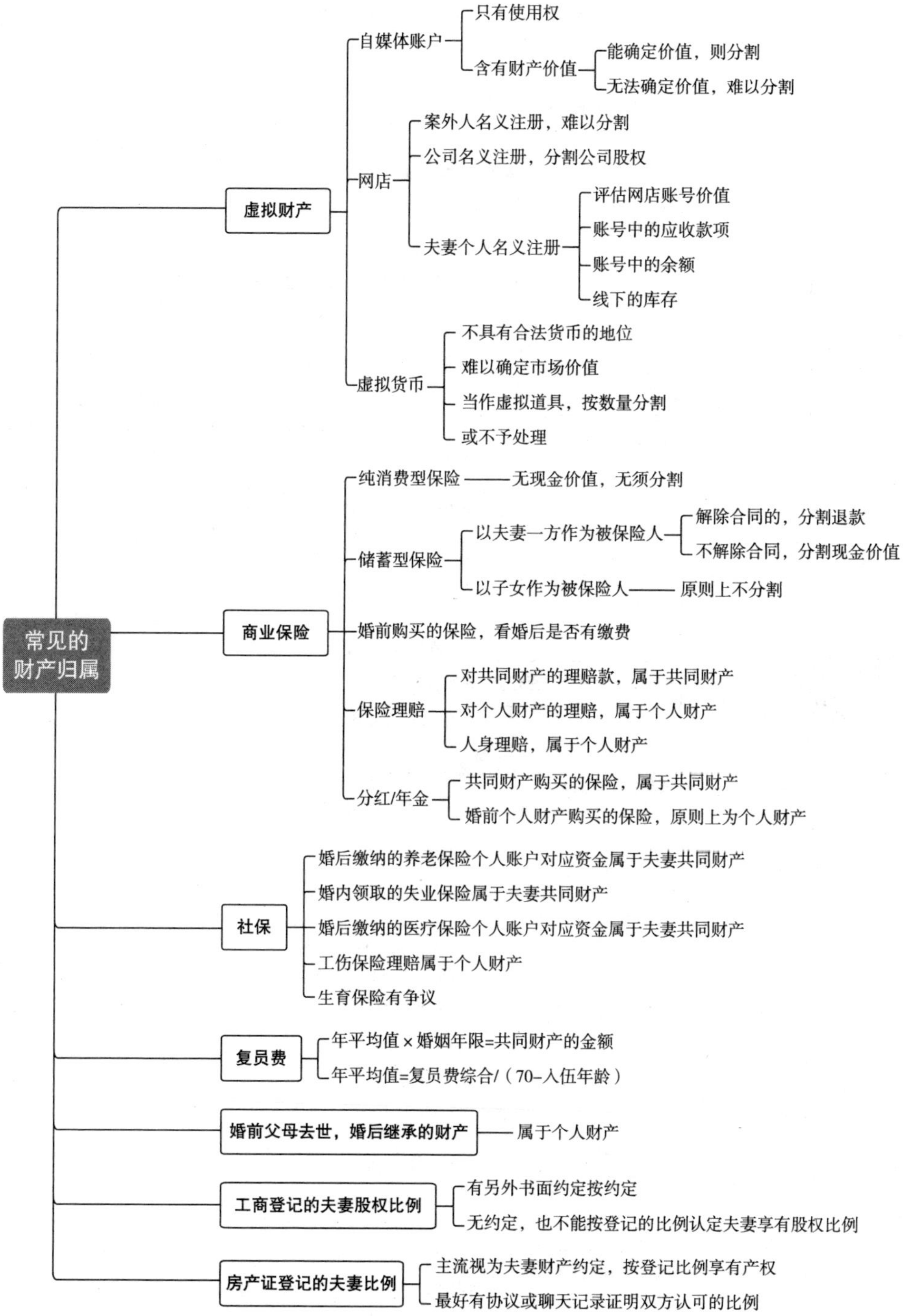
常见的财产归属
虚拟财产
自媒体账户
只有使用权
含有财产价值
能确定价值，则分割
无法确定价值，难以分割
网店
案外人名义注册，难以分割
公司名义注册，分割公司股权
夫妻个人名义注册
评估网店账号价值
账号中的应收款项
账号中的余额
线下的库存
虚拟货币
不具有合法货币的地位
难以确定市场价值
当作虚拟道具，按数量分割
或不予处理
商业保险
纯消费型保险
无现金价值，无须分割
储蓄型保险
以夫妻一方作为被保险人
解除合同的，分割退款
不解除合同，分割现金价值
以子女作为被保险人
原则上不分割
婚前购买的保险，看婚后是否有缴费
保险理赔
对共同财产的理赔款，属于共同财产
对个人财产的理赔，属于个人财产
人身理赔，属于个人财产
分红/年金
共同财产购买的保险，属于共同财产
婚前个人财产购买的保险，原则上为个人财产
社保
婚后缴纳的养老保险个人账户对应资金属于夫妻共同财产
婚内领取的失业保险属于夫妻共同财产
婚后缴纳的医疗保险个人账户对应资金属于夫妻共同财产
工伤保险理赔属于个人财产
生育保险有争议
复员费
年平均值×婚姻年限=共同财产的金额
年平均值=复员费综合/（70–人伍年龄）
婚前父母去世，婚后继承的财产
属于个人财产
工商登记的夫妻股权比例
有另外书面约定按约定
无约定，也不能按登记的比例认定夫妻享有股权比例
房产证登记的夫妻比例
主流视为夫妻财产约定，按登记比例享有产权
最好有协议或聊天记录证明双方认可的比例

夫妻财产处理权思维导图

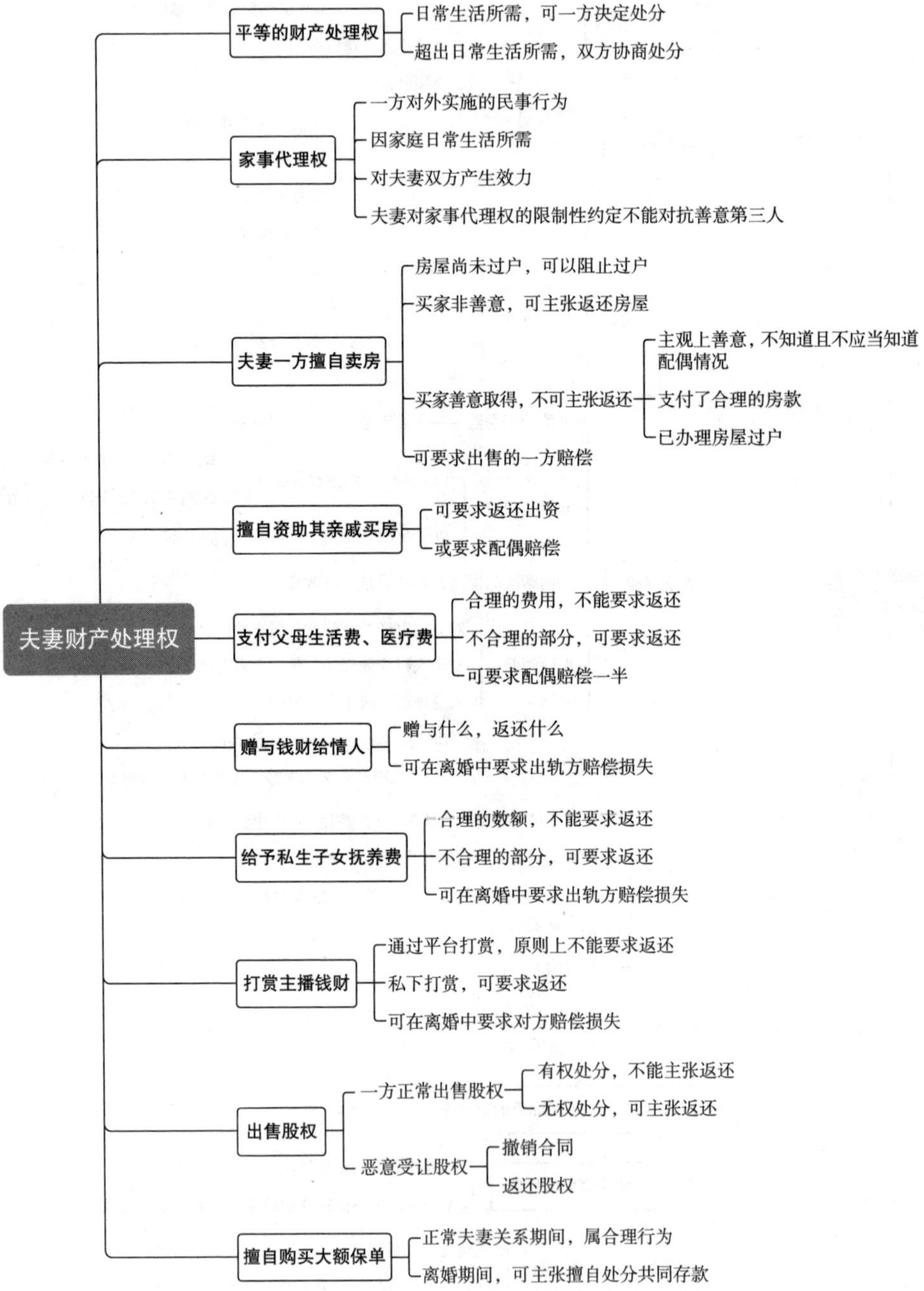

确认夫妻债务思维导图

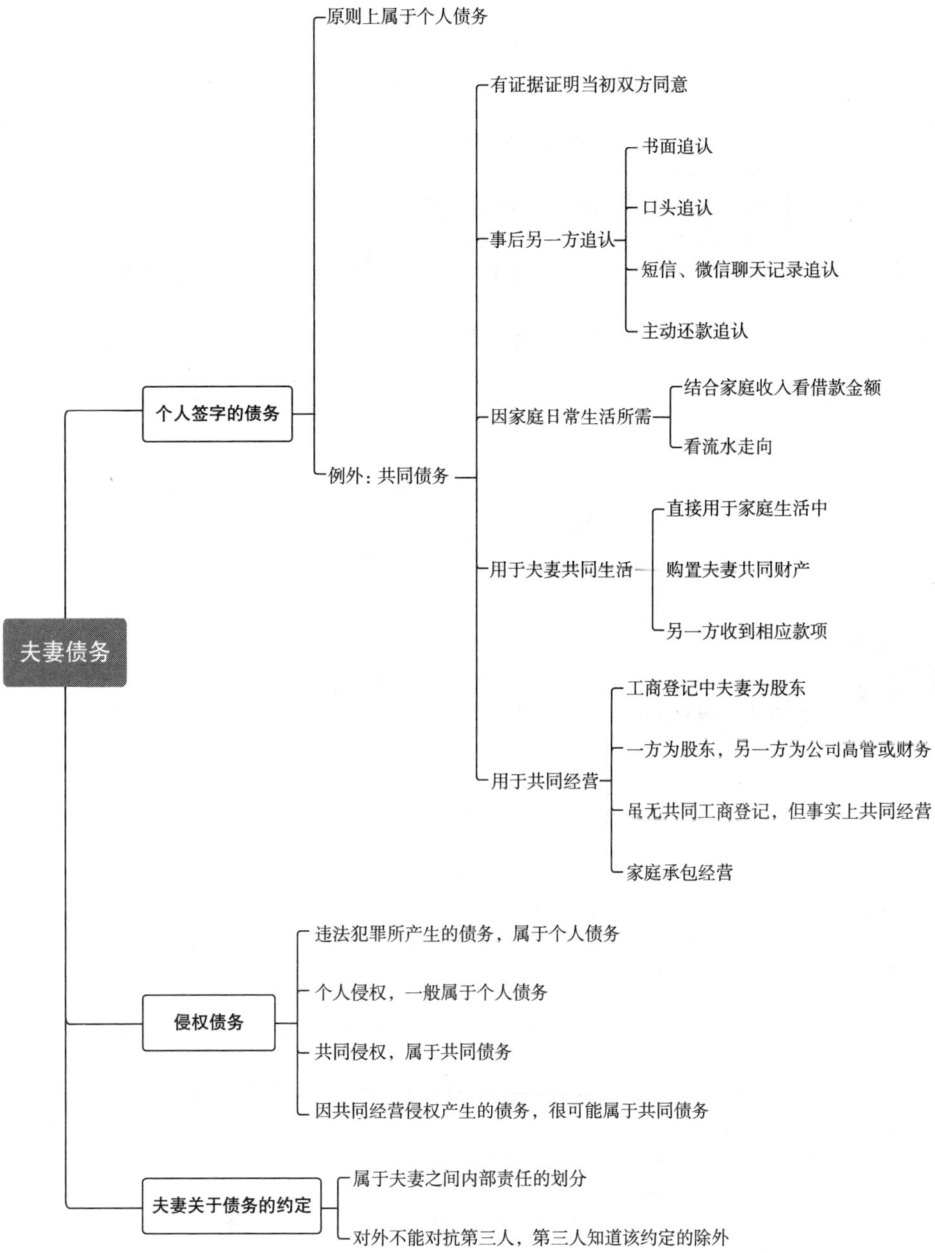
夫妻债务
个人签字的债务
原则上属于个人债务
例外：共同债务
有证据证明当初双方同意
事后另一方追认
书面追认
口头追认
短信、微信聊天记录追认
主动还款追认
因家庭日常生活所需
结合家庭收入看借款金额
看流水走向
用于夫妻共同生活
直接用于家庭生活中
购置夫妻共同财产
另一方收到相应款项
用于共同经营
工商登记中夫妻为股东
一方为股东，另一方为公司高管或财务
虽无共同工商登记，但事实上共同经营
家庭承包经营
侵权债务
违法犯罪所产生的债务，属于个人债务
个人侵权，一般属于个人债务
共同侵权，属于共同债务
因共同经营侵权产生的债务，很可能属于共同债务
夫妻关于债务的约定
属于夫妻之间内部责任的划分
对外不能对抗第三人，第三人知道该约定的除外

设立居住权思维导图

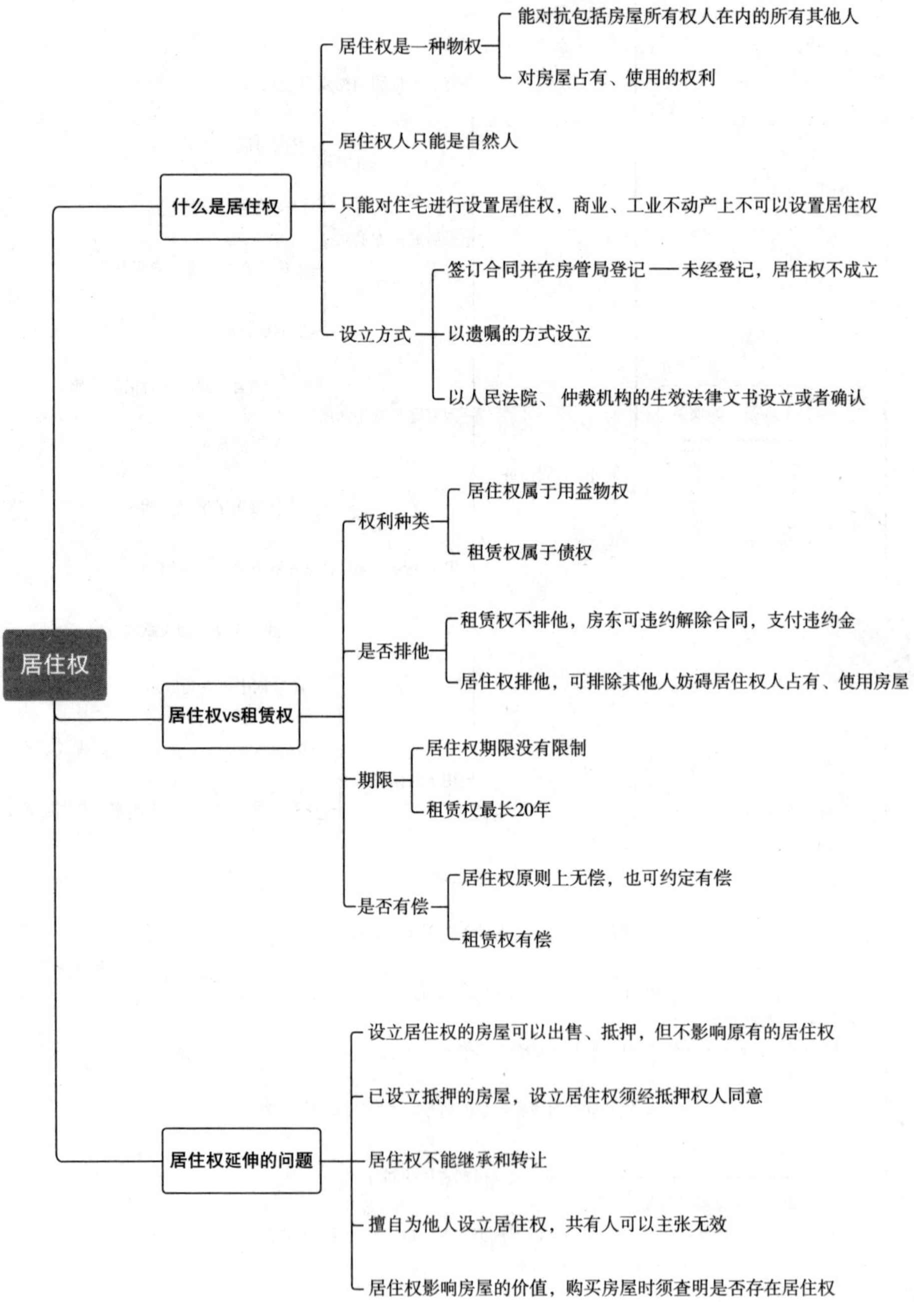
居住权
什么是居住权
居住权是一种物权
能对抗包括房屋所有权人在内的所有其他人
对房屋占有、使用的权利
居住权人只能是自然人
只能对住宅进行设置居住权，商业、工业不动产上不可以设置居住权
设立方式
签订合同并在房管局登记——未经登记，居住权不成立
以遗嘱的方式设立
以人民法院、仲裁机构的生效法律文书设立或者确认
居住权vs租赁权
权利种类
居住权属于用益物权
租赁权属于债权
是否排他
租赁权不排他，房东可违约解除合同，支付违约金
居住权排他，可排除其他人妨碍居住权人占有、使用房屋
期限
居住权期限没有限制
租赁权最长20年
是否有偿
居住权原则上无偿，也可约定有偿
租赁权有偿
居住权延伸的问题
设立居住权的房屋可以出售、抵押，但不影响原有的居住权
已设立抵押的房屋，设立居住权须经抵押权人同意
居住权不能继承和转让
擅自为他人设立居住权，共有人可以主张无效
居住权影响房屋的价值，购买房屋时须查明是否存在居住权

第三章　家庭人身关系

一、夫妻关系

121. 夫妻平等的关系究竟体现在哪里？

《民法典》第一千零五十五条规定“夫妻在婚姻家庭中地位平等”。何谓“地位平等”？这是宪法中男女平等原则的体现，其核心是指男女双方在婚姻、家庭生活中的各个方面都平等地享有权利，负担义务，互不隶属、支配。夫妻不论民族、种族、职业、家庭出身、宗教信仰、文化程度、财产状况、工资收入有何差异，双方在家庭中的地位都是平等的。夫妻各有独立的人格，不是依附和从属的关系。

夫妻平等的关系，主要包括人身关系的平等和财产关系的平等。

夫妻人身关系是指夫妻双方在婚姻中的身份、地位、人格等多个方面的权利义务关系，是夫妻关系的主要内容。夫妻人身关系平等体现在以下几方面：

（1）夫妻双方都享有姓名权

姓名权由夫妻双方完整、独立地享有，不受职业、收入、生活环境变化的影响，并排除他人（包括其配偶在内）的干涉。在婚姻家庭生活中，夫妻一方可合法、自愿地行使、处分其姓名权。这还体现在子女姓名的确定上，对子女姓名的决定权，由夫妻双方平等享有，即子女既可随父姓，也可随母姓，还可姓其他姓。

（2）夫妻双方都享有人身自由权

夫妻双方都有参加生产、工作、学习和社会活动的自由，一方不得对另一方加以限制或者干涉。这是夫妻双方各自充分、自由发展的必要和先决条件。夫妻一方行使人身自由权以合法、合理为限，并应互相尊重，反对各种干涉行为。

（3）夫妻双方都享有住所选定权

婚姻居所是夫妻婚后共同居住和生活的场所，是夫妻共同生活、维持婚姻关系的基本条件。古代社会男尊女卑，“妻从夫居”被视为天经地义。现代社会则由夫妻双方平等协商，夫妻一方可以成为另一方家庭的成员，夫妻应有权协商决定家庭住所，可选择男方或女方原来住所或另外的住所。

(4) 夫妻双方都享有孩子的抚养、教育等权利

夫妻双方平等享有对未成年子女抚养、教育和保护的权利，共同承担对未成年子女抚养、教育和保护的义务。

夫妻财产关系是指由夫妻人身关系所引起的直接体现一定经济内容的财产方面的权利义务关系，夫妻财产关系的平等主要体现在以下几个方面：

(1) 夫妻双方对夫妻共同财产有平等的处理权

第一，在夫妻关系存续期间，只要是属于夫妻共同财产，不论其对财产收益贡献的大小，夫妻双方均有平等的占有、使用、收益、处分的权利。例如小王直播带货，月收入 10 万元，小王的妻子是全职太太，婚后没上班无收入。不论对家庭收入贡献大小，小王夫妻俩对婚后共同财产都享有平等的处置权。

第二，在夫妻离婚时，只要属于夫妻共同财产，对共同财产的分割的权利是均等的。例如前述小王夫妻，哪怕妻子婚后全职没有收入，离婚时也有权主张分割一半的夫妻共同财产。

第三，实行婚后夫妻财产共有制（除夫妻另有约定的），夫妻双方中任何方均不得擅自处理共有财产。例如小王不得擅自将婚后购买的房子赠与第三人。

(2) 夫妻双方都享有家庭事务管理权

为了家庭共同生活的需要，夫妻双方需要对家庭事务进行管理，大到投资理财、买房买车，小到购买日常消费品、子女教育等，夫妻均有平等的决定权利。对于日常家事，《民法典》第一千零六十条①明确了日常家事代理的法律后果，但是对于超出日常家庭生活需要范畴的，需要夫妻双方协商决定，未经夫妻一方同意的，不对该方发生法律效力。

(3) 夫妻双方有相互继承遗产的权利

在法定继承中，配偶是第一顺序继承人。在分割遗产时，夫妻在婚姻关系存续期间所得的共同所有的财产，除另有约定外，应当将共同所有的财产的一半分出为配偶所有，其余的为被继承人的遗产。

《民法典》第一千一百五十七条②规定，夫妻一方死亡后，其配偶依法继承死者遗产后，就取得了该财产的所有权，有权根据自己的意愿在法律允许的范围内占

---

① 《民法典》第一千零六十条第一款：夫妻一方因家庭日常生活需要而实施的民事法律行为，对夫妻双方发生效力，但是夫妻一方与相对人另有约定的除外。

② 《民法典》第一千一百五十七条：夫妻一方死亡后另一方再婚的，有权处分所继承的财产，任何组织或者个人不得干涉。

有、使用和处理该财产；如果再婚，有权带走或处分其继承的财产。因此妻子丧偶后再婚离开原家庭时，有权将从亡夫处继承的财产带走。

122. 夫妻互相扶养的义务体现在哪里？

夫妻关系存续期间，夫妻双方在生活上互相照应，在经济上互相供养，在精神上互为支柱。需要扶养的一方，在另一方不履行扶养义务时，有要求其给付扶养费的权利。扶养义务的承担，既是婚姻关系得以维持和存续的前提，也是夫妻共同生活的保障。这种权利义务关系，具有法定性，不可随意选择、抛弃，对夫妻双方都是对等的，不受感情好坏的影响。

实践中，如果夫妻一方能够自食其力，只是缺乏精神上的慰藉和生活上的照顾，可以夫妻感情破裂为由，通过离婚的途径解决。假如一方因身体等原因不能自食其力、独立生活，则在不解除婚姻关系的情况下，可以要求对方给付扶养费的方式解决。例如妻子生重病且没有收入来源，那丈夫就有义务在生活上照顾妻子，经济上拿钱给妻子看病，支付生活费、医疗费等。如果丈夫不履行扶养义务，妻子有权请求丈夫给付扶养费。

司法实践中，夫妻间的扶养是有条件的，要求给付扶养费的一方，只有在年老、病残、丧失劳动能力又无其他经济来源，生活发生困难的情况下，才能请求对方给付扶养费。

关于夫妻相互扶养要注意一个问题，即夫妻间的财产约定不能免除法定的扶养义务。夫妻可以约定夫妻在婚姻关系存续期间所得的财产的归属，约定财产归一方所有或双方分别所有（即俗称的 AA 制）。但是夫妻互相扶养是法定的义务，无论夫妻就财产的问题做出何种约定，都不能免除法定的扶养义务。因此，在夫妻约定分别财产制的情况下，若一方患有重病时，其个人财产难以维系正常生活时，另一方仍有义务尽力照顾，并提供有关治疗费用。

123. 夫妻一方重病，另一方不救治怎么办？

夫妻有互相扶养的义务。一方不履行扶养义务时，需要扶养的一方，有要求对方给付扶养费的权利。

我们来看一个案例①：原告董某与被告张某于 2006 年 7 月 10 日在民政局登记结婚，婚后未生育子女。原告自 2020 年开始身患严重疾病，丧失劳动能力，且无

---

① （2021）京 0116 民初 4609 号董某与张某扶养费纠纷，来源：中国裁判文书网。

任何生活来源，生活、治疗所需费用只能向亲戚举债维持。被告作为丈夫，自 2020 年 1 月开始不再尽夫妻间的扶养义务，对原告的患病情况不闻不问。后董某起诉到法院，要求张某支付医疗费、扶养费。

法院认为，根据法律规定，夫妻有相互扶养的义务。需要扶养的一方，在另一方不履行扶养义务时，有要求其给付扶养费的权利。本案中，原告、被告系夫妻关系，应该相互照顾、相互扶助。董某患病后，张某应予以照顾、扶助，遂判决张某支付抚养费若干、医疗费若干。

因此，夫妻一方重病，另一方不救治的情况下，患病的一方，如果自己有收入有存款，可以先拿自己的财产治病。如果患病方自己没钱，可以向亲朋好友借钱用于治疗，该债务则属于夫妻共同债务，对方也要承担。

如果夫妻双方有共同的房子、车子，在向对方讨要扶养费无果的情况下，可以变卖夫妻共同财产用于治病。如果夫妻感情破裂，婚姻关系确实难以维系，应及时起诉离婚，保全对方的财产，如查封房屋、车辆、冻结银行存款等。如果夫妻一方患有重病，对方不救治，还有可能构成虐待遗弃等行为。

124. 夫妻一方在什么情况下构成遗弃？

遗弃是指对于年老、年幼、患病或者其他没有独立生活能力的人，负有扶养义务而拒绝扶养的行为。虐待、遗弃家庭成员情节恶劣的，还涉嫌刑事犯罪。

法律严禁家庭成员间的遗弃，遗弃行为的受害人提出请求的，人民法院应当依法作出支付扶养费、抚养费、赡养费的判决；遗弃家庭成员构成犯罪的，受害人可以向人民法院自诉；导致离婚的，无过错方有权请求损害赔偿。

因此，在婚姻关系中遭遇遗弃，情节轻的，被害人在不解除婚姻关系的情况下，可以起诉对方要求给付扶养费。如果遗弃导致夫妻感情破裂而离婚的，无过错方有权请求精神损害赔偿。遗弃行为违反《民法典》所倡导的家庭文明，遭遗弃的一方因此而遭受精神创伤和痛苦，理应由过错方给予赔偿。离婚涉及精神损害赔偿的，适用《最高人民法院关于确定民事侵权精神损害赔偿责任若干问题的解释》的有关规定。①

如果夫妻间的遗弃行为达到情节恶劣程度的，还有可能构成犯罪。我们来看一

---

① 《最高人民法院关于确定民事侵权精神损害赔偿责任若干问题的解释》第五条：精神损害的赔偿数额根据以下因素确定：（一）侵权人的过错程度，但是法律另有规定的除外；（二）侵权行为的目的、方式、场合等具体情节；（三）侵权行为所造成的后果；（四）侵权人的获利情况；（五）侵权人承担责任的经济能力；（六）受理诉讼法院所在地平均生活水平。

个判例①：2019 年 12 月 10 日晚黄某芬将年老、患病、生活不能自理的丈夫曾某弃置于梧州市万秀区某小路东侧山坳处。后路经该处的群众听到曾某呼救后报警将其送医。直至曾某在医院因肺栓塞致呼吸循环衰竭死亡，黄某芬一直没有到医院探视曾某，亦没有过问曾某的情况。

法院经审理认为，被告人黄某芬将其负有扶养义务的年老、患病且生活不能自理的丈夫遗弃，情节恶劣，其行为已构成遗弃罪。被告人黄某芬遗弃年满七十周岁以上的老人，可酌情从重处罚。依照《刑法》第二百六十一条、第六十四条之规定，判决被告人黄某芬犯遗弃罪，判处有期徒刑二年六个月。

也就是说，遗弃罪是情节犯，只有情节恶劣才能科处刑罚，故情节是否恶劣是区分遗弃罪与非罪的一个重要界限。根据司法实践经验，遗弃行为情节恶劣是指：由于遗弃而致被害人重伤、死亡的；被害人因被遗弃而生活无着，流离失所，被迫沿街乞讨的；因遗弃而使被害人走投无路被迫自杀的；行为人屡经教育，拒绝改正而使被害人的生活陷入危难境地的；遗弃手段十分恶劣的（如在遗弃中又有打骂、虐待行为的）；等等。

125. 不想配偶成为自己将来的监护人，可以怎么做？

我国现有的监护制度包括了法定监护、指定监护和意定监护。

意定监护②，简单来说就是通过协议的方式为自己指定监护人。具体而言，是指被监护人在具有完全行为能力时，根据自己的意愿确定监护人，并与之签订书面协议，赋予监护人在自己丧失或部分丧失民事行为能力时，对自己人身、财产和其他合法权利进行照顾和管理，代理自己行使民事法律行为的法律制度。

实践中，特别是再婚家庭，比如有些老夫少妻的，丈夫老了之后怕不能指望自己的妻子，很多时候又会回归到自己的子女身边。处于婚姻危机中的夫妻，本来和自己的配偶关系就很紧张，但是因为自己身体精神等原因，没有精力离婚，因法律规定的第一顺序的监护人又是自己的配偶。当自己出现中风、神志不清、长期昏迷等情形，配偶是有权处分自己的财产的。因此为避免意外发生后引发财产纠纷，或导致以后的生活无人照管等情况，他们需要指定意定监护人。

哪些人可以担任意定监护人？意定监护人既可以是自然人，也可以是具有监护

---

① （2020）桂 0403 刑初 186 号黄某芬遗弃罪案，来源：中国裁判文书网。

② 《民法典》第三十三条：具有完全民事行为能力的成年人，可以与其近亲属、其他愿意担任监护人的个人或者组织事先协商，以书面形式确定自己的监护人，在自己丧失或者部分丧失民事行为能力时，由该监护人履行监护职责。

能力的法人或其他组织。包括：

（1）近亲属。近亲属包括：配偶、父母、子女、兄弟姐妹、祖父母、外祖父母、孙子女、外孙子女。

（2）其他愿意担任监护人的个人。近亲属以外的亲属或者朋友，在其愿意并具备监护能力的情况下，可以成为意定监护人。

（3）其他愿意担任监护人的组织。何谓“愿意担任监护人的组织”，可以包括以下组织：居民委员会、村民委员会、学校、医疗机构、妇女联合会、残疾人联合会、依法设立的老年人组织、民政部门等，除此之外，其他的养老院、公益组织等也可以担任监护人，具体适用上，只要是法律未禁止且具备监护能力的组织，都可以成为监护人。

签署意定监护，需要什么条件？

（1）意定监护协议带有人身属性，且涉及被监护人将来的重大利益，故为确保有据可查，必须以书面形式设立。可以由双方签订协议书、委托律师见证，也可以通过公证处办理意定监护协议的公证。

（2）意定监护的行使主体要具备完全民事行为能力。也就是说，必须要在自己具备完全的民事行为能力，提前协商确定监护人。否则，其一旦丧失了行为能力，只能适用法定监护，而不能再适用意定监护制度了。

（3）意定监护在行使主体丧失民事行为能力后才正式生效，此时意定的监护人才可以代理被监护人实施民事法律行为。

（4）意定监护优于法定监护。被监护人签订了意定监护协议，当其丧失民事行为能力时，应当优先适用意定监护，只有在意定监护协议无效或因各种原因无法履行的情况下，才适用法定监护。

意定监护的法律效果是什么？在被监护人丧失或部分丧失民事行为能力时，意定监护发生效力。意定监护人而非法定监护人就要根据协议的约定承担监护职责。监护人的职责是：代理被监护人实施民事法律行为，保护被监护人的人身权利、财产权利以及其他合法权益等。

实践中，监护人的职责可具体分为五个方面：（1）被监护人失智失能时安排其生活；（2）被监护人生病时为其选择医院、确定医疗救治方案并签字；（3）保管被监护人财产，根据其需求合理处分；（4）如果被监护人死亡，处理善后事宜；（5）维护被监护人权益的其他事项。

126. 子女可以跟母亲姓吗？

子女可以跟母亲姓。《民法典》第一千零一十五条规定“自然人应当随父姓或者母姓”，此处用的是“或者”，也即子女既可以跟父姓，也可以跟母姓，这是我国民法典对子女姓氏自由的规定。在子女成年以前，子女的姓氏由父母双方协商确定，子女成年之后，由子女自行决定。但不论是父姓还是母姓，都是平等的地位，这也是夫妻在家庭中地位平等的表现。

127. 能不能提前约定孩子姓氏？

公民依法享有姓名权。公民行使姓名权，还应当尊重社会公德，不得损害社会公共利益。因此，在孩子未成年之前，孩子的姓氏由父母协商一致决定。父母可以提前约定孩子姓氏。只要该约定是父母双方真实意思的表示，且不违反公序良俗，就是合法有效的。

在中华传统文化中，“姓名”中的“姓”，即姓氏，体现着血缘传承、伦理秩序和文化传统，公民选取姓氏涉及公序良俗。公民原则上随父姓或者母姓符合中华传统文化和伦理观念，符合绝大多数公民的意愿和实际做法。同时，考虑到社会实际情况，公民有正当理由的也可以选取其他姓氏。公民原则上应当随父姓或者母姓。根据《民法典》的第一千零一十五条的规定，有下列情形之一的，可以在父姓和母姓之外选取姓氏：（1）选取其他直系长辈血亲的姓氏；（2）因由法定扶养人以外的人扶养而选取扶养人姓氏；（3）有不违反公序良俗的其他正当理由。少数民族自然人的姓氏可以遵从本民族的文化传统和风俗习惯。

二、父母子女关系

128. 子女的监护权和抚养权有什么区别？

（1）什么是子女抚养权？

我国《民法典》第二十六条①和第一千零六十八条②规定了父母对孩子的抚养义务。而关于婚生子女和非婚生子女，以及继子女的抚养权，《民法典》第一千零

---

①《民法典》第二十六条：父母对未成年子女有抚养、教育和保护的义务。成年子女对父母有赡养、扶助和保护的义务。

②《民法典》第一千零六十八条：父母有教育、保护未成年子女的权利和义务。未成年子女造成他人损害的，父母应当依法承担民事责任。

七十一条[①]和第一千零七十二条[②]分别进行了规定。抚养费包括生活费、教育费、医疗费等，因大部分离婚案件都需要解决孩子抚养问题，故《民法典》第一千零八十五条[③]特别对未成年人抚养问题进行规定。抚养费的数额，人民法院可以根据子女的实际需要、父母双方的负担能力和当地的实际生活水平确定。

所以说，父母对子女的抚养既是一种人身权利，也是一种人身义务。然而，在离婚案件中人们经常说的“抚养权”是指直接抚养子女，或者说离婚后子女跟随一方父母生活。没有直接抚养子女的一方，也应承担给付抚养费的义务。

（2）什么是子女监护权？

未成年子女属无民事行为能力人或限制民事行为能力人，根据《民法典》第二十七条[④]的规定，未成年子女的法定监护人一般为其父母，如两个小学生打架了，老师一定会通知其父母去学校协商，如果其中一方受伤了，打人一方的父母还需向其赔偿医疗费。在监护人去世或出现其他无法履行监护职责的情况下，《民法典》第三十六条[⑤]规定了可通过特殊途径变更未成年子女的监护人。

子女监护权是指对父母成为子女监护人的权利，并据此承担监护人职责。未成年人由于不具备民事行为能力，由父母作为监护人代为实施其民事行为。比如，离婚后，子女由母亲直接抚养。当需要出售未成年子女名下的房子时，仍需要父母共同签字。又比如，未成年人出国签证时，往往需要监护人共同签字，而不能只由直接抚养子女的一方签字。

子女抚养权和监护权的区别：

---

① 《民法典》第一千零七十一条：非婚生子女享有与婚生子女同等的权利，任何组织或者个人不得加以危害和歧视。不直接抚养非婚生子女的生父或者生母，应当负担未成年子女或者不能独立生活的成年子女的抚养费。

② 《民法典》第一千零七十二条：继父母与继子女间，不得虐待或者歧视。继父或者继母和受其抚养教育的继子女间的权利义务关系，适用本法关于父母子女关系的规定。

③ 《民法典》第一千零八十五条：离婚后，子女由一方直接抚养的，另一方应当负担部分或者全部抚养费。负担费用的多少和期限的长短，由双方协议；协议不成的，由人民法院判决。前款规定的协议或者判决，不妨碍子女在必要时向父母任何一方提出超过协议或者判决原定数额的合理要求。

④ 《民法典》第二十七条：父母是未成年子女的监护人。未成年人的父母已经死亡或者没有监护能力的，由下列有监护能力的人按顺序担任监护人：（一）祖父母、外祖父母；（二）兄、姐；（三）其他愿意担任监护人的个人或者组织，但是须经未成年人住所地的居民委员会、村民委员会或者民政部门同意。

⑤ 《民法典》第三十六条第一款：监护人有下列情形之一的，人民法院根据有关个人或者组织的申请，撤销其监护人资格，安排必要的临时监护措施，并按照最有利于被监护人的原则依法指定监护人：（一）实施严重损害被监护人身心健康的行为；（二）怠于履行监护职责，或者无法履行监护职责且拒绝将监护职责部分或者全部委托给他人，导致被监护人处于危困状态；（三）实施严重侵害被监护人合法权益的其他行为。

（1）父母是未成年子女的法定监护人，在双方离婚后，依然是子女的监护人。其监护权不受婚姻关系解除的影响。而抚养权，则是在离婚时确定子女跟随一方父母生活的权利。

（2）监护人并不都是应对被监护人尽抚养义务的人

父母作为未成年子女的监护人，负有对未成年子女的抚养义务，但有的情况下，监护人并不是抚养人。实际上，只有当监护人同时又是抚养人时，他对被监护人才既要尽抚养义务，也要承担监护责任。

变更监护权不发生在父母之间。父母是未成年人的法定监护人，故只有在父母已经死亡、没有监护能力、被撤销监护资格时，才会根据上述《民法典》第二十七条的规定由其他人依序担任监护人。

总之，子女抚养权和监护权对于父母任何一方来说都很重要，只关注子女抚养权或者监护权都是失之偏颇的。子女的监护资格不仅亲生父母可以有，子女祖父母或外祖父、民政部门、基层组织等都有可能由法院指定而获得子女的监护资格。

129. 父母一定要抚养子女至十八周岁吗？

根据《民法典》第二十六条第一款的规定，父母对未成年子女负有抚养、教育和保护的义务。原则上，父母依法[①]应抚养子女至其满十八周岁止。但也存在例外情形：

（1）如果满十六周岁的未成年人，以自己的劳动收入为主要生活来源，并能维持当地一般生活水平，父母可以停止支付抚养费。[②]

（2）不能独立生活的成年子女，父母仍需继续抚养。具体指，年满十八周岁但失去、部分丧失劳动能力的或尚在校接受高中及其以下学历教育等客观原因而无法维持当地一般生活水平。需要注意的是，子女年满十八周岁尚在接受高等教育而没有收入，并不属于不能独立生活的成年子女。[③] 因此，在父母不履行抚养义务的情

① 《民法典婚姻家庭编的解释（一）》第五十三条：抚养费的给付期限，一般至子女十八周岁为止。十六周岁以上不满十八周岁，以其劳动收入为主要生活来源，并能维持当地一般生活水平的，父母可以停止给付抚养费。

② 《民法典》第十八条第二款：十六周岁以上的未成年人，以自己的劳动收入为主要生活来源的，视为完全民事行为能力人。

③ 《民法典婚姻家庭编的解释（一）》第四十一条：尚在校接受高中及其以下学历教育，或者丧失、部分丧失劳动能力等非因主观原因而无法维持正常生活的成年子女，可以认定为民法典第一千零六十七条规定的“不能独立生活的成年子女”。

况下，未成年的或不能独立生活的子女可以根据《民法典婚姻家庭编的解释（一）》第四十三条的规定要求父母支付抚养费。

130. 子女年满十八周岁后，找不到工作，可否继续“啃老”？

根据《民法典婚姻家庭编的解释（一）》第五十三条①的相关规定，子女年满十八周岁后，找不到工作的也不能继续“啃老”，除非父母愿意给予经济资助。相反，正如《民法典》第一千零六十七条明确规定：“……成年子女不履行赡养义务的，缺乏劳动能力或者生活困难的父母，有要求成年子女给付赡养费的权利”，若父母已年满退休年龄，成年子女还应向父母支付赡养费，发扬尊老敬老的中华传统美德。

131. 子女在什么情况下需要赡养父母？

父母对子女有抚养的义务，同时子女对父母也有赡养的义务。成年子女赡养父母的义务，是不分男女，不分已婚未婚的。赡养是指子女在物质上和精神上为父母提供必要的生活条件，子女作为赡养人，应当履行对老年人经济上供养、生活上照料和精神上慰藉的义务，照顾老年人的特殊需要。一切有经济能力的子女，对丧失劳动能力，无法维持生活的父母，都应予以赡养。对不在一起生活的父母，应根据父母的实际生活需要和子女的负担能力，给付一定的赡养费用。

赡养费用一般不低于子女本人或者当地的普通生活水平，有两个以上子女的，可依据不同的经济条件，共同负担赡养费用。经济条件较好的子女应当自觉、主动地承担较大的责任。赡养人之间也可以就履行赡养义务签订协议，但不得违反法律的规定和老年人的意愿。基层群众性自治组织、老年人组织或者赡养人所在单位监督协议的履行。根据《民法典》第一千零六十七条的规定，如果子女不履行赡养义务，缺乏劳动能力或者生活困难的父母可以通过有关部门进行调解或者向人民法院提起诉讼，要求成年子女给付赡养费。

因此，成年子女在父母缺乏劳动能力或生活困难，且赡养人自身具有行为能力和经济能力的情况下，需履行赡养父母的法定义务。

---

① 《民法典婚姻家庭编的解释（一）》第五十三条：抚养费的给付期限，一般至子女十八周岁为止。十六周岁以上不满十八周岁，以其劳动收入为主要生活来源，并能维持当地一般生活水平的，父母可以停止给付抚养费。

132. 有多名子女的情况下，父母是否可以只诉其中一人要求支付赡养费？

根据《老年人权益保障法》第十四条[①]及《民法典》第一千零六十七条第二款[②]等规定，一切有经济能力的子女，对丧失劳动能力或者生活困难的父母，都应予以赡养，对不在一起生活的父母，应根据父母的实际生活需要和子女的负担能力，给付一定的赡养费用。

成年子女不履行赡养义务的，父母有要求成年子女给付赡养费的权利。如有多个子女的，每个子女应共同履行赡养义务。多个子女之间应依据各自经济能力及父母的实际需要负担相应份额，且该份额在多个子女赡养能力相当的情况下应是均等的。

因此，在成年子女不履行赡养义务时，父母可依上述规定到人民法院起诉。而因赡养费纠纷是被赡养人要求不履行赡养义务的子女给付赡养费的纠纷，故在有多名子女的情况下，父母可以只起诉其中未对父母履行赡养义务的个别子女要求其支付赡养费。

133. 父母一方不给抚养费，子女以后可以拒绝赡养该方父母吗？

不可以。抚养费和赡养费之间不可能存在完全等同，父母履行抚养义务也不是子女履行赡养义务的前提，抚养义务和赡养义务虽然均指向父母和子女，但抚养义务和赡养义务都是基于亲权产生的，伴随着血缘关系出现的。

虽然无论是在道德上还是法律上，父母不履行抚养义务都是应当谴责的，但是不履行抚养义务并不能成为免除赡养义务的理由，法律上也没有设置这样的免除赡养义务的条件。以不履行赡养义务的方式来对不履行抚养义务进行同态复仇，本身在法律上也是不能成立的。因此，父母不履行抚养义务也没有支付抚养费的，子女不能以此为由拒绝履行赡养义务、支付赡养费，但是子女一方可以针对抚养义务和抚养费采取措施，从而及时进行救济，之后也可以正常地履行赡养义务。

134. 父母双亡或无力抚养未成年子女时，谁有抚养义务？

《民法典》第一千零七十四条第一款规定：“有负担能力的祖父母、外祖父母，

---

① 《老年人权益保障法》第十四条：赡养人应当履行对老年人经济上供养、生活上照料和精神上慰藉的义务，照顾老年人的特殊需要。赡养人是指老年人的子女以及其他依法负有赡养义务的人。赡养人的配偶应当协助赡养人履行赡养义务。

② 《民法典》第一千零六十七条第二款：成年子女不履行赡养义务的，缺乏劳动能力或者生活困难的父母，有要求成年子女给付赡养费的权利。

对于父母已经死亡或者父母无力抚养的未成年孙子女、外孙子女，有抚养的义务。”第一千零七十五条第一款规定：“有负担能力的兄、姐，对于父母已经死亡或者父母无力抚养的未成年弟、妹，有扶养的义务。”

因此，对于父母双亡或无力抚养的未成年人，有负担能力的祖父母、外祖父母、兄、姐负有抚养义务。

135. 丈夫怀疑子女不是自己亲生的，可以向法院申请鉴定吗？

丈夫怀疑子女不是自己亲生的，可以向法院提起否认亲子关系诉讼，申请亲子关系鉴定。

《民法典》第一千零七十三条第一款规定：“对亲子关系有异议且有正当理由的，父或者母可以向人民法院提起诉讼，请求确认或者否认亲子关系。”另外，《民法典婚姻家庭编的解释（一）》第三十九条第一款也规定：“父或者母向人民法院起诉请求否认亲子关系，并已提供必要证据予以证明，另一方没有相反证据又拒绝做亲子鉴定的，人民法院可以认定否认亲子关系一方的主张成立。”

提出亲子鉴定申请，应注意以下三点：

首先，申请亲子鉴定的一方必须提供“必要证据”证明其怀疑的事实存在，此“必要证据”是指提出主张的一方所提供的证据需要达到足以使法官相信确有该怀疑事实的可能性，如丈夫持有医院诊断的妻子怀孕日期的报告，同时又提供其在妻子怀孕日期前后均在外工作、未曾与妻子接触及共同生活的证据。

其次，当事人提出亲子鉴定申请后，法院并不必然会启动鉴定程序，而是根据双方的举证情况来决定。如果申请亲子鉴定的一方未能提供“必要证据”支持其怀疑的事实，又或者另一方当事人有证据反驳该存疑，法院会依法驳回当事人的亲子鉴定申请。也就是说，当事人不能仅凭怀疑或者猜测申请亲子鉴定。

最后，我国现行法律并没有强制亲子鉴定的规定，法院不能对拒绝做亲子鉴定的当事人强制进行鉴定。在审判实践中，采取的较为普遍的做法是夫妻双方都同意做亲子鉴定的，法院应予准许。这种情况下，人民法院会根据当事人的申请，委托司法鉴定机构进行鉴定，受委托的鉴定机构应当作出书面鉴定结论。但如果夫妻双方有一方不同意，或孩子已成年，法院不应采取强制措施。

在一方提供了必要证据证明其怀疑孩子非亲生的事实之后，另一方没有相反证据又拒绝做亲子鉴定的，人民法院可以推定请求确认亲子关系不存在一方的主张成立，支持当事人否认亲子关系的诉求。

136. 子女怀疑自己不是父母亲生的，可以向法院申请鉴定吗？

子女怀疑自己不是父母亲生，不可以向法院申请鉴定。

《民法典》未赋予成年子女有权提起“否认亲子关系”之诉。也就是说，法律不允许孩子起诉其与父母是不是亲生。孩子无权提起否认亲子关系之诉，当然也不可以向法院申请亲子鉴定。法律这么规定是为了防止成年子女（主要是非亲生的子女）逃避对父母的赡养义务，在维护各方当事人权利义务的同时，体现了对传统家庭伦理道德的保护。

但如果孩子想起诉确认与父母的亲子关系，则是法律允许的。《民法典》第一千零七十三条第二款规定：“对亲子关系有异议且有正当理由的，成年子女可以向人民法院提起诉讼，请求确认亲子关系。”

137. 父母在什么情况下会被剥夺监护资格？

监护资格，是指监护人对于未成年人和精神病人等无民事行为能力人和限制民事行为能力人的人身权益、财产权益所享有的监督、保护与管理的法律资格。《民法典》第二十七条规定，父母是未成年子女的监护人。对于未成年人，父母有法定的监护资格，其依法行使监护权利受法律保护。但父母不履行监护职责或者侵害被监护人的合法权益的，应当承担责任；给被监护人造成财产损失的，应当赔偿损失。人民法院可以根据有关人员或者组织的申请，撤销父母的监护资格。

《民法典》第三十六条规定了以下三种情形，人民法院应根据有关个人或组织的申请，撤销监护人的监护资格：“（一）实施严重损害被监护人身心健康的行为；（二）怠于履行监护职责，或者无法履行监护职责且拒绝将监护职责部分或者全部委托给他人，导致被监护人处于危困状态；（三）实施严重侵害被监护人合法权益的其他行为。”

《未成年人保护法》第十七条也规定了未成年人的父母或者其他监护人不得实施下列行为：

（1）虐待、遗弃、非法送养未成年人或者对未成年人实施家庭暴力；

（2）放任、教唆或者利用未成年人实施违法犯罪行为；

（3）放任、唆使未成年人参与邪教、迷信活动或者接受恐怖主义、分裂主义、极端主义等侵害；

（4）放任、唆使未成年人吸烟（含电子烟，下同）、饮酒、赌博、流浪乞讨或者欺凌他人；

（5）放任或者迫使应当接受义务教育的未成年人失学、辍学；

（6）放任未成年人沉迷网络，接触危害或者可能影响其身心健康的图书、报刊、电影、广播电视节目、音像制品、电子出版物和网络信息等；

（7）放任未成年人进入营业性娱乐场所、酒吧、互联网上网服务营业场所等不适宜未成年人活动的场所；

（8）允许或者迫使未成年人从事国家规定以外的劳动；

（9）允许、迫使未成年人结婚或者为未成年人订立婚约；

（10）违法处分、侵吞未成年人的财产或者利用未成年人牟取不正当利益；

（11）其他侵犯未成年人身心健康、财产权益或者不依法履行未成年人保护义务的行为。

另外，最高人民法院、最高人民检察院、公安部、民政部《关于依法处理监护人侵害未成年人权益行为若干问题的意见》（法发〔2014〕24 号）也规定了被申请人有下列情形之一的，人民法院可以判决撤销其监护人资格：

（1）性侵害、出卖、遗弃、虐待、暴力伤害未成年人，严重损害未成年人身心健康的；

（2）将未成年人置于无人监管和照看的状态，导致未成年人面临死亡或者严重伤害危险，经教育不改的；

（3）拒不履行监护职责长达六个月以上，导致未成年人流离失所或者生活无着的；

（4）有吸毒、赌博、长期酗酒等恶习无法正确履行监护职责或者因服刑等原因无法履行监护职责，且拒绝将监护职责部分或者全部委托给他人，致使未成年人处于困境或者危险状态的；

（5）胁迫、诱骗、利用未成年人乞讨，经公安机关和未成年人救助保护机构等部门三次以上批评教育拒不改正，严重影响未成年人正常生活和学习的；

（6）教唆、利用未成年人实施违法犯罪行为，情节恶劣的；

（7）有其他严重侵害未成年人合法权益行为的。

父母作为孩子的监护人，如果出现上述行为，人民法院可依据相关个人或组织申请，剥夺父母的监护资格。

138. 谁可以申请撤销未成年人父母的监护资格？

根据《民法典》第三十六条第二款[①]的规定，下列人员可以申请剥夺父母的监护资格：（1）祖父母、外祖父母；（2）兄、姐；（3）居民委员会、村民委员会、学校、医疗机构、妇女联合会、残疾人联合会、未成年人保护组织、依法设立的老年人组织、民政部门等组织机构。

《民法典》第三十六条第三款[②]还明确规定，民政部门在个人和其他组织怠于申请撤销监护权时，承担起申请撤销监护人监护资格的兜底责任。

139. 父母被剥夺监护资格后，由谁担任未成年子女的监护人？

当父母双方均被剥夺监护资格，或父母双方均无监护能力情况下，该未成年人的监护人将根据《民法典》第二十七条规定的有监护能力的人来担任监护人，依次为：（1）祖父母、外祖父母；（2）兄、姐；（3）其他愿意担任监护人的个人或者组织，但是须经未成年人住所地的居民委员会、村民委员会或者民政部门同意。

如果对于上述监护人的确定有争议的，由被监护人住所地的居民委员会、村民委员会或者民政部门指定监护人，有关当事人对指定不服的，可以向人民法院申请指定监护人；有关当事人也可以直接向人民法院申请指定监护人。

国家是未成年人的最终监护人，民政部门则代表政府履行对未成年人国家监护的兜底责任。

140. 父母可以通过什么形式为未成年子女指定监护人？

父母一方可以通过遗嘱方式为未成年子女指定监护人，但该指定监护人不能剥夺夫妻另一方的监护权。

《民法典》第二十九条规定了遗嘱指定监护制度，即“被监护人的父母担任监护人的，可以通过遗嘱指定监护人”。根据该条规定，能够以遗嘱的形式来指定监护人的主体仅限于父母，法律赋予了父母通过遗嘱选择信任的人在自己离世后对未成年子女担任监护职责的权利。根据该条规定，夫妻一方为孩子指定将来的监护人

---

① 《民法典》第三十六条第二款：本条规定的有关个人、组织包括：其他依法具有监护资格的人，居民委员会、村民委员会、学校、医疗机构、妇女联合会、残疾人联合会、未成年人保护组织、依法设立的老年人组织、民政部门等。

② 《民法典》第三十六条第三款：前款规定的个人和民政部门以外的组织未及时向人民法院申请撤销监护人资格的，民政部门应当向人民法院申请。

需满足以下条件：

首先，必须是在担任监护人期间的夫妻一方才有权通过遗嘱指定未成年子女将来的监护人；如果夫妻一方被剥夺了监护资格或因丧失监护能力没有担任监护人时，不能通过立遗嘱的形式为孩子指定监护人。

其次，担任监护人的夫妻一方通过遗嘱指定监护人，不能剥夺另一方的法定监护权。在遗嘱效力发生后，在世的一方尚有监护能力，且对指定的监护人有异议。法院应当确定未成年子女在世的父母一方为监护人。①

例如：孩子母亲去世前写下遗嘱指定孩子的外婆作为孩子的监护人，但同时也写明孩子的父亲不能作为监护人。这个遗嘱中关于“孩子的父亲不能作为监护人”的内容无效，因为孩子母亲无权通过遗嘱方式剥夺孩子父亲的监护权。同时，在孩子母亲去世后，父亲尚有监护能力，且对孩子的外婆的监护资格有异议，法院应当确定孩子的父亲作为监护人。

最后，遗嘱必须合法、有效。

值得注意的是，如果成年子女是无民事行为能力人或限制民事行为能力人，作为监护人的父母也可以参照《民法典》第二十九条通过遗嘱指定监护人。

141. 对未成年人的监护人的确定有争议的，怎么办？

对监护人的确定有争议，原因有两种，一种是争当监护人，另一种是相互推诿监护职责。

根据《民法典》第三十一条的规定，对监护人的确定发生争议，有两种解决途径：(1) 由被监护人住所地村民委员会、居民委员会或民政部门指定，对指定不服的，可以向法院申请指定；(2) 直接向法院申请指定。

那么，村民委员会、居民委员会、民政部门及法院应当遵循什么原则指定监护人呢？第一，尊重被监护人意愿；第二，遵循最有利于被监护人利益的原则；第三，依法在有监护资格的人中指定。

在确定监护人前，被监护人的人身权利、财产权利及其他合法权益处于无人保护状态时，应由被监护人住所地的村民委员会、居民委员会，法律规定的有关组织或民政部门担任临时监护人。

另外，一旦指定了监护人，不论是村民委员会、居民委员会，还是民政部门，

---

① 《最高人民法院关于适用〈中华人民共和国民法典〉总则编若干问题的解释》第七条第二款：未成年人由父母担任监护人，父母中的一方通过遗嘱指定监护人，另一方在遗嘱生效时有监护能力，有关当事人对监护人的确定有争议的，人民法院应当适用民法典第二十七条第一款的规定确定监护人。

都不能擅自变更监护人，即使擅自与第三方达成变更监护协议，也不会产生监护责任变更的法律效果，这也是保证监护人的稳定性，有利于保护未成年人的合法权益。

142. 父或母被撤销监护人资格后，是否不用负担子女的抚养费了？

父母对未成年子女享有的监护权基于血亲的法定权利。在一定条件下该法定权利是可被撤销的。然而父母对未成年子女的抚养是法定的义务。既然是法定义务当然就不能以其对未成年子女的监护权被撤销而免除其法定义务。以此类推，依法负担被监护人赡养、扶养费的子女、配偶，在其对被监护人的监护权被撤销后，仍应当继续履行负担对父母、配偶的赡养、扶养义务。

143. 父母没钱花了，可以处分子女的财产吗？

随着我国经济的发展，我国个人、家庭财富呈现出良好的增长态势。现实生活中，未成年子女名下可能会有房屋或受赠的存款。例如：未成年子女通过继承取得了巨额财产、父母出资购房登记于未成年子女名下、父母以子女名义开银行账户并存入大量现金等。这类财产既有可能是父母的财产，只是登记或存放在未成年人子女名下，也有可能是子女的个人财产。父母可以处理第一类财产，原则上不可处分第二类财产。

《民法典》第三十五条第一款规定："监护人应当按照最有利于被监护人的原则履行监护职责。监护人除为维护被监护人利益外，不得处分被监护人的财产。"可见，原则上父母不得处分未成年子女的财产，出售子女的房子用于个人消费、经营，或用子女的房子抵押借款等行为。

然而，父母不享有自由处分权，并不代表在子女未成年之前，子女名下的财产只能保持原状。因为日常生活中，如果财产疏于管理，会存在灭失、贬值的风险，比如：大量现金存放于银行所收取的利息无法抗通胀，老旧物业如不及时置换会面临灭失或贬值损失等。在此情况下，父母将未成年子女的银行存款用于为子女购买收益较好的理财产品、购置房屋，为子女置换新房等。这类处分行为建立在维护未成年子女的利益基础上，于情于理于法都是可行的。

144. 父母讨厌所生子女，可以将子女送养吗？

在日常生活中偶尔听到有部分父母总是埋怨其家有"熊孩子"，如果可以重来不会考虑结婚生子，甚至不想抚养子女，或者受重男轻女的思想影响，而萌生将未成年子女送养的想法。但是，我们提醒有该想法的父母，子女生下来后，不是父母想送就能送的。

《民法典》第一千零九十四条规定："下列个人、组织可以作送养人：（一）孤儿的监护人；（二）儿童福利机构；（三）有特殊困难无力抚养子女的生父母。"可见，生父母只有在特殊困难无能力抚养子女的情况下才可以将子女送养。那么，什么情况下属于有特殊困难无力抚养子女呢？

根据民政部的规定①，当事人需要提供以下证明：（1）县级以上医疗机构出具的重特大疾病证明；（2）县级残疾人联合会出具的重度残疾证明；（3）人民法院判处有期徒刑或无期徒刑、死刑的判决书；（4）因其他客观原因无力抚养子女的，需要乡镇人民政府、街道办事处出具的有关证明。

145. 孤儿的监护人不想履行监护职责后，可否自行决定将孤儿送养？

"孤儿"是指父母去世的未成年人。那么，他的监护人是谁？祖父母、外祖父母、兄、姐、经有关组织确认的村委会、居委会均有可能成为"孤儿的监护人"。

为了更好地解答这个知识点，我们举个例子：爷爷奶奶成为孤儿的监护人后，基于某些原因不想履行监护职责或者因为丧失监护能力，其可否不经任何人的同意，自行决定将孤儿送养？

我国《民法典》第一千零九十六条规定："监护人送养孤儿的，应当征得有抚养义务的人同意，有抚养义务的人不同意送养、监护人不愿意继续履行监护职责的，应当依照本法第一编的规定另行确定监护人。"该制度被司法界称为"监护人与抚养义务人共同送养制度"。

大家要知道，在某些时候监护人未必就是全体抚养义务人。上述案例中，虽然爷爷奶奶被确定为监护人，但有抚养义务的不仅是爷爷奶奶，还有外公外婆。所以，爷爷奶奶送养前，需求得外公外婆的同意。

146. 监护人送养孤儿时，是否需要征求孤儿兄、姐的同意？

在前述问答中，我们讲到监护人送养孤儿时，需要征询其抚养义务人的意见。

---

① 《民政部关于规范生父母有特殊困难无力抚养的子女和社会散居孤儿收养工作的意见》（民发〔2014〕206号）："生父母有特殊困难无力抚养的证明是指生父母所在单位或者村（居）委会根据下列证件、证明材料之一出具的能够确定生父母有特殊困难无力抚养的相关证明：（1）县级以上医疗机构出具的重特大疾病证明；（2）县级残疾人联合会出具的重度残疾证明；（3）人民法院判处有期徒刑或无期徒刑、死刑的判决书。生父母确因其他客观原因无力抚养子女的，乡镇人民政府、街道办事处出具的有关证明可以作为生父母有特殊困难无力抚养的证明使用。"

但是，根据《民法典》第一千零七十四条第一款的规定，有负担能力的祖父母、外祖父母是法定的抚养义务人，而第一千零七十五条第一款中规定的有负担能力的兄、姐，其承担的是扶养义务。此“扶养”并非彼“抚养”，两者是不能混为一谈的。所以兄、姐不是抚养义务人。因此，孤儿的监护人送养孤儿时，仅需征得有负担能力的祖父母、外祖父母的同意，无须征得孤儿兄、姐的同意。

147. 有刑事犯罪记录的人士可否收养子女？

《民法典》第一千零九十八条规定，收养人应当同时具备下列条件：（1）无子女或者只有一名子女；（2）有抚养、教育和保护被收养人的能力；（3）未患有在医学上认为不应当收养子女的疾病；（4）无不利于被收养人健康成长的违法犯罪记录；（5）年满三十周岁。其中第四项是《民法典》新增条款。

由此可见，有刑事犯罪记录的人士并非不能收养子女，关键在于其是否有不利于被收养人健康成长的违法犯罪记录。《民法典》专门把这项作为收养人的法定条件，目的是避免一些不法分子利用收养未成年人实施犯罪的行为，如借收养名义买卖未成年人，收养后虐待、遗弃未成年人等，收养人一旦出现前述犯罪记录，必然不再具备收养人资格。

对于何谓不利于被收养人健康成长的违法犯罪记录，则由收养登记机构判断。

148. 被拐卖的未成年人被公安机关解救回来后，查询不到生父母，可否被收养？

可以。根据规定①，公安机关解救回被拐未成年人后，应马上在全国打拐DNA信息库中录入、对比血样，全力查找被拐未成年人的生父母，以便被拐未成年人能尽快回到生父母身边。随着科技的发展、社会的进步，越来越多的被拐获救的未成年人能找到生父母，但也有一些被拐获救孩子，经各种渠道努力寻找，仍未能找到生父母，无法回归原生家庭。对于这部分未成年人，相比于在社会福利院生活，能被好的家庭收养，重新获得家庭的温暖、父母的关爱，无疑才是最有利于他们的健康成长。

需要注意的是，并不是所有的被拐未成年人一解救回来就可以被收养，一定要满足法定条件，才可以依法被收养，否则很容易引发与生父母监护权的冲突。

---

① 民政部、公安部《关于开展查找不到生父母的打拐解救儿童收养工作的通知》（民发〔2015〕159号）。

根据规定，公安机关解救未成年人后，一律需要采集被拐解救孩子的血样，检验后录入全国打拐DNA信息库对比，社会福利机构或者救助保护机构在接收被拐解救孩子后，应当在报纸和全国打拐解救儿童寻亲公告平台上发布儿童寻亲公告，公告期30日。如果自被拐解救孩子被送交社会福利机构或者救助保护机构之日起满12个月，公安机关仍未能查找到被拐解救未成年人的生父母或者其他监护人的，则可视为查找不到生父母，依法可被收养，以便尽快让被拐解救孩子回归到正常的家庭生活。

如果被拐解救未成年人被依法收养后，又找到了生父母或其他监护人的，该怎么办呢？《民法典》并未对此进行直接规定，而根据民政部、公安部《关于开展查找不到生父母的打拐解救儿童收养工作的通知》第三条第一款的规定[①]，若查实确属被拐的，收养人应当与社会福利机构共同到民政部门办理解除收养关系登记。

149. 单身人士可以收养任何年纪的异性子女吗？

单身人士可以收养异性子女，但是单身人士作为收养人应当同时具备下列条件[②]：(1) 无子女或者只有一名子女；(2) 有抚养、教育和保护被收养人的能力；(3) 未患有在医学上认为不应当收养子女的疾病；(4) 无不利于被收养人健康成长的违法犯罪记录；(5) 年满三十周岁。

单身人士要收养异性子女[③]的，年龄上有限制，年龄相差需要四十周岁以上，比如：单身男性要收养十周岁的女孩，则至少要年满五十周岁。

但也有例外，收养三代以内旁系同辈血亲的子女，可以不受“收养人与被收养人的年龄应当相差四十周岁以上”的限制。[④] 例如：妹妹收养姐姐的儿子、表弟收养表姐的女儿，年龄上没有限制。

---

① 民政部、公安部《关于开展查找不到生父母的打拐解救儿童收养工作的通知》第三条第一款：打拐解救儿童被收养后，公安机关查找到其生父母或其他监护人，或者其生父母或其他监护人又查找到该儿童的，如儿童的生父母或其他监护人要求解除收养关系，且经公安机关确认该儿童确属于被盗抢、被拐骗或者走失的，收养人应当与社会福利机构共同到民政部门办理解除收养关系登记。

② 《民法典》第一千零九十八条：收养人应当同时具备下列条件：（一）无子女或者只有一名子女；（二）有抚养、教育和保护被收养人的能力；（三）未患有在医学上认为不应当收养子女的疾病；（四）无不利于被收养人健康成长的违法犯罪记录；（五）年满三十周岁。

③ 《民法典》第一千一百零二条：无配偶者收养异性子女的，收养人与被收养人的年龄应当相差四十周岁以上。

④ 《民法典》第一千零九十九条第一款：收养三代以内旁系同辈血亲的子女，可以不受本法第一千零九十三条第三项、第一千零九十四条第三项和第一千一百零二条规定的限制。

150. 已婚人士可以单独决定收养子女吗？

不可以。已婚人士收养子女，应当与配偶共同收养。我国实行一夫一妻制，夫妻应当互相忠实，互相尊重，互相关爱；家庭成员应当敬老爱幼，互相帮助，维护平等、和睦、文明的婚姻家庭关系。收养是很重要的民事法律行为，夫妻收养子女必须共同进行，这有利于巩固夫妻关系和家庭关系，也有利于对养子女的抚养教育，使其在一个和睦的环境中成长。《民法典》第一千一百零一条规定："有配偶者收养子女，应当夫妻共同收养。"因此，已婚人士收养子女，应当与配偶共同收养。

151. 养父母收养子女，直接领回家就可以了吗？

养父母收养子女，需要办理合法的收养手续，才能收养子女。养父母收养子女需要提供以下材料：（1）收养登记申请书；（2）收养申请书；（3）收养登记审查处理表；（4）收养人情况证明；（5）收养人结婚证（或离婚证、丧偶证明、未婚证明）。

办理流程如下：（1）申请人向收养登记机关提出收养申请。（2）收养登记机关审核收养条件［收养福利机构的弃婴（童）以及社会弃婴的，在报纸上刊登弃婴公告60日］。（3）对材料不全的不予受理；并一次性告知申请人补充材料；对申请材料齐全的予以受理，经办人对申请材料进行审查、核实，并提出办理意见，提交科室负责人审核。（4）科室负责人进行审核，并加具意见，提交局领导审批。（5）局领导审批通过的，颁发《中华人民共和国收养登记证》。

152. 养父母可以收养多名子女吗？

养父母收养子女有数量限制。为了防止收养人收养子女过多、无能力照顾而损害被收养人的利益，以及防止借收养为幌子来拐卖人口的情况出现，因此，法律对收养人收养子女进行数量上的限制，无子女的收养人可以收养两名子女，有子女的收养人只能收养一名子女。

但如果是收养孤儿、残疾未成年人或者儿童福利机构抚养的查找不到生父母的未成年人，则没有数量上的限制。①

---

① 《民法典》第一千一百条：无子女的收养人可以收养两名子女；有子女的收养人只能收养一名子女。收养孤儿、残疾未成年人或者儿童福利机构抚养的查找不到生父母的未成年人，可以不受前款和本法第一千零九十八条第一项规定的限制。

153. 养父母收养子女后，一定要变更养子女的姓氏吗？

不一定。在收养关系下，随着收养关系的成立，收养人与被收养人之间产生父母子女间的身份关系和权利义务关系。养父母子女关系确立后，养子女的姓氏可以发生相应的变化，以表明其身份关系的变化。

因此，收养关系成立后，养父母可以改变养子女的姓氏，可以让养子女随养父或者养母的姓氏。但同时经当事人协商一致，养子女可以保留原姓氏。[①] 养子女对于姓名都有选择的权利，未成年子女的姓氏可由监护人协商，成年子女自己选择。

154. 外国人可以在中华人民共和国收养子女吗？

可以。[②] 根据法律规定，外国人在中国收养子女属于涉外收养，涉外收养相较于国内收养而言，有更严格的程序条件[③]：

（1）应当经过外国人所在国的主管机关依据该国法律审查同意

外国人在中国收养子女，除了需要符合我国法律规定的收养条件以外，还需要符合外国人所在国法律关于收养条件的法律规定，并经该国主管机关的审核同意，避免出现被收养的子女在收养人所在国不能得到法律认可的情况，成为“黑户”。

（2）应提供经过认证的申请材料和相关证明

收养人应提供所在国有权机构出具，经所在国外交机关或者外交机关授权的机构认证，并经中华人民共和国驻该国使馆或者领馆认证的下列文件：①跨国收养申请书；②出生证明；③婚姻状况证明；④职业、经济收入和财产状况证明；⑤身体健康检查证明；⑥有无受过刑事处罚的证明；⑦收养人所在国主管机关同意其跨国收养子女的证明；⑧家庭情况报告，包括收养人的身份、收养的合格性和适当性、家庭状况和病史、收养动机以及适合于照顾儿童的特点等。

如果是在华工作或者学习连续居住一年以上的外国人，想在华收养子女的，提交前款规定的除身体健康检查证明以外的文件，还应当提交在华所在单位或者有关部门出具的婚姻状况证明，职业、经济收入或者财产状况证明，有无受过刑事处罚证明以及县级以上医疗机构出具的身体健康检查证明。

（3）应当签订收养协议

外国人来华收养子女，必须与送养人订立书面收养协议，毕竟除了被收养人与

---

① 《民法典》第一千一百一十二条：养子女可以随养父或者养母的姓氏，经当事人协商一致，也可以保留原姓氏。

② 《民法典》第一千一百零九条：外国人依法可以在中华人民共和国收养子女。

③ 参考《外国人在中华人民共和国收养子女登记办法》第四条至第十条的规定。

外国养父母建立拟制血亲关系外，还可能面临国籍、出国生活等重大改变，有书面收养协议，可以明确各方的权利义务，减少纠纷。

（4）应当亲自办理涉外收养的登记

若外国人单独收养的，必须亲自来华办理登记；若夫妻双方共同收养的，需要双方亲自来华办理登记，若一方确实不能来华的，至少一方需要亲自来华，并提供收养人所在国公证和认证的委托书。此外，涉外收养需要到省、自治区、直辖市人民政府民政部门办理登记，未办理登记直接“领走”的，不能成立养父母养子女关系。

可能各省、自治区、直辖市民政部对涉外收养所需的具体材料有细微区别，涉及具体案例时，建议自行前往被收养孩子常住户口所在地的省、自治区、直辖市人民政府民政部门进行具体咨询。

155. 养父母收养子女后，可以解除收养关系吗？

根据我国法律规定①，养父母收养孩子后不能无端要求退养或换养；但是有正当理由的，可以依法解除收养关系。

（1）孩子成年以前，养父母不得解除收养关系，但是如果是养父母、送养人双方协议解除的除外。如果孩子满八周岁的，还要征询孩子的意见。孩子之所以被收养，均是因为经历了父母双亡或生父母无力抚养，或被遗弃拐卖等，这些孩子或多或少有肢体或心灵的创伤，更需要社会的关爱，如果允许养父母在养育过程中随意退养，无疑会对这些孩子造成二次伤害。

但若是出现一些特殊情况，比如被拐卖的孩子找到了生父母的，送养人、收养人协商一致的，可以解除收养关系，并按法定程序，到民政部门办理解除收养关系的登记手续。

（2）养父母不履行抚养义务，有虐待、遗弃等侵害孩子合法权益的，送养人有权要求解除收养关系。

（3）孩子成年后，如果与养父母关系恶化，确实无法共同生活的，可以协议解除收养关系。比如养父母在养子女未成年之前存在一些侵害行为，但出于各种原因没有解除收养关系的，养子女成年后，与养父母的关系仍未缓和，则可以要求解除

---

① 《民法典》第一千一百一十四条：收养人在被收养人成年以前，不得解除收养关系，但是收养人、送养人双方协议解除的除外。养子女八周岁以上的，应当征得本人同意。收养人不履行抚养义务，有虐待、遗弃等侵害未成年养子女合法权益行为的，送养人有权要求解除养父母与养子女间的收养关系。送养人、收养人不能达成解除收养关系协议的，可以向人民法院提起诉讼。

收养关系。

如果双方达成协议的，双方到收养登记机关办理解除收养关系登记，发给解除收养关系证明时，双方收养关系终止。如果不能达成协议的，可以向法院起诉要求解除收养关系，自法院作出解除收养关系的判决生效时，收养关系终止。

156. 养父母收养子女后，虐待、遗弃养子女的，如何保障养子女的权益？

如果收养人收养子女后，存在侵害子女的行为，比如拳打脚踢、性侵、遗弃子女，或是以收养之名实施买卖儿童等严重侵害子女权益的行为，送养人①有权单方要求解除收养关系。若送养人与收养人无法达成解除协议的，送养人有权向人民法院提起诉讼。除了解除收养关系外，若收养人的行为构成犯罪的，则应依法追究相应的刑事责任。

需要提醒的是，作为过错方的收养人，不得以其存在虐待、遗弃子女为由，要求解除收养关系。只有送养人才有权单方要求解除收养关系，否则将会面临严重的道德风险。

157. 收养关系解除后，养子女是否要赡养养父母？

收养关系解除后，养子女与养父母就不再是父母子女关系，赡养义务也随之消失。但是，如果养父母在收养关系存续期间，对养子女的生活、教育付出大量的时间、精力，而养子女一成年就将年迈的养父母一脚踢开，显然不符合民法中的公平原则和权利义务相一致的原则，也与尊老孝亲的中华传统道德相违背。

因此，《民法典》规定②，收养关系解除后，收养人享有两项财产请求权：生活费给付请求权和经济补偿权。

（1）生活费给付请求权，是针对确由养父母抚养成年的孩子，对缺乏劳动能力和生活来源的养父母，应当给付生活费。当然，前提是养父母对收养关系的解除无明显过错。

（2）经济补偿权，根据收养关系解除时子女是否成年，可以分为向子女主张和向生父母主张两种类型。子女成年后，只有子女可以自行要求是否解除收养关系。

---

① 送养人一般是被收养人的生父母或对其曾负有监护照顾义务的人或机构。

② 《民法典》第一千一百一十八条：收养关系解除后，经养父母抚养的成年养子女，对缺乏劳动能力又缺乏生活来源的养父母，应当给付生活费。因养子女成年后虐待、遗弃养父母而解除收养关系的，养父母可以要求养子女补偿收养期间支出的抚养费。生父母要求解除收养关系的，养父母可以要求生父母适当补偿收养期间支出的抚养费；但是，因养父母虐待、遗弃养子女而解除收养关系的除外。

因此，若因为子女成年后虐待、遗弃养父母而导致收养关系解除的，则子女需要补偿养父母在收养期间支出的全部抚养费。子女未成年时，生父母要求解除收养关系的，则根据具体情况，由生父母适当补偿养父母在收养期间支出的抚养费；但若因养父母虐待、遗弃子女而导致收养关系解除的，则养父母无权向生父母提出经济补偿要求。

158. 可以收养自己的侄子、侄女、外甥、外甥女吗？

根据《民法典》的规定①，收养人可以收养三代以内亲兄弟姐妹、堂兄弟姐妹和表兄弟姐妹的子女。不过，亲属间收养人也需要满足一些基本条件：

（1）共同收养原则

如果收养人已婚，则需要夫妻共同收养，若配偶不同意收养的，则收养人不得单独决定收养自己兄弟姐妹的孩子。

（2）收养人数限制

如果收养人无孩子的，则收养人一共只可以收养两名孩子。如果收养人已有一名孩子的，则收养人只可以收养一名孩子。如果收养人已经有两名孩子的，原则上不再符合收养人的条件，而无法收养兄弟姐妹的孩子。

但如果该孩子属于父母双亡的孤儿或是残疾人的，法律规定可不受该条件的限制，以便这些更需要关怀的孩子能得到收养。但是，本身孤残孩子需要更多的照顾，如果一个家庭抚养的孩子过多，就无法保证每名孩子都能得到精心照料，因此在收养的时候，应综合家庭情况予以考虑。

（3）收养人未患有在医学上认为不应当收养孩子的疾病

法律上并未明确规定何种疾病是医学上认为不应当收养子女的疾病，我们认为主要是精神疾病和严重的传染病。

（4）无不利于孩子健康成长的违法犯罪记录

比如收养人曾有过性侵、虐待孩子等犯罪记录的，则不适宜收养孩子。

---

①《民法典》第一千零九十九条第一款：收养三代以内旁系同辈血亲的子女，可以不受本法第一千零九十三条第三项、第一千零九十四条第三项和第一千一百零二条规定的限制。

家庭人身关系思维导图

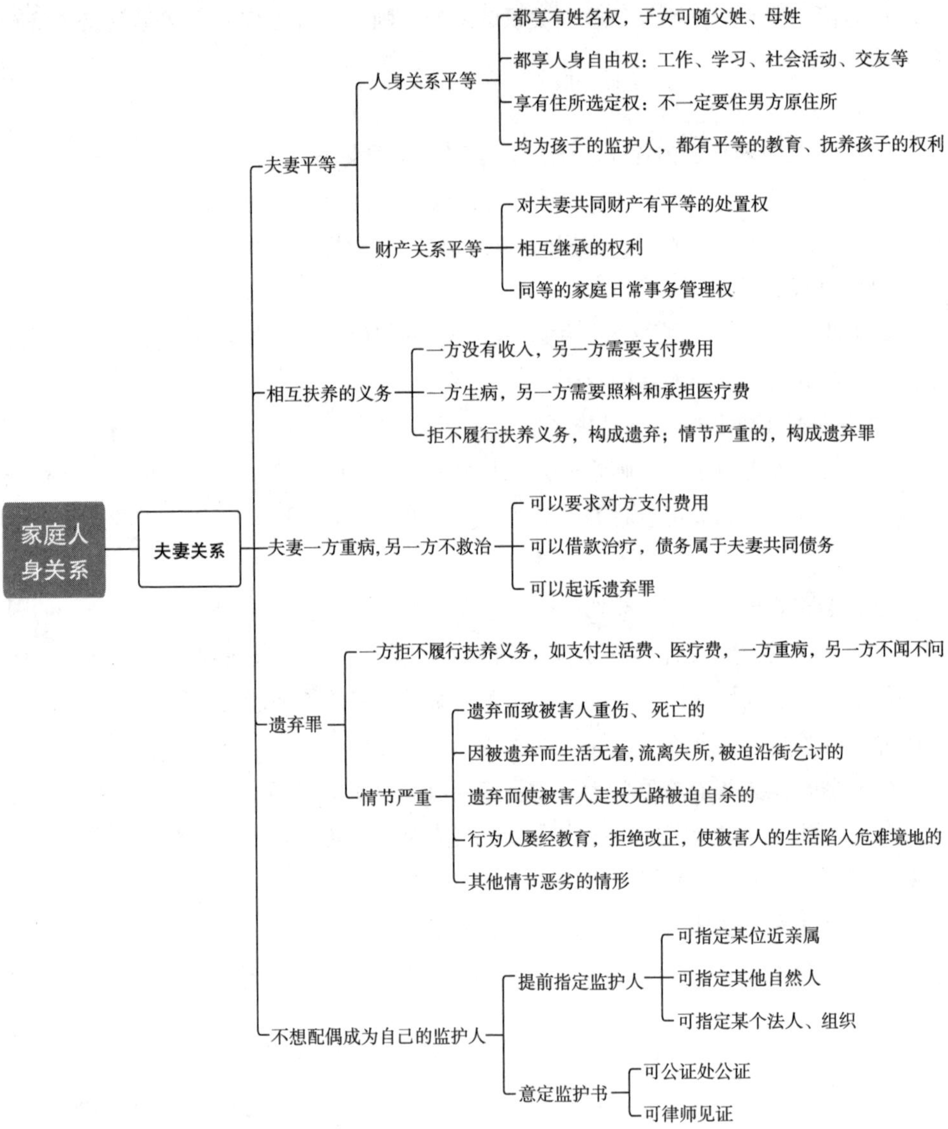
家庭人身关系
夫妻关系
夫妻平等
人身关系平等
都享有姓名权，子女可随父姓、母姓
都享人身自由权：工作、学习、社会活动、交友等
享有住所选定权：不一定要住男方原住所
均为孩子的监护人，都有平等的教育、抚养孩子的权利
财产关系平等
对夫妻共同财产有平等的处置权
相互继承的权利
同等的家庭日常事务管理权
相互扶养的义务
一方没有收入，另一方需要支付费用
一方生病，另一方需要照料和承担医疗费
拒不履行扶养义务，构成遗弃；情节严重的，构成遗弃罪
夫妻一方重病，另一方不救治
可以要求对方支付费用
可以借款治疗，债务属于夫妻共同债务
可以起诉遗弃罪
遗弃罪
一方拒不履行扶养义务，如支付生活费、医疗费，一方重病，另一方不闻不问
情节严重
遗弃而致被害人重伤、死亡的
因被遗弃而生活无着，流离失所，被迫沿街乞讨的
遗弃而使被害人走投无路被迫自杀的
行为人屡经教育，拒绝改正，使被害人的生活陷入危难境地的
其他情节恶劣的情形
不想配偶成为自己的监护人
提前指定监护人
可指定某位近亲属
可指定其他自然人
可指定某个法人、组织
意定监护书
可公证处公证
可律师见证

接上图

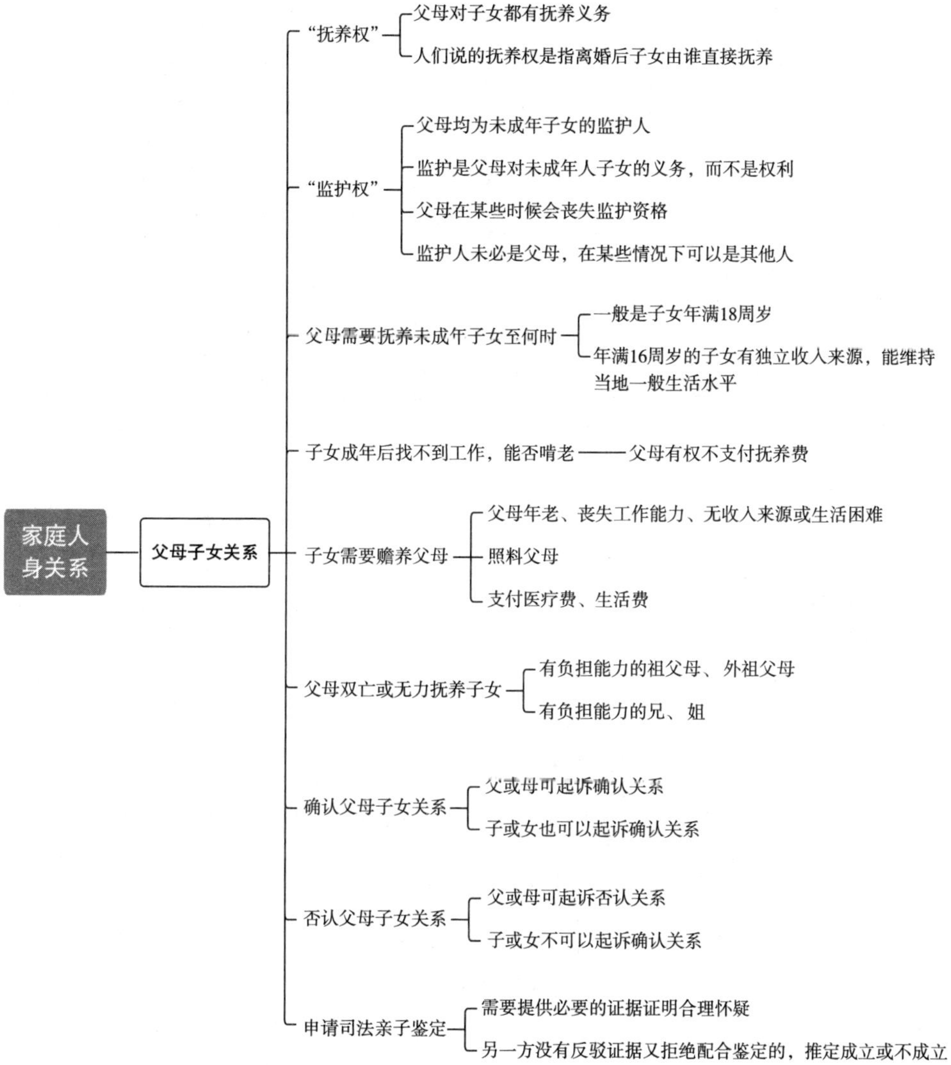
家庭人身关系
父母子女关系
"抚养权"
父母对子女都有抚养义务
人们说的抚养权是指离婚后子女由谁直接抚养
"监护权"
父母均为未成年子女的监护人
监护是父母对未成年人子女的义务，而不是权利
父母在某些时候会丧失监护资格
监护人未必是父母，在某些情况下可以是其他人
父母需要抚养未成年子女至何时
一般是子女年满18周岁
年满16周岁的子女有独立收入来源，能维持当地一般生活水平
子女成年后找不到工作，能否啃老
父母有权不支付抚养费
子女需要赡养父母
父母年老、丧失工作能力、无收入来源或生活困难
照料父母
支付医疗费、生活费
父母双亡或无力抚养子女
有负担能力的祖父母、外祖父母
有负担能力的兄、姐
确认父母子女关系
父或母可起诉确认关系
子或女也可以起诉确认关系
否认父母子女关系
父或母可起诉否认关系
子或女不可以起诉确认关系
申请司法亲子鉴定
需要提供必要的证据证明合理怀疑
另一方没有反驳证据又拒绝配合鉴定的，推定成立或不成立

接上图

- 家庭人身关系
  - 监护
    - 丧失监护资格
      - 实施严重损害被监护人身心健康的行为
      - 怠于履行监护职责，导致被监护人处于危困状态
      - 无法履行监护职责且拒绝将监护职责委托他人，导致被监护人处于危困状态
      - 实施严重侵害被监护人合法权益的其他行为
        - 《未成年人保护法》第十七条
        - 《关于依法处理监护人侵害未成年人权益行为若干问题的意见》
      - 依然需要支付抚养费
    - 谁可以申请撤销未成年人父母的监护资格
      - 祖父母、外祖父母
      - 兄、姐
      - 有关个人、组织
        - 居民委员会
        - 村民委员会
        - 学校
        - 医疗机构
        - 妇女联合会
        - 未成年人保护组织
        - 依法设立的老年人组织
        - 兜底：民政部门
    - 父母被剥夺监护资格后，由谁担任未成年子女的监护人
      - 祖父母、外祖父母
      - 兄、姐
      - 经居委会或村委会或民政部门同意的其他个人和组织
    - 父母可以提前指定未成年子女将来的监护人
    - 监护人有争议
      - 居委会、村委会或民政部门指定——不服，申请法院指定
      - 法院直接指定
      - 指定监护人原则
        - 尊重被监护人意愿
        - 遵循最有利于被监护人利益的原则
        - 依法在有监护资格的人中指定
    - 监护人不得处分被监护人的财产，除为维护被监护人利益外

接上图

- 家庭人身关系
  - 收养/送养
    - 父母送养孩子的条件——有特殊困难无力抚养子女
      - 县级以上医疗机构出具的重特大疾病证明
      - 或县级残疾人联合会出具的重度残疾证明
      - 或人民法院判处有期徒刑或无期徒刑、死刑的判决书
      - 乡镇人民政府、街道办事处出具的有关证明
    - 孤儿的监护人送养——应当征得有抚养义务的人同意
      - 祖父母、外祖父母
      - 兄、姐
    - 有刑事犯罪记录的人士可否收养子女——犯罪记录不利于子女健康成长，则不可收养
    - 收养的条件——收养人
      - 一般条件
        - 无子女或者只有一名子女
        - 有抚养、教育和保护被收养人的能力
        - 未患有在医学上认为不应当收养子女的疾病
        - 无不利于被收养人健康成长的违法犯罪记录
        - 年满30周岁
      - 特殊条件
        - 无配偶者收养异性子女的，年龄要相差40周岁以上
        - 收养三代以内旁系同辈血亲的子女，不受该年龄差约束
      - 已婚人士收养子女，需要夫妻双方共同决定
    - 收养要办理合法的收养手续，才能成立父母子女关系
    - 收养子女的数量
      - 无子女的收养人可以收养两名子女
      - 有子女的收养人只能收养一名子女
      - 不受数量限制的情形
        - 收养孤儿
        - 收养残疾未成年人
        - 儿童福利机构抚养的查找不到生父母的未成年人
    - 外国人在中国收养
      - 应当经过外国人所在国的主管机关依据该国法律审查同意
      - 应提供经过认证的申请材料和相关证明
      - 应当签订收养协议
      - 应当亲自办理涉外收养的登记
    - 收养后解除关系
      - 成年之前
        - 原则上不得解除
        - 送养人和收养人协议解除除外，且征询8周岁子女的意见
        - 收养人侵害子女利益，送养人有权要求解除
      - 成年后——子女与父母可协商解除，办理登记手续
      - 解除后的义务
        - 成年后无过错解除的，子女有赡养义务
        - 子女成年后有重大过错导致解除，养父母有权要求支付经济补偿
        - 生父母要求解除的，养父母有权要求支付经济补偿，但因虐待、遗弃子女而解除的除外

第四章 反家庭暴力

一、认识家暴

159. 什么是家暴？

家暴，是家庭暴力的简称。家庭暴力，是指家庭成员之间以殴打、捆绑、残害、限制人身自由以及经常性谩骂、恐吓等方式实施的身体、精神等侵害行为。

关于家庭成员的定义，根据《民法典》规定，配偶、父母、子女和其他共同生活的近亲属为家庭成员。关于家庭暴力的分类，根据有关国际公约、国外立法例以及被普遍认可的学界理论研究成果，家庭暴力包括身体暴力、性暴力、精神暴力和经济控制四种类型：

（1）身体暴力是加害人通过殴打或捆绑受害人，或限制受害人人身自由等使受害人产生恐惧的行为。

（2）性暴力是加害人强迫受害人以其感到屈辱、恐惧、抵触的方式接受性行为，或残害受害人性器官等性侵犯行为。

（3）精神暴力是加害人以侮辱、谩骂，或者不予理睬、不给治病、不肯离婚等手段对受害人进行精神折磨，使受害人产生屈辱、恐惧、无价值感等作为或不作为行为。

（4）经济控制是加害人通过对夫妻共同财产和家庭收支状况的严格控制，摧毁受害人自尊心、自信心和自我价值感，以达到控制受害人的目的。

关于暴力行为的定义，既包含对受害人实施的身体伤害，也包含对受害人实施的精神伤害，主要包括：

（1）殴打、残害、捆绑、冻饿等伤害行为。

（2）禁闭等限制人身自由行为。

（3）恐吓或者以其他方法威胁人身安全的行为。

（4）跟踪、骚扰、经常性谩骂、诽谤、散布隐私等精神侵害行为。

（5）法律法规规定的其他家庭暴力行为。

通过网络等手段实施前述第三项至第五项侵害行为的，属于家庭暴力。

160. 打一巴掌算家暴吗？

动手打人，哪怕是一巴掌，都是暴力行为，符合《反家庭暴力法》第二条[①]关于家庭暴力的定义。该条规定并没有要求殴打的次数和程度，而是规定“殴打”的行为本身属于家庭暴力。

很多人认为打一巴掌是小事，甚至有人认为“打是亲骂是爱”。殊不知，很多严重的家庭暴力都是从一巴掌开始的。家庭暴力是一个从轻微到严重不断循环升级的过程。施暴者并非为了打人而打人，而是无法处理好家庭关系，试图用暴力使对方服从。本质上家暴是为了控制对方听话。受害者沉默地容忍了第一巴掌之后，在下一次冲突时，对方会继续用暴力令受害者服从、听话。这是施暴者解决家庭关系的手段。如果受害者再不听话，暴力的手段会逐步升级，从打一巴掌到几巴掌，再到拳打脚踢、刀棍相加。

家暴一般呈现周期性。很多家暴受害者基于亲情和爱，容易在施暴者表示懊悔、承诺痛改前非的时候，选择原谅。在受害者原谅之后，双方很可能进入一段更加亲密的时期。然而，施暴者每次都会重复上演施暴、懊悔、承诺、蜜月这样一个过程，直至下次暴力行为出现，并且暴力行为越来越频密而蜜月期越来越短，最终达到忍无可忍的程度。

因此，一定要清醒地认识到：打一巴掌也属于家庭暴力，如果连续多次打巴掌造成严重后果的，甚至可能触犯我国《刑法》的规定，构成虐待。反家暴一定要从第一巴掌开始，对家暴零容忍！无论如何，打人、辱骂行为都是法律所禁止的，这一巴掌，我们建议扬起手的那一方住手，建议巴掌之下的那一方严肃地向对方说不！

当然，除了说不以外，在纷争冷静之后，需要做好沟通工作，及时帮助对方排解情绪，寻找纷争背后的原因，探讨解决方案以及未来发生同样情况时的应对方案。总之，一巴掌的沉默不可能等来平静的结局，夫妻间的和睦相处应从相互尊重开始，从良性沟通开始。

---

① 《反家庭暴力法》第二条：本法所称家庭暴力，是指家庭成员之间以殴打、捆绑、残害、限制人身自由以及经常性谩骂、恐吓等方式实施的身体、精神等侵害行为。

161. “冷暴力”算家暴吗？

理论上，“冷暴力”是暴力的一种，一般表现为以冷漠、疏远、轻蔑、不理不睬的方式对待他人，以使他人精神上、心理上受到伤害的行为。

目前我国《民法典》《反家庭暴力法》等法律法规并未明确将“冷暴力”列举为精神暴力的情形，只列举了经常性的恐吓、辱骂。“冷暴力”在我国法律上还属于空白状态。

162. 经常辱骂、恐吓算家暴吗？

《反家庭暴力法》第二条规定：“本法所称家庭暴力，是指家庭成员之间以殴打、捆绑、残害、限制人身自由以及经常性谩骂、恐吓等方式实施的身体、精神等侵害行为。”据此，经常辱骂、恐吓，会给对方造成心理和精神上的伤害，属于家暴行为。

言语上的虐待，也是家暴行为的一种。表现为企图以字眼、声调来控制或伤害家庭成员，例如：大声呵斥谩骂、尖酸刻薄地嘲讽、威胁要将对方杀害、威胁要伤害孩子或其他家庭成员以使对方害怕、扬言将使用暴力等，都属于家暴。

163. 自残威胁算家暴吗？

理论上，家暴不仅包括身体上的暴力，还包括精神上、心理上的暴力。其实无论以何种形式出现的家暴行为，其核心目的就是让对方产生恐惧情绪，从而在肉体上或精神上控制对方。因此，自残行为就是利用对方的关爱，以自残相威胁，从而对对方实施心理控制，是一种心理虐待行为，当然属于家庭暴力的一种。

实践中，夫妻一闹矛盾，一方就“一哭二闹三上吊”，不准对方出门、迫使对方遵从自己的意志、操控对方的行为，甚至限制对方的人身自由，就是这种家暴类型的具体表现。可惜的是，目前《反家庭暴力法》并没有将这种行为明确列举为家暴，但这不影响大家对这类家暴危害性的认识。亲密关系中的人们，应该理智、客观地解决家庭关系中的矛盾，彼此尊重，学会相处之道，不要以弱者之名，实施家暴之实。

164. 婚内强奸算家暴吗？

在婚姻存续期间，丈夫违背妻子的意愿，以暴力、胁迫或其他方法强行与妻子发生性关系，属于婚内强奸行为。婚内强奸也往往伴随着其他形式的家庭暴力，例如，受害者可能会遭到捆绑、辱骂、暴力殴打。

婚内强奸会给受害者造成身体上的伤害，例如，女性处于经期或者妊娠期，或因身体的不适反应和行动的不便不愿发生性行为，丈夫却强行逼其就范，均会加重妻子的痛苦。此外，婚内强奸因为有合法婚姻关系的“庇护”，还往往以爱的名义实施，让受害者求助无门，反而更容易给受害者带来严重的心理创伤，有的受害者甚至会因此患上抑郁症等心理疾病，并且由于要长久生活在一起，这种伤害往往是持续性的。

我国《反家庭暴力法》虽然并未明文规定婚内强奸属于家庭暴力，但是，根据有关国际公约、有关立法例以及被普遍认可的学界理论研究成果，家庭暴力包括身体暴力、性暴力、精神暴力和经济控制四种类型，婚内强奸如果涉及殴打或捆绑受害者，或限制受害者人身自由等行为，则属于身体暴力类型的家庭暴力；加害人强迫受害者以其感到屈辱、恐惧、抵触的方式接受性行为，或残害受害者性器官等行为，则构成性暴力类型的家庭暴力。因此，婚内强奸无疑属于家庭暴力。

另外，在一些特殊的婚姻关系状态下，如双方已经分居，或者一方已经提出离婚并进入法律程序，包括调解程序，此时如果男方违背女方意愿强行发生性关系，则很可能会成立强奸罪，受到刑事处罚。

165. 家庭中一方监控另一方的行踪、没收另一方的收入算家暴吗？

在我国《反家庭暴力法》关于家庭暴力的定义中，没有明确将监控行踪、没收收入等行为列举为家庭暴力的表现形式，这些行为在司法实务中较难认定为家暴。

然而，监控行踪使另一方毫无隐私，是新形式的情感虐待，使人长期处于恐惧、担忧及痛苦中，许多受害者会长期有心理阴影；而没收收入，对另一方进行严格经济控制，则容易摧毁受害者自尊心、自信心和自我价值感。两种情形都会给另一方造成精神上的损害，根据有关国际公约、国外立法例以及被普遍认可的学界理论研究成果，上述两种行为分别属于精神暴力和经济控制类型的家庭暴力。

此外，监控行踪、经济控制这些行为往往还是其他家庭暴力行为的“配套行为”。例如，通过监控对方，发现对方隐私后，监控行为可能升级为限制人身自由、谩骂、殴打等典型家庭暴力行为；控制对方经济收入和开支，使对方无法正常交往、学习或工作，发现对方脱离控制，则可能实施其他家庭暴力。

因此，一旦发现对方有监控行踪、控制收入的苗头，要立即意识到问题的严重性，果断对这些行为说不。

166. 目睹家暴的儿童也是家暴受害者吗？

目睹家暴的孩子，即使没有直接遭受殴打、辱骂，但长期目睹亲人遭受暴力，成长在家暴的氛围中，他们遭受的伤害远超想象。

目睹家暴的孩子会无助地陷入短期或长期的痛苦、抑郁，一些人可能存在暴力传承、负面情绪迁延，童年的创伤会成为一生的重负。

正因如此，2020 年 10 月 1 日起施行的《广东省实施〈中华人民共和国反家庭暴力法〉办法》明确规定"目睹家庭暴力的未成年人是家庭暴力受害人"，强调加强对未成年人的保护。

167. 家暴只发生在夫妻之间吗？

家暴是指发生在家庭成员之间的家庭暴力，家庭成员包括配偶、父母、子女以及其他共同生活的近亲属。因此，家暴除了发生在夫妻之间，还可能发生在父母子女之间、兄弟姐妹之间、祖孙之间、共同生活的其他关系的家庭成员之间，甚至前配偶之间、男女朋友之间、同居双方之间发生的暴力行为，也均属于家暴范畴。

168. 家暴为什么对夫妻关系伤害极大？

夫妻之间发生家暴，不仅会伤害到受害者的身体，还会使受害者精神上遭受极大的创伤，产生抑郁、焦虑、沮丧、恐惧、无助、自责、愤怒、绝望和厌世等不良情绪。长期处于这种状态中，受害者会出现兴趣减弱、胆小怕事、缺乏自信和安全感、注意力难以集中、学习和工作能力下降等症状，并且出现心理问题躯体化倾向，甚至失去生存的勇气，走向绝路，导致夫妻关系走向毁灭。

无论是通过身体暴力、精神暴力还是经济控制施暴，最终结果只能是使受害者更加恐惧、冷漠和远离。这个结果必然会使施暴者感到越来越强烈的挫败感，从而更加频繁地施暴，暴力行为不断升级，从而形成一个恶性循环。当家庭暴力越来越严重和频繁，受害者就会更加恐惧，当受害者忍无可忍的时候，就会选择离婚、离家出走，甚至以暴抗暴等途径来摆脱家暴，致使家庭破裂、毁灭，导致犯罪，危害社会安宁与稳定。

169. 为何受害者往往难以逃离家暴控制？

与其他暴力相比，家暴具有特殊性，家暴受害者往往顾虑重重，不断隐忍，难以逃离家暴控制。

第一，由于家暴发生在家庭成员之间，受害者往往对施暴者怀有爱和感情，不忍心报警使施暴者受到惩罚，总是期望施暴者自己改变。家暴周期中的“蜜月期”有较大的迷惑性，容易让受害者觉得对方可以改变。

第二，很多受害者都有“家丑不可外扬”的想法，怕对外求助、报警或诉诸法律途径，会很没面子。

第三，经过多次的家暴后，受害者的内心对施暴者产生恐惧的应激反应。施暴者只需要语言威胁——敢离婚的话，会将其或孩子杀害。受害者就确信这种危险会变为现实，以至于不敢脱离施暴者的控制。

第四，家暴往往伴随经济控制和社交限制。受害者经过长期的家暴后，可能没有工作、没有收入来源、没有社交圈子。离婚后，其本人及孩子很可能生活困难，无法独立生活。

第五，家暴发生在私密的空间里，缺乏证人或视频证据。报案后，施暴者很可能得不到处罚。事后，施暴者会变本加厉地残害她，且手段更为隐秘。受害者会逐渐认为外部的救济不仅没用，而且会让自己的处境更加危险。

正是以上种种原因，使家暴受害者面对家暴时选择沉默、无法主动逃离。

170. 为什么家暴不按故意伤害处理？

故意伤害和家庭暴力在表现形式、侵害的社会关系、法律后果等方面都存在差异。

首先，二者的表现形式不一样。故意伤害未必发生在家庭成员之间，其表现形式为对受害者的身体伤害；而家庭暴力发生在家庭成员之间，表现形式除了殴打、残害等身体伤害行为，还包括禁闭等限制人身自由行为，恐吓或者以其他方法威胁人身安全的行为，以及跟踪、骚扰、经常性谩骂、诽谤、散布隐私等精神侵害行为。

虽然在身体伤害方面，家暴和故意伤害存在重叠之处，但精神暴力则不属于故意伤害。家暴概念的范围更广，更有利于保护家庭成员。

其次，二者的法律后果不同。当家庭暴力表现为身体伤害行为时，不一定能构成故意伤害，需要看伤害的程度。加害人实施家庭暴力，达到一定程度，构成违反治安管理行为的，依法给予治安管理处罚；程度严重，达到轻伤、重伤标准，则构成故意伤害罪，依法追究刑事责任。

家庭暴力除了有可能构成故意伤害，还可能构成其他违法或者犯罪。例如：对共同生活的家庭成员，经常以打骂、冻饿、禁闭、强迫过度劳动、有病不给治疗、限制自由、凌辱人格等手段，从肉体上和精神上进行摧残、折磨，情节恶劣的行为，构成虐待罪；对于年老、年幼、患病或者其他没有独立生活能力的人，负有抚养义务而拒绝抚养，情节恶劣的行为构成遗弃罪。

再次，家暴和故意伤害所侵害的社会关系不同。故意伤害罪侵犯的客体是他人的身体健康权；而家暴除了侵害家庭成员的身体健康权，还可能侵害家庭成员的其他合法权益，损害平等、和睦、文明的家庭关系，不利于社会稳定。

最后，家暴和故意伤害的救济途径不同。家暴的救济手段更广泛，《反家庭暴力法》为家庭暴力受害者规定了三种救济途径：一是向加害人或者受害人所在单位、居民委员会、村民委员会、妇女联合会等单位投诉、反映或求助；二是向公安机关报案；三是向人民法院起诉。此外，还有人身保护令、告诫书等方式进行保护，也有相应的救济机构能够提供庇护和帮助。

171. 如何才能远离家暴？

家暴是一个家庭不可承受之痛，远离家暴，保护好自己，才能保护好你爱的人。如何远离家暴？

第一，要认识家暴的危害，不要对家暴保持沉默，让对方体会到家暴不仅无法控制你，而且后果很严重。一定要对家暴有深刻的认识，家暴不仅直接危害受害者的身体健康，而且会对受害者的精神造成很大的摧残，还会间接伤害目睹家暴的孩子。心理专家指出，家暴只有零次和无数次之分，很多施暴者恶习难改，他们可能在施暴后悔恨不已，甚至跪地求宽恕，但一旦原谅了施暴者第一次，就会有第二次、第三次，变本加厉，直至将家暴变成家常便饭。因此，遇到家暴，一定要坚决说不，不能心存侥幸，对家暴保持沉默，就是在纵容伤害。

要知道，很多施暴者不是反社会人格，他平常不敢打陌生人、不敢打上司、同事。这是因为他清楚，无法通过暴力控制这些人，而且后果会很严重。他清楚地知道，打这些人会很危险。那么，在家庭关系中，一旦遇到第一次家暴，就应该让其体会到这些。

第二，面对家暴的女性，要学会独立。很多家暴中的女性缺乏独立性，在情感上过于依赖对方给予的爱，宁愿遭受暴力，也不愿主动离开对方。还有的女性没有自己的事业，经济上依赖对方，担心自己离开对方后没有经济来源。女性一定要明白，幸福不能完全寄托在别人身上，要有自己的事业，要拥有独立的经济来源，要有自己的生活圈子和兴趣爱好，这样才能有底气和力量，在面对家暴的时候勇敢开始新生活。

第三，向有关部门或专业人士求助。求助可以考虑以下途径：

（1）报警。遭遇家暴，要及时报警，要求警方做笔录、协助就医和进行伤情鉴定、出具家暴告诫书；自己不方便报警的，请求亲戚朋友代为报警。

（2）求助相关单位。遇到家暴，还可以向加害人或者受害人所在单位、居民委员会、村民委员会、妇女联合会等单位投诉、反映或者求助。

（3）申请人身安全保护令。遭受家庭暴力或者面临家庭暴力现实危险时，可向居住地、家庭暴力发生地的基层人民法院申请人身安全保护令，人身安全保护令可以包括下列措施：禁止被申请人实施家庭暴力；禁止被申请人骚扰、跟踪、接触申请人及其相关近亲属；责令被申请人远离申请人的住所、学校、工作单位或者申请人经常出入的其他场所；责令被申请人迁出申请人住所；保护申请人人身安全的其他措施。申请人申请多项人身安全保护令措施的，人民法院可以分批多次作出。

人身安全保护令由人民法院执行，公安机关以及居民委员会、村民委员会等应当协助执行。公安机关应当在收到人身安全保护令后二十四小时内核实被申请人情况，告知其遵守人身安全保护令，并做好记录；接到被申请人违反人身安全保护令的报警后，及时出警处置，并向人民法院通报。居民委员会、村民委员会发现被申请人违反人身安全保护令的，应当及时向人民法院报告。

（4）索赔、报案。如果家暴一再发生，要及时醒悟，可通过申请人身安全保护令、告诫令等保障人身安全，同时可以要求施暴方承担损害赔偿的法律责任；情节严重的，要向公安机关报案，追究施暴方的刑事责任。

（5）寻求心理疏导。当遭受长期的家暴，心理出现严重创伤时，最好要向专业的心理治疗机构或专业人士寻求帮助，尽快摆脱家暴的阴影。

二、家暴的救济

172. 证明家暴的难点在哪里？

在实务中，当事人声称曾经被丈夫家暴一次或多次。律师问她们有哪些资料时，有些当事人什么资料都没有，就连就医记录也没有；有些当事人会拿出受伤的照片、诊断证明和报警回执；有些当事人还能拿出对方的悔过书、道歉的聊天记录；个别的当事人，还能拿出治安拘留决定书、调解书；等等。

在诸多的证据中，我们认为可以分为两大类。一类是证明受伤的证据，另一类是证明被谁施暴的证据。

当事人只要稍微有点法律意识，都能保留受伤的证据。比如，受伤的照片、就医记录、诊断证明等。可是，这类证据在证明家暴中，不起决定性作用。因为，对方完全可以否认，并质疑不排除是当事人自残、摔伤或被别人打伤。总之，他并没有出手伤人，是冤枉的。

我们有很深的体会：只有拿出被谁施暴的证据时，法院才能认定存在家暴。这些案件往往出现关键性证据：对方所写的悔过书里承认家暴、聊天记录里对家暴行为悔过、公安机关给予施暴者处罚决定书、告诫书、调解书等。

我们都知道，家暴一般发生在家里，没有目击证人。事后，施暴方拼命抵赖，被害方往往无法证明被丈夫殴打。这才是家暴难以证明的地方。因此，家暴受害者要想以后得到救济，一定要想办法证明被谁殴打的事实。可以尝试以下办法：

第一，利用家暴的周期性规律，在“懊悔、承诺期”巧妙地设计对话，让对方在聊天记录中承认家暴、寻求原谅，或让对方写悔过书。

第二，在家里安装防盗监控，遇到家暴时尽量往监控区域逃跑，让监控拍下家暴的过程。

第三，及时报警。警察到达现场时，会佩戴执法记录仪，记录仪会拍下家暴后的损毁现场，对方也有可能在现场问话中承认打人。及时前往派出所做调解笔录和验伤，都有助于公安机关查清事实，对施暴者作出相应处罚或告诫。

173. 聊天记录可以证明家暴吗?

聊天记录能否证明有家庭暴力，具体要看聊天的内容和对象。

(1) 聊天内容是加害人明确承认长期殴打家人的，证明有家庭暴力的可能性很大；在实务中最好结合其他证据形成证据链条，以免对方在法庭上狡辩。

(2) 亲眼看到家庭暴力的证人在聊天内容中明白无误说清楚，他看到谁对谁实施家庭暴力的，这个聊天记录有可能证明有家庭暴力。

(3) 聊天内容是加害人承认偶尔打了一下，不小心推倒对方，失手拉拽家人，手举菜刀、烟灰缸、板凳、扫把、皮带，吓唬、辱骂、言语攻击等，这些聊天记录在关联性方面不够明确，不一定能认定为家庭暴力。

(4) 受害人与其他人的聊天记录，比如和亲朋好友、妇联同志、单位领导、自己的律师、心理咨询师等的交谈，没有加害人参与的聊天，虽然受害人明确向其他人描述被家庭暴力伤害，但因为仅仅是受害人单方陈述，加害人没有承认，这个聊天记录难以证明有家庭暴力。

总而言之，当事人之间的聊天记录、目击证人的聊天记录，属于直接证据，证明力较大。其聊天内容对家暴的明确程度，决定是否能证明存在家暴。

174. 偷偷录音、录像对证明家暴有用吗？

录音、录像，不论是不是偷偷进行录制，只要内容清楚，录制过程连贯，没有编辑、剪接、修改的，对于证明家庭暴力都是有用的。

（1）合法性问题

人们往往担心偷偷录音、录像，会不会侵犯他人隐私，导致证据无效。施暴方面对这样的证据时，往往也辩称证据不合法。然而，大家要知道，在民事证据的合法性上，法律的容忍度是比较高的。

《最高人民法院关于适用〈中华人民共和国民事诉讼法〉的解释》第一百零六条规定："对以严重侵害他人合法权益、违反法律禁止性规定或者严重违背公序良俗的方法形成或者获取的证据，不得作为认定案件事实的根据。"因此，无效的证据包括三种：一是侵犯他人合法权益达到严重的程度；二是使用法律禁止性的方法；三是违反公序良俗达到严重的程度。

在实务中，很难出现严重违反公序良俗的方法取得的证据，我们一般会严格对照前两种情形看是否合法。偷偷录制家暴过程或承认家暴的录音、录像究竟侵犯了什么样的权利？在录制时，这个所谓的权利是否存在？是否达到严重的程度？使用的设备或方法，究竟被什么样的法律禁止？

以发生在家里的家暴为例。首先，这里是双方的共同住所，对该空间都有支配权。一方在家里吃喝拉撒，另一方都看在眼里，有什么隐私？同理，当丈夫殴打妻子时，双方都看在眼里，这件事情对双方而言，有什么隐私？用手机把家暴过程拍下来了，只是把发生在双方眼里的事情固定下来，也不侵犯隐私。

其次，我们要看拍摄的设备是否合法。手机、录音笔、防盗监控，这些都属于民间合法的设备。像针孔摄像头这类，属于法律禁止民间使用的窃听窃照专用器材，对于这类设备是否合法，在诉讼过程中还要进行鉴定。

最后，虽然家里是共同住所，但有一方长期把录音笔偷偷放在床头、沙发等地方，对另一方进行监控，录制了大量与家暴无关的内容，这确实有严重侵犯隐私的嫌疑。然而，当事人若只是提供家暴的一段录音呢？另一方要想辩称严重侵犯隐私，就必须证明存在长期监控的事实。

总之，当我们对这类证据提出合法性质疑时，务必对照证据的形成过程和方法，结合具体的情景进行分析。一般而言，绝大部分的场景都很难达到严重侵犯他人隐私的条件。

（2）关联性问题

司法实践中，很多录音、录像不被认可，主要不是因为是否偷偷录制的行为，而是录制的内容不清楚，有明显的剪接、修改、编纂的痕迹，显示的内容不完整。这些证据无法说服法官存在家庭暴力；或者因为录制的内容不清楚，针对录制的内容，对方有合理解释。

比如录音中听到物体间发生碰撞的声音，然后是老婆哭闹，妻子以此证明丈夫殴打她。丈夫在法庭上解释，当时是女方在争吵中，脚滑摔倒，碰到家具。妻子因摔疼了而哭泣，不是其殴打所致。

录像的问题也是如此。画面中，有时候出现几个人身体的一部分，显示可能是相互推搡，或者几人拉扯劝架，也可能真的是老公打老婆，还可能是相互追逐，但看不出来是一方殴打另一方。这样的录像很难证明发生家庭暴力。

175. 怎样的伤情照片才能被法院采纳？

伤情照片一般有四种：一是受害人到公安机关报案，公安机关联系的司法鉴定机构拍的照片；二是受害人自己找的鉴定机构进行伤情鉴定，鉴定机构拍的照片；三是受害人到医院救治，医院拍的照片；四是受害人自己或者家人拍的照片。

公安机关的司法鉴定的照片权威性最高。因为有完整的报警记录，包括公安机关对加害人、受害人的笔录。

后面三种照片，主要的疑点在于拍摄的时间、地点，是否一定是家暴导致的结果？比如，发生家暴三天后，当事人或家人拍的照片，又或者三天后才去医院就医拍照。这三天里，有没有可能是其他原因导致的呢？因此，我们建议当事人在家暴停止后，尽快对受伤的部位及全身进行拍照，如有家人、朋友帮忙拍照则更佳。

照片本身并不能证明受伤的程度，给人只是大概的直观感。受伤程度，依然需要借助公安机关的司法鉴定机构或及时的就医诊断证明来配合。

176. 病历可以证明家暴吗？

仅仅靠单一病历，很难要法院认可存在家庭暴力。病历、诊断证明虽然可以证明受伤害的程度，但无法证明家暴行为由谁实施。

受害人因家庭暴力受伤，去医院救治。虽然向医生陈述被某个家庭成员打伤，但很多医生不愿意写“患者因家暴受伤”之类的记录。相反，很多时候，受害人对医生撒谎，没有说被家庭暴力，而是说“自己摔伤”“与人冲突受伤”“不小心被东西砸伤”等。这样的病历内容反而不利于证明存在家庭暴力。

受害人被家庭暴力后，比如被老公用拳头狠打脸部、头部，被老公用脚狠踢背部等。受害人去医院向医生描述受伤过程时，即便医生不写“被家暴打伤”之类的话，也要明确写“被人打、踢”之类的描述。起码能让法官相信受到他人伤害。再结合其他证据，就有可能作为认定家庭暴力的证据。

司法实践中，法官一般不会仅凭病历、照片、录音、录像、微信、证言、司法鉴定、报警回执等一两项单一的证据资料，就认定存在家庭暴力，而是把全部的证据资料综合分析进行确定。简单讲，对于证据资料有证据好过无证据，多证据好过少证据，在证据收集上尽量多多益善。

177. 怎么申请做伤情鉴定?

鉴于家庭暴力的突发性，伤情状况的时间性，发生家庭暴力后，受害人最好第一时间就近向公安机关报警，并申请伤情鉴定。公安机关（一般是案发地派出所）根据受害人的伤情状况，委托有司法鉴定资格的机构对受害人进行伤情司法鉴定，由鉴定机构出具《司法鉴定意见书》，对伤情程度进行评级。

鉴定机构针对受害人的伤情做出的《司法鉴定意见书》，在诉讼中，不论是离婚诉讼，还是离婚后财产纠纷诉讼，或者抚养纠纷诉讼，其证明力非常高。司法实践中，受害人自己委托鉴定机构出具的鉴定报告的权威性、证据效力远不如通过报警，由公安机关委托的鉴定机构出具的鉴定报告。

若受害人没有及时报警，向亲朋好友哭诉抱怨，选择隐忍包容，过后多日又想不通，感觉很委屈，自己去委托鉴定机构进行伤情鉴定。该伤情鉴定有很强的时效性，遭受家庭暴力后过了好多天再去鉴定的，鉴定结果与家庭暴力是否存在因果关系，法官会打问号。对方也会反驳说是你在其他地方受的伤，与所谓的家庭暴力无关，直接否定存在家庭暴力。

178. 人身安全保护令究竟有没有用?

人身安全保护令用处非常大。在不离婚的前提下，可以从物理上、空间上把加害人与受害人及其相关近亲属相互隔离开，避免家庭暴力发生。加害人受到人身安全保护令的制裁后，在内心能产生对法律的敬畏以及对家庭暴力行为的忌惮。如果诉讼离婚，由于人民法院在审理过程中一般认为实施家庭暴力的父母一方不宜判决其直接抚养未成年子女，因此可以依法判决加害人不能直接抚养孩子，把孩子判决归另一方直接抚养。甚至对于加害人能否看望孩子，也有可能限制，但是加害人仍然要支付抚养费。

经常实施家庭暴力的加害人潜意识里对暴力崇拜。对于崇拜暴力的加害人，制止家庭暴力的方法不是用爱感化，不是用忍包容。这种懦弱的手段只能激发加害人原始暴力本性，刺激其不断施暴。人身安全保护令的效果远好于受害人容忍的效果。

179. 如何申请人身安全保护令保护自己？

人身安全保护令只有人民法院才能做出，其他任何单位、组织无权做出。受害人申请人身安全保护令应当以书面方式向人民法院提出。书面申请确有困难的（比如文盲等），可以口头申请，由人民法院记入笔录。人身安全保护令案件由受害人或者加害人居住地、家庭暴力发生地的基层人民法院管辖。

受害人是无民事行为能力人、限制民事行为能力人，或者受到强制、威吓等无法自行申请人身安全保护令的，其近亲属、公安机关、妇女联合会、居民委员会、村民委员会、救助管理机构可以代为申请。

受害人因年老、残疾、重病等原因不便前往人民法院申请人身安全保护令的，可以委托其近亲属、公安机关、妇女联合会、居民委员会、村民委员会、救助管理机构代为申请。

人身安全保护令的申请方式是，起草《人身安全保护令申请书》，申请人是受害人，被申请人是加害人，申请事项是请求人民法院依法签发人身安全保护令，然后具体写事实与理由，并提供相应证据。

申请人身安全保护令是无需任何费用的，申请人身安全保护令需要的材料包括：申请人的身份证、被申请人的身份证复印件、身份关系证明（如：结婚证、户口簿）、证明曾经遭受家庭暴力的证据或具有遭受家庭暴力威胁的证据以及人身安全保护令申请书。

申请人身安全保护令的具体内容可包括：禁止加害人对受害人实施家庭暴力；禁止加害人骚扰、跟踪、接触受害人及其相关近亲属；禁止加害人辱骂、威胁、殴打受害人及其相关近亲属；责令加害人迁出受害人住所；责令被申请人远离申请人的住所、学校、工作单位或者申请人经常出入的其他场所以及保护申请人人身安全的其他措施。

人身安全保护令的有效期不超过六个月，自作出之日起生效。人身安全保护令失效前，法院可以根据申请人的申请撤销、变更或者延长。法律没有限制申请延长保护令保护期限的次数，因此，只要法院准许，经过多次延长后的保护令的保护周期可以远远长于六个月。

180. 人身安全保护令包括哪些措施？

根据《反家庭暴力法》第二十九条规定，人身安全保护令可以包括下列措施：（1）禁止被申请人实施家庭暴力；（2）禁止被申请人骚扰、跟踪、接触申请人及其相关近亲属；（3）责令被申请人迁出申请人住所；（4）保护申请人人身安全的其他措施。如加害人违反上述禁令，作出裁定的法院将依据《反家庭暴力法》第三十四条之规定，视情节轻重，处以训诫、罚款、拘留；构成犯罪的，依法追究刑事责任。

加害人违反人身安全保护令，构成犯罪的，依法追究刑事责任；尚不构成犯罪的，人民法院应当给予训诫，可以根据情节轻重处以一千元以下罚款、十五日以下拘留。作出裁定的法院负责将人身安全保护令的裁定内容通知加害人、受害人双方、公安机关（一般是派出所）、居民委员会、村民委员会等单位。

181. 人身安全保护令的有效期是多少天？

人身安全保护令裁定自作出之日起六个月内有效。人身安全保护令失效前，人民法院可以根据受害人的申请撤销、变更或者延长。加害人对裁定不服的，可以自裁定生效之日起五日内向做出裁定的法院申请复议一次。复议期间不停止裁定的执行。

在司法实践中法院一般裁定六个月。有的法院根据加害人的伤害程度低，危害不严重，裁定低于六个月。2021 年宁夏回族自治区固原市原州区人民法院关于“韩某、康某人身安全保护令”案，裁定人身安全保护令有效期一个月。唐山市乐亭县人民法院关于“张某某、路某某人身安全保护令”案，裁定人身安全保护令有效期三个月。

现有法律没有规定延长的次数限制，根据实际情况而定。比如，2018 年北京市反对家庭暴力十大典型案例公布“张父张母申请人身安全保护令”案，北京某人民法院裁定延长两次人身安全保护令，包括第一次裁定人身安全保护令期限，三次保护期限共计十八个月。2021 年珠海市金湾区人民法院关于“聂某某、黄某某人身安全保护令”案的裁定，前后延长了五次，包括第一次裁定人身安全期限，整个保护期限合计三十六个月。

182. 人身安全保护令可以保护哪些人？

人身安全保护令保护的人包括：（1）家庭成员。根据《民法典》第一千零四十五条的规定，配偶、父母、子女和其他共同生活的近亲属为家庭成员。（2）虽不是家庭成员，但共同生活的人，比如同居情侣。也就是说，配偶、父母、子女为家庭成员，即便他们没有一起共同生活，仍然是家庭成员，受到人身安全保护令保护。

兄弟姐妹、祖父母、外祖父母、孙子女、外孙子女这四种近亲属，需要共同生活才属于家庭成员。没有共同生活，则不是家庭成员，仅仅是近亲属。他们是否受到人身安全保护令保护不能一概而论，还要看是否与受害人具有《反家庭暴力法》第二十九条第二项的“及其相关近亲属”关系，但是能够受到其他法律保护。

离婚、分手后，一方继续施暴的，另一方能否申请人身安全保护令？法律没有明确的规定，但我们认为“分手暴力”是家庭暴力中常见的现象，法律应扩大人身安全保护令的适用范围。在实务中，部分法院也作出了这样的尝试。

（1）离异人员申请人身安全保护令。

2021 年江苏省盐城法院人身安全保护令十大典型案例“刘某申请人身安全保护令”案。男女双方感情不和，协议离婚后，男方仍对女方紧盯不放，多次到女方住所附近辱骂、骚扰，甚至多次扬言要杀害女方。2020 年 10 月江苏盐城东台人民法院做出人身安全保护令：禁止男方对女方及其近亲属实施殴打或实施骚扰、威胁、跟踪等暴力行为。

（2）长期同居的情侣分手后，一方对另一方威胁、辱骂情节严重的，可以申请人身安全保护令。

2021 年重庆法院反家庭暴力十大典型案例“恋爱同居关系结束后仍可以申请人身安全保护令”。该案当事人恋爱同居关系结束后，男方经常通过微信、短信、电话等方式，对女方威胁、辱骂。以公开双方的不雅照等手段威胁女方不能分手，否则让女方身败名裂。女方因此出现严重心理问题。重庆市渝中区人民法院做出人身安全保护令：禁止男方对女方实施跟踪、威胁、骚扰、谩骂以及其他危害人身安全的行为。

183. 必须离婚才能申请人身安全保护令吗？

《反家庭暴力法》第一条就规定，该法制定的目的是预防和制止家庭暴力，保护家庭成员的合法权益，维护平等、和睦、文明的家庭关系，促进家庭和谐、社会稳定。所以，申请人身安全保护令与是否离婚没有法律上的任何关系。很多时候，恰恰是为了婚姻不破裂，在不离婚的前提下，能够保护家庭成员的人身安全才申请人身安全保护令。

人身安全保护令的实施，很多时候既能挽留婚姻，对加害人进行法治教育，将可能继续实施的家庭暴力行为予以遏止，预防加害人在违法的道路上越走越远甚至犯罪，又能避免家庭成员受到家庭暴力伤害，让家庭成员在同一个屋檐下共同平安生活。

184. 取得人身安全保护令后，由谁来执行？

根据《反家庭暴力法》第三十二条规定，人民法院作出人身安全保护令后，应当送达申请人、被申请人、公安机关以及居民委员会、村民委员会等有关组织。人身安全保护令由人民法院执行，公安机关以及居民委员会、村民委员会等应当协助执行。

因此，当法院作出人身安全保护令后，加害人继续对受害人骚扰、跟踪、殴打的，受害人应注意固定证据，随后交给法院，请求对加害人进行司法拘留等处罚。录像、录音是比较有效的固定证据的方法。比如，法院责令加害人搬出住宅。受害人可以事后在门口安装监控，对方在门口骚扰、砸门的行为，就尽在录像中。受害人只要将该视频交给法院，就能很轻松地证明对方违反人身安全保护令了。

185. 遭遇家暴后应该如何自救？

（1）让自己处于安全的环境

施暴者与受害者往往力量悬殊，且在家里等密闭空间时，施暴者在情绪失控的情况下更加容易放任自己的暴力行为，因此，受害者首先应该做的就是让自己处于一个相对安全的环境，确保自己的人身安全，然后再进行下一步的求救。

让自己处于安全的环境的方式有很多种，关键的一点就是与施暴者做到空间上的隔离，比如：把自己或施暴者反锁在独立的房间里，但不要将施暴者反锁在厨房，厨房锐器较多，以免施暴者利用锐器实施更严重的家庭暴力；逃出家门，到邻居家或人多的地方；到社区卫生站、医院、街道办公室、居委会、村委会、保安室、派出所、社工站等场所求助。如无法逃离施暴者的控制，可在保障安全的情况下通过大叫、敲击物件等方式发出响声引起邻居、路人的注意，寻求第三方的帮助。

由于后续向公安、医院甚至是法院求助的过程中往往需要用到身份证、结婚证、户口簿、子女出生证、社保卡、房产证、银行卡、存折等证件，因此建议将以上证件的原件或复印件装在一个方便携带的小袋子里，如遇到家暴需要逃离，切记要带上相关证件离开。如果难以获得上述所有资料的原件，也可以将上述所有资料的电子版储存在云盘上，方便随时调用。

（2）尽快报警求助

报警后，不仅需要将遭受家庭暴力的情况完整地向公安机关工作人员陈述，还要对公安机关提出三个具体的要求，包括：第一，要求施暴者到公安机关做笔录，固定家暴事件的发生；第二，要求公安机关出具伤情鉴定委托书，以便受害者到鉴定机构进行伤情鉴定；第三，要求公安机关向施暴者出具告诫书、行政处罚决定书。

（3）向法院申请人身安全保护令

无论是已经遭受过家庭暴力还是有遭受家庭暴力的现实危险的人，都可以向法院申请人身安全保护令，且保护范围不仅限于家暴受害者，家暴受害者的近亲属（父母、子女等）也可同时受到保护，如果因受到强制、威吓等原因无法申请人身安全保护令的，近亲属、公安机关、妇女联合会、居民委员会、村民委员会、救助管理机构可以代为申请。

申请人身安全保护令可以让受害者在一定期限内大大降低再次遭受家庭暴力的可能性，成功申请人身安全保护令后，所在的村（居）委、公安机关等机构均会监督人身安全保护令的实施情况，能较好地保障家暴受害者的人身安全。提醒大家注意的是，申请人身安全保护令与向法院起诉离婚是没有必然联系的，申请人身安全保护令≠离婚。

186. 发生家暴后，该让对方写怎样的保证书？

施暴者亲笔书写的保证书或者是录制的保证视频、音频等都是证明家庭暴力行为曾经发生的有力证据，保证的内容如果能明确施暴者及受害者的身份以及实施家庭暴力的时间及经过，这样的保证书、视频、音频的证明力是最高的。完整的保证应包括以下内容：

（1）明确施暴者与受害者的身份信息。

（2）陈述因为什么事情而作出保证，可描述家暴事件的详情（时间、地点、具体事件）。

（3）明确具体的保证内容，包括不再实施家庭暴力的承诺或再次发生家庭暴力愿意承担的法律后果。

（4）保证内容应由保证人本人手写或录制，如果是书面形式应当由保证人本人签名并由保证人本人手持保证书拍照留存。

但实践中，施暴者往往会拒绝按照上述要求书写保证书，弱化甚至是不提及家庭暴力的发生，对于这种情况也可以变通处理，如与施暴者沟通书写保证书的过程中可以录音，沟通的内容提及曾经发生家庭暴力，那么即使保证书回避了曾经实施家庭暴力的内容，也能结合录音证据固定家庭暴力曾经发生的事实。

187. 遭遇家暴后如何报警？

遭遇家暴后报警有两个关键，第一是如何达到报警的目的；第二是如何有效地报警。

（1）如何达到报警的目的

由于家庭暴力往往发生在家里、车里等密闭的空间，对于家暴受害者而言，保障人身安全才是最重要的，在这个时候，往往因为情况紧急、场景混乱等原因导致家暴受害者不具备亲自报警的条件。因此，家暴受害者可以通过以下方式实现报警的目的：

日常与社工、邻居、亲友沟通曾经遭受家庭暴力或者是具有遭受家庭暴力现实危险的情况，并告知他们施暴者及本人的身份信息（姓名、身份证号码以及常住地址），如果遭遇紧急情况需要报警，可以通过打电话、发送微信等方式请社工、邻居、亲友等帮忙报警。如果无法通过通信工具联系外界，也可以通过大叫、敲击发出声音等方式引起知情的邻居的注意，让邻居能够帮助受害者及时报警。

自己报警的同时也请社工/邻居/亲友同时报警。实践中，报警后公安机关仍会联系报警人获取最新的进展以及核实家庭住址等情况，但由于受害者所处的环境往往无法做到及时接听电话或进行长时间的即时沟通，因此，即使本人已经报警，也可以同时请第三方帮助再次报警，由第三方与公安机关保持联系，避免公安机关由于联系不上而不出警的情况发生。

（2）如何有效地报警

报警不只是拨打110，还需要报警人为公安机关提供准确的信息，以便公安机关能够及时到达准确地点提供帮助，同时，可通过报警达到固定家暴证据，因此，做到有效报警需要注意以下几点：

第一，告知公安机关施暴者及受害者的身份信息，联系电话以及所在地址。

第二，强调家庭暴力的严重性以及紧急程度，要求立即出警。

第三，报警人保持电话的畅通，让公安机关能够及时与报警人联系了解最新进展。

第四，向公安机关提出三个要求：要求施暴者、受害者、报警人到公安机关做笔录，固定家暴事件的发生；要求公安机关出具伤情鉴定委托书，以便受害者到鉴定机构进行伤情鉴定；要求公安机关向施暴者出具告诫书、行政处罚决定书。

188. 公安机关处理家暴案件的程序是怎么样的？

公安机关处理家暴案件的程序如下：

第一，及时出警。根据我国《反家庭暴力法》的规定，公安机关接到家庭暴力报案后应当及时出警，制止家庭暴力。

第二，调查取证、制作询问笔录。公安机关到达家暴现场后，应及时进行调查取证，通过录音、录像、拍照等方式协助受害者固定证据，同时应当为相关人员制作询问笔录。

第三，协助救治受害者、进行伤情鉴定。若现场有需要紧急救治的受害人，公安机关应协助受害者联系医院等机构对受害者进行救治，如果存在伤情，应当向受害者出具伤情鉴定委托书，协助受害者进行伤情鉴定。

第四，协助安置受害者到庇护场所、救助管理机构或福利机构。对于无民事行为能力人、限制民事行为能力人（如未成年人）以及因为遭受家庭暴力身体受伤、面临人身安全威胁或处于无人照料等危险状态的，公安机关应通知民政部门协助安置相关人员到临时庇护场所、救助管理机构或福利机构。

第五，作出具体的处理，如行政处罚、出具告诫书等。公安机关根据出警的情况以及调查的情况对家庭暴力的情况作出评估，并依法予以处理。

189. 什么是告诫书？

告诫书是公安机关针对家庭暴力情节较轻，依法不给予治安管理处罚的情况对施暴者作出的书面告诫。告诫书可以简单理解为由公安机关给予家庭暴力施暴者的书面批评教育。

告诫书是针对轻微的家庭暴力行为使用的，只要存在家庭暴力行为，就可以出具告诫书，因此在涉家暴的案件中，如果能够提供公安机关出具的告诫书，那么很大程度上可以以此证明家庭暴力的发生。

告诫书应当包括：施暴者的身份信息、家庭暴力的事实陈述、禁止施暴者实施家庭暴力等内容。

告诫书一般一式四份，施暴者、受害者一人一份，公安机关存档一份，另外一份抄送当事人住所地或者经常居住地的村（居）委会。村（居）委会以及公安机关应当对施暴者及受害者进行查访，监督施暴者不再实施家庭暴力。如果告诫书出具后，出现施暴者违反告诫书并再次施暴的情况，警方将依据违反程度的轻重，对施暴者采取治安处罚、刑事拘留等手段追究法律责任。

提到告诫书，很多人容易将其与人身安全保护令混淆，关于告诫书与人身安全保护令的区别，可详见下表：

表：告诫书与人身安全保护令的区别

保护措施	核发机关	适用条件	有效期	内容	证明家暴
告诫书	公安机关	有家暴行为发生，不要求严重程度	长期有效	禁止实施家庭暴力。	可以
人身安全保护令	人民法院	因遭受家庭暴力或者面临家庭暴力的现实危险	6 个月，可申请延长	1. 禁止被申请人实施家庭暴力； 2. 禁止被申请人骚扰、跟踪、接触申请人及其相关近亲属； 3. 责令被申请人迁出申请人住所； 4. 保护申请人人身安全的其他措施。	不一定

190. 告诫书对证明家暴有用吗？

告诫书对证明家暴是非常有用的。由于告诫书是在发生家庭暴力的情形下由公安机关出具的，因此有了告诫书就等于家暴的发生已经由公安机关经过调查并进行初步认定。实践中，法院在审理涉及家庭暴力的案件时，如果受害者能够提供告诫书，法院一般会结合公安机关的出警记录、报警笔录、伤情鉴定情况等证据认定家庭暴力的事实。

191. 有哪些家暴求助热线？

（1）报警热线：110。服务时间为 24 小时。服务内容：及时制止家庭暴力、提供报警回执、出具伤情鉴定委托书、出具告诫书、作出行政处罚等。另外，若具有不适宜通过电话报警的情形出现，也可将报警内容以短信的方式发送至 12110，进行短信报警。

（2）妇女维权公益服务热线：12338。服务内容：为妇女儿童提供法律、婚姻、家庭、心理、教育等咨询。若对报警求助的方式存在顾虑，比如有不愿意将事情“闹大”的心态，或者想要先修复夫妻间的感情，那么也可以拨打妇女维权公益服务热线进行咨询维权。

（3）法律援助热线：12348。“12348”是市、区县司法局及法律援助中心的法律咨询专用电话，接受解答群众的法律咨询，指导和接受法律援助申请。若不幸遭遇家暴，可以拨打法律援助热线，咨询相关法律问题，并且申请法律援助来帮助自己有效维权。

（4）当地妇联反家暴服务热线，例如广州市妇联反家暴服务热线：020-38613861（转3）。服务内容：个案辅导、法律咨询、心理咨询、紧急庇护、受害人团体辅导、施暴者辅导、离婚调解、目睹儿童辅导、家庭关系调适、社区宣导、政策倡导。

192. 家暴受害者可以寻求哪些援助？

家暴受害者需要的援助包括医疗救助、心理辅导、临时庇护、法律援助、经济援助、就业支持等方面。目前我国的反家暴救助版图仍在不断完善中，其中公安机关、妇联以及民政部门是为家暴受害者提供综合援助的三大官方主体，家暴受害者向上述机构求助后，可以提出自己所需的具体援助需求，并由上述机构调动资源，帮助家暴受害者渡过难关。

（1）公安机关

公安机关可提供的第一个主要帮助是制止家庭暴力。公安机关接到家庭暴力报案后应当及时出警，制止家庭暴力，同时进行调查取证、协助受害人就医、鉴定伤情，对于因为家庭暴力受到严重伤害、面临人身安全威胁或者处于无人照料等危险状态的，公安机关应当通知并协助民政局安置受害人到临时庇护场所、救助管理机构或者福利机构等。

公安机关可提供的第二个主要帮助是预防家庭暴力的发生。公安机关可以对施暴者进行批评教育或者出具告诫书，避免家庭暴力的发生。若公安机关出具了告诫书，后续还会监督告诫书的实施情况，降低施暴者再次实施家庭暴力的可能。

（2）妇女联合会

妇女联合会可提供的第一个主要帮助是起到链接援助资源的作用。妇联的职责范围，包括了接受家暴受害者及相关亲属的投诉、反映或者求助，接到相关家庭暴力的投诉、反映或者求助后，妇联应当给予帮助和处理。由于妇联具有分布广、层次多的优势，因此向妇联求助的一个好处在于妇联可以起到较好的枢纽作用，妇联可基于家暴受害者的需求为家暴受害者链接包括民政部门、公安机关、司法机关、医疗机构、心理咨询机构以及救助管理机构等主体，帮助家暴受害者得到更有针对性的援助。

妇联可提供的第二个主要帮助是代为申请人身安全保护令。当事人因遭受家庭暴力或者面临家庭暴力的现实危险，可以向人民法院申请人身安全保护令。申请人身安全保护令原则上由本人申请，但如果当事人是无民事行为能力人、限制民事行为能力人，或者因受到强制、威吓等原因无法申请人身安全保护令的，妇联可以代为申请人身安全保护令。

（3）民政部门

民政部门可提供的第一个主要帮助是开展家庭暴力受害人临时庇护救助工作。我国针对家暴受害者的庇护工作目前由民政部门负责实施，若因为家庭暴力身体受到严重伤害、面临人身安全威胁或者处于无人照料等危险状态的，可直接向民政部门请求临时庇护。

民政部门可提供的第二个主要帮助是申请撤销施暴者的监护人资格。针对施暴者是监护人、家暴受害者是被监护人的案件，民政部门可以向法院申请撤销施暴者的监护人资格，同时，若撤销监护人后家暴受害者没有其他监护人的，民政部门也可以经法院指定担任家暴受害者的监护人，保障家暴受害者的合法权益。

193. 邻居家的孩子遭受家暴，我能“多管闲事”吗？

邻居家的孩子遭受家暴、具有遭受家庭暴力的现实危险甚至是疑似遭受家暴，作为邻居的您可以通过包括制止家暴、代为报警等方式进行干预。

受中国传统文化的影响，棒打出孝子、不打不成才等观念让一部分父母以及大众认为以暴力方式教育子女没什么大不了。我国《反家庭暴力法》规定，国家禁止任何形式的家庭暴力，未成年人的监护人应当以文明的方式进行家庭教育，依法履行监护和教育职责，不得实施家庭暴力。可见，棒打出孝子、不打不成才等观念实际上是不被我国法律所认可的，任何的棍棒教育都应该被制止。

未成年人在生理、心理等方面的发展尚未成熟，相较成年人，未成年人的自救能力更为缺乏，自身权利的保障更依赖于他人来实现，而家庭暴力又具有很强的隐蔽性，如果邻居听到或看到未成年人遭受家暴仍不加以制止，未成年人在相对封闭的家庭环境中可能会长期、反复遭受家庭暴力，对其身心健康都会造成无法想象的不利后果，比如：造成未成年人产生恐惧、焦虑的心理，造成未成年人自卑、孤独，造成未成年人离家出走、荒废学业甚至是走上违法犯罪的道路等。因此，如果发现邻居家的孩子遭受家暴、具有遭受家庭暴力的现实危险甚至是疑似遭受家暴以及目睹家暴，作为邻居，都应该及时伸出援手，对其进行救助。

反家庭暴力思维导图

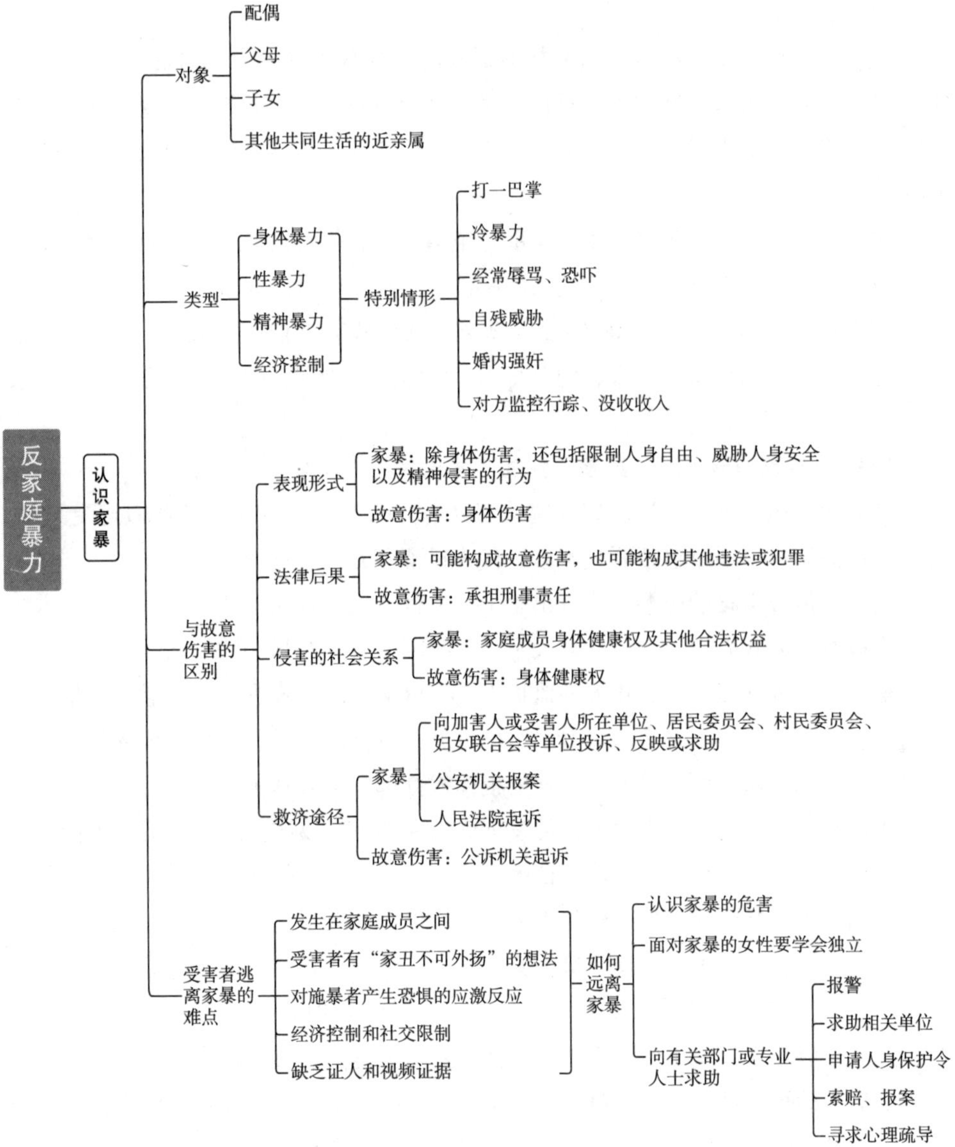
反家庭暴力
认识家暴
对象
配偶
父母
子女
其他共同生活的近亲属
类型
身体暴力
性暴力
精神暴力
经济控制
特别情形
打一巴掌
冷暴力
经常辱骂、恐吓
自残威胁
婚内强奸
对方监控行踪、没收收入
与故意伤害的区别
表现形式
家暴：除身体伤害，还包括限制人身自由、威胁人身安全以及精神侵害的行为
故意伤害：身体伤害
法律后果
家暴：可能构成故意伤害，也可能构成其他违法或犯罪
故意伤害：承担刑事责任
侵害的社会关系
家暴：家庭成员身体健康权及其他合法权益
故意伤害：身体健康权
救济途径
家暴
向加害人或受害人所在单位、居民委员会、村民委员会、妇女联合会等单位投诉、反映或求助
公安机关报案
人民法院起诉
故意伤害：公诉机关起诉
受害者逃离家暴的难点
发生在家庭成员之间
受害者有“家丑不可外扬”的想法
对施暴者产生恐惧的应激反应
经济控制和社交限制
缺乏证人和视频证据
如何远离家暴
认识家暴的危害
面对家暴的女性要学会独立
向有关部门或专业人士求助
报警
求助相关单位
申请人身保护令
索赔、报案
寻求心理疏导

接上图

- 反家庭暴力
  - 家暴的救济
    - 家暴证据分类
      - 受伤证据
        - 伤情照片
          - 向公安机关报案后，司法鉴定机构拍的照片（权威性最高）
          - 受害人自己找的司法鉴定机构拍的照片
          - 到医院救治，医院拍的照片
          - 自己或家人拍的照片
        - 病历（就医记录、诊断证明）
        - 伤情鉴定——报警并申请做伤情鉴定
      - 被谁施暴的证据
        - 施暴者的悔过书、保证书
          - 明确施暴者与受害者的身份信息
          - 陈述因何事作出保证
          - 明确具体保证内容
          - 保证人本人手写或录制
        - 聊天记录
          - 加害者明确承认长期殴打家人
          - 亲眼看到家暴行为的证人
        - 公安机关对施暴者出具的处罚决定书、告诫书、调解书——告诫书
          - 含义及作用
          - 与人身保护令的区别
        - 施暴的录音录像
    - 如何自救
      - 让自己处在安全的环境中
      - 尽快报警处理
        - 公安机关处理程序
        - 受害者如何报警
          - 如何有效报警
            - 告知施暴者及受害人身份信息、联系电话以及所在地址
            - 强调家暴严重性及紧急性
            - 报警人保持电话畅通
            - 向公安机关提出要求
              - 要求公安机关向施暴者出具告诫书、行政处罚决定书
              - 要求公安机关出具伤情鉴定委托书
              - 要求施暴者做笔录
          - 如何达到报警目的
            - 日常与邻居、社工、亲友交流沟通家暴情况，通过他们帮助报警
            - 自己报警的同时也请邻居、社工、亲友报警
      - 申请人身保护令
        - 作用
        - 保护对象
          - 家庭成员
          - 共同居住成员
        - 如何申请——向法院申请
        - 具体措施
          - 禁止被申请人实施家庭暴力
          - 禁止被申请人骚扰、跟踪、接触申请人及其相关近亲属
          - 责令被申请人迁出申请人住所
          - 保护申请人人身安全的其他措施
          - 执行单位——人民法院、公安机关以及居民委员会、村民委员会等
        - 有效期——不超过6个月
    - 救济途径
      - 公安机关
      - 妇女联合会
      - 民政部门
      - 求助热线

第五章 离 婚

一、协议离婚

194. 可以在哪个地方的民政局办理离婚？

一般情况下，夫妻双方协议离婚，可以到夫妻双方任何一方的常住户口所在地民政局办理。①

但是，人口流动是必然趋势且规模不断扩大，很多夫妻双方或一方长期在外地工作和生活，回户口所在地办理离婚很不方便。为了给在异地生活的这部分人提供便利，从2021年6月1日起，辽宁省、山东省、广东省、重庆市、四川省开展为期两年经常居住可以办理婚姻登记试点，即婚姻登记“跨省通办”。就是夫妻双方均非本地户籍的可以凭其中一方的居住证和双方的户口簿、身份证，在居住证发放地的婚姻登记机关办理离婚登记。②

此外，涉外及涉港、澳、台的婚姻可以在以下地方办理离婚登记：

（1）中国公民和外国人或者是香港居民、澳门居民、台湾居民、华侨在中国内地自愿离婚的，应当到内地居民户口所在地民政局办理离婚登记。

（2）男女双方均是中国公民，但均居住在国外，可以在所在国的中华人民共和国驻外使（领）馆办理离婚登记。③

195. 双方在国外结婚，可以在国内民政局办理离婚吗？

《婚姻登记条例》第十二条规定，办理离婚登记的当事人有下列情形之一的，

---

① 《婚姻登记条例》第十条：内地居民自愿离婚的，男女双方应当共同到一方当事人常住户口所在地的婚姻登记机关办理离婚登记。中国公民同外国人在中国内地自愿离婚的，内地居民同香港居民、澳门居民、台湾居民、华侨在中国内地自愿离婚的，男女双方应当共同到内地居民常住户口所在地的婚姻登记机关办理离婚登记。

② 参见《国务院关于同意在部分地区开展内地居民婚姻登记“跨省通办”试点的批复》。

③ 《婚姻登记条例》第十九条：中华人民共和国驻外使（领）馆可以依照本条例的有关规定，为男女双方均居住于驻在国的中国公民办理婚姻登记。

婚姻登记机关不予受理：（1）未达成离婚协议的；（2）属于无民事行为能力人或者限制民事行为能力人的；（3）其结婚登记不是在中国内地办理的。因此，结婚登记不在中国内地办理的，婚姻登记机关不予受理离婚登记申请。那么，双方在国外结婚，应如何办理离婚呢？对此应区分不同情况，采用不同的方法办理离婚：第一，回到国外办理离婚。第二，如双方原在我国驻外使（领）馆登记结婚，可向原经办结婚登记的我国驻外使（领）馆办理离婚手续。

196. 办理协议离婚，需要哪些资料？

内地居民办理协议离婚，应当出具下列证件和证明材料：（1）本人的户口簿、身份证；（2）本人的结婚证；（3）双方当事人共同签署的离婚协议书。

香港居民、澳门居民、台湾居民办理协议离婚，应当出具下列证件和证明材料：（1）本人的有效通行证、身份证；（2）本人的结婚证；（3）双方当事人共同签署的离婚协议书。

华侨、外国人办理协议离婚，应当出具下列证件和证明材料：（1）本人的有效护照或者其他有效国际旅行证件；（2）本人的结婚证；（3）双方当事人共同签署的离婚协议书。

197. 丢失了结婚证，如何办理离婚？

申请办理离婚登记的当事人有一本结婚证丢失的，当事人应当书面申请遗失，婚姻登记机关可以根据另一本结婚证办理离婚登记；当事人的两本结婚证都丢失的，婚姻登记机关可以根据结婚登记档案或当事人提供的结婚登记记录证明等证明材料办理离婚登记。但是，当事人应对结婚证丢失情况作出书面说明，该说明由婚姻登记机关存档。①

如果丢失结婚证的当事人想通过诉讼方式离婚，可以持户口簿、身份证去原婚姻登记机关或档案局查询婚姻档案，要求出具婚姻关系证明，然后到人民法院诉讼离婚。

① 《民政部关于贯彻执行〈婚姻登记条例〉若干问题的意见》第五条：申请办理离婚登记的当事人有一本结婚证丢失的，婚姻登记机关可根据另一本结婚证办理离婚登记；当事人两本结婚证都丢失的，婚姻登记机关可根据结婚登记档案或当事人提供的结婚登记记录证明等证明材料办理离婚登记。当事人应对结婚证丢失情况作出书面说明，该说明由婚姻登记机关存档。

198. 一方坐牢，如何办理离婚？

监狱服刑人员办理离婚，既可以通过民政局办理，也可以通过法院诉讼办理。

只要夫妻双方对离婚问题、子女抚养问题以及财产分割问题全部能够达成一致意见的，就可以通过民政局办理离婚手续。具体流程是由服刑人员向服刑监狱提出申请，得到审批批复。由服刑监狱出具当事人的证明材料，派狱警陪同双方当事人到服刑地区或者是另一方户籍所在地民政部门申请办理离婚登记。①

通过法院诉讼办理离婚，涉及的程序相对复杂，建议委托律师办理相关事宜。

199. 面对离婚冷静期，如何办理离婚？

离婚冷静期制度是 2021 年 1 月 1 日实施的《民法典》增设的制度。所谓离婚冷静期，顾名思义，就是指夫妻对离婚这件事进行冷静思考的期限，在此期限内，暂不发离婚证，不马上解除婚姻关系。

离婚冷静期制度并不是限制离婚自由，而是在程序上让协议离婚的程序多了一些，这样可以使离婚双方更加深思熟虑、认真审视婚姻，给轻率离婚的夫妻一个缓冲时间和挽回婚姻或者反悔的机会，离婚门槛并没有提升。

《民法典》实施后，离婚登记程序由原来的申请、受理、审查、登记（发证）四个步骤修改为申请、受理、冷静期、审查、登记（发证）五个步骤。

根据《民法典》规定，夫妻双方自愿离婚的，应当订立书面离婚协议，并亲自到婚姻登记机关申请离婚登记；自婚姻登记机关收到离婚登记申请之日起三十日内，任何一方不愿意离婚的，可以向婚姻登记机关撤回离婚登记申请。前款规定期限届满后三十日内，双方应当亲自到婚姻登记机关申请发给离婚证；未申请的，视为撤回离婚登记申请。

这里要注意两个“三十日”如何计算？

首先，“自婚姻登记机关收到离婚登记申请之日起三十日内”是指自婚姻登记机关收到离婚登记申请并向当事人发放《离婚登记申请受理回执单》之日起次日开始三十日内为冷静期。例如，3 月 1 日提交申请，3 月 2 日至 3 月 31 日为冷静期。在此期内，当事人可前往登记处撤销离婚申请，可以称之为“离婚冷静期”。

其次，“自离婚冷静期届满后三十日内”是指前一个三十日（即冷静期）结束

---

① 《民政部关于贯彻执行〈婚姻登记条例〉若干问题的意见》第十条：服刑人员申请办理婚姻登记，应当亲自到婚姻登记机关提出申请并出具有效的身份证件；服刑人员无法出具身份证件的，可由监狱管理部门出具有关证明材料。办理服刑人员婚姻登记的机关可以是一方当事人常住户口所在地或服刑监狱所在地的婚姻登记机关。

后次日开始三十日内。当事人经过考虑仍然离婚的，可以在此期内办理离婚登记。在上述例子中，在4月1日起至4月30日期间，当事人需要共同前往办理离婚登记和领取离婚证。如果当事人逾期未能共同前往婚姻登记机关办理离婚登记的，也视为撤回离婚登记申请。可以称之为“离婚领证期”。

200. 离婚协议有哪些注意事项？

与诉讼离婚相比，协议离婚具有省时、省力的优势，同时，也避免了诉讼离婚再见是仇人的尴尬，但是，由于有些夫妻欠缺法律知识，离婚协议约定违反了法律的强制性规定属于无效约定，这样签了也没用，以后还会因履行协议或再次分割财产而引发争议。因此，在签订离婚协议时应注意以下几点：

第一，必须双方自愿。非自愿采用威逼、胁迫手段签订的协议的财产分割等部分的协议是无效的。比如对方不签，就要对对方或对方的亲属不利，被逼方无奈签署。离婚后，被胁迫的一方可以申请撤销协议。

第二，应由双方亲自签署，不得由他人代签。

第三，协议内容不能违反法律的规定。如规定另一方不得再婚。婚姻自由权是《宪法》《民法典》赋予公民的人身权利。在不违反婚姻法律、法规的前提下，公民享有婚姻的自由，不受他人干涉。再如，约定再婚后不得再生育子女。生育权是法律规定的公民人身权利，在不违反国家相关计划生育法律、法规的前提下，公民享有生育与不生育子女的自由，不因与他人的协商行为而受到限制。

第四，不得损害他人的利益包括子女的利益。如有的协议中以抚养费为筹码，约定放弃探视权不付抚养费，这一条款因损害了未成年子女的利益也应认定为无效。

第五，不得有其他违反公序良俗的条款。

第六，财产信息、抚养费、探视时间次数、付款数额期限等要清晰明确，不要写错信息，也要注意表达有没有歧义。

第七，对于房屋办理过户、付款、迁移户口、配合探视等有待履行的义务，除了约定履行期限外，还要约定相应的违约金、增加违约方的违约成本。

第八，尽量避免约定“各自名下的财产归各自所有”“各自名下的其他财产归各自所有”这类条款。因为，双方在谈分割财产时，有一方可能隐瞒了一些财产，另一方也未发现。等到离婚后发现原来还有其他财产就晚了。由于双方约定“各自名下的其他财产归各自所有”，就等于所有财产分割完毕。

第九，双方要在离婚协议中明确有哪些债务，罗列清楚，并确认除了列出来的债务外，没有其他债务。如离婚后出现其他债务，由举债方承担以及对另一方的损失进行赔偿。

总之，好的离婚协议能避免离婚后产生更多争议，也能促进双方履行义务。不好的离婚协议，容易给当事人带来后续纠纷及损失。在有条件的情况下，宜寻找律师给予相应的法律帮助。

201. 离婚协议必须要用民政局的模板吗？

婚姻登记机关并没有强制要求一定使用民政局的模板，在民政局模板上可以看到这样一句话，可参考本模板，因此，民政局的模板只具有参考作用。

《民法典》规定，离婚协议应该载明离婚的意思表示、子女抚养、财产及债务的处理内容。因此，只要离婚协议包含上面所说的内容，就应该被民政局接纳。

需要提醒注意的是，由于当事人一般对法律所知有限，不清楚自己在法律上有哪些权利，不知道如何很好地保护自己，订立的离婚协议往往存在诸多问题，以至于容易造成事后追悔的情况。因此，为更好地保护自己的合法权益，避免遗留问题给双方带来潜在的纠纷和麻烦。建议在达成离婚协议前向专业律师咨询，在律师的帮助下达成离婚协议，或者请专业律师代为起草离婚协议，避免日后产生不必要的纷争。

202. 分居两年是否会自动离婚？

夫妻分居两年就自动离婚？想必很多人都听过这个离婚的“方法”。这其实是对法律规定“因感情不和分居满两年的”属于夫妻感情破裂情形之一的误解。我国法律从来就没有“分居满两年自动离婚”的说法。

即使双方确实分居两年没有感情，双方也确实想离婚，也需要到民政局领取离婚证或到法院调解离婚。未办理法定手续的，双方依然是夫妻关系。

203. 事实婚姻的当事人如何办理离婚？

所谓事实婚姻，指没有配偶的男女，未进行结婚登记，便以夫妻关系同居生活，周围群众也认为其是夫妻关系的婚姻关系，且符合结婚的实质要件。事实婚姻是相对于合法登记的婚姻而言的，事实婚姻未经依法登记，本质上属于违法婚姻，但考虑到我国的现实国情，特别是很多农村地区，人们对于结婚更看重的是结婚仪式，对于婚姻登记并不是非常重视，导致事实婚姻存在的现状，为了维持这部分人家庭关系的稳定，国家对特定时期未办理结婚登记而以夫妻名义同居生活的男女双方之间的关系有条件地予以认可，这就产生了“事实婚姻”这一概念。

由于“事实婚姻”未经民政部门登记，因此，“事实婚姻”离婚不能到民政部门办理，必须通过法院起诉办理。若想通过民政局办理离婚，他们只能先补办结婚登记后，再办理离婚登记。

此外，双方还可以起诉到法院，然后调解离婚或由法院判决离婚。事实婚姻在一定条件下予以保护，并不意味着其效力等同于登记婚姻。在具体处理上与登记婚姻有所区别。法院审理事实婚姻的案件，应当先进行调解，经调解和好或撤诉的，确认婚姻关系有效，发给调解书或裁定书，经调解不能和好的，人民法院应调解或判决予以离婚。而合法登记的当事人提出离婚时，人民法院调解不能和好的，如果认为夫妻感情尚未破裂，可以判决不予离婚。也就是说，人民法院认为夫妻感情没有破裂，可以在调解和好无果的情况下，依法判决当事人不予离婚，再给双方当事人一次挽救婚姻关系的机会，而事实婚姻只能调解或判决离婚，不能判决不予离婚。

204. 法院判决离婚或调解离婚后，还需要到民政局领取离婚证吗?

法院判决离婚或调解离婚后不需要到民政局领取离婚证。有些人认为法院判决离婚后，需要再到婚姻登记机关领取离婚证，其实，这是对法律规定的误解。

法律规定办理离婚的途径有两种：一是协议离婚，二是诉讼离婚。夫妻双方自愿离婚，并已经对子女抚养、夫妻财产以及债务处理等事项协商一致的，可以通过协议的方式办理离婚。即夫妻双方共同到婚姻登记机关办理离婚登记，领取离婚证，自领取离婚证之日起男女双方解除夫妻关系。

如果夫妻不能协商达成一致意见的，只能通过诉讼方式离婚。经法院审理，认为夫妻关系确属破裂，无和好可能的，由法院出具判决书或调解书，自判决书或调解书生效，婚姻关系解除。

以上两种方式各自独立，都可以达到解除夫妻关系的效力，所以，法院对婚姻关系以判决书或调解书的形式解除。离婚后，当事人可以跟法院索取“生效证明”或“离婚证明”，在日后配合判决书或调解书使用。

205. 离婚协议签订后未领取离婚证，婚姻关系是否解除?

相信很多人在很多影视剧中见到过这样的情节，一方拿着事先准备好的离婚协议让另一方签字，在另一方签完字后，双方就一别两宽，往后，各生欢喜了。其实，影视剧这种情节是对观众的误导，签完离婚协议不代表婚姻关系解除。

协议离婚，不但双方要签订离婚协议，而且双方要亲自到婚姻登记机关领取离婚证，婚姻关系才算解除。如果仅签了离婚协议，但是没有办理离婚登记手续，双方的婚姻关系并没有解除。如果此时，一方再与他人登记结婚或者与他人以夫妻名义共同生活，则有可能涉嫌重婚罪。影视剧中的情节，现实中千万不能不加分辨地效仿，否则，一旦触犯法律，后果严重。

206. 离婚协议签订后未领取离婚证，离婚协议的内容还有约束力吗？

夫妻私下签了离婚协议，但没有办理离婚，一方对财产的约定反悔，该协议对双方没有约束力。

《民法典婚姻家庭编的解释（一）》第六十九条第一款规定：“当事人达成的以协议离婚或者到人民法院调解离婚为条件的财产以及债务处理协议，如果双方离婚未成，一方在离婚诉讼中反悔的，人民法院应当认定该财产以及债务处理协议没有生效，并根据实际情况依照民法典第一千零八十七条和第一千零八十九条的规定判决。”

此条之意为，仅仅签订了离婚协议，还不能产生法律效力。没有法律效力的协议，对双方没有拘束力，任何一方均有权反悔。因此，不要以为签了离婚协议就高枕无忧了，应及时办理离婚手续。

207. 因买房资格等原因办理离婚手续，一方不复婚，可以撤销离婚协议吗？

现实中，一些夫妻为规避房屋限购政策，采用离婚的办法，以满足离婚后一方有购房资格的条件，类似的离婚一般都会在离婚协议中约定之前房子归对方所有，并私下约定另行购房后再复婚。这种做法存在巨大的风险。

首先，根据法律规定，办理离婚手续仅须男女双方自愿即可，无须审查双方是否感情破裂，无须考虑双方办理离婚登记的理由，双方办理离婚登记之日起已解除夫妻关系。如果一方想复婚，只要另一方不同意，就无法再复婚。

其次，原则上离婚协议是有效的，是不能撤销的。如果真的发生了对方不愿意复婚的情形，对于另一方来说，不仅意味着婚姻关系破裂，而且财产瞬间化为乌有，落得个“净身出户”的下场。这时候可能会有人问，双方是“假离婚”，对方不复婚存在欺诈行为，为什么离婚协议不能撤销？

法院通常认为，双方在民政局办理离婚时清楚表达了离婚的意愿，且做了相关询问笔录，确认是自愿、真实的意思表示。离婚协议中的财产分割条款通常都是在自愿的基础上达成，并不会存在胁迫的情况；而且，双方对财产分割的后果以及对方可能会不同意复婚这个风险也应该是明知的，因此财产分割协议本身也不存在欺诈或是胁迫。所以，即使离婚协议中财产的约定可能并非双方的真实意思，但法院很可能会认为签订时因不存在欺诈、胁迫等情形而不予撤销。所以，法律上并没有所谓的“假离婚”，只有“假意离婚”或者“假借离婚”。

另外，“假离婚”的风险其实远不止上述的风险，即使后面复了婚，如果双方对之前的财产没有做明确约定，那么，之前的财产就会变成对方的婚前财产，如果日后双方再次离婚，之前的财产就属于对方的了。

由此建议，无论出于何种目的，最好不要“假离婚”，否则赔了夫人又折兵，得不偿失。

208. 离婚后认为离婚协议不公平，可以要求重新分割财产吗？

在实务中，有些当事人基于某些原因，愿意将大部分夫妻共同财产分割给对方，甚至愿意“净身出户”。后来又认为原来的离婚协议不公平，想要重新分割。那么，男方以财产分割不公平为由，主张重新分割财产是否可以？

协议离婚是夫妻双方合意解除夫妻关系的法律行为，是夫妻双方协商一致达成的，系双方真实意思表示，具有法律约束力，没有正当理由，不可以擅自变更。因此，对于离婚后可以要求重新分割财产的情形，《民法典》婚姻家庭编只限定了以下三种情形：

（1）离婚后，发现对方有隐藏、转移、变卖、毁损、挥霍夫妻共同财产，或者伪造夫妻共同债务企图侵占另一方财产的行为的，可以请求再次分割夫妻共同财产。

（2）离婚时漏分夫妻共同财产，可以要求对漏分的夫妻共同财产重新分割。需要注意的是，法院只就漏分的财产进行分割，不能重新分割已经分割过的财产。

（3）订立财产分割协议时存在欺诈、胁迫等情形，可以要求撤销财产分割协议的，重新分割。

虽然《民法典》总则编规定了显失公平、重大误解的民事行为可以撤销，然而男女双方在离婚处理财产问题时往往综合考虑子女归属、抚养费支付等情况，也会掺杂一些感情、家庭无形付出等诸多因素，所以离婚财产分割方案很难单纯以财产价值是否平均来衡量是否公平。这也是为什么婚姻家庭编只限定“胁迫”和“欺诈”两种理由。人民法院在审理这类案件时，对“显失公平”的适用慎之又慎。况且，“显失公平”不仅要求结果明显不公，还要求有“处于危困状态、缺乏判断能力”等前提。

209. 离婚后还要办理变更户口簿里的婚姻状态吗？

离婚后应及时变更户口簿里的婚姻状态。尽管我国现行的法律法规对离婚后变更户口簿里的婚姻状态并无强制性要求，但根据我国《婚姻登记工作规范》第二十九条①及《户口登记条例》第十九条②规定来看，可以归纳出三点：

（1）户口信息应与实际状态一致。

（2）户口变更必须由户主或本人自行办理，不会因离婚自动变更。

（3）户口信息与实际状态不一致，再次结婚则需有法院生效司法文书、配偶居民死亡医学证明（推断）书等材料加以证明其婚姻状态，如无则需要到有关部门更正后才能再婚。

通过上述三点不难看出如离婚后不办理户口簿婚姻状态，则户口簿上的信息仍会是已婚，从而导致后续如需再次办理结婚，购房，对个人信息申报均会造成不便。

那么变更户口里的婚姻状态应如何办理呢？一般而言，办理方法如下：

（1）办理部门：户口所在地派出所。

（2）办理人员：本人自行办理。

（3）所需要材料：①本人户口簿；②本人身份证；③离婚证或经法院离婚的提供调解书或判决书；④当地要求的其他材料。

（4）如户口簿持有人拒绝提供户口簿（夫妻双方在同一户口）则应把相关情况告知户口所在地派出所，由户口所在地派出所协调，如协调无效则按离婚证或经法院离婚的提供调解书或判决书予以办理。

210. 离婚后必须迁出户口吗？

户口的迁出与夫妻双方的婚姻状态并无关联，故离婚后并非必须迁出户口。户口迁出属于公安机关管辖的行政管理事项，并不属于人民法院管辖的民事诉讼

---

① 《婚姻登记工作规范》第二十九条：内地居民办理结婚登记应当提交本人有效的居民身份证和户口簿，因故不能提交身份证的可以出具有效的临时身份证。居民身份证与户口簿上的姓名、性别、出生日期、公民身份号码应当一致；不一致的，当事人应当先到有关部门更正。户口簿上的婚姻状况应当与当事人声明一致。不一致的，当事人应当向登记机关提供能够证明其声明真实性的法院生效司法文书、配偶居民死亡医学证明（推断）书等材料；不一致且无法提供相关材料的，当事人应当先到有关部门更正。当事人声明的婚姻状况与婚姻登记档案记载不一致的，当事人应当向登记机关提供能够证明其声明真实性的法院生效司法文书、配偶居民死亡医学证明（推断）书等材料。

② 《户口登记条例》第十九条：公民因结婚、离婚、收养、认领、分户、并户、失踪、寻回或者其他事由引起户口变动的时候，由户主或者本人向户口登记机关申报变更登记。

范围。故，在诉讼离婚中要求强制迁出户口或离婚后提起诉讼要求迁出户口，因不属于法院管辖，故法院不会作出处理。有鉴于此，协议离婚或调解离婚时，宜在离婚协议书或法院作的调解书中约定不迁出户口的违约金。离婚后，若一方不及时迁出户口，另一方可以起诉要求支付违约金，从而有效约束相对方户口迁出。

如出现离婚后有抚养权的一方需要迁移子女户口，但另一方不配合提供户口簿，则按照《中华人民共和国公安部关于对因家庭矛盾导致户内成员无法使用本户居民户口簿有关问题的批复》①，经户口所在地公安派出所说服无效的，公安派出所可凭该家庭成员的书面申请以及相关证明，为其制发仅含首页和其本人常住人口登记卡的居民户口簿，并在常住人口登记表和人口信息系统中注明相关情况，则可以凭该居民户口簿进行户口迁移。

二、离婚的程序

211. 起诉离婚一般该由哪个法院受理？

按《民事诉讼法》第二十二条②的规定，由于离婚诉讼属于民事诉讼的其中一个类型，如无特殊情况，均应遵循“原告就被告”的原则。由被告住所地法院进行案件受理，当被告住所地与经常居住地不一致时，才由经常居住地法院进行案件受理。那么住所地和经常居住地如何确认呢？

根据我国《最高人民法院关于适用〈中华人民共和国民事诉讼法〉的解释》

① 《中华人民共和国公安部关于对因家庭矛盾导致户内成员无法使用本户居民户口簿有关问题的批复》北京市公安局人口管理处：你处《关于解决因家庭矛盾导致户内成员无法使用居民户口簿问题有关建议的请示》（人管办字〔2009〕144号）收悉。现批复如下：居民户口簿是公民依法履行常住户口登记义务的凭证，具有证明公民身份状况以及家庭成员间相互关系的法律效力。根据《中华人民共和国户口登记条例》和《最高人民法院、公安部、商业部、城乡建设环境保护部关于转发陕西省西安市〈关于办理离婚、房产案件中有关户粮分离、迁转和房产变动问题的联合通知〉的通知》（法（民）发〔1985〕5号）精神，为保障公民依法使用居民户口簿的权利，对于立为一户的家庭，其户主或家庭成员一方因家庭内部矛盾不愿将本户居民户口簿交与其他家庭成员使用、以至该家庭成员无法办理个人相关事务，且经户口所在地公安派出所说服无效的，公安派出所可凭该家庭成员的书面申请以及相关证明，为其制发仅含首页和其本人常住人口登记卡的居民户口簿，并在常住人口登记表和人口信息系统中注明相关情况。特此批复。

② 《民事诉讼法》第二十二条：对公民提起的民事诉讼，由被告住所地人民法院管辖；被告住所地与经常居住地不一致的，由经常居住地人民法院管辖。对法人或者其他组织提起的民事诉讼，由被告住所地人民法院管辖。同一诉讼的几个被告住所地、经常居住地在两个以上人民法院辖区的，各该人民法院都有管辖权。

（以下简称《民事诉讼法司法解释》）第三条①及第四条②相关规定，可以归纳出公民的住所地即公民户籍所在地，经常居住地是指公民离开住所地至起诉时已连续居住一年以上的地方，但公民住院就医的地方除外。需要注意连续居住一年以上的要求，比如甲离开户口所在地，在A市居住一年后，又搬到B市居住半年。此时甲被起诉离婚，其在B市只居住了半年，所以没有经常居住地。也因为甲被起诉时，甲没有居住在A市，即使其曾经在A市居住过一年，A市也不属于经常居住地。因此，甲被起诉时，依然由其户口所在地的法院管辖。

从上述内容可以得出，离婚一般的受理法院为被告户籍所在地法院，如被告有经常居住地的则由经常居住地法院受理该案件。

212. 一方在外打工，多年没有联系，由哪个法院受理呢？

从问题的描述来看，双方已多年无联系，且一方在外打工，可以确认外出打工的一方已离开户籍地，且无法得知其身在何方。那么根据《民事诉讼法司法解释》第三条及第十二条③的规定，原告可以根据情况，选择以下法院进行起诉：

第一，在被告住所地法院起诉，即被告户口所在地法院。

第二，如能证明被告离开住所地超过一年的，可在原告经常居住地法院起诉。但实务中要证明到这点并不容易，一般需要提供被告在各地办理的居住证登记信息。例如，起诉时，甲在A市办理的居住证信息显示已经超过一年且尚未到期。这样的信息可以证明其离开户籍所在地超过一年。因此，甲在A市有经常居住地，应在A市起诉离婚。但如果查出来的居住证信息显示，甲在A市办理的居住证信息已到期，又没有办理新的居住证。此时，法院很难排除甲已经回到户籍所在地可能性。

综上，在没有确切证据证明被告方已离开住所地超过一年，则仍建议在被告住所地法院进行起诉为好。

---

① 《民事诉讼法司法解释》第三条：公民的住所地是指公民的户籍所在地，法人或者其他组织的住所地是指法人或者其他组织的主要办事机构所在地。法人或者其他组织的主要办事机构所在地不能确定的，法人或者其他组织的注册地或者登记地为住所地。

② 《民事诉讼法司法解释》第四条：公民的经常居住地是指公民离开住所地至起诉时已连续居住一年以上的地方，但公民住院就医的地方除外。

③ 《民事诉讼法司法解释》第十二条：夫妻一方离开住所地超过一年，另一方起诉离婚的案件，可以由原告住所地人民法院管辖。夫妻双方离开住所地超过一年，一方起诉离婚的案件，由被告经常居住地人民法院管辖；没有经常居住地的，由原告起诉时被告居住地人民法院管辖。

213. 双方都不在户籍所在地，由哪个法院受理呢？

双方都不在户籍地，要区分是否离开超过一年：双方都没有超过一年，由被告户籍所在地法院受理。被告超过一年，参考上述问答处理。双方都超过一年的，《民事诉讼法司法解释》第十二条规定，可按以下情形确定受诉法院：（1）被告有经常居住地的，在被告经常居住地法院起诉；（2）被告没有经常居住地的，在被告居住地法院起诉。居住地是指被告尚未居住满一年的实际居住地。

在实务中，要利用这条选择法院时，需要证明双方都离开户籍所在地一年，例如：起诉时，原告需提供双方的离开户籍地超过一年的居住证明。如被告已是服刑人员或双方均为服刑人员，则依据《民事诉讼法》第二十三条①及《民事诉讼法司法解释》第八条②可按以下情形确定受诉法院：

（1）被告为服刑人，则由原告住所地或经常居住地法院管辖。例如，男方正在服刑坐牢，女方可以在自己的户籍所在地或经常居住地法院起诉离婚。

（2）如双方都服刑则需分以下情况：被告服刑未超过一年，则由被告原住所地人民法院管辖。被告服刑超过一年，则由被告被监禁地人民法院管辖。

例如，男方服刑已经满一年，女方服刑半年。男方起诉离婚，女方作为被告服刑尚未满一年，则应在女方户籍所在地起诉离婚。女方起诉离婚，男方作为被告，则应在男方的监禁地法院起诉离婚。

214. 一方被宣告失踪，另一方应在哪个法院起诉离婚？

《民事诉讼法》第二十二条规定："下列民事诉讼，由原告住所地人民法院管辖；原告住所地与经常居住地不一致的，由原告经常居住地人民法院管辖：（一）对不在中华人民共和国领域内居住的人提起的有关身份关系的诉讼；（二）对下落不明或者宣告失踪的人提起的有关身份关系的诉讼；（三）对被采取强制性教育措施的人提起的诉讼；（四）对被监禁的人提起的诉讼。"

一方被宣告失踪，另一方起诉离婚，属于身份关系的诉讼。因此，受理法院为原告户籍所在地或经常居住地法院。

---

① 《民事诉讼法》第二十三条：下列民事诉讼，由原告住所地人民法院管辖；原告住所地与经常居住地不一致的，由原告经常居住地人民法院管辖：（一）对不在中华人民共和国领域内居住的人提起的有关身份关系的诉讼；（二）对下落不明或者宣告失踪的人提起的有关身份关系的诉讼；（三）对被采取强制性教育措施的人提起的诉讼；（四）对被监禁的人提起的诉讼。

② 《民事诉讼法司法解释》第八条：双方当事人都被监禁或者被采取强制性教育措施的，由被告原住所地人民法院管辖。被告被监禁或者被采取强制性教育措施一年以上的，由被告被监禁地或者被采取强制性教育措施地人民法院管辖。

215. 对方因病因意外变成植物人，能离婚吗？

植物人属于医学术语，并非法律定义。一方因病因意外变成植物人，另一方需要进行离婚的，应先认定因病因意外变成植物人的一方为无民事行为能力人。而根据我国《婚姻登记条例》规定，无民事行为能力人及限制民事行为能力人不能办理离婚登记，故只能进行诉讼离婚。

在进行离婚诉讼之前，想起诉离婚的一方应向法院申请认定对方为无民事行为能力人，并指定监护人。虽然配偶属于第一顺序监护人。但由于后续双方需要进行离婚诉讼，那么如配偶成为监护人，就会变成“既是原告也是被告”。因此，在确定监护人时，必须向法院说明双方感情破裂准备起诉离婚，让法院在其他人中确定监护人。

在随后的离婚诉讼中，植物人一方的监护人作为代理人参与诉讼。如此，离婚诉讼方能顺利进行。

216. 一方为无民事行为能力人，可以提起离婚诉讼吗？

可以提起离婚诉讼。但应分两个情况予以说明：

（1）无民事行为能力人的配偶为监护人

在配偶为监护人时，应向人民法院申请变更监护人。然后，新的监护人代理无民事行为能力人向法院提起离婚诉讼。需要注意的是，当一方出现无行为能力的情形，但尚未被法院宣告为无民事行为能力人，此时就不应该要求变更监护人，而是起诉至法院请求宣告其为无民事行为能力人，并以存在离婚纠纷为由，请求法院指定其他近亲属为监护人。确定监护人后，离婚诉讼才可以顺利进行。

（2）无民事行为能力人的其他近亲属或社会机构为监护人的

在这种情况下，监护人可以直接代理无民事行为能力人按一般离婚程序向人民法院提起离婚诉讼。无民事行为能力人的监护人作为法定代理人出庭应诉。

217. 起诉离婚需要什么材料？

起诉离婚一般需要根据案件具体情况准备相应的材料，我们在这里仅介绍常见及必要的材料。

（1）离婚起诉状（2 份）。

（2）证据清单及证据（2 份），证据清单为原件，相关证据提交复印件即可。

（3）原告方的身份证原件用于审核，并准备复印件（1 份）。

（4）被告方的身份证明复印件（1 份），如有被告方的身份证复印件提交即可，如无则可凭被告方的姓名及身份证号，向法院或各地户籍办理机关进行查询（各地不同具体按当地要求进行）。

（5）双方夫妻关系的复印件（2 份），一般可提供结婚证和婚姻登记机关出具的婚姻状况证明，亦可作为证据提交。

（6）夫妻共同财产的证明复印件（2 份），一般提交财产清单即可，具体在开庭时提交也可，亦可作为证据提交。

（7）有子女的还应当提交子女的出生证明、户口簿复印件（2 份），亦可作为证据提交。

（8）如果是第二次起诉离婚，除了提供原裁判文书外，还要从法院开具判决生效证明。

原告提交上述材料时，一般应自己留存一份，以便后续诉讼的开展。

218. 结婚证被对方拿走了，怎么立案？

由于民政部《关于进一步规范（无）婚姻登记记录证明相关工作的通知》规定不再出具婚姻证明，故只能到原结婚登记的民政部门调取结婚档案信息——《婚姻登记情况查处表》，可替代结婚证用于立案。

按《婚姻登记档案管理办法》第十五条第三项及第四项[①]，可以得出如需要自行调取婚姻登记档案有以下两种方式：（1）本人持身份证件或委托他人持经公证的授权委托书调取；（2）委托律师持案件受理的法院的证明材料调取。

由于实务工作中某些当事人自行调取档案会有困难，故建议委托律师进行调取。需调取婚姻信息档案应前往原结婚登记的民政部门调取，一般叫《婚姻登记情况查处表》。

219. 向法院递交起诉材料后，法院要在多少天内立案？

《民事诉讼法》第一百二十六条规定：“人民法院应当保障当事人依照法律规定享有的起诉权利。对符合本法第一百二十二条的起诉，必须受理。符合起诉条件的，应当在七日内立案，并通知当事人；不符合起诉条件的，应当在七日内作出裁

① 《婚姻登记档案管理办法》第十五条：婚姻登记档案的利用应当遵守下列规定：……（三）婚姻当事人持有合法身份证件，可以查阅本人的婚姻登记档案；婚姻当事人因故不能亲自前往查阅的，可以办理授权委托书，委托他人代为办理，委托书应当经公证机关公证；（四）人民法院、人民检察院、公安和安全部门为确认当事人的婚姻关系，持单位介绍信可以查阅婚姻登记档案；律师及其他诉讼代理人在诉讼过程中，持受理案件的法院出具的证明材料及本人有效证件可以查阅与诉讼有关的婚姻登记档案……

定书，不予受理；原告对裁定不服的，可以提起上诉。”据此，法院受理材料后，应当在七日内立案。

但需要留意的是按《最高人民法院关于适用简易程序审理民事案件的若干规定》第十四条规定，婚姻家事案件存在诉前联调机制，故实际立案需待诉前联调结束后方进入程序。

220. 递交起诉材料时，是否接受庭前调解？

（1）看是否需要财产保全，以及财产保全的紧急程度。一般而言，需要做财产保全的，递交起诉材料时，应同时递交财产保全的申请及相关材料，表示不接受庭前调解。

（2）双方的态度及诉求的差距。一般情况下双方矛盾并不激烈，可能是因为生活小事双方无法磨合，或双方对于离婚意见已比较一致，只是在财产或抚养权问题上未能达成一致，建议进行庭前调解，寻找双方均能接受的方案。但如双方争议已巨大且无法调和，且存在虐待、暴力等情节，必须通过诉讼方式方能解决，则可以不接受调解，以诉讼方式进行离婚。

（3）随着家事审判的改革，越来越多的法院制定了庭前调解的必经程序，当事人并没有选择的余地。

221. 起诉离婚前/时，是否要申请查封冻结对方的财产？

对于是否申请查封冻结对方的财产按实际情况而决定：

（1）对方名下存在大量易于转移的动产，如存款、股票、车辆或持有公司股票，则建议对于该财产进行查封冻结，以防对方进行财产转移，增大日后执行财产的难度。

（2）如不动产在对方一人名下，亦建议进行财产的查封冻结，因各地对于房产买卖的政策不同，如不进行查封，亦会存在转移风险，增大日后执行财产的难度。

（3）对方存款、股票不多，亦无其他可转移的财产，不影响日后执行的，则建议从自身经济考虑是否进行相应的冻结。

222. 可以申请法庭调查对方的财产情况吗？

在离婚诉讼的过程中，对于因客观原因无法收集的证据，当事人可以申请法院调查取证。一般需要在举证期届满之前申请。当事人申请调查取证时，应当载明被调查人的姓名或者单位名称、住所地等基本情况、所要调查收集的证据名称或者内容、需要由人民法院调查收集证据的原因及其要证明的事实以及明确的线索。

现在我国多个省市已实行律师调查令制度，在委托律师的情况下，可以在立案后由律师申请调查令予以调查财产情况，具体可参照各地对于律师调查令的规定。以下对常见的财产线索进行介绍：

（1）银行账户：有明确的开户行、户名、账号；

（2）不动产：有明确的地址和权利人名称，最好有相关的权利凭证复印件；

（3）有价证券：知道债券品种的记名债券，或证券账号；

（4）车辆：明确的车牌号和车主姓名；

（5）股权：明确的公司名称和债务人拥有的股权份额；

（6）其他财产性权利：需要有相关的权利证明资料。

223. 接到离婚起诉材料，一定要书面答辩吗？

在离婚诉讼中，被告并非必须提交书面答辩状，具体由被告根据情况决定。被告不提出答辩状的，不影响人民法院审理。被告也可以当庭口头答辩。

但在诉讼实务工作中，我们建议提交答辩状。离婚答辩状与其他民商事诉讼不同，除了要对原告起诉状中诉讼请求和事实理由进行基本抗辩，还要提出被告一方的诉讼请求。有时原告起诉离婚时只请求分割被告名下的夫妻共同财产，而不提及原告自己名下的共同财产，这时，被告就要在答辩状中提出己方的诉讼请求。因此，提交答辩状是非常重要的。

答辩状需要撰写人懂得法律规定和事实叙述技巧，需要专业知识的支持。因此，强烈建议聘请律师予以协助。律师书写书面答辩状，是对案件事实、证据、法律依据以及答辩思路整理的过程，通常也会视情况决定是否在庭前提交，例如对一些对己有利的复杂事实及证据的答辩，提前提交有利于法官对此问题提前知晓和研究，必要时与法官作庭前沟通。

离婚答辩状首先要观点明确，是否离婚需要表达清楚；针对对方的诉讼请求，需要一一阐明自己的看法；还要提出自己一方的诉讼请求。在答辩状中要慎重承认对方的某些说辞，因为一旦构成当事人自认的，对方可以不需要提供证据予以证明，法院也不需要审查而直接可以认定该事实。另外，对于自己在答辩状中提到的事实及请求，应当提供证据予以证明。最后，需要在答辩状中签名以及写上日期。被告需要提供两份答辩状给法院，自己留一份方便以后查阅。

224. 答辩需要举证吗，举证期限是多长时间？

（1）答辩需要举证

当事人对自己提出的主张，有责任提供证据，被告答辩是需要举证的。法官审理案件是以事实为依据，以法律为准绳，这里所说事实多数指的是法律事实，而非当事人口述的客观事实。法律事实是依法能够引起法律关系产生、变更、消灭的客观情况，例如结婚产生夫妻间权利和义务关系，结婚即为法律事实，该事实是否真实，法官就要看是否有证据支撑，证据是否较为充分。司法裁判中的法律事实大多是经过证据证明的事实。对于法官来讲，有些事实虽然是一种客观存在，但由于缺乏证据的支持，法院就不会采信，所以，证据是法官认定法律事实的主要手段。

（2）关于举证期限

举证期限，是指当事人向人民法院履行提供证据责任的期间。举证期限可以由当事人协商，并经人民法院准许。人民法院指定举证期限的，适用第一审普通程序审理的案件不得少于 15 日，当事人提供新的证据的第二审案件不得少于 10 日。适用简易程序审理的案件不得超过 15 日，小额诉讼案件的举证期限一般不得超过 7 日。举证期限届满后，当事人提供反驳证据或者对已经提供的证据的来源、形式等方面的瑕疵进行补正的，人民法院可以酌情再次确定举证期限，该期限不受前款规定的期间限制。

根据法律规定，当事人逾期提供证据的，人民法院应当责令其说明理由；拒不说明理由或者理由不成立的，人民法院根据不同情形可以不予采纳该证据，或者采纳该证据但予以训诫、罚款。

225. 起诉离婚后多长时间才会出结果？

离婚案件的周期，一般是不容易估算的。有些地区法院的案件少，流程走得快，有些地区法院的案件很多，流程走得慢。

一般而言，当事人交齐起诉材料后，没有庭前调解的，法院会在收齐材料之日起 7 天内决定立案，并通知原告缴纳诉讼费。随后法院向被告送达诉讼材料，给予被告 15 天的答辩期和一定期限的举证期。至于同时向双方送达开庭传票，则视法院工作情况而定。

第一次起诉离婚，可能会采取简易程序。被告不同意离婚，又没有法定离婚理由的，法院开一次庭后就会择日宣判。简易程序的审限为立案之日起 3 个月内审结。

在简易程序中，当被告同意离婚或法院认为需要判决离婚，有一些财产需要分割的，法院可能会将案件转为普通程序。普通程序的案件应当在立案之日起 6 个月内审结。有特殊情况需要延长的，由本院院长批准，可以延长 6 个月；还需要延长的，报请上级人民法院批准。

这里面还不包括鉴定、公告的时间。比如，房屋的价值需要评估、诉讼材料无法送达被告，需要公告一次就要 60 天等。

因此，从起诉离婚至法院作出一审判决，长达 3 个月至 1 年也是正常的周期。真正需要当事人亲自参与的是出席开庭，大多数时间都是律师在做工作以及等待。当事人无须为诉讼周期产生过多的焦虑、不耐烦的情形，该怎么正常工作生活就怎么来，保持与律师的良好沟通即可。

226. 离婚必须要经过调解吗？

（1）诉讼离婚必须经过调解

调解是人民法院审理离婚案件的必经程序。离婚是一个完整家庭的破裂，涉及的不仅是财产，还有孩子问题的处理，调解的目的在于防止当事人草率离婚，以及在双方当事人不能和解时，有助于平和、妥善地处理离婚所涉及的方方面面的问题。

在人民法院审理离婚案件时，应当先进行调解，但不能久调不决。如果在调解中发现感情确已破裂，调解无效的，应当准予离婚。

（2）调解的内容

离婚调解，指以协助当事人正确处理离婚纠纷为宗旨而进行的调解，就调解的内容而言，可分为调和和调离。在实务中，一般都以调和为侧重点，调解应当遵循自愿、合法的原则，不得强迫当事人接受调解。调解既可以在庭前进行也可以在庭审中进行。

在进行调解时，调解员或审判人员必须根据查明的事实，依法对双方进行说服教育工作，宣传法律、政策和社会主义伦理道德，对有过错的一方进行批评，对无过错的一方进行疏导。

调解开始后，应首先做好调和工作。感情尚未破裂，但双方不能达成调解协议的，应及时判决不准离婚。双方感情确已破裂，没有和好可能的，则应做好调解离婚的工作；当事人不能达成调解协议的，应及时判决准予离婚。

调解是审理离婚案件的必经程序，并不是指当事人非接受调解不可。对离婚当事人进行调解，也必须坚持自愿和合法的原则。一方面，必须由双方当事人自愿接受调解，而不能强迫当事人接受调解；另一方面，所达成的协议内容必须是经说服教育并由当事人民主协商的结果。

（3）调解可能产生的三种情况

双方互谅互让，重归于好。人民法院将调解和好协议的内容记入笔录，由双方当事人、审判人员、书记员签名或者盖章，协议的法律效力至此产生。

双方达成全面的离婚协议，包括双方同意离婚，妥善安排子女今后的生活、合理分割财产等。人民法院应当按照协议的内容制作调解书。调解书应写明诉讼请求、案件的事实和调解结果，并由审判人员、书记员署名，加盖人民法院印章。调解书经双方当事人签收后即具有法律效力。

调解无效，包括双方就是否离婚或者子女抚养、财产分割等方面达不成协议，在这种情况下，离婚诉讼程序继续进行。

227. 接到调解人员电话怎么办？

接到调解人员电话后，要注意核实调解人员身份。

首先，调解人员在打通电话后，会主动陈述拟调解案件的具体信息，包括受理法院信息、调解员个人信息及离婚案件双方当事人的基本情况和信息等。接到电话后，可以先把调解员所述的资料记录下来，打电话到相关法院了解具体信息后再作回复。

其次，了解清楚情况后，可以选择接受调解或不接受调解。如果接受调解，则可以向调解员陈述具体的调解内容，包括但不限于是否离婚、孩子抚养权及抚养费、财产分割意见等，也可以根据对方向调解员提出的条件作出回应。

需要注意的是，调解员在任何情况下都不会要求任何一方当事人向其缴纳费用，不可能也绝不可以帮当事人代管财产、代办财产转移手续等。

228. 离婚案件中，本人必须出庭吗？

《民事诉讼法》第六十五条规定："离婚案件有诉讼代理人的，本人除不能表达意思的以外，仍应出庭；确因特殊情况无法出庭的，必须向人民法院提交书面意见。"

由于离婚案件的特殊性，法律规定当事人本人必须亲自到庭。作为原告不亲自出庭的，法院可以按撤诉处理。被告不出庭的，法院可作出缺席判决。即使因故无法出庭，本人或代理律师应书面提交意见和附相应的证据。根据我们的经验，法官接到材料后，也不会轻易允许不出庭，可能会询问何时能出庭或采用网络开庭的方式解决。

229. 离婚诉讼可以缺席判决吗?

离婚案件以当事人亲自出庭为原则，但也存在缺席判决的可能性。离婚诉讼是涉及双方当事人身份关系的纠纷，如果一方当事人不到庭应诉，对于人民法院正确审查双方的感情是否确已破裂以及家庭财产的具体状况等会增加一定的难度。所以，《民事诉讼法》第六十五条规定：“离婚案件有诉讼代理人的，本人除不能表达意思的以外，仍应出庭；确因特殊情况无法出庭的，必须向人民法院提交书面意见。”这一条规定，一直被认为是立法要求离婚当事人亲自到庭的特殊规定。

当然，如果一方当事人有特殊情况，确实无法亲自出庭的，各地法院也有一些变通的做法，例如，《广东法院审理离婚案件程序指引》中规定：当事人或者法定代理人有下列情形之一的，可以要求本人通过书面、视听传输技术、视听资料等方式陈述意见，人民法院在查清事实的基础上，依法作出判决：(1) 因健康原因不能到庭的；(2) 因路途遥远，交通不便不能到庭的；(3) 因自然灾害等不可抗力不能到庭的；(4) 因遭受严重家庭暴力，不适宜到庭表达意见的；(5) 因其他正当理由不能到庭的。

但是，如果被告或者其法定代理人本人经传票传唤无正当理由拒不到庭的，法院仍可以依据《民事诉讼法》规定，进行缺席判决。当事人或者法定代理人本人无正当理由拒不到庭，但出于维护未成年子女利益或者公序良俗等需要，确实不适宜按撤诉处理或者缺席判决的，法院还可以依据《民事诉讼法》的规定，对当事人或者法定代理人进行拘传。

230. 离婚案件一定要聘请律师代理吗?

(1) 离婚诉讼是否需要请律师由当事人自行决定

根据《民事诉讼法》第六十一条的规定，当事人、法定代理人可以委托一至二人作为诉讼代理人。下列人员可以被委托为诉讼代理人：律师、基层法律服务工作者；当事人的近亲属或者工作人员；当事人所在社区、单位以及有关社会团体推荐的公民。

因此，离婚诉讼是否需要聘请律师，由当事人根据自身情况决定。

(2) 律师在离婚案件中的作用

对于一些家庭关系、财产关系比较简单的离婚案件，如夫妻双方没有孩子，或者没有太多共同财产，或者夫妻共同财产认定比较清晰等，这类案件不一定需要聘请律师代理，可以选择找律师协助指导或起草法律文书。但是，对于以下的案件，则建议找律师代理。

第一，复杂的离婚案件。例如，如果双方都争夺孩子的抚养权，该如何证明自己抚养孩子对孩子成长更有利，如何说服法官做出有利于自己的判决；离婚诉讼开始前，发现对方有转移或隐匿夫妻共同财产的行为，但不知道如何收集证据或利用有效的证据去证明；全职的家庭主妇，对丈夫的收入并不知情，这种情况下如何保障不知情一方的权益。夫妻共同财产涉及面非常广，不仅有传统上的存折、现金、房产等，还有股票、基金、保险、信托产品、公司股份等，该如何证明这些财产是共同财产还是某一方的个人财产；离婚房产若涉及贷款或父母出资等问题，这方面的纠纷更是复杂难解，非专业人士一般很难厘清。

实际上，婚姻家事案件与其他案件最大的区别在于，很多问题并非像欠债还钱一样非黑即白，当中所涉及的千丝万缕的情感问题、道德问题、伦理问题等都有可能影响到最终判决的结果。因此，在离婚诉讼中，如果您想获取一个对自己好的结果，需要做大量的诉前准备工作。这些工作有些是看得见的，有些是看不见但却实实在在存在着的，比如证据收集和整理，针对对方的主张进行法律分析，准备完备的应对之策，等等。在这个时候，请律师的作用，就凸显出来了，如何理性地澄清自己的清白，如何围绕对方的主张或对方有意收集的证据，合法地争取自己应有的权利，律师可以帮当事人最大限度保护其合法权益。

第二，实务上争议比较大的案件。有些离婚案件，虽然案情简单，但双方争议的问题在法律上仍是空白，没有具体的法律规定，甚至某一类型的离婚案件在各地法院的判决结果都不一样。例如夫妻二人结婚后购置房产，后因为孩子读书需购买“学区房”，又没有购房名额，则商量好假离婚，两套房产全部归一人名下，而这两套房产的房产证均于复婚后取得，均写二人共同共有。若干年后，夫妻二人感情破裂，真的面临离婚，“假离婚”时获得财产的一方主张两套房产为婚前财产，另一方则认为这并非当时二人真实意思表示。对此类情况的财产如何认定？如何分割？法律并没有明确规定，各地的裁判案例也各不相同，对于这一类案件的处理，就有必要请专业的律师代理了。

231. 当事人因疫情等客观原因无法出庭怎么办？

如当事人因疫情无法到庭出庭的，各地法院都会做出一定的告知，准予延期或另行安排时间，各诉讼参与人应注意各地法院有关通告。

除各地法院主动通告解决方案外，根据《民事诉讼法》第八十六条的规定，当事人因不可抗拒的事由或者其他正当理由耽误期限的，在障碍消除后的十日内，可以申请顺延期限，是否准许，由人民法院决定。因此，如疫情导致诉讼参与人不能按期履行诉讼权利或义务的，诉讼参与人可向人民法院申请顺延期限，但需注意最迟应当在因疫情导致的障碍消除后十日内向人民法院申请。

建议最好在因疫情导致不能按期履行诉讼义务时及时申请延期，以免影响相关诉讼权利及义务。

232. 离婚诉讼中，一方拒绝出庭，是否会被认为夫妻感情破裂判决离婚？

（1）离婚案件中，如无法律所规定的特殊情况，双方当事人必须到庭

离婚诉讼是涉及双方当事人身份关系的纠纷，如果一方当事人不到庭应诉，对于人民法院正确审查双方的感情是否确已破裂以及家庭财产的具体状况等会增加一定的难度。所以，《民事诉讼法》第六十五条规定：“离婚案件有诉讼代理人的，本人除不能表达意思的以外，仍应出庭；确因特殊情况无法出庭的，必须向人民法院提交书面意见。”这一条规定，一直被认为是立法要求离婚当事人亲自到庭的特殊规定。

（2）不能仅因一方当事人拒绝出庭，就认为夫妻感情破裂

人民法院审理离婚案件，准予或不准离婚应以夫妻感情是否确已破裂作为区分的界限。判断夫妻感情是否确已破裂，并非从当事人是否到庭为标准，而是从婚姻基础、婚后感情、离婚原因、夫妻关系的现状和有无和好的可能等方面综合分析。

根据我国法律规定，在离婚案件中，如何才算是“夫妻感情确已破裂”呢？

《民法典》第一千零七十九条规定：“夫妻一方要求离婚的，可以由有关组织进行调解或者直接向人民法院提起离婚诉讼。人民法院审理离婚案件，应当进行调解；如果感情确已破裂，调解无效的，应当准予离婚。有下列情形之一，调解无效的，应当准予离婚：（一）重婚或者与他人同居；（二）实施家庭暴力或者虐待、遗弃家庭成员；（三）有赌博、吸毒等恶习屡教不改；（四）因感情不和分居满二年；（五）其他导致夫妻感情破裂的情形。一方被宣告失踪，另一方提起离婚诉讼的，应当准予离婚。经人民法院判决不准离婚后，双方又分居满一年，一方再次提起离婚诉讼的，应当准予离婚。”

根据上述规定，法院对待离婚诉讼的裁判依据来说，唯一的标准是“夫妻感情是否确已破裂”。其中，重婚或者与他人同居；实施家庭暴力或者虐待、遗弃家庭成员；有赌博、吸毒等恶习屡教不改；因感情不和分居满二年这四种情形可以理解为国家对“夫妻感情破裂”情形的认定标准。

（3）无正当理由拒绝出庭，可能面临缺席判决或者拘传的后果

如果被告或者其法定代理人本人经传票传唤无正当理由拒不到庭的，法院仍可

以缺席判决。当事人或者法定代理人本人无正当理由拒不到庭，但若出于维护未成年子女利益或者公序良俗等需要，确实不适宜按撤诉处理或者缺席判决的，法院还可以对当事人或者法定代理人进行拘传。

233. 离婚案件开庭时，害怕对方伤害的，有保护措施吗？

（1）当事人在遭受家庭暴力威胁时，无论是否在诉讼期间，均可向人民法院申请人身安全保护令

根据《反家庭暴力法》第二十三条的规定，当事人因遭受家庭暴力或者面临家庭暴力的现实危险，向人民法院申请人身安全保护令的，人民法院应当受理。

根据《民事诉讼法》第一百零三条第一款的规定，人民法院对于可能因当事人一方的行为或者其他原因，造成当事人财产损害以外的其他损害的案件，根据对方当事人的申请，可以裁定责令其作出一定行为或者禁止其作出一定行为。

（2）开庭时对双方当事人的人身保护

如果一方当事人有明显暴力倾向的，另一方当事人可在开庭前与法官沟通，提请法官在开庭时做好劝解及防护工作。目前各级法院均设有严格的安检系统，具有伤害性的器具无法带进法庭；各级法院亦配有法警等治安防护队伍。

开庭时，注意控制情绪，注意言语表达，遵守法庭纪律，听从审判人员安排，切忌用人身攻击等方式挑衅对方当事人。

234. 离婚案件，可以要求不公开审理吗？

我国《民事诉讼法》第一百三十七条规定："人民法院审理民事案件，除涉及国家秘密、个人隐私或者法律另有规定的以外，应当公开进行。离婚案件，涉及商业秘密的案件，当事人申请不公开审理的，可以不公开审理。"由此可见，对于离婚案件，当事人可以向法院申请不公开审理。

通常离婚案件在开庭前，法官会询问双方当事人是否公开审理，只要有一方申请不公开审理，则该案件不公开审理。

235. 法院判决不准予离婚后，原被告分别多长时间可以再起诉？

（1）关于离婚起诉的期限

《民事诉讼法》第一百二十七条第七项规定："判决不准离婚和调解和好的离婚案件，判决、调解维持收养关系的案件，没有新情况、新理由，原告在六个月内又起诉的，不予受理。"《民事诉讼法司法解释》第二百一十四条规定："原告撤诉

或者人民法院按撤诉处理后，原告以同一诉讼请求再次起诉的，人民法院应予受理。原告撤诉或者按撤诉处理的离婚案件，没有新情况、新理由，六个月内又起诉的，比照民事诉讼法第一百二十七条第七项的规定不予受理。”从以上两条法律规定可以看出，对于原告撤诉或者按撤诉处理的离婚案件，以及判决不准离婚和调解和好的离婚案件，在没有新情况、新理由的情况下，原告在六个月内又起诉的，法院将不予受理。

但如果在六个月内出现新的情况、新的理由，或者被告提出离婚请求的，则不受该六个月期限的限制，法院应当受理，比如一方使用暴力导致对方随时有受到严重伤害的可能。

另外，关于离婚有时间限制的法律规定还有《民法典》第一千零八十二条，女方在怀孕期间、分娩后一年内或者终止妊娠后六个月内，男方不得提出离婚；但是，女方提出离婚或者人民法院认为确有必要受理男方离婚请求的除外。

（2）再次起诉离婚法院是否会判离

根据《民法典》规定，经人民法院判决不准离婚后，双方又分居满一年，一方再次提起离婚诉讼的，应当准予离婚。但如果法院判决不准离婚后，双方未分居或者分居未满一年，一方再次起诉离婚的，虽法院判决准予离婚的概率较大，但是准予离婚的根本依据仍然是“夫妻感情确已破裂”，如果现有证据仍然无法证明夫妻双方感情确已破裂，法院还是有可能判不准予离婚的。

236. 第一次起诉离婚被驳回，该上诉还是等六个月后再起诉？

如果从达到目的所需时间和经济成本的角度考量，我们建议六个月后再起诉。主要考量因素如下：

司法实践中，第一次起诉离婚被驳回，通常是不存在法定离婚事由，也没有明确证据证明夫妻感情确已破裂，因此，法院本着维护婚姻家庭稳定的原则，一般判决不准离婚。此种情形下如果提起上诉，二审维持一审判决的可能性非常大。

而在一审判决生效后六个月再起诉，即使相比第一次起诉没有新的证据，也无法定离婚事由，但法官通常会认为再次起诉这种行为已表明当事人要求离婚的态度坚决，如经法院调解，仍坚持要求离婚，通常表明夫妻感情已经无可挽回，法院一般认定夫妻感情确已破裂，通常情形下会判决准予离婚。

正是在此司法经验的基础上，《民法典》第一千零七十九条增加了新的规定：“经人民法院判决不准离婚后，双方又分居满一年，一方再次提起离婚诉讼的，应当准予离婚。”因此，六个月后再次提起离婚诉讼，只要满足分居满一年的，应当判决准予离婚。

综上，我们对第一次起诉离婚被驳回后上诉和六个月后再起诉两种方案进行比较不难发现：

如果上诉被驳回，则实际上增加的上诉程序不仅没达到目的，反而拖延了再次起诉的时间。因为六个月的“禁诉期”时间计算是从判决生效之日起计算。如果没有上诉，从一审判决生效之日起计算；如果有上诉，则从二审判决生效之日起计算。因此，上诉方案相比一审判决生效后六个月再起诉，实质上是拖延了再次提起离婚诉讼的时间。同时，上诉程序必然导致律师费用和诉讼费用的支出。

即使上诉后，法院认为感情确实彻底破裂无法挽回，也很难直接改判。因为一审判决没有处理财产和子女抚养等问题，很可能要发回重审。因此，从耗时上考虑，上诉不是一个理智的选择。

但有一些特殊情况，即使二审不能改判支持离婚诉求，我们也需要考虑上诉。比如一审中当事人主张对方存在家暴、与第三者同居、出轨等过错，且证据比较充分。但一审法院认为证据不足，存在事实认定错误或者法律适用错误。此时，我们可能会建议当事人要考虑上诉。因为如果不上诉的话，下次起诉离婚时，没有强力的新证据，法院会沿用原来的事实，也不再可能认定对方有过错。

237. 第二次起诉离婚和第一次有什么不同吗？

在法律程序上，两者并没有本质的区别。但在实务操作中，会有技巧性的变化。

首先，众所周知，第一次起诉离婚，没有法定离婚事由时，法院一般不准予离婚。那么，在起诉的时候，原告可能就不再要求分割复杂的财产或干脆不要求分割财产。如此一来，法院也会尽量适用简易程序，周期更短一些。当事人可以更快地提起第二次离婚诉讼。

其次，一般没有法定离婚事由的案件，第一次起诉时要做好判决不准予离婚的心理准备。法院在审理过程中发现没有证据证明有法定离婚事由的，一般不着手审理财产等复杂问题，对于财产方面的调查取证也会弱化甚至不出具律师调查令。当然，也有些法官喜欢在第一次离婚诉讼时就把各项事宜调查得十分清楚。

238. 第二次起诉离婚，要做更多的准备吗？

第二次起诉离婚，要做好法院准予离婚的心理准备，当作一次“真枪实弹”的官司来打，而不能像第一次起诉离婚那样走过场。

（1）把“感情彻底破裂”的证据做扎实。

虽说第二次起诉离婚，法院准予离婚的概率较大。但当事人依然要提防意外事件。

首先，在第一次不准予离婚后，甚至在第一次起诉离婚时，当事人在有条件的情况下，就应该分居。因为，从第一次起诉离婚到第二次起诉离婚，当事人已经差不多分居满一年了。等到法院最后一次开庭审理时，当事人往往已经分居满一年。这是《民法典》第一千零七十九条第三款规定的法定离婚事由。

其次，分居期间与对方聊天尽量不要表现出感情有修复的可能，更不要一起出游、同住。

（2）收集好争取抚养权、抚养费方面的证据。比如孩子的年龄、长期跟随自己生活，由自己抚养的证据，父母愿意协助抚养等的承诺；孩子每个月的实际支出，对方的工资收入和其他收入的举证等。

（3）收集整理好双方所有的财产，制作财产清单。如不动产所有权证、车辆所有权证、银行流水、保险单、股票账户等，如果不清楚对方的财产，还需要找到财产线索，向法院申请调查取证。

（4）希望主张家务劳动补偿或精神损害赔偿等的，也需要提供对方存在过错以及相应的证据证明。

（5）认真选择专业律师介入。第二次起诉一般都会处理实质性问题——夫妻感情是否破裂、抚养权、抚养费以及夫妻共同财产的分割、精神损害赔偿、家务劳动补偿等。举证、法律适用和谈判较为复杂，依赖律师在实务中摸索总结的经验。所以，为让合法权益得到最大的保障，委托律师代理是必要的。

239. 一审判决离婚后，当事人只就财产、子女等事宜上诉，双方还具有夫妻关系吗？

一审判决离婚后，即使一方或双方只就财产、子女等事宜上诉，双方的夫妻关系并没有解除，仍然存续，只有在二审法律文书生效后夫妻关系才解除。《民法典》第一千零八十条规定：“完成离婚登记，或者离婚判决书、调解书生效，即解除婚姻关系。”所以一审判决离婚，一方或双方虽只对财产、子女等事宜上诉，但仍然意味着一审判决所有判项都并未生效。只有在二审判决生效后，双方夫妻关系才解除。

240. 不服一审判决，该如何上诉？

（1）注意上诉提起的时间。当事人应当在收到一审判决之日起 15 天内上诉。如果当事人在国内没有住处，则在收到一审判决之日起 30 天内提出。起算的时间是从收到判决的次日起计算的。比如，3 月 1 日收到判决，就从 3 月 2 日开始算时间。最后一天遇到节假日，则往后顺延。

（2）需要寻找专业婚姻律师帮助，分析上诉的可行性方案。在专业律师认为确有必要上诉的同时准备上诉材料。上诉状应包括如下内容：双方名称、原审人民法院名称、案件编号和案由。最重要的是上诉的请求和理由，即一审判决哪些事实错误和哪些适用法律错误，以及有无新的证据提交。这是当事人上诉的请求能否得到支持的关键。

（3）当事人可以向一审法院递交上诉材料，也可以向一审法院的上级人民法院递交。我们建议联系一审法院的经办法官或书记员递交上诉状，领取接受上诉材料的回执或缴费通知。

（4）向法院提交上诉状后，应在法院通知受理之日起 7 天内缴纳诉讼费。如果不及时缴纳诉讼费，则视为撤诉。缴纳诉讼费用有银行缴纳和扫码支付两种方式。无论是以银行缴纳还是扫码支付的方式缴纳诉讼费用，都建议妥善保存有效的缴费凭证。

241. 上诉后发现遗漏请求，法院还会处理吗？

在离婚案件中，由于当事人或代理人的疏忽，忘了提出某个诉讼请求，比如家务补偿。等到法院判决后，当事人上诉时才发现。此时，当事人能否在上诉的同时，提出这项诉求呢？

根据法律规定，二审人民法院可以征求双方当事人的意见，如果双方都同意调解的，法院可以对新增加的诉讼请求组织进行调解；调解不成的，告知当事人另行起诉。如果双方当事人同意由第二审人民法院一并审理的，第二审人民法院可以一并裁判。

242. 二审期间，原告不想离婚了，该如何处理？

二审期间，原告不想离婚了，可以向法院申请撤回起诉。原告申请撤回起诉，需要经对方同意，法院一般会准许。二审法院准许撤诉的，应当一并裁定撤销一审裁判。

大家需要注意的是，原告需要申请撤诉，而不是撤回上诉。撤回上诉即撤回上诉申请，原一审判决书即为生效判决，婚姻关系依然会被解除。

243. 离婚判决在什么时候生效？

离婚诉讼处于一审还是二审程序中，判决生效时间不同。

（1）一审判决的生效

双方当事人收到一审判决之日起 15 天内均不上诉的，判决书发生法律效力。如有任何一方在国内没有住所，则在收到判决之日起 30 天内不上诉的，判决书发生法律效力。

（2）二审判决的生效

由于二审判决，有些是当庭宣判，有些是择日开庭宣判，有些是邮寄送达或公告送达。《民事诉讼法》并没有明确规定二审判决生效时间。以广东省为例，二审判决是在双方当事人全部收到判决后生效。①

244. 调解离婚的，调解书在什么时候生效？

调解离婚的，双方可以在调解书中约定双方在调解书上签名或盖指印即生效。如果双方不做约定，则以法定的双方签收调解书的时间作为生效时间。

（1）建议双方在调解时约定双方在调解书上签名或盖指印即为调解生效。

因为离婚诉讼涉及夫妻感情、孩子抚养、财产分割甚至双方父母的恩怨，纷繁复杂，当事人容易冲动感情用事。在法官或第三方的调解下决定签调解书，但回到家与对方产生新的矛盾或者经与自己的亲戚朋友和亲人交流后，又可能会后悔，不愿调解，导致事情反复，调解无效。

（2）如果双方未明确约定离婚调解书的生效时间，则根据法律规定自双方当事人签收之日起生效，以最后一方签收之日为准。

《民事诉讼法》第一百条规定："调解达成协议，人民法院应当制作调解书。调解书应当写明诉讼请求、案件的事实和调解结果。调解书由审判人员、书记员署名，加盖人民法院印章，送达双方当事人。调解书经双方当事人签收后，即具有法律效力。"

所以，调解离婚的，根据法律规定自双方当事人签收之日起生效，以最后一方签收之日为准。建议在调解书中约定双方在调解书上签名或盖指印即生效。

---

① 广东省高级人民法院《关于出具裁判文书生效证明的暂行规定》第四条：确认裁判文书生效必须具备以下条件：（一）一审裁判的，法律文书全部送达，且上诉期限、抗诉期限已届满，没有上诉或抗诉的情形；（二）二审裁判的，法律文书全部送达。

245. 离婚案件审理期间，遇到债权人起诉夫妻双方，会中止审理吗？

在司法实践中，法院一般不会中止审理。因为离婚案件处理的主要是家事纠纷，虽然也涉及孩子的抚养权、夫妻共同财产分割和债权债务等，但最主要和最首要的还是处理夫妻之间的婚姻关系。家庭因为夫妻感情缔结婚姻关系，继而才有孩子，才会创造财产，才有债权债务。现在家庭存在的基础出现问题，夫妻感情已经破裂，当事人各方都处在痛苦中，希望通过离婚诉讼来解脱痛苦，恢复正常的生活状态。如果因为债务纠纷而中止审理，势必拖延离婚诉讼，使当事人的婚姻和家庭状态以及孩子的抚养、财产的归属等都处于一种不稳定的状态，不利于家庭矛盾的解决，甚至有可能增加新的矛盾。

而且对于此种债务，大部分可能只是一方签名和实施，在离婚诉讼中，双方矛盾已经激化甚至对立，通常另一方不会予以确认。这将大大拉长债务审理的时间，增加确认的难度。同时，实践中也遇到一些案件当事人为争夺更多的财产，而故意与第三人串通恶意制造债务。因此，离婚案件中的夫妻债务是错综复杂的，而法院在离婚案件中处理分割该债务，一定是以该债务可以确认为夫妻共同债务为前提，是夫妻之间内部责任的承担和划分。基于以上原因，法院对于双方不能达成共识的债务可以不予处理，而要求双方离婚后另行处理。

246. 离婚案件审理期间，一方当事人死亡，该如何处理？

离婚案件审理期间，如果一方当事人死亡，一般有两种处理方式：

第一，另一方可以向法院申请撤诉。因为起诉离婚的目的是解除婚姻关系，现在因为一方当事人的死亡，婚姻关系实际上已经终结，已经没有继续审理的必要。

第二，如果另一方不申请撤诉，法院会据《民事诉讼法》第一百五十四条规定[①]裁定终结案件，不再继续审理。

247. 当事人在怀孕期、哺乳期可以提起离婚吗？

《民法典》第一千零八十二条规定："女方在怀孕期间、分娩后一年内或者终止妊娠后六个月内，男方不得提出离婚；但是，女方提出离婚或者人民法院认为确有必要受理男方离婚请求的除外。"

---

① 《民事诉讼法》第一百五十四条规定：有下列情形之一的，终结诉讼：（一）原告死亡，没有继承人，或者继承人放弃诉讼权利的；（二）被告死亡，没有遗产，也没有应当承担义务的人的；（三）离婚案件一方当事人死亡的；（四）追索赡养费、扶养费、抚养费以及解除收养关系案件的一方当事人死亡的。

从男方的角度来说，只要女方在怀孕期间、分娩后一年内或终止妊娠后六个月内，男方原则不得提出离婚。从女方的角度来说，只要女方想提出离婚，均可以起诉，不受此条限制。

248. 妻子未经丈夫同意终止妊娠，丈夫可以提起离婚吗？

生育决定权是女性独有的权利，生育子女并不需要男女双方的合意，由女方单独决定即可。如果强调男方生育权的实现必定是以女方的人身自由和生命健康为代价，将女性工具化，明显与女性保护和自由的主旨不符。所以，生育决定权是女性独有的权利，女方未经丈夫同意终止妊娠，既不构成侵权，也不属于过错。

因此，《民法典婚姻家庭编的解释（一）》第二十三条规定丈夫不得以此请求赔偿。① 如果丈夫认为因此感情破裂的，可以在妻子终止妊娠 6 个月后起诉离婚。至于法院是否准予离婚，则视情况而定。

249. 离婚判决生效后，对判决不服，还有申诉的机会吗？

（1）不得对准予离婚的事项申请再审

《民事诉讼法》第二百零九条规定："当事人对已经发生法律效力的解除婚姻关系的判决、调解书，不得申请再审。"因为婚姻关系涉及夫妻之间的身份关系，在婚姻关系解除后，双方都有可能重新缔结了新的婚姻关系，不可能再重新恢复原有的婚姻关系。所以，从身份关系和社会的公序良俗等方面来说，已经解除婚姻关系的判决、调解书，已无再审的必要性。如果双方未重新缔结新的婚姻关系，也完全可以根据法律复婚，重新缔结新的婚姻关系，没有再审恢复婚姻关系的必要。

（2）可以针对抚养权、抚养费及财产问题申请再审

《民事诉讼法司法解释》第三百八十条规定："当事人就离婚案件中的财产分割问题申请再审，如涉及判决中已分割的财产，人民法院应当依照民事诉讼法第二百零七条的规定进行审查，符合再审条件的，应当裁定再审；如涉及判决中未作处理的夫妻共同财产，应当告知当事人另行起诉。"

所以，对于离婚生效判决中的财产分割部分不服可以申诉，但是对于离婚判决中未处理的夫妻共同财产部分不可以申诉，只能另行提起离婚后夫妻共同财产分割

---

① 《民法典婚姻家庭编的解释（一）》第二十三条：夫以妻擅自中止妊娠侵犯其生育权为由请求损害赔偿的，人民法院不予支持；夫妻双方因是否生育发生纠纷，致使感情确已破裂，一方请求离婚的，人民法院经调解无效，应依照民法典第一千零七十九条第三款第五项的规定处理。

之诉。同理，法律并没有禁止就抚养权、抚养费及探视等问题，当事人根据普遍适用的再审规定，当然也可以申请再审。

最后，需要注意的是，我国实施二审终审制。虽然当事人可以申请再审，法院也会依法受理，但并不一定裁定再审，也可能驳回再审申请。

250. 离婚案件的申诉途径有哪几种？

一般而言，当事人对离婚判决中的财产分割、子女抚养问题不服，有四种途径申诉：

第一，当事人申请再审。当事人可以在判决生效之日起半年内向原审人民法院或上一级人民法院申请再审。

第二，法院可以主动再审。根据《民事诉讼法》第二百零五条规定，各级人民法院院长对本院已经发生法律效力的判决、裁定、调解书，发现确有错误，认为需要再审的，应当提交审判委员会讨论决定。

最高人民法院对地方各级人民法院已经发生法律效力的判决、裁定、调解书，上级人民法院对下级人民法院已经发生法律效力的判决、裁定、调解书，发现确有错误的，有权提审或者指令下级人民法院再审。

当事人错过半年的再审申请期，而判决又有明显错误或严重违反程序的，可以向有关法院院长写信及附相关材料反映情况。

第三，当事人的再审申请被法院驳回的，可以向检察院申请检察建议或者抗诉。

《民事诉讼法》第二百一十六条规定："有下列情形之一的，当事人可以向人民检察院申请检察建议或者抗诉：（一）人民法院驳回再审申请的；（二）人民法院逾期未对再审申请作出裁定的；（三）再审判决、裁定有明显错误的。人民检察院对当事人的申请应当在三个月内进行审查，作出提出或者不予提出检察建议或者抗诉的决定。当事人不得再次向人民检察院申请检察建议或者抗诉。"

第四，检察院可以主动提出检察建议或抗诉。

根据《民事诉讼法》第二百一十五条规定，最高人民检察院对各级人民法院已经发生法律效力的判决、裁定，上级人民检察院对下级人民法院已经发生法律效力的判决、裁定，发现有《民事诉讼法》第二百零七条规定情形之一的，或者发现调解书损害国家利益、社会公共利益的，应当提出抗诉。

地方各级人民检察院对同级人民法院已经发生法律效力的判决、裁定，发现有《民事诉讼法》第二百零七条规定情形之一的，或者发现调解书损害国家利益、社会公共利益的，可以向同级人民法院提出检察建议，并报上级人民检察院备案；也可以提请上级人民检察院向同级人民法院提出抗诉。

各级人民检察院对审判监督程序以外的其他审判程序中审判人员的违法行为，有权向同级人民法院提出检察建议。

三、夫妻感情破裂的认定

251. 哪些情形属于法定的离婚理由?

我国从 1980 年的《婚姻法》开始，“感情彻底破裂”便是判断一段婚姻已经没有挽回可能的依据，也是法院判决准予离婚的基本标准。所谓法定的离婚理由，通常指的是立法者结合了我国多年来日常生活以及司法实践的经验，总结了几种可以推定为一对夫妻的感情确实已经破裂的具体情形。

（1）重婚或者与他人同居。

重婚是指有配偶，又与他人办理结婚登记或以夫妻名义共同生活。法律对重婚的认定会比较严格。实务中，经常有客户问，老公和他人在外面生了孩子，算不算重婚？严格上说，在外面生了孩子不等于重婚。因为，既有可能只是发生过性关系，也有可能只是同居，也有可能领取了结婚证。终究还是要证明“办理结婚登记”或“以夫妻名义共同生活”。

与他人同居则是指有配偶者与其他人一段时间持续、稳定地共同生活的状态。两人只是保持恋人或性关系，没有持续、稳定地共同生活在一起，则不属于法律上的同居。

（2）实施家庭暴力或者虐待、遗弃家庭成员。

（3）有赌博、吸毒等恶习屡教不改的。

在实务中，证明的难点是“屡教不改”。年轻人中有的从事网络赌博，充值的赌资往往以商品交易的方式进入商户。单纯以充值流水难以证明赌博。无论是赌博，还是吸毒，一般是以当事人多次承认、书面悔过或公安机关处罚为基础。

（4）因感情不和分居满二年。

共同生活本身就是夫妻生活的重要的部分。夫妻在婚姻中长期没有共同生活，感情往往走下坡路。在现实中，双方可能因为工作、学习而分开居住，但这不是离婚的法定理由。若因此而感情不和，后续又继续分居满两年的，则属于离婚的法定理由。

在生活中，“感情不和而分居”往往以“吵架闹离婚”“协商离婚”“家暴后分居”为标志。一般而言，在分居过程中，双方会留下感情不和的证据。一方认为只是工作分居，另一方认为“工作分居只是一方面，另一方面还有感情不和”。在诉讼中，后者要负证明义务。

（5）如果一方已经被法院宣告失踪的，另一方直接起诉要求离婚，法院应当判决准予离婚。

（6）经人民法院判决不准离婚后，双方又分居满一年，一方再次提起离婚诉讼的，应当准予离婚。这是《民法典》新增的法定离婚理由。虽然在实务中，一方坚持再次起诉，法院一般准予离婚。但是，实务中仍然存在一些变数，使得有些当事人三番五次起诉离婚都无法成功。为了避免这样的小概率事件，当事人起诉离婚被驳回后，可采取分居策略。由于存在半年的“禁诉期”，等到当事人再次起诉离婚时，可能已经分居七八个月了。再次起诉时，经过诉前调解、立案、送达、举证答辩期、排期开庭、开庭、鉴定等，很容易就满足分居一年的条件。因此，当事人、律师应当充分注重该规则的运用。

252. 起诉离婚必须分居满两年吗？

“因感情不和分居两年”只是离婚的法定理由。也就是说，存在此事由时，一方起诉离婚，另一方不同意离婚，法院经调解无效，应当判决准予离婚。然而，当事人“没有分居两年”，也可以起诉离婚。只是，当对方不同意离婚时，法院就要看有没有法定的离婚理由。

253. 分居两年，指的是不间断地持续分居两年吗？

因感情不和分居满二年是法定的调解无效后可以判决准予离婚的情形之一。在实务中，有些当事人以为是最容易达到的离婚条件，并据此起诉离婚。事实上，因感情不和分居满二年也是不容易证明的情形。

原因在于，当事人需要证明双方的分居状态一直持续不断，在法院作出判决前已满两年。这两年来，没有人会持续监控夫妻的居住状态。妻子和孩子住在房子A，丈夫住在房子B。其间，丈夫也可能经常去探望孩子，还有可能在房子A里吃饭。因此，我们一般会建议当事人注意在日常聊天中，就应体现出分居的状态。有条件的当事人，可以请住家保姆。住家保姆是非常重要的证人。没有条件的当事人，可以和邻居经常走动，邀请友好的邻居来家里聚会。条件较差的当事人，还可以和朋友合租房屋。

254. 同屋不同床，算不算分居？

夫妻感情不和，在同一套房屋里，大家分房、分床睡也是常见的。当事人往往也会认为这是分居。

然而，在实务中所要求的分居，往往是一方搬出共同住所。从证据的角度上说，双方每天都在同一套房屋里生活，只是睡觉地方分开了。但大家仍然会使用房屋的共同区域，难免有生活交集的地方。当双方各执一词时，法院很难认定双方有持续分居的行为。

255. 外出打工分居两年，符合离婚的法定条件吗？

外出打工形成分居，可能是感情破裂诱因，但不是法定的离婚理由。有些夫妻虽然分居工作，但感情也保持得很好，每天都有交流沟通，每个长假都回老家看望对方和孩子。因工作、学习而形成的分居，并不代表双方感情破裂。只有因为感情不和形成的分居，才是离婚的法定理由。

256. 第二次起诉离婚，必须分居满一年吗？

《民法典》第一千零七十九条第五款规定："经人民法院判决不准离婚后，双方又分居满一年，一方再次提起离婚诉讼的，应当准予离婚。"《民法典》新增这一条款后，民间有一种说法，第二次起诉离婚必须分居满一年，否则法院会不准予离婚。

我们认为，这种说法是错误的。因为《民法典》第一千零七十九条规定的是法院应当准予离婚的六种情形，如重婚、同居、家暴、虐待、赌博吸毒恶习、因感情不和分居满两年等。

第二次起诉离婚至法院判决期间，当事人尚未分居满一年。这只是不符合法院应当准予离婚的条件。正如，在一些二次离婚案件中，既没有重婚同居，也没有家暴虐待，难道法院就会不准予离婚吗？显然不是。在二次起诉离婚的案件中，不符合法定离婚情形的，法官依然具有自由裁量权，综合案件的事实，认定感情是否破裂无法挽回。根据以往的经验，法院准予离婚的概率较大。

257. 第二次起诉离婚所要求的"分居满一年"，从什么时候起算？

一方当事人起诉要求离婚，如果法官经过审理、调查后认为双方的感情尚未达到破裂的程度，这段婚姻还有修复的空间，一般都会判决驳回原告这一方的主张，也即我们通常所讲的判决不准离婚。《民法典》在第一千零七十九条第五款中规定：

“经人民法院判决不准离婚后，双方又分居满一年，一方再次提起离婚诉讼的，应当准予离婚。”如果符合这一条款规定的情形，法院即可推定夫妻的感情已经破裂从而径直判决离婚，也在一定程度上解决了之前现实中常被诟病的久判不离。

因此，根据前述法律规定，人们如果有这种情况的，可以再次向人民法院提起离婚诉讼，并且这一次所提起的离婚请求将得到法院的支持。也就是说，如果第一次提起离婚诉讼后被法院驳回的，夫妻双方又持续分居满一年，是从该判决书生效的第二天开始计算。

258. 一方多次出轨，另一方首次起诉离婚，能否认定感情破裂？

“出轨”是生活中常见的一个词，而每个人对于“出轨”的定义却各不相同，有的人认为思想上不忠就已经是出轨，例如通过网络与其他异性有暧昧交往；有的人认为有一次以上的嫖娼、通奸行为就是出轨；有的人认为跟婚外异性同居是出轨；有的人则认为重婚才算出轨。

一方多次出轨，另一方首次起诉离婚。此时，首先要弄清楚当事人所说的出轨究竟是怎样的行为。该行为究竟是不是重婚、与他人同居？如果是，则属于法定的离婚情形，法院应当准予离婚。

如果不属于重婚、同居，则法官根据《民法典》第一千零七十九条第三款第五项“其他导致夫妻感情破裂的情形”的规定，有较大的自由裁量权。

259. 一方与他人婚外生育子女，另一方首次起诉离婚，能否认定感情破裂？

一方与他人婚外生育子女，并不一定属于重婚、同居的行为。单纯以“婚外生育子女”为由首次起诉离婚，显然缺乏法定的离婚理由。当另一方不同意离婚时，法官具有一定的自由裁量权。

当然，在我们的经验中，在外生育子女一般属于重大过错，法官准予离婚的概率也会高许多。当事人还可以尝试根据《民法典》第一千零九十一条[1]的规定，主张精神损害赔偿。

260. 如何认定重婚？

重婚指的是有配偶者与其他人办理结婚登记，或与其他人以夫妻名义共同生

---

① 《民法典》第一千零九十一条：有下列情形之一，导致离婚的，无过错方有权请求损害赔偿：（一）重婚；（二）与他人同居；（三）实施家庭暴力；（四）虐待、遗弃家庭成员；（五）有其他重大过错。

活。包括：

（1）已有事实婚姻又与他人领取结婚证的；

（2）已有事实婚姻又与其他人以夫妻名义共同生活的；

（3）已办理结婚登记后，又与其他人办理结婚登记的；

（4）已办理结婚登记后，又与其他人以夫妻名义共同生活的。

（1）和（3）两种情形相对好证明，因为自己的婚姻事实相对容易证明，而涉及重婚的配偶与他人办理的是结婚登记。只要调取到配偶的结婚登记信息，就符合重婚的情形了。

（2）和（4）两种情形相对难证明。因为涉及重婚的配偶与他人并没有领取结婚证。要证明其与他人以夫妻名义共同生活，是比较困难的。一方面，当事人要知道他们在哪里生活；另一方面，要他们对外宣称是夫妻，群众也认为是夫妻。

对外宣称是夫妻，既可能是口头的，也有可能是书面的。对外口头宣称为夫妻，那么就要有相应的群众作为证人作证。证人认为他们是夫妻，既可能是猜测的，也有可能是这对“夫妻”曾经说过。最为典型的就是双方在当地举办了婚礼，亲戚、朋友和邻居足以认为是夫妻。对外书面宣传为夫妻，就会形成一些书面文件。比如，在医院填写的资料中，他们自认为夫妻关系；孩子上户口时，他们伪造结婚证、填写为夫妻关系等。

261. 一方有赌博、吸毒的恶习，如何证明“屡教不改”？

有赌博、吸毒恶习屡教不改，是离婚的法定理由，也是婚姻中的重大过错。

在现实生活中，一些家庭确实出现了这类恶习。等到真正要离婚时，当事人手上往往缺乏足够的证据。这就导致法院很难认定“屡教不改”的情节。因为，我们认为，良好的夫妻关系需要日常的维系。当发现配偶赌博、吸毒时，就应该有口头沟通并录音。若对方承认错误的，则应让其写下过往赌博、吸毒的事实和保证。对于吸毒的，还应与家庭成员协力劝服其到戒毒所戒毒。戒毒所形成的资料，本身可以证明其吸毒的次数及屡教不改。

在发现赌博的时候，一般而言对方会承认并愧疚。特别涉及较大赌债时，对方为了让家人帮其还钱，更不会拒绝签署悔过书、借款协议等文件。当其之前已经有过几次赌博，且经过家人教育、劝说，却没有留下任何书面证据。那么，在最后一次沟通、教育时，可以通过书面方式确定此前屡次赌博和屡教不改的事实。

四、离婚诉讼中的子女抚养

262. 收入低的一方是不是很难拿到抚养权？

当人们对婚姻法律越来越重视时，在生活中或网络上，人们经常有一种担忧或认知，没有收入的家庭主妇/主夫、收入低的一方，在离婚的时候是不是很难拿到抚养权。

单纯从法律技术层面讲，未满两周岁的子女原则上跟随母亲生活；满八周岁的子女，应当遵循其意愿。两周岁至八周岁的子女，则应遵循最有利于子女成长的原则。①

可见，未满两周岁和满八周岁的子女，跟随谁生活，跟父母的收入没有法律上的关系。对于两周岁至八周岁之间的子女来说，是不是跟收入高的一方生活，就一定对其成长最有利呢？显然，两者之间也不能直接画等号。

比如，父亲长期在外地打工，孩子一直跟随母亲生活。显然，孩子对母亲的感情依赖更深，母亲对孩子的生活习惯、心理状况、学习辅导更为熟悉。特别是孩子已经上了幼儿园，有了固定的学习环境，有固定的同学、朋友圈。若判决孩子跟父亲生活，孩子要应对全新的生活环境。显然，母亲在抚养权上具有更大的优势。

至于没有收入或收入较低，或许对生活水平有一定影响。然而，这个影响并不是决定性的。收入低的一方，在婚姻中分得的财产或其父母有一定财产，也可以给予孩子更高的生活水平。法院也可判决收入高的一方承担更多或全部的抚养费。

从非法律技术层面讲，无收入或收入较低的一方，争取抚养权时，可能处于比较纠结的状态，担心离婚后生活压力较大，也担心对方不按时给抚养费。同时，也由于其可支配的存款少，也未必能寻找到专业的律师服务。

263. 教育水平也会影响抚养权的归属吗？

夫妻双方不论是否离婚，作为父母对于孩子的教育义务是不会因双方的婚姻关系改变而消失的。父母对于孩子的教育，不单指学业上的指导，还包括了思想、品

---

① 《民法典》第一千零八十四条第三款：离婚后，不满两周岁的子女，以由母亲直接抚养为原则。已满两周岁的子女，父母双方对抚养问题协议不成的，由人民法院根据双方的具体情况，按照最有利于未成年子女的原则判决。子女已满八周岁的，应当尊重其真实意愿。

德以及良好性格的培养等方方面面。家庭是孩子接受世界观、人生观、价值观教育的重要场所，父母作为孩子人生重要的启蒙老师，父母的言行举止、言传身教对于孩子的思想品质、性格养成将起到重要的作用。

父母双方自身受教育水平的高低客观上对于孩子的教育确实会产生一定影响，如果一方拥有较高学历那么对孩子的学习教育以及正确人生观、价值观的树立上有着更积极的作用，在争夺抚养权归属问题上也会占据一定优势。

但是，法院在判决子女抚养权归属问题时，父母的学历教育水平也只是其中一个衡量因素而已，法院仍会综合其他方面进行考虑。对于不满两周岁的子女，有法律明文规定以由母亲直接抚养为原则；子女已满八周岁的，也应当征询并尊重子女的真实意愿。

总之，子女的抚养权并不是离婚诉讼的筹码。获得抚养权的一方，要比另一方对子女付出更多的时间和心血。法院对于子女抚养问题的处理，除了法律规定的情况以外，将根据双方的具体情况，从有利于子女身心健康，生活环境稳定、幼童的心理依赖等，从保障子女的合法权益出发，结合父母的抚养能力和抚养条件等具体情形进行考虑。

264. 一方有犯罪记录会不会影响抚养权归属？

“最有利于未成年子女的成长”是法院解决此类纠纷的基本原则。父母一方有犯罪记录是否对子女成长造成不良影响，是法院重点考虑的因素。

第一，犯罪的一方正在服刑，客观上不能抚养子女。另一方主张抚养权的，法院一般优先准予。

第二，若已服刑完毕，有犯罪记录本身就属于不利的因素。有些犯罪性质就决定其品质恶劣、反社会人格或较高的人身危险性。比如，男方曾经性侵小学生。那么，显然另一方更适合抚养子女。又比如，女方犯颠覆国家政权罪，若子女跟随其生活，显然会受到母亲不良思想的影响。再比如，男方实施了多起诈骗，其人格品质就会对子女造成不良影响。

第三，过失类犯罪，对子女的影响会较小。比如，男方犯交通肇事罪，就未必完全不适合抚养孩子了。

第四，当一方有犯罪记录时，犯罪记录本身会反映其人格、思想品质、行为模式，要具体问题具体分析。必要时，还可能需要申请做鉴定，让专家证人发表专业意见。

第五，犯罪记录在很多时候，一般也会对其职业发展、收入产生负面影响。因犯罪问题而引发的诸多变化，也可能会在案件中拿出来与另一方对比优劣。

第六，当孩子已经满八周岁时，也应当遵循其意见，并充分考虑有犯罪记录的一方是否会对子女成长产生重大不利影响。

265. 一方患有疾病，是否对争取抚养权不利？

《民法典婚姻家庭编的解释（一）》第四十四条规定，对不满两周岁的子女，如果母亲患有久治不愈的传染性疾病或者其他严重疾病，子女不宜与其共同生活的，父亲请求直接抚养的，人民法院应予支持。第四十六条规定：“对已满两周岁的未成年子女，父母均要求直接抚养，一方有下列情形之一的，可予优先考虑：……（四）子女随其生活，对子女成长有利，而另一方患有久治不愈的传染性疾病或者其他严重疾病，或者有其他不利于子女身心健康的情形，不宜与子女共同生活。”

由此可知，患有久治不愈的传染性疾病或其他严重疾病，从而影响子女健康成长的，不适宜直接抚养子女。

在实务中，法院就需要进行判断：

（1）是否久治不愈？

（2）传染性疾病，是否会传染给孩子？这本身需要正规医疗机构出诊断证明，给出相应的结论。

（3）对于其他严重疾病，则要看疾病是否可能会给孩子带来伤害，或引起照顾孩子不便。比如，患有精神类疾病的病人，在发病期间可能会伤害到孩子。又比如，一方瘫痪、双腿残疾无法走路等。

总而言之，一方患有疾病可能会导致客观上、原则上不适宜抚养子女，也有可能只是成为获得抚养权的劣势。因此，在实务中应具体问题具体分析，且应多征询正规医疗机构的意见作为辅助判断。

266. 双方条件差距不大时，法院会优先考虑孩子由谁抚养？

在生活中，双方认为条件差距不大，一般是指年龄、收入、时间精力、学历、父母健在、无致命性缺陷等。

毫无疑问，法院在判断子女宜跟随哪一方生活时，依然要先区分是否未满两周岁、是否满八周岁。前者原则上跟随母亲生活，后者则应遵循子女意愿。同时要考虑是否存在明显的、原则上不适宜直接抚养的情形。

对于两周岁至八周岁之间的子女，在父母双方条件相当时，法院可以从以下方面优先考虑①：

（1）已做绝育手术或者因其他原因丧失生育能力；

（2）子女随其生活时间较长，改变生活环境对子女健康成长明显不利；

（3）无其他子女，而另一方有其他子女；

（4）子女单独随祖父母或外祖父母共同生活多年，且祖父母或外祖父母要求并且有能力帮助子女照顾孙子女或者外孙子女的。

当然，在实务中若双方均存在可优先考虑的情形，比如一方有第一种情形，另一方有第二种情形，孰优孰劣依然需要进行辩论，看究竟子女跟随哪一方生活更有利。

267. 一方独自承担抚养费，是否可以优先拿到抚养权？

司法实践中，法院判决离婚后子女直接抚养归属问题，一定是依据有利于子女身心健康、保护子女的合法权益、儿童利益最大化的原则，在此前提下，再结合双方的抚养能力和抚养条件等具体情况确定。

承担子女各项费用的能力只是考虑因素，但不是唯一因素。一方独自承担抚养费，不一定就能优先拿到抚养权。司法实践中，法院会综合考虑各种因素，来确定抚养权的归属，包括双方的收入情况、双方的工作性质、双方的工作时长、双方是否有充分的时间直接照顾孩子、双方的精神状况、双方的文化程度、双方有无固定住房、住房与子女现就读学校的距离远近、离婚前子女与哪一方共同生活较多、祖辈（爷爷奶奶、外公外婆）是否愿意协助照顾孙子等一系列的因素。

每一个孩子的成长都离不开父母的悉心照料。一方在抚养费上占有优势，并不代表其能在子女的成长路上，提供更多孩子成长所需的陪伴、关爱。抚养权的归属本身并不能直接与金钱挂钩。

---

①《民法典婚姻家庭编的解释（一）》第四十六条：对已满两周岁的未成年子女，父母均要求直接抚养，一方有下列情形之一的，可予优先考虑：（一）已做绝育手术或者因其他原因丧失生育能力；（二）子女随其生活时间较长，改变生活环境对子女健康成长明显不利；（三）无其他子女，而另一方有其他子女；（四）子女随其生活，对子女成长有利，而另一方患有久治不愈的传染性疾病或者其他严重疾病，或者有其他不利于子女身心健康的情形，不宜与子女共同生活。第四十七条：父母抚养子女的条件基本相同，双方均要求直接抚养子女，但子女单独随祖父母或者外祖父母共同生活多年，且祖父母或者外祖父母要求并且有能力帮助子女照顾孙子女或者外孙子女的，可以作为父或者母直接抚养子女的优先条件予以考虑。

268. 孩子未满两周岁，法院一定会将孩子判给母亲抚养吗？

（1）对于未满两周岁的孩子，是以由母亲抚养为一般原则

这是《民法典》第一千零八十四条的规定，也是由保护儿童最大利益原则确定的。

（2）对于未满两周岁的孩子，由父亲直接抚养的情形

对于未满两周岁的孩子，假如母亲具有以下条件之一的，且父亲请求直接抚养的，法院应当判决由父亲抚养：患有久治不愈的传染性疾病或者其他严重疾病，子女不宜与其共同生活；有抚养条件不尽抚养义务，而父亲要求子女随其生活；因其他原因，子女的确不宜随母亲生活。

前述母亲患有的久治不愈的传染性疾病或者其他严重疾病，在司法实践中可以分为两类：第一类是可能会侵害子女身心健康的，比如艾滋病、肺结核、麻风病、精神疾病等；第二类是行动不便，无法照顾子女的，比如瘫痪、重度残疾等。以上的病症必须经过有资质的医疗机构评定，结合子女实际生活所需才可综合判断。

母亲有抚养条件不尽抚养义务，具体表现为母亲具有相应的经济条件和照料能力，但是没有尽职尽责地抚养子女。比如：离家出走后，对孩子不闻不问，也不给抚养费。此期间，孩子完全由父亲照顾。

因其他原因，子女的确不宜随母亲生活的，可以表现为对子女有出卖、遗弃、虐待、暴力伤害未成年人，吸毒，赌博，有严重违法犯罪记录等。继续与子女共同生活可能会对子女产生严重不利影响的，都可以认为是子女不宜与母亲生活。

269. 孩子可以自己选择跟随父亲或母亲生活吗？

根据《民法典》第一千零八十四条第三款规定，子女已满八周岁的，应当尊重其真实意愿。虽然孩子尚未成年，心智尚未成熟，但也能更真实、更感性地表达自己想法。在离婚案件诉讼过程中，法院会倾听年满八周岁的孩子的意愿。通常做法是，法院传唤孩子到庭，并与其单独沟通，避免其他亲属在场，对孩子造成影响。

此外，孩子未满八周岁的，在司法实践中，法院基本不会去征询孩子的意见。原因其一是，征询未满八周岁孩子的意愿没有法律依据；其二是，孩子未满八周岁心智和思维都不成熟，很难表达自己的真实想法，也很容易被旁人误导。所以，未满八周岁的孩子，在诉讼案件中，很难按照自己的意愿选择跟谁生活。

270. 能否一方保留抚养权，但孩子实际由另一方照顾?

我们日常所说的“抚养权”，在民事判决书/民事调解书中，通常表述为：某某（孩子）由某某（夫或母）携带抚养。可见，“抚养权”就是要一方承担直接抚养照顾孩子的义务。而所谓“一方保留抚养权，但孩子实际由另一方照顾”，实际上是由另外一方承担直接抚养的义务。这容易产生一个法律后果，就是若实际抚养一方向法院提出要求变更抚养权诉讼，有很大可能性获得法院支持。

父母与子女之间的关系，不因父母的婚姻关系解除而变化。无论由哪一方直接抚养孩子，另外一方依然是孩子的监护人，对孩子有法定的监护职责，并未剥削了另外一方照顾孩子的权利。所以，无论抚养权归哪一方，另外一方都可以照顾孩子。但由此产生的抚养费，可由双方平均承担或由双方协商解决。我们认为，一般情况下，直接照顾孩子的一方就不需要另外再给抚养费。抚养费应该是由不直接照顾孩子的一方支付的。

271. 可以轮流抚养孩子吗?

《民法典婚姻家庭编的解释（一）》第四十八条规定，在有利于保护子女利益的前提下，父母双方协议轮流直接抚养子女的，人民法院应予支持。据此，轮流抚养孩子时有一定法律依据。

实务上，如夫妻双方通过《离婚协议》约定轮流抚养孩子，到民政局办理离婚登记手续时，民政局的工作人员可能不予登记。因为《婚姻登记条例》并未明确约定，民政局的工作人员可能认为轮流抚养不属于抚养孩子的处理方式，但不妨去试试。

从前述规定可以看出，轮流抚养孩子的条件是：(1) 轮流抚养有利于保护子女利益；(2) 父母双方协商一致。

轮流抚养孩子有利于保护子女利益，可以体现在客观上父母双方有轮流抚养的条件，比如：双方居住在同一城市、双方的职业相对固定、双方的教育理念较为一致。若父母双方离婚后居住在不同城市，甚至是不同国家，那轮流抚养就可能导致孩子的生活环境经常变化，不利于孩子成长，也不适合轮流抚养。又或者一方有性侵未成年人犯罪记录、长期家暴的行为等，本身就不适宜直接抚养子女。

父母双方协商一致轮流抚养孩子，可以体现在父母签署相关的协议，也可以体现在父母离婚案件开庭时，向法院共同表达希望轮流抚养孩子的意愿。轮流抚养孩子得到人民法院的支持，需要人民法院以判决书或调解书的形式予以确定。

272. 有没有可能争取到两个孩子的抚养权？

在离婚案件中，夫妻生育两个孩子，双方均要求两个孩子抚养权，或者一方要求两个孩子抚养权，另一方要求各自抚养一个孩子。

根据我们的实务经验，要实现当事人获得两个孩子抚养权，还是比较困难的。毕竟，离婚后由一方独自直接抚养照顾两个孩子的负担是很大的，若未能平衡时间精力照顾抚养好孩子，反而是损害了孩子的利益。在以下一些情况下，会更有可能实现。

第一，一方存在被剥夺监护人资格的情形。父母是子女的法定监护人。如果有一方已经有严重损害子女的行为，已经被剥夺监护人资格，或符合剥夺监护人资格的情形，那么其显然不适宜抚养子女。具体而言，《最高人民法院、最高人民检察院、公安部、民政部关于依法处理监护人侵害未成年人权益行为若干问题的意见》第三十五条作了列举：

（1）性侵害、出卖、遗弃、虐待、暴力伤害未成年人，严重损害未成年人身心健康的；

（2）将未成年人置于无人监管和照看的状态，导致未成年人面临死亡或者严重伤害危险，经教育不改的；

（3）拒不履行监护职责长达六个月以上，导致未成年人流离失所或者生活无着的；

（4）有吸毒、赌博、长期酗酒等恶习无法正确履行监护职责或者因服刑等原因无法履行监护职责，且拒绝将监护职责部分或者全部委托给他人，致使未成年人处于困境或者危险状态的；

（5）胁迫、诱骗、利用未成年人乞讨，经公安机关和未成年人救助保护机构等部门三次以上批评教育拒不改正，严重影响未成年人正常生活和学习的；

（6）教唆、利用未成年人实施违法犯罪行为，情节恶劣的；

（7）有其他严重侵害未成年人合法权益行为的。

第二，一方存在确实不宜抚养孩子的情形。一方患有久治不愈的传染性疾病或者其他严重疾病，确实不适宜直接抚养子女，如艾滋病、肺结核、麻风病、精神疾病等。一方有家暴行为或家暴史，对子女成长不利。①

---

① 《第八次全国法院民事商事审判工作会议（民事部分）纪要》二、关于婚姻家庭纠纷案件的审理……（一）关于未成年人保护问题：1. 在审理婚姻家庭案件中，应注重对未成年人权益的保护，特别是涉及家庭暴力的离婚案件，从未成年子女利益最大化的原则出发，对于实施家庭暴力的父母一方，一般不宜判决其直接抚养未成年子女……

第三，有证据证明子女不宜分开抚养。有些小孩长期共同生活在一起，且跟随某一方生活，另一方照顾较少或在外地工作、出国工作等。此时，若有权威的鉴定机构、心理机构出具评估报告，认定子女不适宜分开抚养，那么法院是有可能采信的。特别是两名子女是双胞胎时，鉴定机构认为不适合分开抚养的概率可能会大一些。

总而言之，法院裁判多子女是否判归由父母一方抚养，遵循的还是“未成年人利益最大化原则”。

273. 抚养费是不是按对方收入的20%～30%计算？

在实务中，经常有当事人问，抚养费是不是按对方收入的20%～30%计算？对方年收入100万元，是不是每年可以要求支付30万元抚养费？

为什么有很多当事人会有这样的想法呢？这是因为法律规定计算抚养费的其中一个标准是“有固定收入的，抚养费一般可以按其月总收入的百分之二十至三十的比例给付”。[①] 然而，法律还规定“根据子女的实际需要”和“当地的实际生活水平”的标准。

在实务中，法院确定抚养费金额时，首要考虑的是子女的实际生活需要，其次再考虑子女实际生活需要的费用是否在父母的承担能力范围内。例如，子女的实际生活需要每个月5000元，父亲的收入每月1万元，子女由母亲直接抚养。法院让双方各承担子女一半的开支时，父亲就需要承担2500元。每月2500元占父亲月收入的25%，显然在父亲的负担能力之内。那么，法院就可以判令父亲每月支付2500元抚养费。

但若父亲每年的收入有100万元，月均9万余元。若按月收入的20%“一刀切”，父亲需要每月支付1.8万元抚养费，显然远超子女的实际需要。此时，法院就不可能支持1.8万元的抚养费。

在诸多案件中，孩子的实际生活需要，是要靠当事人举证证明的。由于当事人平常没有保留所有票据，或怠于举证，又或者实际需要根本没有其主张得那么高，就无法证明孩子的实际生活需要。于是，法院就往往结合当地的实际生活水平来确定。

面对法院按当地平均生活水平确定的抚养费，这就是许多高收入家庭的当事人

---

① 《民法典婚姻家庭编的解释（一）》第四十九条规定：抚养费的数额，可以根据子女的实际需要、父母双方的负担能力和当地的实际生活水平确定。有固定收入的，抚养费一般可以按其月总收入的百分之二十至三十的比例给付。负担两个以上子女抚养费的，比例可以适当提高，但一般不得超过月总收入的百分之五十。无固定收入的，抚养费的数额可以依据当年总收入或者同行业平均收入，参照上述比例确定。有特殊情况的，可以适当提高或者降低上述比例。

觉得太低的原因。在诉讼中，面对对方的否认，当事人本身就要积极证明子女的实际需要。自己不去证明，那就往往会吃亏。

在一些案件中，有些当事人能拿出各种各样的票据和转账记录，用于证明子女的实际需要。但为什么法院还是无法全部支持呢？

因为法院在考虑子女的实际需要时，要通过“必要性”和“合理性”去判断。我们以孩子的学费为例，启发大家的思考。

在双方离婚的两年前，他们就把孩子送到私立学校读小学，学费每年 8 万元。通过双方的聊天记录、付学费的过程，可以看出小孩读私立小学是双方的合意。小孩已经在学校就读两年，与老师、同学的关系比较稳定。若贸然转学，要面临新的学习环境，小孩需要重新适应。况且，是否能就近转入同层次水平的公立学校，也是未知之数。那么，在离婚后维持小孩的教育现状，就有较好的理由认为是必要的。若父母的收入没有显著降低，学费在父母的承担范围内，那就是合理的。

这样的逻辑和分析，同样可以尝试在课外教育、辅导中使用。不过，国家目前的教育政策不支持学科类的课外辅导。对于这类课外培训的支出，可能就难以得到法院的认可。

又比如，由于户口问题，孩子无法在当地就读公立学校。父母一方将孩子送到私立学校里学习。那么，这种选择就偏向于必要的。当然，父母最好要有申请公立学校的记录和政策文件，这样才能证明子女无法就近就读公立学校。

再比如，在离婚诉讼期间，照顾子女的一方为了获得更高的抚养费，拼命给孩子报兴趣班、辅导班。上了法庭，对方说这些兴趣班、辅导班都是乱报的，没有和他商量过。那么，在论证这些新增费用的合理性和必要性时，就会比较困难。由于每个人包括法官在内，对小孩的教育理念不一样。若法官个人本身就比较反对小孩参加过多的补习班、兴趣班，认为会给小孩带来过高的学习压力，可能会逐渐消磨其学习兴趣。我们可以完全想象到案件的结果会怎样。

274. 抚养费一般都包含什么内容？

广义的抚养费是指父母为了子女的生活、教育等所支出的费用。狭义的抚养费，特指父母离婚后，不直接抚养子女一方所支付的生活费等。这里一般指的是狭义的抚养费。抚养费包括子女的生活费、教育费、医疗费等必要的费用。[①] 具体来

---

① 《民法典婚姻家庭编的解释（一）》第四十二条：民法典第一千零六十七条所称“抚养费”，包括子女生活费、教育费、医疗费等费用。

说，抚养费应当涵盖子女衣、食、住、行、学、医等方面的需求。比如，学费、餐费、医疗费、购买生活用品的费用等都属于抚养费的其中一部分。

非必要的费用不属于抚养费之列。比如，离婚后，孩子由男方直接抚养。男方为了让孩子读名校，未经女方的同意，就支付了赞助费 20 万元。其后，男方要求女方承担一半的赞助费 10 万元。女方有权拒绝支付这 10 万元。因为孩子是可以读普通公立学校的，义务教育阶段是免学费的。这种赞助费就很难纳入必要、合理的抚养费范围。

275. 抚养费可以计付到子女多大呢？

双方在协议离婚时，可以通过协商的方式确定抚养费计付至何时。比如，不少当事人会约定抚养费计付至子女读完大学本科或读完大学研究生为止。当事人通过协议约定，将支付抚养费的支付期限向后顺延，并不违反法律规定。该离婚协议是合法、有效的协议。同理，在离婚诉讼中，双方也可以协商抚养费计付至何时。

当双方对此问题无法协商一致，需要通过法院裁判解决。那么，抚养费一般计算至子女年满十八周岁成年为止。若子女在十六周岁至十八周岁期间，以其劳动收入为主要生活来源，并能维持当地一般生活水平的，父母可以停止给付抚养费。

276. 有没有可能要求对方一次性支付抚养费？

抚养费以定期支付为原则，以一次性支付为例外。① 要求对方一次性支付抚养费要符合一次性支付的可能性和必要性。简而言之，如果法院判决对方一次性支付抚养费，会考虑对方是否有能力履行一次性支付的义务。否则，不仅无法履行，而且还导致父或母负上较大的债务，影响其生活、工作、无法履行赡养老人、向其他债权人偿债等。

除此之外，法院还会考虑是否有一次性支付的必要性。在实务中，判决一次性付抚养费的案例比较少。一般都是父母或子女为外籍人士，定期支付会有诸多不便，无法保证子女能按时足额拿到抚养费。同时，父母有能力一次性支付抚养费。如此，当事人才有机会争取法院判决一次性支付抚养费。

277. 能否用一方的财产折抵抚养费？

法律不禁止以财物折抵抚养费，但需要满足以下两个条件之一：（1）父母一方

---

① 《民法典婚姻家庭编的解释（一）》第五十条：抚养费应当定期给付，有条件的可以一次性给付。

无经济收入，指给付方处于无稳定、长期的收入来源的生活状态；（2）父母一方下落不明，具体指自然人离开最后的住所或居所后没有音信、无法联络的情况。[①] 比如，在一起离婚案中，被告辩称自己没有能力抚养子女，原告则提出用家中财产轿车折抵抚养费的前提下，原告可以自行抚养两名子女。于是，法院支持了原告的诉求。[②]

278. 离婚后的抚养费是不是很难执行？

抚养费是否难执行不能一概而论，主要取决于被执行人是否有财产可以执行。被执行人（负有支付抚养费义务的一方）如果有固定的工作单位，每月有工资收入，执行起来就比较方便。法院根据当事人的申请，到其单位每月划扣一部分工资，难度不大。被执行人的工资收入、住房公积金、社保中的个人账户部分费用、房产、车辆、股票、基金等资产都可以作为被执行的财产。

但被执行人如果没有财产，就很难执行到抚养费。特别是有些当事人，用其他人的名义开公司、做生意，存款、股票都放在其他人名下。这样一来，抚养费就难以执行到位。

279. 是不是每一期不支付的抚养费都要申请强制执行？

申请强制执行抚养费的前提条件是抚养费到期，但对方不肯支付。两个条件缺一不可。如果当事人不嫌麻烦，可以每个月都跑到法院申请执行上个月拖欠的抚养费。如果当事人觉得麻烦，可以攒够几个月或半年的抚养费后，再一次性申请执行之前没有付的抚养费。

比如，经法院判决离婚后，男方从 2019 年 12 月开始就没有支付抚养费。女方可以在 2020 年 10 月，申请法院强制执行男方从 2019 年 12 月至 2020 年 10 月期间的抚养费，而不需要每个月都跑到法院申请执行。

280. 抚养费的执行有时效限制吗？

《民事诉讼法》第二百四十六条规定："申请执行的期间为二年。申请执行时效的中止、中断，适用法律有关诉讼时效中止、中断的规定。前款规定的期间，从法律文书规定履行期间的最后一日起计算；法律文书规定分期履行的，从最后一期

---

① 《民法典婚姻家庭编的解释（一）》第五十一条：父母一方无经济收入或者下落不明的，可以用其财物折抵抚养费。

② 五常市人民法院（2015）五民初字第 1230 号民事判决书。

履行期限届满之日起计算；法律文书未规定履行期间的，从法律文书生效之日起计算。”据此，当事人应当在抚养费支付到期之日起二年内申请执行。

当然，也有部分观点认为，基于抚养费的性质特殊，其执行不受执行期两年的限制。如果严格按照执行期来算，2018 年 1 月的抚养费，就应当在 2020 年 1 月前申请执行，过了这个时间，就不能再申请这一笔的抚养费。这样明显不利于保护未成年人的利益。不过，我们不建议当事人冒险逾期申请强制执行，以免得不到法院的支持。

281. 谁可以申请抚养费的强制执行？

父母一方逾期不给抚养费，究竟是另一方父母申请强制执行，还是子女申请强制执行呢？我们只需要看判决、调解书的原告究竟是父母一方，还是子女。原告是父母一方的，则以原告名义申请强制执行。原告是子女，则以子女名义申请强制执行。

显然，在离婚诉讼中，原告是父母一方。在判决中，法院会一并解决抚养费事宜。申请强制执行抚养费的主体就是父母一方。比如：男方起诉到法院，要求离婚。法院判决，准予双方离婚，小甲由女方直接抚养，男方每月支付抚养费 3000 元。若男方没有按时支付抚养费，女方就可以拿着判决书到法院申请执行。

当双方在民政局办理离婚，会在离婚协议中约定抚养费。离婚后，一方不按约定给付抚养费，以子女作为原告起诉要求支付抚养费。法院判决生效后，则子女向法院申请强制执行。比如，双方到民政局办理离婚，约定男方每月给付抚养费 3000 元，小甲由女方直接抚养。若男方没有按时支付抚养费，小甲作为原告提起抚养费纠纷。法院判决生效后，则以小甲的名义申请执行抚养费。

282. 离婚后一方无法探望孩子怎么办？

如果是通过法院判决离婚的，判决书中明确了未直接抚养孩子一方的探视权，可以依据离婚判决，申请法院强制执行。

如果男女双方通过协议离婚，或者法院判决离婚，但判决书中没有明确探视权的，就应当单独就探视权提起诉讼。待法院出具生效判决后再向法院申请执行。

实务当中，探视权在法院执行中有很多难处，因为执行法院很难把握孩子的行踪，特别是有些夫妻分开后，可能不在一个省市，申请人自己都不知道孩子在哪。遇到这种情况，申请人应和执行法院保持密切沟通，请求法院与对方依法沟通、劝解，或者将对方列入信息人名单。在多次劝说无效时，申请人应强烈请求法院追究对方妨碍执行的法律责任。在实务中，有些法院经过教育劝说无效，可以对其处以司法拘留。多次司法拘留，仍拒不执行，情节严重的，法院也可移送公安机关，追究其拒不履行裁判文书罪。

283. 爷爷奶奶、外公外婆有探望权吗？

目前，《民法典》及其司法解释并没有赋予爷爷奶奶、外公外婆隔代探望权。严格来说，当子女的父母健在时，爷爷奶奶、外公外婆不能独立要求探望孙子女、外孙子女。

不过，在某些特殊情况下，隔代探望权确实也有一定的合理性。比如，父亲死亡后，孙子长期由爷爷奶奶照顾，爷爷奶奶和孙子之间会形成深厚的感情联系。后来，母亲把孩子带回身边照顾。这种情况下，从有利于孩子成长的角度，保障爷爷奶奶的探望权是有必要的。因此，在 2016 年最高人民法院发布的《第八次全国法院民事商事审判工作会议（民事部分）纪要》中指出："祖父母、外祖父母对父母已经死亡或父母无力抚养的未成年孙子女、外孙子女尽了抚养义务，其定期探望孙子女、外孙子女的权利应当得到尊重，并有权通过诉讼方式获得司法保护。"

这个规定使得爷爷奶奶、外公外婆有行使隔代探望权的可能性。当爷爷奶奶、外公外婆遇到这类困难时，宜先通过村委会、居委会或亲戚朋友去做劝说工作，让对方认识到孩子和爷爷奶奶或外公外婆保持感情联络，对孩子成长有好处。在劝说无效的情况下，可以尝试通过法律途径解决。

284. 一方不让探望孩子，另一方是否可以不付抚养费？

从法律上来说，探视和支付抚养费是两个独立的权利和义务。一方不配合另一方探视，探视方可以起诉法院或申请强制执行。无法探视孩子的一方不给付抚养费，另一方也可以起诉法院或申请强制执行。两者之间是不能互为条件或相互抵销的。

孩子是独立的个体，有他的权利和情感需求，不应成为双方是非争夺的筹码。遇到这类事情，我们真心建议双方能平心静气沟通，就具体的问题去协商解决，而不是通过简单粗暴不给探视或不给抚养费的方式解决。

285. 男方发现多年抚养的孩子不是亲生的，可以主张赔偿吗？

对于男方而言，无论是在婚姻关系存续期间还是离婚之后，发现孩子不是自己亲生的，无疑都是个巨大的打击。此时，男方一般有两个选择。一是孩子虽然不是自己亲生，但养育了这么多年已经形成了深厚的感情链接，舍弃不了，干脆就认了；二是无论如何无法接受，向对方主张离婚并且要求支付精神损害赔偿，以及赔偿此前所承担的抚养费。

对于精神损害赔偿，男方可以依照《民法典》第一千零九十一条所规定的“其他重大过错”来主张。一般而言，女方违反忠诚义务，隐瞒丈夫与他人生育子女，导致离婚，法院认定女方具有婚姻过错的概率相对高一些。

对于已经支付的抚养费，则比较棘手。最高人民法院曾经发布一份复函，认为离婚后支付的抚养费，可以酌情返还；而婚内所承担的抚养费，因涉及问题比较复杂，尚需进一步研究。[①] 深圳市中级人民法院在2014年所发布的裁判指引中也采用类似的观点。[②]

从法理上分析，丈夫并没有抚养该子女的义务。由于在婚姻关系存续期间，妻子使用了夫妻共同财产养育孩子，必然导致丈夫财产损失，丈夫理应可以主张妻子赔偿。但实务中丈夫要举证证明究竟花费了多少夫妻共同财产养育孩子却并非易事。若证明不了，法院有可能驳回其诉求或酌情确定返还的数额。

286. 离婚后是否还可以增加抚养费？

《民法典婚姻家庭编的解释（一）》第五十八条规定，具有下列情形之一，子女要求有负担能力的父或者母增加抚养费的，人民法院应予支持：（1）原定抚养费数额不足以维持当地实际生活水平；（2）因子女患病、上学，实际需要已超过原定数额；（3）有其他正当理由应当增加。由此可见，无论是协议离婚还是诉讼离婚，确定的抚养费数额在双方离婚后，子女均可以要求增加抚养费，但需符合如下的法定情形之一。

其一，原定抚养费数额不足以维持当地实际生活水平的。这需要综合考量当地的实际生活水平、抚养一方的经济收入以及给付抚养费一方的经济能力，方能综合

---

① 《关于夫妻关系存续期间男方受欺骗抚养非亲生子女离婚后可否向女方追索抚育费的复函》（〔1991〕民他字第63号）：在夫妻关系存续期间，一方与他人通奸生育了子女，隐瞒真情，另一方受欺骗而抚养了非亲生子女，其中离婚后给付的抚育费，受欺骗方要求返还的，可酌情返还；至于在夫妻关系存续期间受欺骗方支出的抚育费应否返还，因涉及的问题比较复杂，尚需进一步研究，就你院请示所述具体案件而言，因双方在离婚时，其共同财产已由男方一人分得，故可不予返还。

② 《深圳市中级人民法院关于审理婚姻家庭纠纷案件的裁判指引》（2014）第四十二条：婚姻关系存续期间，一方与他人发生性关系而生育子女并隐瞒真情，另一方受欺骗而抚养了非亲生子女，受欺骗一方要求返还其在双方离婚后给付的抚养费，可酌情判决返还；受欺骗一方在夫妻关系存续期间支出的抚养费用应否返还，可根据具体情况确定。

判定增加的数额。

其二，因子女患病、上学，实际需要已超过原定数额的。对于这类诉求，实践中往往一事一议，考量其必要性与合理性。

其三，其他正当理由，应该着眼于未成年人的合理需求，既排斥奢侈性的抚养费请求，也避免过低的抚养费给付，遵循未成年人利益最大化的原则。

其四，若双方能够协商达成一致意见，适当增加抚养费金额，则依据双方商定的标准即可。

287. 该以谁的名义起诉要求增加抚养费？

离婚后，直接抚养孩子的一方发现原定的抚养费明显不够，可以要求增加抚养费。此时，索要抚养费的权利人是未成年子女。因此，应以子女名义起诉增加抚养费，直接抚养子女的一方父母作为其法定代理人行使相应的诉讼权利。

288. 离婚后孩子突发重大疾病，要求增加抚养费，还是要求支付医疗费呢？

未成年子女的抚养费包括生活费、教育费、医疗费等。一般而言，双方在协议离婚或诉讼离婚中确定的抚养费仅包含日常医疗费的开支，并没有涵盖突发的重大疾病的治疗费用。因此，在父母离婚后，子女发生重大疾病需要治疗时，直接抚养子女的一方可以先和对方协商如何分担医疗费。协商不成的，可以以抚养费纠纷的案由起诉到法院，具体诉求分为两种情况：第一种情况是子女的病情是偶发的、一次性的，在这种情况下法院一般不会调整固定抚养费的金额，但对当事人要求对方分担医疗费的诉求一般都会支持；第二种情况是子女的疾病是长期需要就医的，这种情况下法院有可能回应原告的诉求，直接调整增加抚养费的额度。

实践中，无论是哪种情况，都要求原告一方能够充分举证证明子女的病情以及费用支付情况。所以，直接抚养孩子的一方一定要注意保存好子女就医以及费用支付的相关材料，比如医院的病历、诊断证明、费用单据、发票等。

289. 离婚后能否要求变更抚养权？

抚养权的归属往往伴随离婚纠纷，而离婚纠纷本身又常常夹杂着夫妻之间复杂的情感。离婚时，抚养权归属有可能是当事人为急着促成离婚而作出的妥协让步，也有可能是当事人被动接受了法院作出的判决。离婚后，经常有当事人不满于抚养现状，要求变更抚养权的归属。

离婚后，父母双方可以协商变更抚养权。协商不一致的，父母一方有权提起诉讼要求变更抚养权，但是必须有充分的理由。法律明确了以下情形，法院应予支持：

（1）与子女共同生活的一方因患严重疾病或者因伤残无力继续抚养子女。此处的疾病通常指的是那些久治不愈，严重影响抚养能力的，或者带有传染性，不适宜抚养孩子的疾病。当事人一方面需要证明存在严重疾病，另一方面要证明该疾病导致其无法继续抚养孩子，或对孩子成长产生严重不利影响。所谓因伤残无力继续抚养子女，一般要求伤残的程度严重带来行动不便利。

（2）一方有能力，但不尽抚养义务，对子女身心健康不利的。虽然一方取得了抚养权，但在离婚后基本甩给对方照顾，或者将孩子长期放在老家，让孩子成为留守儿童，这在实务中比较常见。此外，一方对孩子不闻不问，也不承担孩子生活开支，孩子有病不给治疗等，对孩子身体造成严重损害或流落街头，可能会构成遗弃。另一方也可以据此要求变更抚养权。

（3）一方有虐待子女的行为或其他符合剥夺监护人资格的行为。这些都是严重损害未成年子女的行为，当事人不仅可以要求变更抚养权，还可以请求法院剥夺其监护人资格。

（4）其与子女共同生活对子女身心健康确有不利影响。这是一条开放性规定，判断的标准依然是要证明有何不利。比如，抚养孩子的一方没有耐心、脾气暴躁，动辄打骂孩子，或者有赌博、酗酒等不良恶习的。

（5）已满八周岁的子女，愿随另一方生活，该方又有抚养能力的。在孩子满八周岁后，孩子的选择也会对抚养权归属起重要作用。要求变更抚养权的一方，没有典型不适宜抚养子女的情形，法院会予以支持变更。

290. 要求变更抚养权是否有时间限制？

法律对于变更抚养权诉讼没有限制时效。在子女满十八周岁之前，不直接抚养子女的一方，可以在任何时候起诉变更抚养权。至于法院是否支持变更抚养权，则要看是否有法律所列举的情形。如没有法定的情形，则需要当事人进一步证明对方是否存在不适宜抚养子女、对子女成长产生不利影响。

此外，如果当事人变更抚养权的诉求被法院驳回后，是否可以再次起诉呢？

答案是可以的。因为未成年人的抚养是一个动态的过程，起诉变更抚养权的一方虽然败诉了，但后来又出现新的情况，比如子女满八周岁了，他愿意跟母亲生活在一起。此时，母亲就可以再次以子女意愿为由，起诉变更抚养权。

291. 哪些情形会导致不适宜抚养子女？

法院在确定子女抚养权时，遵循的是最有利于子女成长的原则。在这个原则下，法律规定了一些比较典型不适宜抚养子女的情形。对此，我们总结如下：

第一，当事人存在被剥夺监护资格的情形。在前文中，我们对此已多次详细介绍。

第二，当事人患有久治不愈的传染性疾病或者其他严重疾病，不利于子女健康成长。如艾滋病、肺结核、麻风病、精神疾病等。

第三，当事人有能力抚养孩子，却对子女不尽抚养义务的。比如，当事人离家出走，对孩子不闻不问，也不给生活费。

第四，当事人因身体残疾，客观上不便于抚养子女的。

第五，当事人因刑事犯罪而服刑，客观上无法直接抚养子女。

第六，当事人有家暴、吸毒赌博等恶习，会对子女造成不良影响的。

292. 离婚后能否单方改变子女姓氏或名字？

《公安部关于父母离婚后子女姓名变更有关问题的批复》中明确："对于离婚双方未经协商或协商未达成一致意见而其中一方要求变更子女姓名的，公安机关可以拒绝受理；对一方因向公安机关隐瞒离婚事实，而取得子女姓名变更的，若另一方要求恢复子女原姓名且离婚双方协商不成，公安机关应予恢复。"

据此，当事人在离婚后，不能单方改变子女的姓氏或名字。即使当事人弄虚作假、隐瞒事实，单方改变了子女的姓名，另一方仍有权要求公安机关恢复子女原来的姓名。

五、离婚诉讼中的财产分割

293. 离婚诉讼中的财产分割的原则是什么？

在处理离婚案件中，当事人或律师把握和运用夫妻共同财产分割的一些原则，能够更好地争取有利的结果。

原则一：双方的有效约定优先。

有些当事人在婚前或婚后曾经就一些夫妻共同财产的归属签署过协议进行约定。此时，就应该先判断协议是否有效。若协议有效，则按协议来处理财产归属。若协议部分无效，则该部分财产按照法律规定来分割。在诉讼过程中，双方也可以就全部财产或部分财产进行协商。

原则二：夫妻共同财产原则上均等分割。

双方没有对夫妻财产进行约定时，夫妻共同财产是共同共有的状态。共同共有财产在分割之前，双方对该财产不分份额地共同享有。在分割共同共有的夫妻财产时，原则上是均等分割。不能因为一方经济收入较低、没有经济收入或出资少而少分或不分给他（她）财产。尽管在一些特殊情况下，父母出资或以个人财产出资可能会形成个人财产，但是我们讨论分割的是夫妻共同共有的财产。

原则三：照顾子女和女方利益的原则。

照顾子女和女方利益，并不是在离婚的时候直接给女方多分财产，而是在处理某些具体财产分割的问题时，更多地考虑到女方和子女的生活、学习上的便利。比较典型的情况是，当夫妻双方只有一套房屋，孩子由母亲直接抚养时，法院可能会更倾向于考虑将房屋的所有权判给女方，以方便女方的生活及对子女的照顾。当然，女方获得房屋所有权的同时，要按照房屋市场价值的一半补偿给男方。

原则四：照顾无过错方原则。

以往的《婚姻法》并没有规定该原则，只是在 1993 年的司法解释中有所体现。如今，《民法典》将该原则吸收进来，成为正式的法律规定。一方存在重婚、有配偶者与他人同居、实施家庭暴力和虐待、遗弃家庭成员等过错情形的，无过错方不仅有权请求损害赔偿，还能主张在分割财产时得到照顾。至于是否能多分财产以及多分多少，实践中法院根据过错的程度和财产的具体情况，有一定的自由裁量权。当事人在争取财产利益时，不妨好好利用该原则。即使法院没有支持，也没有额外的损失。

原则五：隐藏、转移、变卖、毁损、挥霍夫妻共同财产，或伪造债务的一方不分或少分财产。在适用该原则时，当事人需要注意：

第一，需要体现出隐藏、转移、变卖、毁损、挥霍夫妻共同财产的故意。一般而言，法院对于感情和好期间的财产处理，很难判断一方不知情或带有故意。在感情不和、分居或离婚诉讼期间，法院根据当事人处理的财产数额、生活习惯、收款对象等具体情况来判断隐藏、转移、挥霍财产的故意。

第二，需要区分出隐藏、转移、变卖、损毁、挥霍财产的概念，对行为的定性要准确。隐藏，是指将财产藏匿起来，不让他人发现，使另一方无法获知财产的所在从而无法控制。转移，是指私自将财产移往他处，或将资金取出移往其他账户，脱离另一方的掌握。变卖，是指将财产折价卖给他人。毁损，是指采用打碎、拆卸、涂抹等破坏性手段使物品失去原貌，失去或者部分失去原来具有的使用价值和价值。挥霍，是指对夫妻共有的财产没有目的的，不符合常理的耗费致使其不存在或者价值减损。以上行为虽然表现形式不同，但其核心目的都是非法减损夫妻共同财产，侵害夫妻另一方的合法财产权利，在实务中此类情形颇为高发，应当引起我们的充分注意。

294. 无效婚姻诉讼涉及共同财产分割问题吗？

《民法典》第一千零五十四条第一款规定："无效的或者被撤销的婚姻自始没有法律约束力，当事人不具有夫妻的权利和义务。同居期间所得的财产，由当事人协议处理；协议不成的，由人民法院根据照顾无过错方的原则判决。对重婚导致的无效婚姻的财产处理，不得侵害合法婚姻当事人的财产权益。当事人所生的子女，适用本法关于父母子女的规定。"

《民法典婚姻家庭编的解释（一）》第二十二条规定："被确认无效或者被撤销的婚姻，当事人同居期间所得的财产，除有证据证明为当事人一方所有的以外，按共同共有处理。"

综上，当事人之间的婚姻关系被认定为无效的，双方之间的财产关系按照同居期间财产分割的原则来处理。即除非有证据证明该项财产是当事人的个人财产，否则按共同共有来处理。

295. 离婚时可要求对方"净身出户"吗？

"净身出户"不属于法律概念，一般是指在夫妻离婚时，一方基于某些特定原因要求取得全部夫妻共同财产，而另一方不得取得财产。这种"一边倒"的财产分割方式，与我国民法典规定的夫妻财产共同所有制是相背离的。司法实践当中，除非一方在离婚时自愿放弃所有财产，或者双方曾经签署过有效的所有财产均归一方所有的夫妻财产约定，否则，一方要求对方"净身出户"是难以实现的。

我们十分理解一些当事人在离婚的过程中会为自己的付出而委屈、因对方的伤害而愤怒，希望对方付出一定的代价、对自己做出应有的补偿。此时，当事人宜寻求专业的法律帮助，对夫妻名下的财产有一个准确定性和预判，采取恰当的谈判策略或诉讼策略来尽可能维护自己的合法权益。

296. 赚钱多的一方可以多分财产吗？

每个家庭的分工都不同。有些案件中，赚钱多的一方常常认为自己对家庭的贡献大，因此应该多分财产，对方不应该分或者应该少分财产。我们认为，这种想法是不正确的。我国采用的是夫妻共同财产制，婚后的收入均为共同所有。除非当事人已经签订了书面协议，有特别的约定。离婚分割夫妻双方共同财产时，原则上要均等分割，同时还要照顾子女、女方和无过错方的权益，与哪一方赚钱多少并无关系。

297. 照顾孩子、老人较多的一方，可以多分财产吗?

目前法律并没有规定全职在家照顾子女、老人的一方可以多分财产。不过，在离婚时可以主张离婚经济补偿。

原《婚姻法》第四十条规定："夫妻书面约定婚姻关系存续期间所得的财产归各自所有，一方因抚育子女、照料老人、协助另一方工作等付出较多义务的，离婚时有权向另一方请求补偿，另一方应当予以补偿。"《民法典》第一千零八十八条规定："夫妻一方因抚育子女、照料老年人、协助另一方工作等负担较多义务的，离婚时有权向另一方请求补偿，另一方应当给予补偿。具体办法由双方协议；协议不成的，由人民法院判决。"

对比可知，《民法典》第一千零八十八条对原《婚姻法》第四十条的内容进行了修改，取消了离婚经济补偿只在约定财产制下适用的规定，将经济补偿范围扩大到法定财产制和约定财产制同样适用。同时增加了补偿的具体办法"由双方协议；协议不成的，由人民法院判决"的规定，以当事人自行协商决定为先，贯彻私人事务领域的意思自治原则。

故此，家庭中照顾孩子、老人较多的一方，并不能据此要求多分财产，但离婚时有权向另一方请求补偿。

298. 无过错的一方，能否多分财产?

《民法典》第一千零八十七条第一款规定："离婚时，夫妻的共同财产由双方协议处理；协议不成的，由人民法院根据财产的具体情况，按照照顾子女、女方和无过错方权益的原则判决。"

因此，法院在分割夫妻共同财产时，原则上要均等分割，同时还要遵循照顾子女、女方和无过错方权益的原则。但"照顾无过错方"和"多分财产"还是有区别的。实务中，法官对于照顾无过错方的理解，既带有主观的成分，也会因个案情况而异。

299. 离婚案件审理期间，一方突发重大疾病，可以要求对方先予支付相关费用吗?

夫妻之间有相互扶养的义务。虽然双方处于离婚诉讼中，但法律上依然是夫妻，患病的一方有权要求对方支付医疗费。在程序上，患病一方不应在离婚诉讼程序中要求对方支付，而是另案起诉对方支付扶养费。起诉时，宜同时申请保全对方的财产。

此外，《民事诉讼法》第一百零九条规定："人民法院对下列案件，根据当事人的申请，可以裁定先予执行：（一）追索赡养费、扶养费、抚养费、抚恤金、医疗费用的；（二）追索劳动报酬的；（三）因情况紧急需要先予执行的。"据此，当事人可以向法院申请先执行一部分款项用于治疗。

300. 离婚时，长期照顾孩子、老人的一方能否要求补偿？

《民法典》实施之前，当夫妻约定采用分别财产制时，一方长期照顾孩子、老人的，才可以主张家务劳动补偿。但由于我国大部分夫妻都没有采用分别财产制，双方又遵循了传统的家庭分工。这样一来，很多人都没办法在离婚的时候主张家务劳动补偿。

《民法典》第一千零八十八条①对此进行了修改，将家务劳动补偿范围扩大到法定财产制和约定财产制的婚姻。自此，在所有的婚姻中，只要一方在抚育子女、照顾老人和协助另一方工作付出较多的，在离婚时均可向另一方请求补偿。

2021 年 1 月 27 日，北京房山法院适用《民法典》该条新规定审结一起离婚家务补偿案件，最终一审判决共同财产由双方平均分割，同时判决男方给付女方家务补偿款 5 万元。

对于为什么会有家务补偿这个问题，主审法官表示，婚后对夫妻共同财产进行的分割，主要是对现存的有形财产的价值进行分割。而家务劳动形成的可能是无形的财产价值，比如说配偶个人能力的提高、个人学历的增长，这些在有形财产当中都是无法体现出来的。

对于这 5 万元是怎样计算的问题，法官表示，每个家庭都不一样，很难有统一标准。在《民法典》大框架下，这个定量主要是由法官合理合情合法地行使自由裁量权，5 万元的经济补偿主要是考虑到以下因素：双方婚后共同生活的时间、女方在家务劳动中具体付出的情况、男方个人的经济收入以及当地一般的生活水平。法官表示，在《民法典》将适用条件放宽之后，相关的案件会有所增加，但在实践当中，如何确定案件的补偿数额，也需要不断地积累经验。

---

① 《民法典》第一千零八十八条：夫妻一方因抚育子女、照料老年人、协助另一方工作等负担较多义务的，离婚时有权向另一方请求补偿，另一方应当给予补偿。具体办法由双方协议；协议不成的，由人民法院判决。

目前《民法典》实施的时间尚短，在不同的案件中家务劳动补偿的金额可能千差万别。然而，我们至少看到法律从此认可了家务劳动的价值。我们相信，通过不断的实践和经验积累，家务劳动补偿的认定标准会越来越完善。

301. 无过错方在什么情况下能获得损害赔偿？

《民法典》第一千零九十一条规定，有下列情形之一，导致离婚的，无过错方有权请求损害赔偿：（1）重婚；（2）与他人同居；（3）实施家庭暴力；（4）虐待、遗弃家庭成员；（5）有其他重大过错。

根据上述法律规定，当一方存在以上过错情形的时候，无过错方可以请求损害赔偿。赔偿金额可以综合过错情形的严重程度、给无过错方造成的伤害等因素综合考量。此外，《民法典》在原《婚姻法》第四十六条规定的可请求损害赔偿内容的基础上，增加了一项“有其他重大过错”的兜底性规定，拓宽了对婚姻当中无过错方的保护范围。比如，实践中我们经常会遇到这样的案例，一方与婚外异性长期有来往，甚至育有私生子女，但无过错方难以取得充分的证据，证明对方的行为构成重婚或与他人同居，但综观其行为的恶劣程度以及对婚姻和另外一方所造成的伤害，宜认定为构成其他重大过错。

还需要提示的是，一方存在错过，另一方并非只能主张精神损害，也可以主张物质损害。比如，丈夫殴打妻子，导致妻子受伤，丈夫的行为不仅构成婚姻过错，还对妻子造成了身体损害和物质损失，此时妻子不仅可以主张丈夫承担精神损害赔偿，同时还可以要求其赔偿物质损失。

302. 离婚时，一方有生活困难，能否要求经济帮助？

《民法典》第一千零九十条规定：“离婚时，如果一方生活困难，有负担能力的另一方应当给予适当帮助。具体办法由双方协议；协议不成的，由人民法院判决。”故离婚时，一方生活困难，可以向另一方寻求经济帮助。有负担能力的另一方也应当给予适当帮助。那么，何谓生活困难呢？根据司法实践，生活困难一般是指离婚时依靠个人财产和离婚时分得的财产无法维持当地基本生活水平，包括一方离婚后没有住处。

303. 只有一套住房，离婚时双方都要房子，该判给谁？

当双方都主张房屋所有权时，根据《民法典婚姻家庭编的解释（一）》第七十六条[①]的规定，可以通过竞价解决。不过，这需要双方均同意采用此方式，法院方可准许。若有一方不同意的，则不能通过竞价解决。

在实践中，不是所有夫妻都愿意通过竞价的方式来解决。此时，法院会遵循“照顾无过错方、女方及子女利益”的分配原则，综合考虑以下因素：房屋一直由谁居住使用、房屋登记在谁名下、主贷人是谁、谁有能力一次性补偿款项给对方等来决定房屋产权的归属。

304. 只有一套住房，离婚时双方都不要房子只要钱，怎么处理？

在实务中，有些夫妻只有一套房屋，又都没有经济能力一次性补偿给对方。此时，他们很可能都不主张要房屋的所有权。因为，法院会判决他在判决生效十天内或一个月内一次性补偿房屋价值的一半给对方。离婚后，他没有足够的现金，也没有能力融资，逾期不支付的话，就要承担双倍同期银行贷款利息。对方还可以申请强制执行拍卖房屋。

对此，我们建议双方当事人宜尽快协商共同出售并分割房款。若双方无法协商，主张法院分割该房屋的一方，可根据《民法典婚姻家庭编的解释（一）》第七十六条的规定，申请法院拍卖、变卖房屋，并分割所得价款。

305. 离婚时没有住房的一方，可以主张居住权吗？

居住权是《民法典》新增的一种用益物权，是指居住权人对他人住宅享有占有、使用的权利，以满足生活居住需要。居住权的设定将房屋的居住权和所有权分开，满足“房子不归我，但我却能住”的诉求。

一般来说，在离婚纠纷出现的居住权的情况主要有两种。一种是双方在协议离婚时约定了居住权。另一种是双方在诉讼离婚中，一方以生活困难为由需要对方给予适当帮助，要求暂住房屋。房屋居住权是经济帮助的形式之一，至于是否允许，则取决于法院。

306. 离婚时夫妻共有的房屋如何确定价值？

根据《民法典婚姻家庭编的解释（一）》第七十六条的规定，确定房屋的价

---

① 《民法典婚姻家庭编的解释（一）》第七十六条：双方对夫妻共同财产中的房屋价值及归属无法达成协议时，人民法院按以下情形分别处理：（一）双方均主张房屋所有权并且同意竞价取得的，应当准许；（二）一方主张房屋所有权的，由评估机构按市场价格对房屋作出评估，取得房屋所有权的一方应当给予另一方相应的补偿；（三）双方均不主张房屋所有权的，根据当事人的申请拍卖、变卖房屋，就所得价款进行分割。

值有四种方式：

第一，双方协议确定房屋价值。

第二，双方均主张房屋所有权并且同意竞价取得的，则通过双方不断出价的方式来确定房屋价值。

第三，双方既无法就房屋价值协商一致，也不同意竞价的，则通过评估公司评估房屋的市场价。

第四，双方均不主张房屋所有权，申请法院拍卖、变卖房屋的，双方可分割所得的价款。

307. 一方婚前按揭购买的房屋，离婚时如何计算共同还贷及对应增值？

一方的婚前按揭房，在离婚时需要就婚后共同还贷的本金及对应增值的一半补偿另一方。

例如，男方在婚前按揭购买了一套房屋且登记在自己名下。结婚时，该房屋价值300万元。婚后三年，共同还贷30万元。离婚时，房屋价值为360万元。房屋增值率为（360-300）/300=0.2，共同还贷的30万元增值则为6万元。所以离婚时，男方需要补偿女方18万元。

对于增值的计算，司法实践中不同地区不同法院的做法会有些许差异，没有一个统一的标准。

在《民事审判指导与参考》2016年第1辑（总第65辑）[①] 中，最高人民法院民一庭的意见是：涉及夫妻共同还贷款项及其相对应增值部分的数额等于以夫妻共同还贷部分乘以不动产升值率。所称不动产升值率，是用不动产现价格除以不动产成本，不动产成本包括购买时不动产价格+共同还贷的利息部分+其他费用（比如契税、印花税、营业税、评估费等）。

308. 离婚中取得房屋的一方，需要一次性支付对方补偿款吗？

在分割夫妻共同房产时，取得房屋的一方，可以与另一方协商补偿房屋价值的数额和支付方式，比如分期支付等。但若双方协商不一致的，法院会判令取得房屋的一方一次性支付补偿款。

因此，主张房屋所有权时，需要充分考虑自己一次性支付能力或融资能力。否则，即使取得房屋，却无力支付补偿款。届时，对方可以申请强制执行并拍卖房

① 吴晓芳：《民事审判指导与参考》2016年第1辑（总第65辑），人民法院出版社2016年版。

屋。因此产生的执行费、拍卖费、评估费、迟延履行利息均由被执行人承担。

309. 婚后共同建起的违章建筑能分割吗？

法院只能分割夫妻合法取得的财产。当夫妻双方要求法院分割共同建造的房屋时，法院会要求出具不动产权证书及房管局的查册资料。

对于已经取得所有权的房屋，法院可依法分割处理。对于尚未取得所有权的房屋①，法院不会判决房屋所有权归谁，但可以根据实际情况判决房屋由哪一方使用。当事人在离婚后取得房屋的所有权，比如取得不动产权证，则可以另案起诉分割所有权。法院这样处理的前提是房屋本身是合法的，只是尚未取得所有权。

对于自己建造的房屋，取得所有权的方式是建造，而不是办理登记。所以，自己建造但尚未取得不动产权证的房屋，未必不可以分割。但当事人要向法院证明房屋是合法建造的。法院一般要求当事人提供国土局、规划局存档的合法报建手续档案资料。当事人无法调取的，可以申请法院调取。

然而，有些房屋本身就没有报建手续，这类就是违章建筑；也有些房屋已经被有关部门认定为违章建筑。法院若是在离婚案件中分割该类房屋，等同于通过司法权确认了房屋的合法性。因此，法院对该类房屋不予处理。

法院虽然对该类房屋不予处理，但日后当事人完善了罚款手续，能够办理不动产登记手续，转为合法建筑，此时，则可以另案起诉分割该房屋。若日后政府拆迁该房屋，政府会根据建筑的违章程度，计算补偿标准。政府给予的补偿款、补偿物，属于经过行政手续确定为合法的夫妻财产。夫妻一方就此起诉法院分割的，法院可以依法处理。

310. 婚后向他人购买的小产权房，离婚时法院是否分割处理？

小产权房是指无法取得不动产登记的房屋。无法取得不动产登记的原因有很多，有些本身是违章建筑，有些是没有合法报建的，有些是跟村民购买宅基地后建造的，有些是跟当地集体资产管理部门购置的集体建设用地，但无法取得产权证。

小产权房在离婚案件中如何处理更是成为审判实践中的一大难点。各地法院的理解和做法也各不相同。

有的法院认为，在离婚案件中小产权房可以分割，因为在离婚纠纷中只涉及家

---

① 《民法典婚姻家庭编的解释（一）》第七十七条：离婚时双方对尚未取得所有权或者尚未取得完全所有权的房屋有争议且协商不成的，人民法院不宜判决房屋所有权的归属，应当根据实际情况判决由当事人使用。当事人就前款规定的房屋取得完全所有权后，有争议的，可以另行向人民法院提起诉讼。

庭成员内部，分割前后并不会产生市场流通的后果；有的法院认为小产权房虽不能分割所有权，但应当分割财产性权益，即小产权房的市场价值；还有的法院对小产权房不予处理，因为法院担心如果对涉案小产权房进行分割，以裁判文书的形式确认夫妻一方对于小产权房的所有权，会与物权法的规定相悖，而且导致大量类似案件涌入法院，助长当事人企图通过法院裁判文书的形式使小产权房得到合法确认，干扰国家对农村土地和房屋管理部门的管理。

对于违章建筑以及没有合法报建的建造，法院是无法处理的。法院不能通过司法裁判变相对房屋进行合法性确权。对于非法购买村民的宅基地建造的房屋，违反法律禁止性规定，本身购买行为无效，无法认定为夫妻共同的财产，当然也无法分割。

对于一些跟镇政府、区政府有关部门购买的土地、房产，因特殊原因无法办理产权登记，当事人宜找出当地关于农村土地流转相关的规定，看买卖是否合法有效，是否有报建手续，争取处理不动产的使用、收益的权利。

同理，小产权房因为罚款、整改等行政手续转为合法建筑，或者小产权房因为政府拆迁而转为补偿款、补偿物的，当事人可以就合法建筑、补偿款、补偿物主张分割。

311. 离婚时房屋未取得产权证，是否可以要求法院分割？

房屋产权证，就是我们平时常说的房产证，现在统一改成了不动产权证书。房屋产权证上会登记产权人、房屋地址、面积等相关情况以及该房屋是否存在抵押、查封等第三方权益。

一般来说，产权证是判断房屋归属的重要凭证。没有法定的特殊情形时，法院通常依据产权证书来确定房屋的真实存在以及房屋的所有者。但在现实生活中，并不是所有的房屋都有产权证，比如购买的期房，在约定的时间内收楼入住，却不一定马上能办理产权证；又比如小产权房，也没有一对一的产权证。早些年农村自建房还没有统一办理不动产权登记时，很多农村自建房也都是没有产权证的。

那么问题来了，大家都知道打官司最讲究证据。谁主张谁举证，任何一方提出的观点，那都是要提供证据的。提供不了证据，就要承担相应的不利后果。法官判案必须“以事实为依据，以法律为准绳”。房屋产权的分割必须建立在房屋真实存在、权属清楚明晰的基础上，也就是说离婚时分割的房屋，必须有相应的证明材料证实该房屋确实存在且属于夫妻共同财产。如果没有充分的证据证实，是不能要求分割房屋所有权的。

在实践中，根据不同的房屋类型，法院一般采取以下几种处理方式：

（1）普通商品房

无论是一手现房还是期房，或是二手房，这种房屋一般要求房主办理产权证后，才转移获得房屋所有权。所以，这类房屋如果没有取得产权证的，法院一般暂不予分割。待取得产权证后，任何一方当事人都可另行诉请法院要求分割。

这也是有明确的司法解释规定的。[①] 根据司法解释规定，没有办理产权证的房屋，在离婚时暂时是分不了所有权的，只能请求法院判定暂时的使用权归属，待办下产权证后，再自行协商房屋产权分割事宜，也可另行再向法院起诉要求分割。

需要注意的是，在民政局办理离婚登记时，即使尚未取得房屋的产权证，双方也完全可以在《离婚协议书》中协商约定归谁所有，并没有法律上的障碍。

（2）合法自建房

在农村或乡镇，有些村民或居民，自建房建好后，可能只有宅基地证或国有土地使用权证，并没有办理房屋的不动产权证。根据《民法典》第二百三十一条[②]的规定，合法自建房自房屋建造之日起，当事人便享有物权。在这种情况下，如能提供合法的报建手续，即使没有办理房屋产权证书，也可以要求法院对该自建房进行分割。如果没有报建手续，不能证明房屋是合法建造的，需要补办相关手续或取得房屋的不动产权证后，方可要求法院分割。

（3）本身无法取得产权证的房屋

本身无法取得产权证的房屋，就说明该房屋在法律上存在严重的缺陷，或是非法买卖他人的宅基地，或是本身是违章建筑，或是国家政策本身禁止该类交易等。对于此类房屋，法院无法处理。

312. 按经济适用房管理的房屋，在离婚中能否分割？

经济适用房，是国家为中低收入家庭、住房困难户提供的保障性普通住房，具有其特殊性质，而非普通的商品房。

我国《经济适用住房管理办法》及《广州市经济适用住房制度实施办法（试行）》等地方性规章制度对经济适用房的购买、管理、转让等事宜均有着严格的规

---

① 《民法典婚姻家庭编的解释（一）》第七十七条：离婚时双方对尚未取得所有权或者尚未取得完全所有权的房屋有争议且协商不成的，人民法院不宜判决房屋所有权的归属，应当根据实际情况判决由当事人使用。当事人就前款规定的房屋取得完全所有权后，有争议的，可以另行向人民法院提起诉讼。

② 《民法典》第二百三十一条：因合法建造、拆除房屋等事实行为设立或者消灭物权的，自事实行为成就时发生效力。

定。经济适用房不是谁都能购买的，也不是能随便转让的。

离婚时，经济适用房能否分割？对于经济适用房管理的房屋分割问题，一般要考虑房屋的申购人、申购时间、出资情况来综合认定：

第一，如果该房屋是由夫妻与其他家庭成员共同申请购买的，即使房产证所有权人登记的是夫妻一方或双方，那么该房屋还牵涉夫妻二人以外的家庭成员的权益。此时，法院无法在离婚案中处理，需要离婚后提起家庭共有财产的析产诉讼。

第二，如果该经济适用房是夫妻双方作为申请人出资购买的，那么该经济适用房一般会认定为夫妻共同财产。

虽然房屋确定为夫妻共同财产，但分割时需要考虑自签订购房合同之日起是否满五年。如果自购房之日起未满五年，该经济适用房只能由符合经济适用住房申请购买条件的一方取得①，取得房屋一方向另一方支付房屋补偿款。如果自购房之日（签订购房合同之日起视为购房之日②）起已满五年，则可以由双方自行协商分割，也可以请求法院在离婚诉讼中判决房屋的归属。但是如果房屋由不符合经济适用住房申请购买条件的一方取得的，则需要另行缴纳土地收益等价款。③

第三，对于按照经济适用房管理的其他特殊房屋，如央产房、军产房、单位房改房，或按法律法规、政策性规定不能上市交易的④，则在离婚诉讼中可能无法评估其市场价值，故该类型房屋需要由双方当事人对价值协商一致。如不能协商一致的，这类房屋处理起来就比较棘手。

313. 与父母共同登记的房屋能在离婚诉讼中一并分割吗？

与父母共同登记的房屋，意味着房产证上除了有夫妻一方或者双方的名字，还有一方或双方父母的名字。房产证是房屋权利人的重要证明，单从房产证上来看，

---

① 《广州市经济适用住房制度实施办法（试行）》第十九条：购得经济适用住房不满五年的，因赠与、离婚析产等原因需要转移房屋产权的，拟接受住房的家庭应当符合经济适用住房申请购买条件，持市房改办住建办出具的有关证明，经房地产管理部门核准后，办理变更登记手续；变更登记后，原经济适用住房性质不变。

② 《广州市经济适用住房制度实施办法（试行）》第十六条：经济适用住房产权为有限产权，不得出租、出借，自签订购房合同之日起五年内不得上市交易。

③ 《广州市经济适用住房制度实施办法（试行）》第二十条：购得经济适用住房满五年的，购房人可转让经济适用住房，但应当缴纳土地收益等价款，市房改办住建办可优先回购。购房人缴纳土地收益等价款后，可以取得完全产权，房地产管理部门应当在其房地产权证上重新注记。土地收益等价款按照届时同地段普通商品住房与经济适用住房差价的80%计算。土地收益等价款全额上交市财政。

④ 《广州市已购公有住房上市规定（2019修订）》第九条：下列已购公有住房不得上市：（1）司法机关和行政机关依法裁定、决定查封或者以其它形式限制房地产权利的。（2）产权共有的房屋，其他共有人不同意上市的。（3）国家、省、市规定不能上市的。

登记了几个人，那么就很容易判断房屋归这几个人所有，除非有相反的证据予以证明。这在离婚时无疑是个难题。

在离婚时，法院能处理的是分割结婚期间所得的夫妻共同财产。所以离婚时只有夫妻共同财产能分割。

反过来思考，房产证还登记了夫妻一方父母，甚至是双方父母。如果采用的是按份共有，则各自的房屋份额是明确的；若采用的是共同共有，则各自的房屋份额并不确定。分割该共同共有的房屋时，涉及父母等案外人的利益。由于案外人无法参与到离婚诉讼中，法院直接在离婚案中分割，可能会损害案外人利益，因此需要另案处理。例如，男女双方结婚后，购买了一套房，房子登记了夫妻二人的名字，还有女方母亲的名字，均为共同共有。在离婚诉讼中，法院会认为："该房产权利人还有非本案当事人，故法院不予处理。"言下之意，房子的事，你们另外协商或诉讼处理。

在离婚诉讼中，可能涉及夫妻二人以外的人的利益时，法院一般会采取以下办法来解决：

第一，对于这类房屋，法院直接不处理，但会告诉当事人"由相关权利人另寻法律途径解决"。

第二，中止离婚诉讼，告诉房屋相关权利人另行提起析产之诉，再根据析产之诉的判决结果，对夫妻共有部分的房屋进行分割。

比如上面这个案子，当事人另外提起一个新的诉讼，处理这套房屋的权属事宜。随后在离婚诉讼中提出中止审理的请求，待法院调解书或判决书来确定夫妻二人占有这套房屋的权属份额。然后，恢复离婚案件的审理。此时在离婚诉讼中，房屋分割就有了判决的依据了。

简而言之，在离婚诉讼中，与父母共同登记的房屋，一般情况下是不能要求分割的，除非提供证据证明夫妻占有房屋的确定份额。比如，法院的生效判决书、调解书中明确夫妻一方或双方占有的房屋份额，或者夫妻一方或双方与房屋共同登记人签署的析产协议，协议中明确约定夫妻一方或双方占有的份额，或者提供关于房屋份额的公证文书。提供的协议未经公证的，还需要房屋共同登记人出庭作证。

314. 与子女共同登记的房屋，可以在诉讼中一并要求分割吗？

有些夫妻在买房时，关于房屋登记谁的名字会各持不同的意见。有不少家庭就将房屋登记在子女名下。有些单独登记在子女名下，也有些登记了父母和子女几个人的名字。

在离婚诉讼中分割该类房屋时，需要考虑：

(1) 与子女共同登记的房屋，房屋产权归谁？

产权证为何登记了子女的名字？究竟是借子女的名字登记？还是将房屋产权的一部分份额赠与子女？

如果夫妻都认为是借子女的名字登记，那么房屋的产权就是有争议的。如果是夫妻二人都认为，将该房屋一部分产权赠与子女，那么该房屋就是夫妻双方与子女的共同财产。要判断子女和夫妻的房屋份额，首先看产权证是否登记了具体份额。如有具体的份额，则可以直接在离婚案件中确定夫妻占有房屋的份额。如登记为共同共有，则无法判断各自的房屋份额。

(2) 与子女共同登记的房屋，离婚时如何处理？

既然要处理财产问题，且房屋登记了子女的名字，那么就要考虑子女是否已成年。如果子女未成年，且父母一方或双方未能提供充分证据证明该房屋全部属于夫妻二人共有财产的，那么在离婚诉讼中，法院一般不予分割。因为该房屋可能涉及子女的利益，法院不宜处理。那如果子女已成年了呢？

因为房产证上有已成年子女的名字，一般有如下三种方式来处理：

第一，离婚诉讼中暂不处理该房屋分割事宜。离婚后，任何一方当事人另行起诉确定房屋产权，再协商或诉讼分割。

第二，申请暂停审理离婚案件，同时另案提起析产之诉，待析产之诉出具生效裁判文书后，再继续审理离婚案件。这时，离婚案件中就可以一并处理该房屋权属分割问题了。

第三，成年子女与父母双方就房屋的权属达成一致意见。若三方一致认可该房屋系父母双方的夫妻共同财产，此时该房屋可在父母的离婚案中予以处理。此时，需要成年子女出庭作证或提供有公信力的证据材料，如生效的司法裁判文书、公证书等。

315. 已经签订拆迁合同但房屋尚未建成，可以在诉讼中主张分割吗？

房屋拆迁合同，是指房屋拆迁人和被拆迁人之间签订的，关于房屋拆迁事项达成的协议。

拆迁合同中，一般会针对被拆迁人迁出原址后的拆迁利益作出明确的约定。但是，拆迁合同中约定的被拆迁人可得利益，主要有货币补偿、货币补贴、房屋补偿等。签订拆迁合同后，货币补偿和补贴一般会在签订合同后不久发放，但房屋补偿则需要待回迁房房屋建成验收合格后方可交付。

在离婚诉讼中，可以要求分割已实际取得的拆迁合同中约定的货币补偿、货币补贴的经济利益。但在回迁房屋未付给被拆迁人之前，被拆迁人并不享有回迁房的所有权，也不享有回迁房的使用权。故，对于尚未建成的回迁房屋不能主张分割。[①]

尽管不能主张分割回迁房的所有权，但被拆迁人的权利和义务均在拆迁合同中有详细约定。当事人可以尝试主张分割拆迁合同项下的权利和义务。比如，拆迁合同中约定回迁户屋面积 300 平方米，那么夫妻在离婚诉讼中，可以对未来取得 300 平方米回迁房的权利进行分割，如男方享有拆迁合同的 50%权益，女方享有 50%权益，并共同履行合同项下的义务。

316. 因购房政策受限而由他人代持的房产，离婚案件中可以一并分割处理吗？

有些当事人因为限购政策，没有购房资格，自己出资但以亲属或朋友的名义购买房屋，最终房屋的产权登记在他人名下。这类代持的房产，既有可能没有任何代持协议，也有可能有代持协议。

在离婚诉讼中，夫妻一方主张登记在他人名下的房屋本身是夫妻共同财产。另一方既有可能否认，也有可能承认。但无论如何，这里面都涉及第三人的利益，即房屋登记人是否承认该事实？

在离婚案中只能有两位当事人——夫妻，无法追加第三人参与诉讼。所以，法院无法在离婚案中分割该类房产。当事人必须提起房屋确权或协助过户的诉讼，由夫妻俩、房屋登记人及其配偶参与。在房屋实质权利的诉讼中，法院要审查是否有代持关系，代持关系是否合法有效，代持人是否需要协助将房屋过户至实际出资人名下，实际出资人是否有购房资格，等等。

此外，夫妻双方在婚姻关系存续期间，以夫妻共同财产出资购买的以一方父母名义参加的房改房，登记在一方父母名下。此时，夫妻不能主张分割该房产所有权。[②] 对于当初夫妻双方支付的购房款，可以另行向一方父母主张返还。

317. 诉讼中可以要求法院调取自结婚之日起至今的银行流水吗？

在夫妻关系不睦，特别是夫妻闹到法庭要离婚的时候，很多当事人便会一门心思地认为对方存在隐瞒、转移财产的行为，或者认为对方可能赠与财物给第三方。当事人尤其担忧银行存款这种流动性大的财产。所以，他们往往会要求律师向法院

---

① 《民法典婚姻家庭编的解释（一）》第七十七条：离婚时双方对尚未取得所有权或者尚未取得完全所有权的房屋有争议且协商不成的，人民法院不宜判决房屋所有权的归属，应当根据实际情况判决由当事人使用。当事人就前款规定的房屋取得完全所有权后，有争议的，可以另行向人民法院提起诉讼。

② 《民法典婚姻家庭编的解释（一）》第七十九条：婚姻关系存续期间，双方用夫妻共同财产出资购买以一方父母名义参加房改的房屋，登记在一方父母名下，离婚时另一方主张按照夫妻共同财产对该房屋进行分割的，人民法院不予支持。购买该房屋时的出资，可以作为债权处理。

申请调取对方的银行流水。

银行流水通常都一目了然地显示出交易日期、交易金额、交易相对方的姓名与账户信息。对方是否存在大额不明消费，是否存在可疑的转账记录，都可以在银行流水中体现出来。这是一份很好的证据，可以用来推断对方是否存在转移财产，是否存在可疑的第三方转账。

我们在申请调取银行流水的同时，还可以调取存款余额。通常情况下，银行账户中的存款余额系夫妻共同财产，在离婚的时候可以请求分割。

银行流水还有一个非常重要的作用，即可以通过已知的流水中找到对方的其他银行账户，再申请调取新的银行账户流水及存款余额。为什么说这很重要呢？因为在离婚案中，调查财产非常关键，但是需要向法院提供对方具体的银行账户信息。如果当事人没有掌握对方的银行账户，让法院直接调查对方名下所有的银行账户，几乎不会得到法院的同意。这种“以旧找新”的调查方法，在实务中会经常用到，也变得非常实用。

在离婚案件中，对于法院调取流水的期限，法律上并没有明文规定，法官一般根据案件实际情况行使法官裁量权，酌情决定调取的期限。一般情况，法官会酌情允许调取离婚立案日前一年或两年的银行流水。如果有特殊情况，法官会根据特殊情况来确定一个特殊的日期作为调查的起始日，比如有证据证明因感情不和而分居的时间点。此时，法官会酌情允许调取银行流水的期限可以自分居之日起计。在一些极个别的疑难复杂案件中，调查银行流水时间区间更长。

所以，在离婚诉讼案件中，要求法院调取自离婚之日起至今的银行流水，很难得到批准。因此，读者在婚姻日常生活中就应该注意管理好双方的存款，及时向对方了解或巧妙地查看银行余额等。

318. 不知道对方银行账户，可以要求法院调取吗？

在诉讼过程中，除非法律明文规定由对方举证的情况下，一般都要遵循“谁主张，谁举证”的规则。在离婚诉讼中也不例外。

离婚诉讼一般分为两个阶段，诉讼阶段和执行阶段。两个阶段的目的不同，当然法院会区别对待。

第一，在诉讼阶段中，不知道对方银行账户信息的情况下，一般不能要求法院调取对方的银行账户。除非当地法院已经出台了诉讼阶段的利用网络执行查控系统查询财产的规定。一般而言，该规定会要求比较严格，广州地区法院要求当事人提供达到证明标准且能够指向特定财产的具体财产线索。所以，当事人在婚姻关系存续期间，就要多注意关心配偶，不要平时漠不关心，了解配偶的工作单位、工作收入、收入发放的银行卡基本信息，如开户行、银行账号等。

一是要建立家庭财产使用制度，比如家庭成员统一商量，多少金额以下的开支可以自行作主，多少金额以上的要夫妻协商一致同意，比如借款给他人、买车、买房、经营行为、投资行为等大额开支都要经夫妻协商一致，避免一方不知情的情况下单方面的大额支出。

二是要了解配偶的工作单位、收入情况、收入发放的银行卡基本信息，如开户行、银行账号等。

三是要关心配偶，要知道对方在哪些银行开设了银行卡及银行账号，日常使用的银行卡是哪些。

第二，在执行阶段，虽然申请人需要提供被执行人的财产信息，但如果申请人确实无法提供确切的财产信息的，法院也可以利用网络执行查控系统查询被执行人名下的财产。被执行人名下的房屋、车辆、银行账户都可以查到。

319. 不知道对方的支付宝、微信钱包账户，可以要求调取吗？

随着电子支付的普及，支付宝、微信钱包已经成为人们日常支付、存钱、理财的重要工具，发挥着很多银行的价值和功能。支付宝、微信钱包中的存款也属于合法财产的类型。支付宝账户、微信钱包账户与银行账户一样，支付宝公司与财付通公司都可以接受当事人调取相关账户信息、交易信息以及余额。但是支付宝账户、微信钱包账户的相关信息，并不是任何人都能任意调取的。因为任何公民的个人信息都是平等地受到法律保护的。①

所以，在离婚诉讼阶段中，只能依申请由法院调取或者律师持调查令调取。目前最主要的方式是委托律师向法院申请签发《律师调查令》，再由一至两名律师前往支付宝公司、财付通公司调取相关账户信息。

320. 除了银行存款余额外，可以要求分割银行流水中的大额支出吗？

在离婚纠纷中，对于夫妻共同财产的分割，不动产、车辆、公司股权、银行存款是较为传统又常见的财产类型。不动产、车辆、股权在我国都是采取登记制度，是较容易查询到的。相对而言，要查询银行存款的难度就大多了。为了查明对方银

---

① 《个人信息保护法》第二条：自然人的个人信息受法律保护，任何组织、个人不得侵害自然人的个人信息权益。

行存款，往往需要律师持律师调查令前往多家银行调查对方当事人名下的银行账户信息、交易流水及账户余额。银行账户余额即一方账户内可分割的夫妻共同存款。那么为什么还要查询交易流水呢？其实交易流水大有用处。

在查询到的银行交易流水中会清晰地显示转账时间、转账金额、收款人等信息，若流水中存在不明原因的大额转账或支出，且银行账户持有人无法说明合理缘由的，可以申请法院认定为转移夫妻共同财产或者挥霍夫妻共同财产。根据《民法典》的规定，任何一方若转移、挥霍夫妻共同财产的，可以对该方少分或者不分。①

目前没有明确的法律规定什么样的转账金额属于大额转账或支出，是单笔记还是总计？实务中，法院需要综合当事人的经济能力、转账或取出的频次、当时夫妻关系不睦的程度、转账人与收款人的关系等综合考虑评估。

实务中大额支出，存在两种性质，一是转移、挥霍财产，二是擅自处分共同财产。转移、挥霍财产是恶性的，对应的法律后果是少分或不分财产。擅自处分共同财产，是相对中性的，对应的法律后果原则上就处分财产的一半赔偿另一方。

在实务中，就大额转账定性为转移、挥霍财产，还是擅自处分财产，并不是那么容易区分的。一方面要听取转账、取现的一方解释，另一方面也要结合金额、转账取现时是否感情不和、与收款人的关系等。同时，主张为转移、挥霍财产的一方，要证明对方的故意。

比如，在离婚诉讼前两个月，男方转账 100 万元给他父亲。在法庭上，男方解释为向其父亲还款。那么，法院会要求其提供曾经的借款流水证明。若男方什么都没办法提供，则很有可能被认定为转移财产。若男方解释为借钱给他父亲，并提供借据。那么，就会形成一个债权。财产并没有消失，只是转变了形态。此时，女方可以主张男方擅自出借了夫妻共同存款给他人，存在无法收回借款的风险。因此，债权应归男方享有，男方向女方补偿 50 万元。

总而言之，在诉讼中处理大额支出时，非常考验生活逻辑、经验、发问技巧以及事后的调查取证。

321. 不知道对方的证券账号，可以要求法院调取吗？

我国目前有 100 多家证券公司，证券营业部更是有接近 6000 家。而证券账号在任何一家证券公司的营业部均可开设。在上文中，我们强调当事人申请调查财产

---

① 《民法典》第一千零九十二条：夫妻一方隐藏、转移、变卖、毁损、挥霍夫妻共同财产，或者伪造夫妻共同债务企图侵占另一方财产的，在离婚分割夫妻共同财产时，对该方可以少分或者不分。离婚后，另一方发现有上述行为的，可以向人民法院提起诉讼，请求再次分割夫妻共同财产。

时，需要提供具体的财产信息。

那么，证券账户究竟包括了什么样的信息可以利用？一般而言，证券投资者拥有以下特定的信息：（1）名字、居民身份证号；（2）股东账户，比如沪市的股东账户，深市的股东账户；（3）一码通账户信息；（4）在某证券公司开设的资金账户。目前，投资者可以在多家证券公司开设资金账户进行投资。因此，投资者可能会在多家证券公司有不同的资金账户。

当事人申请调查取证时，最好能够提供具体证券公司营业部和资金账户或股东账户或一码通的信息。这是最为理想的状态。有些当事人只知道对方在哪家证券公司开设账户投资，却不知道具体的资金账号、股东账户，此时可以尝试申请法院发函或颁发律师调查令去该证券公司调取对方开设的账户信息、资金账户余额、资产及交易明细等信息。因为，证券公司对应司法查询时，可以用名字、身份证号去查询当事人的资金账户、股东账户。为了增加获准的概率，当事人最好能够提供对方在某证券公司开设过账户的线索，比如银行流水中的转账记录，该记录显示收款方为某证券公司的托管账户；证券 APP 的登记界面的截图，能显示出打了星号的资金账户，当然每一家证券公司的 APP 都能显示出公司的名称。如此，则可以证明对方在某家证券公司有证券账户。

若当事人只知道对方有炒股，但不知道在哪家证券公司，也不知道股东账户、资金账户。此时，可以申请法院向中国证券登记结算有限责任公司调取对方持有的证券信息。

322. 由他人代持的股份，可以在离婚诉讼中一并审理分割吗？

代持股份是指实际股东所有者找第三方（机构或者个人）代其持有股权、股份，不登记实际股东，而由第三方登记为公司股东的行为。代他人登记为公司股东的第三方被称为“代持股东”或“名义股东”。为了安全起见，实际股东一般还会与代持股东签订《代持协议》，约定二人的权利和义务。在《代持协议》中，名义股东虽然登记为某公司的股东，但实际上并不享有公司任何股东权益，股东权利和义务仍由实际股东享有和承担。

在离婚诉讼中，要分割由他人代持的股份（股权）存在许多障碍。

第一，涉案的股权是否由他人代持，本身就不能仅听夫妻俩所说，需要和名义股东核实。离婚案中无法追加第三人，名义股东无法参与诉讼。若法院贸然认定代持并分割股份（股权），等于剥夺了他人的诉讼权利，亦可能实质性损害他人财产权益。除非该代持协议经过公证或生效裁判文书确认，又或者名义股东以证人名义出庭作证认可代持事实。

第二，公司的其他股东根据法律规定或章程规定，对股权有优先购买权。法院同样无法追加他们作为第三人，他们未必会出具放弃优先购买权的声明，甚至不理会一方当事人的征询函。因此，当事人往往需要离婚后就股权分割提起诉讼，并追加其他股东作为第三人。

第三，夫妻一方认为存在代持，另一方认为没有代持事实。此时，代持本身存在法律上的争议。主张存在代持的一方，需要另案起诉确权。

323. 离婚诉讼中，能否分割公司的内部股权、期权？

公司内部股权，是公司在其公司内部针对员工设计的一种福利制度，意在员工满足特定的工作年限、业绩等条件后，给予其相应的股权或分红，有的需要员工支付相应的对价，有的是公司奖励给员工的。一般情况下，公司赋予员工的内部股权，是有限制的股权，该股权只享有公司收益的分红。内部股权并非真正法律意义上的股权，享有内部股权的员工也并不完全享有公司股东身份和资格。

在离婚诉讼中，夫妻任一方持有的股权，只要该股权属于夫妻共同财产，则均可以要求法院依法予以分割。这种权益一般体现在员工与公司签署的协议中，工商登记中无法体现。从法律上来讲，员工在职期间，有条件地享有公司分红，但并没有取得法律意义上的股东资格，该内部股权只能理解为有条件的财产权，而非真正意义上的股东资格。所以在离婚诉讼中，配偶只能要求分割该内部股权价值和在婚内产生的分红，而不能要求直接分割取得该内部股权。

（1）关于内部股权分红的分割

内部股权分红的三种情况：

一是在婚姻关系存续期间，一方已经获得分红，则分红款应予分割。由于分红已经变为存款，既有可能已经在日常生活中消费掉，也有可能有节余。分割分红款，实际上依然是分割存款余额、大额支出。

二是在婚姻关系存续期间，公司已决定分红但还没有实际分红的，配偶可要求对应当取得的分红款进行分割。

三是公司尚未分红也没有做出即将分红的决定。此时，配偶无权主张分割分红款。因为是否分红、何时分红、分红金额尚不得而知。尚未分配的利润，本身隐含在股权的价值之中。

（2）关于内部股权价值的分割

对于内部股权，法院原则上将该股权判归持有人所有，持有人就股权价值的一半补偿给另一方。内部股权的价值如何确定，是该类案件的难点。

首先，可以由夫妻双方协商价格。然而，夫妻在离婚时一般很难协商一致。其次，在一些比较正规的大公司中，每年会更新内部股权的回购、内部流通的价格。在这种情况下，法院可以函询该公司关于股权的价格。最后，当公司自己没有相应的定价时，则需要评估公司的股权。公司并非案件的当事人，往往也无法配合评估工作。最终无法评估该股权的价值，法院则无法分割该股权。

（3）关于期权的分割

我们已经介绍过如何判断期权是否属于夫妻共同财产。若本身期权属于共同财产的前提下，在离婚案件中该如何分割呢？

第一，婚后已经行权的期权，则已转化为股权。当事人就股权进行分割即可。

第二，对于符合行权条件的期权，则可以在离婚案件中就其财产价值进行分割。一般而言，期权具有身份性质，无法判决归配偶一方所有。持有期权的一方需要就期权的价值补偿另一方。对于上市公司的期权，其价值相对容易判断。离婚时的股价减去行权价就能得出收益。如果行权价高于股价，在离婚时期权的价值为负数。当事人可以在离婚后再择时主张分割。若公司并未上市，则如同内部股权一样，需要通过公司回函确定股权的价值。若无法确定公司股权价值，则无法判断期权价值，最终无法分割。

第三，对于尚未符合行权条件的期权，其价值是不确定的。法院对该类期权不予处理。待离婚后行权条件成就时，当事人可另案起诉分割。

324. 离婚时分割有限责任公司、股份有限公司、上市公司的股权有什么不同？

有限责任公司，也称有限公司，是指根据《市场主体登记管理条例》规定登记注册，由五十个以下的股东出资设立，每个股东以其所认缴的出资额为限对公司承担有限责任，公司以其全部资产对公司债务承担全部责任的企业法人。

股份有限公司，是指公司资本为股份所组成的公司，股东以其认购的股份为限对公司承担责任的企业法人。设立股份有限公司，应当有 2 人以上 200 人以下为发起人。公司的资本总额平分为金额相等的股份；公司可以向社会公开发行股票筹资，股票可以依法转让；法律对股份有限公司股东人数只有最低限度，无最高人数规定；股东以其所认购股份对公司承担有限责任，公司以其全部资产对公司债务承担责任；每一股有一表决权，股东以其所认购持有的股份，享受公司股东权利，履行公司义务。

上市公司，是指所公开发行的股票经过国务院或者国务院授权的证券管理部门批准在证券交易所上市交易的股份有限公司。上市公司是股份有限公司的一种，所以上市公司除了满足所有股份有限公司的条件外，还需要符合一定的上市条件并经过国家相关部门的严格审批。

在离婚案件中，要分割公司的股权（股份），要么分的是股权（股份）本身，要么分的是股权（股份）所对应的价值。分割股权（股份）本身还是分割其价值，取决于股权（股份）本身是否存在限制及当事人的诉求。

（1）有限责任公司和股份有限公司的法律特征决定其分割时的特殊要求。

有限责任公司一般股东人数较少，公司要求股东不仅要出资，股东相互之间有信赖关系，一般都会共同经营公司，所以有限责任公司是集资合和人合双重属性的组织形式。这种特殊性决定了有限责任公司股权在分割时，既要维护夫妻双方的共同财产权利，还要兼顾公司其他股东和公司人格等诸多因素。

根据我国《公司法》第七十一条①、第七十二条②的规定，分割有限责任公司股权时，应注意以下几个方面：

第一，若夫妻二人均是该有限责任公司的股东，因为《公司法》规定有限责任公司的股东之间可以相互转让其全部或者部分股权。故夫妻二人协商分割股权本身还是分割股权价值，均无限制。

第二，若只有夫妻一方为该有限责任公司的股东，能否分割股权本身就要根据公司章程的约定和其他股东是否行使优先购买权。

如果法院分割股权本身，裁判文书生效后，一方持有的一部分股权将要转到配偶另一方名下。此时，根据《公司法》中关于有限责任公司股权转让的相关规定，股东向股东以外的人转让股权，应当经其他股东过半数同意。

当夫妻双方均是有限责任公司的登记股东时，离婚分割股权属于内部转让，因此可以直接按比例分割股权。

当夫妻一方为该公司股东时，离婚分割股权属于外部转让。股东的配偶主张分割股权对应的价值，则不涉及其他股东的优先购买权。如股东配偶主张分割股权比

---

① 《公司法》第七十一条：……股东向股东以外的人转让股权，应当经其他股东过半数同意。股东应就其股权转让事项书面通知其他股东征求同意，其他股东自接到书面通知之日起满三十日未答复的，视为同意转让。其他股东半数以上不同意转让的，不同意的股东应当购买该转让的股权；不购买的，视为同意转让。经股东同意转让的股权，在同等条件下，其他股东有优先购买权。两个以上股东主张行使优先购买权的，协商确定各自的购买比例；协商不成的，按照转让时各自的出资比例行使优先购买权。公司章程对股权转让另有规定的，从其规定。

② 《公司法》第七十二条：人民法院依照法律规定的强制执行程序转让股东的股权时，应当通知公司及全体股东，其他股东在同等条件下有优先购买权。其他股东自人民法院通知之日起满二十日不行使优先购买权的，视为放弃优先购买权。

例、成为公司股东，需要提供证据证明公司其他股东过半数同意（若公司章程另有规定的，则还应按公司章程的规定）其成为公司股东，且其他股东过半数放弃优先购买权。若没有证据证明或其他股东提出优先购买权异议的，股东的配偶只能主张分割股权价值。

（2）未上市股份有限公司的股份和上市公司的股票的分割。

这两类股份在离婚诉讼时的分割区别不大。根据《民法典婚姻家庭编的解释（一）》第七十二条的规定，夫妻双方分割共同财产中的股票、债券、投资基金份额等有价证券以及未上市股份有限公司股份时，协商不成或者按市价分配有困难的，人民法院可以根据数量按比例分配。

在分割未上市股份有限公司股份或者上市公司的股票时，一般先由夫妻双方协商。协商不成的，上市公司的股票可按股票市场价值进行分割或者直接根据股票数量按比例分割。非上市公司的股份可以确定股份价值的，可按当事人的诉求分割股份价值，也可直接按照股份数量按比例分割。

325. 分割股份公司股权后，双方必须签署一致行动人协议吗？

上市公司的股东常常会有“一致行动人”的安排。所谓“一致行动”是指投资者通过协议、其他安排，与其他投资者共同扩大其所能够支配的一个上市公司股份表决权数量的行为或者事实。在上市公司的收购及相关股份权益变动活动中有一致行动情形的投资者，互为一致行动人，《上市公司收购管理办法》对此作了详细的规定。①

① 《上市公司收购管理办法》第八十三条第一款、第二款：本办法所称一致行动，是指投资者通过协议、其他安排，与其他投资者共同扩大其所能够支配的一个上市公司股份表决权数量的行为或者事实。在上市公司的收购及相关股份权益变动活动中有一致行动情形的投资者，互为一致行动人。如无相反证据，投资者有下列情形之一的，为一致行动人：（一）投资者之间有股权控制关系；（二）投资者受同一主体控制；（三）投资者的董事、监事或者高级管理人员中的主要成员，同时在另一个投资者担任董事、监事或者高级管理人员；（四）投资者参股另一投资者，可以对参股公司的重大决策产生重大影响；（五）银行以外的其他法人、其他组织和自然人为投资者取得相关股份提供融资安排；（六）投资者之间存在合伙、合作、联营等其他经济利益关系；（七）持有投资者30%以上股份的自然人，与投资者持有同一上市公司股份；（八）在投资者任职的董事、监事及高级管理人员，与投资者持有同一上市公司股份；（九）持有投资者30%以上股份的自然人和在投资者任职的董事、监事及高级管理人员，其父母、配偶、子女及其配偶、配偶的父母、兄弟姐妹及其配偶、配偶的兄弟姐妹及其配偶等亲属，与投资者持有同一上市公司股份；（十）在上市公司任职的董事、监事、高级管理人员及其前项所述亲属同时持有本公司股份的，或者与其自己或者其前项所述亲属直接或者间接控制的企业同时持有本公司股份；（十一）上市公司董事、监事、高级管理人员和员工与其所控制或者委托的法人或者其他组织持有本公司股份；（十二）投资者之间具有其他关联关系。

夫妻离婚时，是否要签署一致行动协议，需要根据情况而定。

（1）分割上市公司股份

夫妻离婚时按股票数量分割一方所持有的上市公司的股份的，股东的配偶就要成为上市公司的股东。当分割股票后，双方存在《上市公司收购管理办法》中规定的一致行动人的情形的，双方无须签署《一致行动人协议》，根据《上市公司收购管理办法》的规定，也将视为一致行动人，有相反证据证明除外。当分割股票后，双方不符合《上市公司收购管理办法》中规定的一致行动人的，可以不签署《一致行动人协议》，也可以协商《一致行动人协议》，法律对此没有强制要求。

（2）分割非上市公司股份

在现实中，很多非上市的股份有限公司甚至有限责任公司也效仿上市公司签署《一致行动人协议》。但法律并没有强制他们签署《一致行动人协议》。

因此，因离婚取得非上市公司股份的男女双方，若能协商一致的，二人可以协商签署《一致行动人协议》；若不能协商一致的，除非该公司章程中有特殊的规定，或者二人取得该公司股权时做出了相关的一致行动人的承诺。

（3）是否可以随意解除《一致行动人协议》

值得注意的是，男女双方因法律法规或因协商一致签署了的《一致行动人协议》能否随意解除呢？一般分为两种情况：

第一，涉及上市公司或准备上市的股份公司的，法院通常不支持随意解除《一致行动人协议》；因为上市公司涉及公众利益，若随意解除可能会损害公众利益，所以法律要避免一致行动人股东在规避监管等不利情况时解除《一致行动人协议》、实现公司控制权等有利情况时又达成协议。

第二，涉及有限公司或非上市（包含准备上市但最终没有成功上市）股份公司的，通常法院是会支持股东解除《一致行动人协议》的。此时股东之间签署的《一致行动人协议》更像一份君子协定，若一方要求解除的，法院通常会根据合同相关法律及《一致行动人协议》的内容来判定是否适宜解除。

326. 上市公司股份因离婚而分割的，需要走一些特殊程序吗？

根据我国《公司法》第一百二十九条的规定，股份有限公司发行股票时，可以为记名股票，也可以为无记名股票。但公司向发起人、法人发行的股票，应当为记名股票。

目前，我国境内的公司发行的A股普通股票，大多为无记名股票。根据我国《公司法》第一百四十条的规定，无记名股票的转让，由股东将该股票交付给受让人后即发生转让的效力。

根据上述规定，若夫妻离婚时分割的是上市公司发行的无记名股票，因为无记名股票不记载股东名称，是可以自由转让的。因此离婚时一般可以判决直接分割股票的数量。依据离婚协议或裁判文书等法律文件，便可直接办理股份变更登记。此时，离婚夫妻股票的交割只需在证券交易所申请办理过户即可。如果一方拒不配合的，另一方还可以向法院申请强制执行，证券登记相关部门可依据法院出具的执行协助文件办理过户登记。

中国证券登记结算有限责任公司于2020年4月30日公布了《证券非交易过户业务实施细则（适用于继承、捐赠等情形）》，根据该文件，夫妻在办理过户时，需履行以下手续：

离婚后所涉证券（股票）过户的，男女双方需共同申请办理过户，申请办理过户业务时需提交以下材料：（1）过户业务申请；（2）离婚事实证明文件（通常指民政局出具的《离婚证》或法院出具的《离婚证明书》）；（3）证券权属证明文件（任意一项）：通过人民法院确认证券权属的，需提交人民法院出具的生效法律文书；通过公证机构公证的，需提交确认证券权属变更的公证文书；就财产分割作出明确约定且经婚姻登记机关确认的生效离婚协议；本公司认可的其他证明文件；（4）过出方、过入方有效身份证明文件；（5）本公司要求的其他材料。

若申请过户业务涉及以下情形的，申请人还需提交以下材料：（1）过户股份涉及国有股东须履行国有资产监督管理机构批准或备案程序的，需提交国有资产监督管理机构或者国家出资企业出具的批准或备案文件；（2）银行保险业上市公司、挂牌公司的股东持股变动达到或者超过总股本5%的，需提交中国银行保险业监督管理委员会的批准文件；（3）证券业上市公司、挂牌公司的股东持股变动达到或者超过总股本5%的，需提交中国证券监督管理委员会的批准文件；（4）其他需行政审批或备案后方可办理的过户业务，需提交有关主管部门的批准或备案文件。法律法规、部门规章以及规范性文件另有规定的，从其规定。

申请人申请办理过户业务时，如《公司法》和其他法律对其申请过户证券转让期限有限制性规定的，要严格遵守其规定。如过出方（即夫妻二人中股份原持有人）为上市公司持有百分之五以上股份的股东、实际控制人、董事、监事、高级管理人员，以及其他持有发行人首次公开发行前发行的股份或者上市公司向特定对象发行的股份的股东，过户证券为其持有的本公司股份的，不得违反法律、行政法规和国务院证券监督管理机构关于持有期限、卖出时间、卖出数量、卖出方式等的规定。比如：（1）夫妻一方为公司的发起人，则其持有的公司股份自公司成立之日起一年内不得转让。即使公司成立满一年的，公司发起人一方在公司上市前已取得的股份，自公司上市之日起一年内也不得转让。(2) 夫妻一方任公司董事、监事、高级管理人员时，在任职期间每年转让的股份不得超过其所持有本公司股份总数的百分之二十五；所持本公司股份自公司股票上市交易之日起一年内不得转让。上述人员离职后半年内，不得转让其所持有的本公司股份。(3) 另外，除了前述一、二项外，还要考虑公司章程是否对公司董事、监事、高级管理人员转让其所持有的本公司股份作出其他限制性规定，如果公司章程有限制性规定，则还须遵守公司章程的规定。

申请人申请办理过户业务时，根据有关规定信息披露义务人需履行信息披露义务的，申请人应当在信息披露义务人履行完成信息披露程序后，再申请办理过户业务。比如，一方任公司董事、监事、高级管理人员时，应当向公司申报所持有的本公司的股份及其变动情况，应当先履行股份变动的披露义务。

值得注意的是，根据我国《公司法》的规定，若夫妻一方为股份公司的发起人或担任公司董事、监事、高级管理人员的，其持有的是公司记名股票，在向中国证券登记结算有限责任公司申请办理证券过户申请时，除了履行申请、披露、限售义务，还需就分割的记名股票在转让后向公司申请，将股票受让人的姓名或者名称及住所记载于股东名册之上。

327. 离婚时请求合伙企业的权益分割，需要其他合伙人同意吗？

合伙企业，是在中国境内设立的，由两个或两个以上的自然人通过订立合伙协议，共同出资经营、共负盈亏、共担风险的企业组织形式。它有三个显著特征：(1) 订立合伙协议；(2) 共享共担合伙权利义务；(3) 合伙人共担无限连带责任。

从合伙企业的上述特征可以看出，合伙人对合伙企业的财产为共同共有。《民法典》第九百六十九条对此有明确规定：合伙人的出资、因合伙事务依法取得的收益和其他财产，属于合伙财产。

《民法典》第九百七十五条规定："合伙人的债权人不得代位行使合伙人依照本章规定和合伙合同享有的权利，但是合伙人享有的利益分配请求权除外。"可见，合伙份额不仅是财产权益，它还具有人合性质而产生的不可分割性、不可替代性。

正是因为合伙人的权益有极强的人合性特征，法律在合伙份额的转让上也设定了相应限制规则。《民法典》第九百七十四条规定："除合伙合同另有约定外，合伙人向合伙人以外的人转让其全部或者部分财产份额的，须经其他合伙人一致同意。"

因此，离婚时关于合伙企业的权益份额的分割请求，除非合伙协议另有约定，否则，必须经全体合伙人同意才能分割转让。

如果不能使全体合伙人同意将该合伙人的权益份额分割给离婚配偶，又该如何处理呢？那还是应该就该合伙人权益予以评估相应对价，之后以支付相应的价款的形式分割。

328. 个体工商户、个人独资企业，在离婚时如何分割？

有经营能力的自然人，依法经注册登记部门登记，以家庭经营或个人经营的形式进行工商经营，以家庭财产或个人财产承担债务的，为个体工商户。

而个人独资企业，是指依法在中国境内设立，由一个自然人投资，财产为投资人个人所有，投资人以其个人财产对企业债务承担无限责任的经营实体，是非法人组织。

个体工商户和个人独资企业，都是家庭经营中较为常见的经济体，离婚时也确实有相应权益和价值，有分割的需要。

根据《民法典婚姻家庭编的解释（一）》第七十五条的规定，夫妻以一方名义投资设立个人独资企业的，人民法院分割夫妻在该个人独资企业中的共同财产时，应当按照以下情形分别处理：(1) 一方主张经营该企业的，对企业资产进行评估后，由取得企业资产所有权一方给予另一方相应的补偿；(2) 双方均主张经营该企业的，在双方竞价基础上，由取得企业资产所有权的一方给予另一方相应的补偿；(3) 双方均不愿意经营该企业的，按照《个人独资企业法》等有关规定办理。

个体工商户，虽然也是以个人为投资和经营的经济体，但因直接登记在自然人名下，在权益的分割上，并不能简单直接地以权益转让的方式实现。因为一旦转名，“原来的”个体工商户就不存在了。所以在个体工商户的权益分割，大多采用评估价值后分割相应价款。但是，个体工商户的财务资料不完整，经常公私账不分。评估价值存在较大的困难。

通常来说，已经在个人账户上的存款，可以直接分割。有证据证明存在的应收款项，比如他人拖欠的货款，可以主张分割债权。双方已经盘点或保全过的库存，可以根据进货单据或评估货物的价值进行分割。而个体工商户的经营场地的优势价值如人流数量、代理权、经销权资格、品牌等商誉价值、知识产权则可能存在评估困难。

329. 淘宝店、京东店、微店等网店，在离婚时能分割吗？

随着互联网行业的快速发展，离婚案件中涉及淘宝店、京东店、微店、抖音直播室等的权益财产分割，成为司法裁判中的新问题。目前，我国对于网络财产的相关法律规定还存在盲点，那么在实务中，离婚时应该如何分割网店资产呢？

对于婚后设立的网店，首先当然也是夫妻共同财产，确定纳入分割的共同财产范围。其次就要确定案涉网店的经济体性质，按照其属性如个体工商户、独资企业、有限责任公司、股份有限公司等企业类型，落实适用的法律规定，采用权益分割的原则。最后，还要根据网店囊括的财产和资产类型、价值内容，分别明晰价值后，予以分割。这些财产或资产包括：经济体股权价值；库存产品价值；网店的商业品牌、星级商誉等无形资产价值、知识产权价值；代理权、经销权的价值；债权债务；其他。

网店的分割，有一个环节需要特别注意，就是每一个网络平台对于网店的转名是否设置了限制性约定。网店因经营人、经营时间等因素，会产生相应的商誉信誉积累值，转名很可能影响网店的价值，这也是离婚双方应该予以格外留意的影响因素。

330. 离婚诉讼中如何确定夫妻所持有公司股权的价值？

在离婚案件中，如果涉及一方支付分割给另一方所持有的公司股权折价款的时候，确定股权的价值是必不可少的程序之一。司法实践中，有以下确定股权价值的方法：

（1）以协商一致的价值确认。

（2）上市公司在离婚时的股价。

（3）双方无法协商一致的，且无公允交易市场价的，通过司法评估确定。即当事人提出股权价值司法评估鉴定申请。司法评估需要公司完整的财务资料，是实务中可能遇到公司不配合提供的情况，导致无法评估公司价值。

（4）有些公司每年会聘请审计机构对公司的财务进行审计。在无法评估的情况下，法院可以审计报告作为依据确认公司股权价值。

（5）以公司年报等对外披露的财务数据确认公司股权价值；税务机关备案的资产负债表中的所有者权益作为公司账面价格予以分割。

（6）以税务机关的税务调查的利润、资产作为计算公司价值补偿的依据。

（7）空壳公司下挂有不动产，无法评估公司价值，但可以评估不动产价值的，亦可以按此评估价作为补偿依据。

（8）以工商管理局备案或真实的股权转让对价确认股权价值。

（9）在无法按照上述方法确定股权的补偿款时，法院可能会按公司实缴注册资本确定补偿金额。

331. 比特币等虚拟资产可以要求分割吗？

虚拟财产在现今的社会中也有一定的普遍性，在离婚诉讼中也会出现涉及该类财产的处分，例如比特币的分割。

中国人民银行等五部委联合发布的《关于防范比特币风险的通知》中，禁止金融机构介入比特币，但同时认为："比特币是一种特定的虚拟商品，不具有与货币等同的法律地位，不能且不应作为货币在市场上流通使用。但是，比特币交易作为一种互联网上的商品买卖行为，普通民众在自担风险的前提下拥有参与的自由。"

可见，比特币并不具有合法的货币或商品概念，其流通属于非法金融活动，由此产生的行为不受法律的保护，不利后果由行为人自行承担。所以，法院可能对虚拟货币不予处理。

332. 一方给情人的财产，诉讼离婚时也可以分割吗？

我们知道夫妻一方发现另一方赠与情人财产，可以向法院起诉情人返还财产。但有些当事人为了节省诉讼成本，希望在离婚案件中分割该部分财产。这是否可行呢？

首先要明确的是，诉讼离婚中分割的共同财产，均是没有争议、权益确定的共同财产。而对于一方给情人，也就是赠与他人的财产，因涉及案外人的权益纠纷等不确定性，比如对方声称与他人没有不正当两性关系，转账是有业务往来，在证据不明显的情况下，法院可能让当事人另案起诉分割。当然，如果有较为充分的证据证明存在出轨、赠与情人财物的，法院也可能会在离婚案件中处理该部分财产的分割。

其次，当事人要求分割该部分财产宜以对方擅自处分夫妻共同财产为由，要求对方就处分的财产的一半进行赔偿。

333. 境外的财产，在国内离婚案件中可以一并处理吗？

国内离婚案件一般不处理境外财产。原因主要有如下三点：

第一，虽然我国法律规定的夫妻共同财产并未区分境内外，但从法院审理查明财产事实的客观性，以及当事人举证的可行性上来讲，都是难以落实的。

根据《最高人民法院关于民事诉讼证据的若干规定》第十六条的规定，域外证据应当经过公证。但是在婚姻纠纷案件中，即便当事人履行了上述程序上的义务，由于无法确认域外证据的真实性和合法性，在我国目前司法实践中法院对于域外取得的有关资产的证据基本上认可度较小，因此，如一方的举证责任无法完成，也就无法对另一方的国外资产进行确定进而分割。

第二，《最高人民法院关于中国公民申请承认外国法院离婚判决程序问题的规定》第二条规定：“外国法院离婚判决中的夫妻财产分割、生活费负担、子女抚养方面判决的承认执行，不适用本规定。”由此造成外国法院关于财产分割部分的判决在中国往往得不到承认与执行。同样的道理，国内法院关于判决的内容在国外也存在得不到承认与落实的国际私法问题。

第三，从案件实际处理的方法来看，国外的财产部分由国外法院负责处理更为便捷，双方的合法财产也能得到维护。

综上所述，离婚案件中国内法院处理境外的夫妻共同财产的案例很少。对于境外财产，当事人需要另寻救济途径解决。

334. 离婚诉讼中如何处理债务?

离婚诉讼中共同债务问题的处理，因涉及债务的成立事实、债务的本金和利息或违约金、案外债权人的诉讼权益等事实和诉讼程序环节，所以，在离婚案件诉讼当中是否直接处理债务问题，一般有以下两种情形：

第一，对于银行贷款形成的债务，因为债务形式、要件都比较规范、可视，债务的数额、还款方式和时限甚至还贷情形，都有明确的合同约定条款和款项往来流水证据，债务认定没有客观存疑，离婚双方当事人也易于明晰债务的数额等义务事实，一般诉讼中可以在离婚案件中一并处理。

第二，对于私人债务，需要辨析性质并区别对待。如双方对该债务的真实性均予以确认，法院可以在离婚案件中一并处理。至于是个人债务还是共同债务，可以由双方举证，法院将依法认定在夫妻之间该债务该由个人承担，还是共同承担。在离婚诉讼中，仅有单方签字，未签字一方不认为共同债务的私人间债务，若只有借条，而债权人不出庭作证的，不能单凭一张借条对债务予以认可。对于这类债务，诉讼中一般会以债务涉及第三人，且债务的不确定性为由，不在离婚案件中予以处理，当事人可另案起诉。

335. 离婚诉讼中如何分割债权?

一方在婚姻关系存续期间将夫妻共同财产出借给第三人形成的债权，属于夫妻共同财产；一方在婚姻关系存续期间投资取得预期收益、公司未到期兑现的股权等，也是夫妻共同财产。

所以，在当事人之间能够就夫妻共同债权协商一致作出处分的，诉讼中一般会尊重当事人的意思自治。

如果双方无法就夫妻共同债权分割达成一致意见时，目前司法实践中主要有以下处理方式：

（1）因债权关系的认定涉及案外人的权益，在未有案外人确认该债权关系真实性及其他证据佐证的情况下，法院无法确认该事实的存在，故对于夫妻一方所主张的该夫妻共同债权并分割的诉讼请求，在离婚诉讼中不予处理，当事人可另行起诉。这是目前比较常见的处理方式。

（2）结合债权的形成原因、债权追索等因素判决债权归属一方所有，不作为夫妻共同财产予以分割。比如，一方婚前形成的债权，或者一方因持有公司股份而在该公司经营活动中产生的公司债权，都只能是个人的债权。

（3）如法院经审理后认定夫妻共同债权存在，则法院会判决夫妻双方共同享有该债权，或判决双方各享有相应的份额。如果一方愿意继续享有债权，而另一方放弃作为债权人的情况下，继续享有的一方，应将债权的对价款支付给对方作为补偿。

336. 离婚诉讼期间，一方放弃继承权，能被认定为隐匿或转移财产的行为吗？

根据《民法典》第一千零六十二条的规定，婚姻关系存续期间继承的财产属于夫妻共同财产，但遗嘱中明确由个人继承的除外。

在实务中，夫妻一方的父或母已经去世，遗产尚未办理继承手续或正在办理手续的过程中，双方感情破裂闹离婚。为了避免遗产成为夫妻共同财产，作为继承人的一方表示放弃继承。另一方认为这种放弃继承的行为损害了其财产利益，应当予以赔偿。那么，这种主张有没有法律依据？

《民法典》第一千一百二十四条第一款规定：“继承开始后，继承人放弃继承的，应当在遗产处理前，以书面形式作出放弃继承的表示；没有表示的，视为接受继承。”从这一规定可以看出，放弃继承权是继承人单方面的意思表示，无须经他人同意。通常认为，继承权是一种身份权利，并非财产权利。在遗产尚未处理时，继承人尚未取得财产所有权。所以，其放弃的是继承权，而非放弃财产。那么，配偶自然无权干涉他人如何处分继承权。因此，配偶不能主张就所谓放弃的“遗产”进行赔偿。

337. 在法庭要求申报个人名下财产时未如实申报，该如何承担责任？

法院在离婚案件中实行离婚财产申报制度，是为了保障离婚财产分配的公平公正，节约司法资源，提高结案效率。双方当事人均应据实申报，否则需承担相应的法律后果，法律规定如下：

《最高人民法院关于进一步深化家事审判方式和工作机制改革的意见（试行）》第四十四条规定：(1) 对于涉及财产分割问题的离婚纠纷案件，人民法院在向当事人送达受理案件通知书和应诉通知书时，应当同时送达《家事案件当事人财产申报表》。(2) 当事人应当在举证期限届满前填写《家事案件当事人财产申报表》，全面、准确地申报夫妻共同财产和个人财产的有关状况。(3) 人民法院应当明确告知当事人不如实申报财产应承担的法律后果。对于拒不申报或故意不如实申报财产的当事人，除在分割夫妻共同财产时可依法对其少分或者不分外，还可对当事人予以训诫；情形严重者，可记入社会征信系统或从业诚信记录；构成妨碍民事诉讼的，可以采取罚款、拘留等强制措施。

《民事诉讼法》第一百一十四条规定：诉讼参与人或者其他人有下列行为之一的，人民法院可以根据情节轻重予以罚款、拘留；构成犯罪的，依法追究刑事责任：(1) 伪造、毁灭重要证据，妨碍人民法院审理案件的；(2) 以暴力、威胁、贿买方法阻止证人作证或者指使、贿买、胁迫他人作伪证的；(3) 隐藏、转移、变卖、毁损已被查封、扣押的财产，或者已被清点并责令其保管的财产，转移已被冻结的财产的；(4) 对司法工作人员、诉讼参加人、证人、翻译人员、鉴定人、勘验人、协助执行的人，进行侮辱、诽谤、诬陷、殴打或者打击报复的；(5) 以暴力、威胁或者其他方法阻碍司法工作人员执行职务的；(6) 拒不履行人民法院已经发生法律效力的判决、裁定的。人民法院对有前款规定的行为之一的单位，可以对其主要负责人或者直接责任人员予以罚款、拘留；构成犯罪的，依法追究刑事责任。

338. 离婚后发现尚有财产未分割，可以起诉要求再分割吗？

《民法典婚姻家庭编的解释（一）》第八十三条规定："离婚后，一方以尚有夫妻共同财产未处理为由向人民法院起诉请求分割的，经审查该财产确属离婚时未涉及的夫妻共同财产，人民法院应当依法予以分割。"既然婚姻关系存续期间所得为夫妻共同财产，那么共同财产在离婚时就理应予以分割。对于离婚时因未能兑现而无法确定分割方式的财产、一方故意隐瞒或转移的财产，或者共同遗漏的财产，都是可以再次要求分割的。

值得注意的是，在离婚协议约定财产分割问题的时候，除了财产分配约定应该尽可能明确、越细越好之外，还应避免如"除协议中约定的财产按协议约定处理外，其他所有财产在离婚时各自名下的归各自所有"这种兜底性条款，以免一方故意隐瞒夫妻共同财产而钻了空子。

339. 离婚后再次请求分割财产，有没有期限？

诉讼基本都是有时效性的，离婚后财产分割之诉有三种情形：

（1）对离婚协议中财产分割部分反悔的财产

当双方已经签订离婚协议并办理离婚登记手续，就已经不再具有婚姻关系，离婚协议中关于财产的约定也对双方有效。实务中，有些当事人认为协议分割不公平，希望重新分割财产，根据不同的事由，需要在特定的期限内提出。原《婚姻法司法解释（二）》和《民法典婚姻家庭编的解释（一）》存在不一样的规定。

原《婚姻法司法解释（二）》要求当事人在离婚之日起一年内提出撤销协议的诉讼，过了期限则不可以申请撤销。且这种期限属于除斥期，不能中止、中断。因此，在 2021 年 1 月 1 日以前签订的离婚协议，适用原《婚姻法司法解释（二）》的规定。

《民法典婚姻家庭编的解释（一）》则没有这样的规定。2021 年 1 月 1 日起签订的离婚协议，则适用新的规定。虽然《民法典婚姻家庭编的解释（一）》没有规定一年的除斥期，但不意味着当事人可以在任意时间申请撤销，仍受《民法典》总则编的约束。

第一，以受到欺诈为由申请撤销离婚协议中的财产约定，在知道或应当知道受到欺诈之日起一年内提出。

第二，以受到胁迫为由申请撤销离婚协议中的财产约定，自胁迫行为终止之日起一年内申请撤销。

第三，离婚协议的撤销事由一般不包括重大误解和显失公平，但在一些特殊情况下也可能得到法院的支持。若以重大误解为由申请撤销，应在知道或应当知道重大误解之日起九十日内申请撤销；若以显失公平为由申请撤销，应在知道或应当知道显失公平之日起一年内申请撤销。

第四，无论是何种原因，当事人在五年内没有申请撤销的，则撤销权消灭。

（2）以隐匿、转移、变卖、毁损夫妻共同财产或伪造债务为由，申请对该部分财产进行分割

根据《民法典》第一千零九十二条的规定，当事人应在发现该事由之日起三年内提出。但是，当事人的权利受到损害之日起超过二十年的，人民法院不予保护，有特殊情况的，人民法院可以根据权利人的申请决定延长。

（3）只是针对未分割的财产起诉分割

与追究对方隐匿、转移、变卖、毁损夫妻共同财产或伪造债务的责任不同，对于纯粹因为暂时不符合分割条件或者没有发现的财产起诉分割的，属于共有物分

割，不适用诉讼时效的规定。目前，法律也没有规定任何除斥期。因此，当事人可以在任何时候起诉分割。只是，当事人发现对方转移、隐匿财产超过三年后才起诉分割的，不能主张对方少分或不分的责任。

协议离婚思维导图

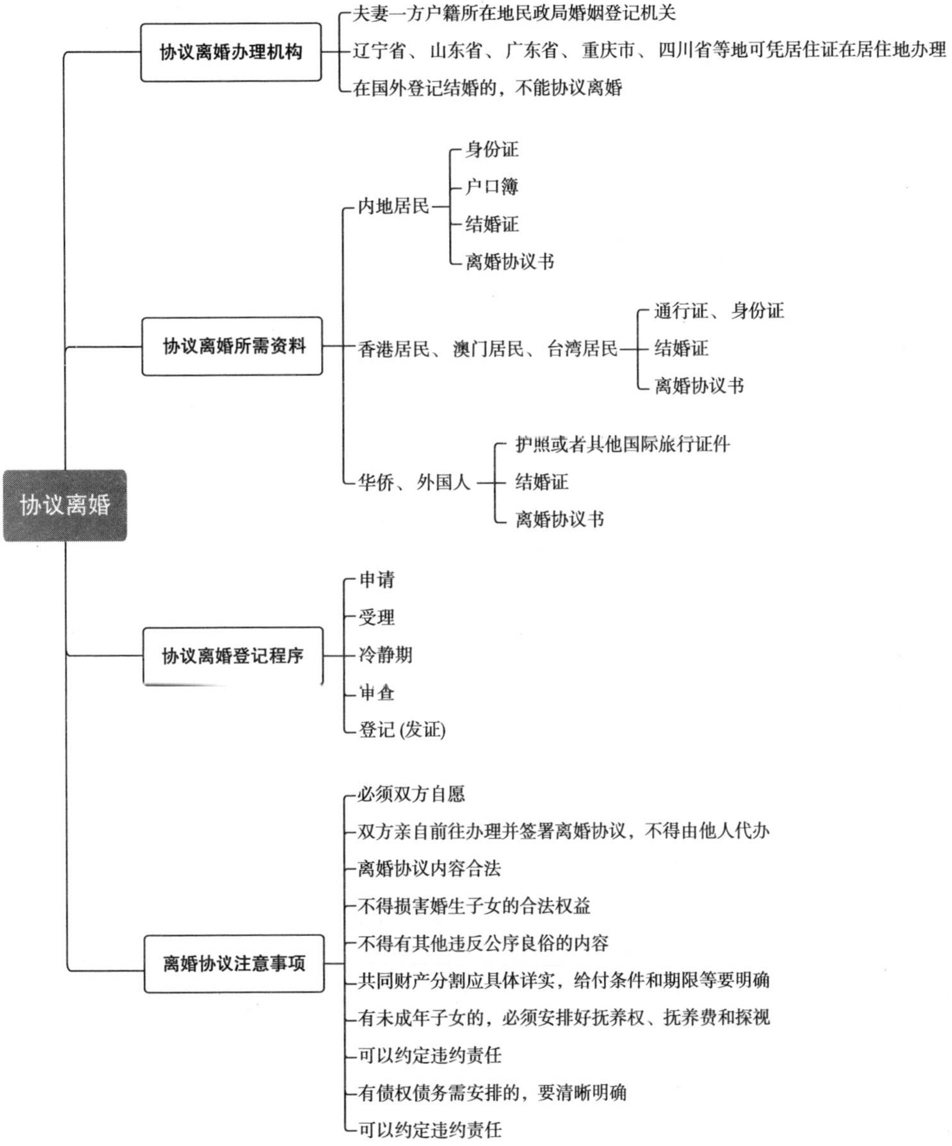

诉讼离婚程序思维导图

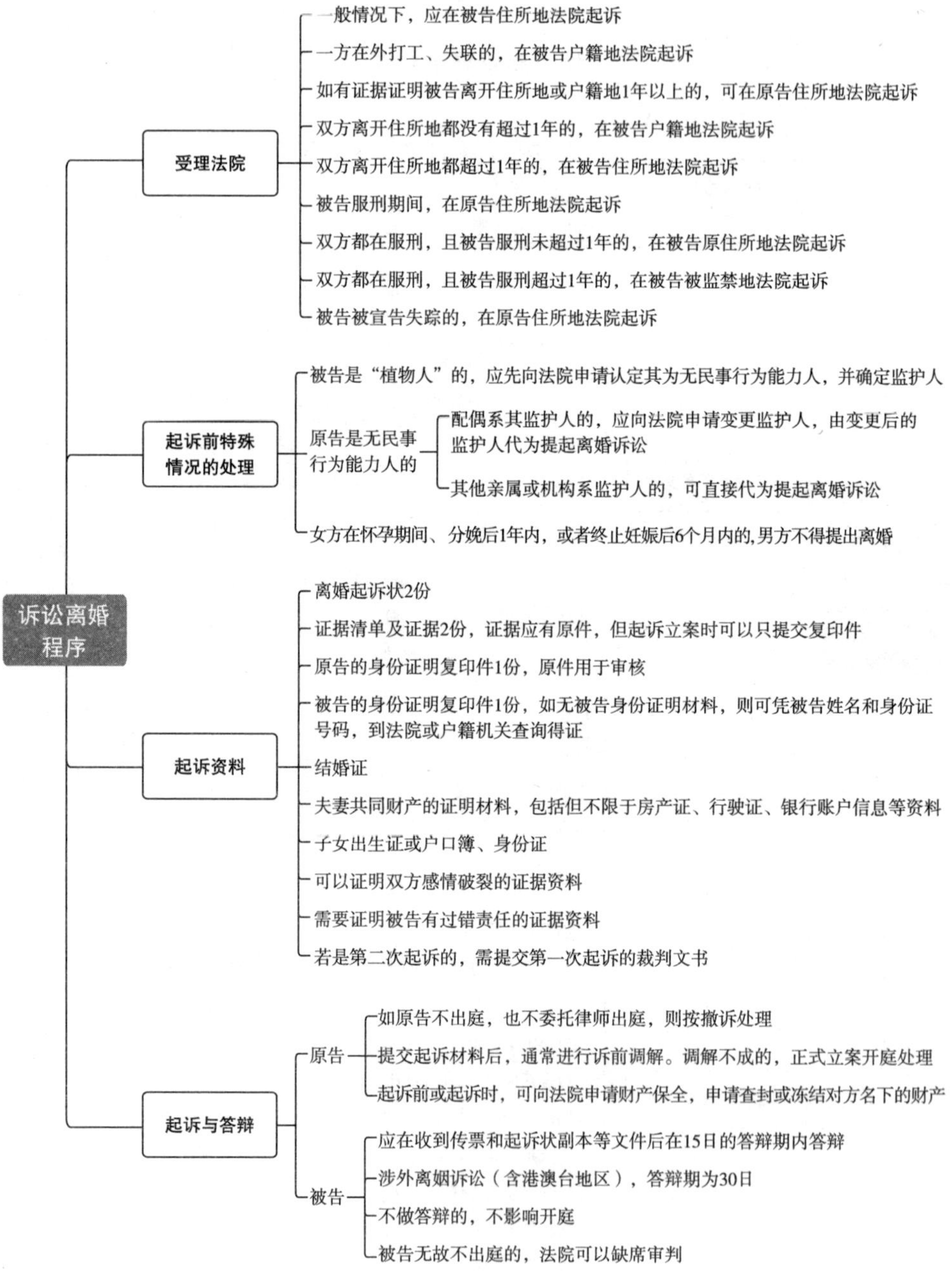
诉讼离婚程序
受理法院
一般情况下，应在被告住所地法院起诉
一方在外打工、失联的，在被告户籍地法院起诉
如有证据证明被告离开住所地或户籍地1年以上的，可在原告住所地法院起诉
双方离开住所地都没有超过1年的，在被告户籍地法院起诉
双方离开住所地都超过1年的，在被告住所地法院起诉
被告服刑期间，在原告住所地法院起诉
双方都在服刑，且被告服刑未超过1年的，在被告原住所地法院起诉
双方都在服刑，且被告服刑超过1年的，在被告被监禁地法院起诉
被告被宣告失踪的，在原告住所地法院起诉
起诉前特殊情况的处理
被告是“植物人”的，应先向法院申请认定其为无民事行为能力人，并确定监护人
原告是无民事行为能力人的
配偶系其监护人的，应向法院申请变更监护人，由变更后的监护人代为提起离婚诉讼
其他亲属或机构系监护人的，可直接代为提起离婚诉讼
女方在怀孕期间、分娩后1年内，或者终止妊娠后6个月内的,男方不得提出离婚
起诉资料
离婚起诉状2份
证据清单及证据2份，证据应有原件，但起诉立案时可以只提交复印件
原告的身份证明复印件1份，原件用于审核
被告的身份证明复印件1份，如无被告身份证明材料，则可凭被告姓名和身份证号码，到法院或户籍机关查询得证
结婚证
夫妻共同财产的证明材料，包括但不限于房产证、行驶证、银行账户信息等资料
子女出生证或户口簿、身份证
可以证明双方感情破裂的证据资料
需要证明被告有过错责任的证据资料
若是第二次起诉的，需提交第一次起诉的裁判文书
起诉与答辩
原告
如原告不出庭，也不委托律师出庭，则按撤诉处理
提交起诉材料后，通常进行诉前调解。调解不成的，正式立案开庭处理
起诉前或起诉时，可向法院申请财产保全，申请查封或冻结对方名下的财产
被告
应在收到传票和起诉状副本等文件后在15日的答辩期内答辩
涉外离姻诉讼（含港澳台地区），答辩期为30日
不做答辩的，不影响开庭
被告无故不出庭的，法院可以缺席审判

接上图

- **诉讼离婚程序**
  - **开庭**
    - 原告
      - 没有特殊情况的，当事人需亲自出庭
      - 如原告不出庭，也不委托律师出庭，则按撤诉处理
      - 原告可委托一至两名律师出庭
    - 被告——可以当庭口头答辩
    - 其他——双方均可申请不公开审理
  - **一审判决后**
    - 原告
      - 判决不准离婚，或者调解不离婚的，没有新情况，原告6个月内不得再次起诉
      - 原告撤诉的，没有新情况的，6个月内不得再次起诉
      - 有新情况的，原告起诉不受6个月的期限限制
      - 对一审判决不服的，可以向上一级人民法院提起上诉
    - 被告—— 对一审判决不服的，可以向上一级人民法院提起上诉
    - 一审判决不准离婚后，双方又分居满一年，一方再次提起离婚诉讼的，应当准予离婚
    - 收到判决之日起15日内，双方均没有上诉的，判决书生效。
  - **二审**
    - 一方不服一审判决的，应在收到一审裁判文书之日起15日内提起上诉
    - 上诉人应在法院通知受理之日起 7 天内缴纳诉讼费
    - 一审中遗漏诉讼请求的，二审不得单独增加，双方均同意在二审中处理除外
    - 一审判决离婚的，原告在二审中可以撤回离婚诉请
  - **二审判决**
    - 二审判决自双方收到判决之日起生效
    - 对于判决离婚事项，不得申请再审
    - 对于抚养权、抚养费及财产分割等判决事项，可以申请再审
  - **第二次起诉离婚**
    - 第一次判决不准离婚后，原告6个月后可以第二次起诉离婚
    - 起诉材料，与第一次起诉材料基本相同，有新增情况可以增加证据
  - **再审**
    - 判决生效后6个月内，当事人可以申请再审
    - 法院院长对本院已经发生法律效力的判决、裁定、调解书，发现确有错误，可以主动再审
    - 当事人的再审申请被法院驳回的，可以向检察院申请检察建议或者抗诉
    - 检察院可以主动提出检察建议或抗诉
  - **其他特殊规定**——调解离婚的，双方当事人自收到调解书之日起生效

认定夫妻感情破裂思维导图

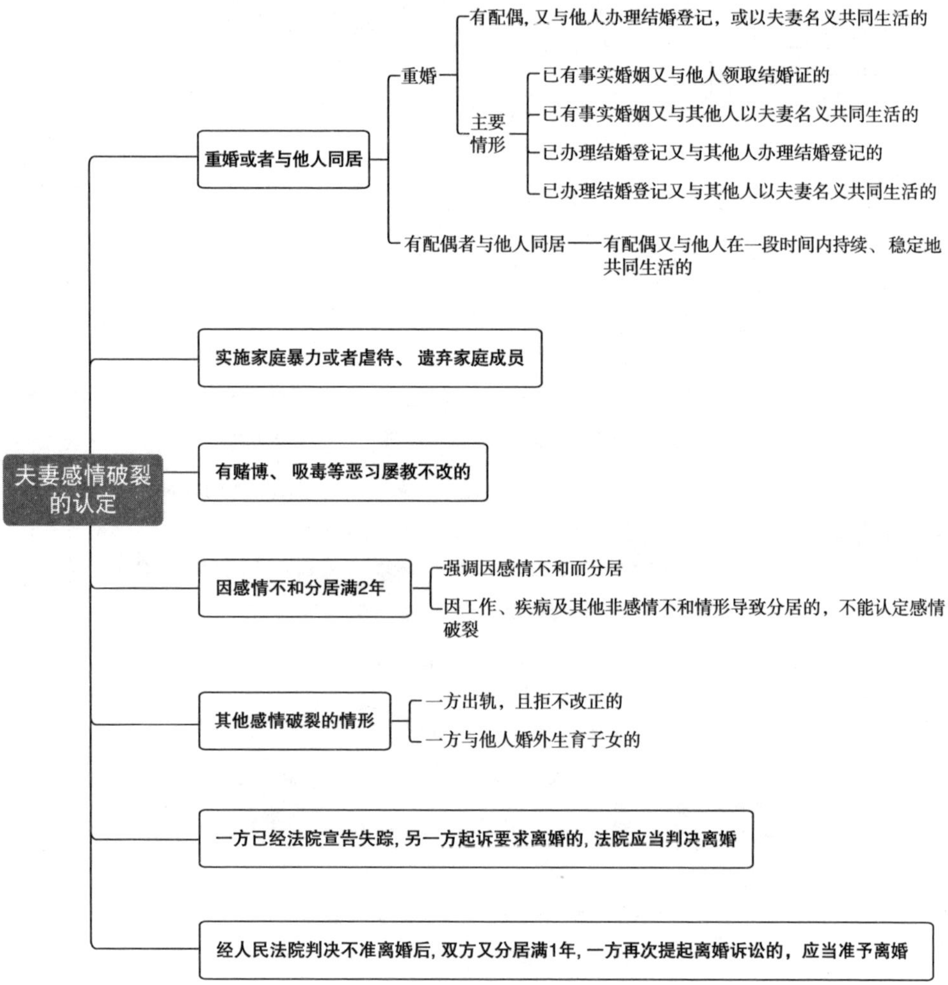

离婚诉讼中的子女抚养思维导图

- **子女抚养**
  - **子女未满2周岁**
    - 原则上由母亲抚养
    - 未满2周岁的子女，由父亲直接抚养的情形
      - 母亲患有久治不愈的传染性疾病，或者其他严重疾病
        - 可能会侵害子女身心健康的，如艾滋病、肺结核、麻风病、精神疾病等
        - 行动不便，无法照顾子女的，如瘫痪、重度残疾等
      - 母亲有抚养条件但不尽抚养义务，而父亲要求子女随其生活的
      - 其他母亲不宜携带抚养子女的情形
  - **子女已满2周岁但未满8周岁**
    - 优先考虑抚养人
      - 已做绝育手术，或者因其他原因丧失生育能力
      - 子女跟随生活时间较长且稳定，改变生活环境对子女健康成长明显不利
      - 无其他子女，而另一方有其他子女
      - 子女随其生活，对子女成长有利，而另一方患有久治不愈的传染性疾病或者其他严重疾病，或者有其他不利于子女身心健康的情形，不宜与子女共同生活
    - 父母抚养子女的条件基本相同且均要求直接抚养子女的，子女单独随祖父母或者外祖父母共同生活多年，且祖父母或者外祖父母要求、又有能力帮助子女照顾孙子女或者外孙子女的，可以作为一方直接抚养子女的有利条件予以优先考虑
  - **子女已满8周岁的，应当尊重其真实意愿**
  - **其他抚养方式**
    - 父母协商轮流直接抚养
    - 抚养权归一方，由另一方实际抚养
  - **变更抚养权**
    - 与子女共同生活的一方，因患严重疾病或者因伤残无力继续抚养子女
    - 抚养方有抚养能力但不尽抚养义务，对子女身心健康不利的
    - 抚养方有虐待子女或其他符合剥夺监护人资格的行为
    - 抚养方与子女共同生活对子女身心健康确有不利影响
    - 已满8周岁的子女，愿随另一方生活，且该另一方又有抚养能力的
  - **抚养费**
    - 抚养费包括子女的生活费、教育费、医疗费等必要的费用
    - 原则上支付至子女年满18周岁时止
    - 抚养费数额
      - 一个子女，一般为非抚养方收入的20%~30%
      - 负担两个以上子女抚养费的，比例一般不得超过月总收入的50%
      - 无固定收入的，抚养费的数额可以依据当年总收入或者同行业平均收入，参照上述比例确定
    - 其他非必要的费用，由父母双方协商
    - 不直接抚养子女一方无经济收入，或者下落不明，可以用其财产折抵抚养费
    - 离婚后，可要求增加抚养费
      - 原定抚养费数额不足以维持当地实际生活水平的
      - 因子女患病、上学，实际需要已超过原定数额的
      - 其他正当理由应当增加的

离婚诉讼中的财产分割思维导图

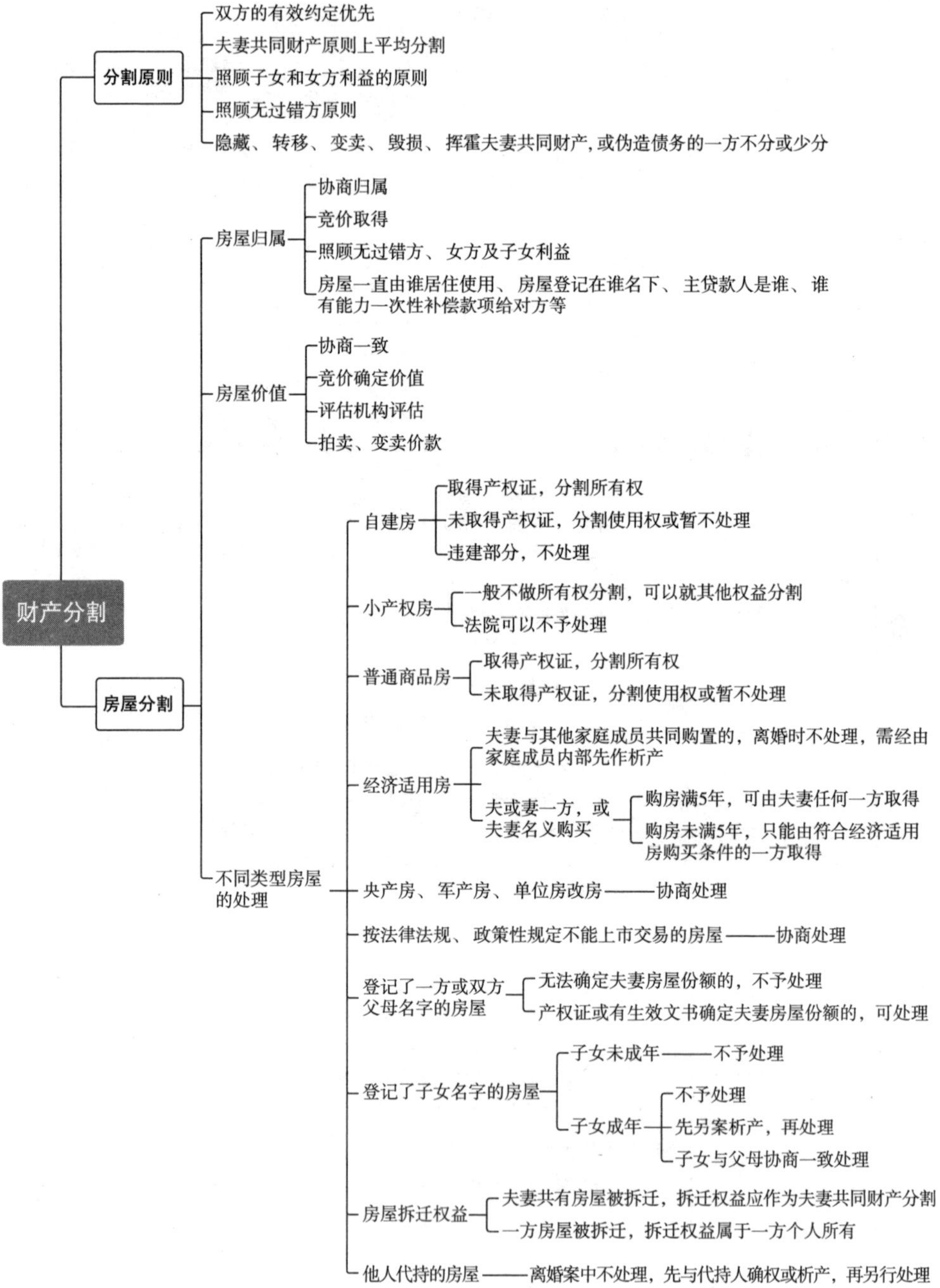

接上图

- 财产分割
  - **银行存款**
    - 双方银行存款余额，一般情况下平均分割
    - 转移、挥霍共同财产的，少分或不分
    - 非用于夫妻共同生活的大额个人流水，应作为共同财产予以分割
  - **公司股权/股份**
    - 他人代持的股权
      - 一方认为代持，一方不认可，暂不分割
      - 需经其他股东同意，夫或妻方可成为公司股东
      - 要结合公司章程及公司股东之间的协议
      - 离婚后，另案再行分割
    - 一方公司内部股权
      - 已实际取得分红，分红应予以分割
      - 公司已决定分红但还没有实际分红的，应当取得的分红款可分割
      - 尚未分红且没有作出分红的决定，不分割
      - 内部股权的对价，可分割
    - 一方公司期权
      - 婚后已经行权,可分割因行权取得的股权
      - 符合行权条件的期权,就其财产价值进行分割
      - 尚不符合行权条件的期权，不予处理，条件成熟时另案处理
    - 有限责任公司
      - 夫妻二人均是公司股东
        - 可分股权
        - 可分股权价值
      - 一方是公司股东
        - 其他股东行使优先购买权，另一方取得股权价值
        - 其他股东同意另一方进入公司作股东的，另一方可取得公司股权
        - 其他股东既不行使优先购买权，也不明确同意另一方作公司股东的，另一方可取得公司股权
        - 另一方取得股权价值
    - 未上市股份公司
      - 双方协商
      - 按市价分割股权的对价
      - 根据数量按比例分配
    - 上市公司股份
      - 按股票市场价值分割
      - 直接根据股票数量按比例分割
      - 分割需符合上市公司关于股份变更的相关要求
    - 合伙企业
      - 经全体合伙人同意的，可分割合伙企业权益
      - 不能使全体合伙人同意的，则配偶方取得合伙权益的价值
    - 个人独资企业
      - 一方主张经营，另一方取得相应补偿
      - 双方均主张经营的，竞价后由一方经营，另一方取得相应的补偿
      - 双方均不经营的，按照《个人独资企业法》等有关规定办理
    - 个体工商户
      - 评估价值后分割相应对价
    - 淘宝店、京东店、微店等网店
      - 以公司开设的网店，直接公割公司股权/股份
      - 以一方个人名义开设的，另一方取得相应价值补偿

接上图

- 财产分割
  - **确定公司股权价值**
    - 协商一致
    - 上市公司在离婚时的股价
    - 司法评估确定
    - 审计机构的审计报告
    - 公司年报等对外披露的财务数据确认
    - 税务机关的税务调查的利润、资产核算公司价值
    - 评估机构评估公司资产
    - 以工商管理局备案或真实的股权转让对价确认股权价值
    - 按公司实缴注册资本确定补偿金额
  - **财产调查**
    - 凭开户人姓名、身份证号码、银行账号，可申请律师调查令调查银行余额及交易明细
    - 凭开户人姓名、身份证号码，可申请律师调查令调查支付宝、微信余额及交易明细
    - 凭开户人姓名、身份证号码、开户的证券公司，可申请律师调查令调查证券账户资产及交易明细
    - 凭房主姓名、身份证号码、房屋地址，可申请律师调查令调查房屋登记情况
  - **债权债务**
    - 债权
      - 一方主张，另一张不认可的债权，不予处理
      - 双方认可的债权
        - 双方共同享有该债权
        - 双方各享有相应的份额
        - 一方享有全部债权，向另一方支付其相应债权的对价
    - 债务
      - 银行贷款，一般可处理
      - 私人债务
        - 共同债务，处理
        - 一方主张共同债务，另一方不认可，暂不处理
  - **离婚损害赔偿情形**
    - 重婚
    - 与他人同居
    - 实施家庭暴力
    - 虐待、遗弃家庭成员
    - 有其他重大过错
  - **其他特殊规定**
    - 离婚时，如果一方生活困难，有负担能力的另一方应当给予适当帮助
    - 一方长期照顾孩子、照顾老人和协助另一方工作付出较多的，在离婚时可向另一方请求补偿
    - 离婚后，一方发现有隐匿、转移等未分割的共同财产，可另案起诉再行分割

下篇 继 承

第一章　一般规定

一、遗产范围

340. 哪些财产是遗产？

根据《民法典》第一千一百二十二条规定，遗产是自然人死亡时遗留的个人合法财产。我们需要从五个方面去理解遗产。

第一，财产的所有人本身是自然人。自然人是指生物学意义上的人，基于出生而取得民事法律主体资格。自然人与公司、企业等法人相区别。

第二，遗产是人死亡时遗留的财产。这也就意味着被继承人未死亡前而处分的财产并不属于遗产。比如，李四在临近死亡前将一些财产转赠给他人并且完成产权转移。那么，这部分财产已经不属于李四的财产，也就不会成为遗产。

第三，必须是合法财产。如果被继承人遗留的是非法财产，不会成为遗产。比如，因贪污受贿而被判死刑、贪墨的财产属于赃款，会被法院判决没收，自然不形成遗产。

第四，必须是其个人财产。被继承人死亡时，其名下财产很可能是夫妻共同财产。在处理遗产时，需要先区分夫妻各自的财产份额。

第五，遗产的具体范围，参照《民法典》施行前《继承法》第三条规定，遗产主要包括：(1) 公民的收入；(2) 公民的房屋、储蓄和生活用品；(3) 公民的林木、牲畜和家禽；(4) 公民的文物、图书资料；(5) 法律允许公民所有的生产资料；(6) 公民的著作权、专利权中的财产权利；(7) 公民的其他合法财产。

被继承人遗留的合法财产都可以继承，但是有可能因为财产的性质而不得继承。比如：与被继承人紧密相关的人身权，与公民人身有关的债权债务，特定身份为客体的，国有资源的使用权，如取水权、采矿权、捕捞权等。在实务中，要具体问题具体分析。

341. 夫妻一方可以单独就共有财产立遗嘱吗？

根据《最高人民法院关于适用〈中华人民共和国民法典〉继承编的解释（一）》（以下简称《民法典继承编的解释（一）》）第二十六条规定，遗嘱人以遗嘱处分了他人财产的，应当认定该部分遗嘱无效；同时根据《民法典》第一千一百五十三条第一款的规定，夫妻共同所有的财产，除有约定的外，遗产分割时，应当先将共同所有的财产中本身属于配偶所有的份额剥离出来，其余的财产份额才是被继承人的遗产。

可见，如夫妻双方中一方不同意，另一方只能单独就自己的份额立遗嘱，处分对方份额的部分遗嘱内容则无效。

342. 夫妻一方先过世且无遗嘱，另一方可否对全部夫妻共有财产立遗嘱？

在实务中，夫妻均在世的时候并没有立遗嘱，当夫妻一方去世后，另一方就继续居住使用某套房子。随后，在世一方又立遗嘱指定由某位子女继承该房子。待另一方也去世后，其他子女认为这份遗嘱并不能将该套房子全部指定某位子女继承。

实际上，当夫妻一方去世时，无论实际是否办理继承手续，继承都已经开始了。[①] 在遗产实际处理完毕之前，如果所有继承人都没有任何意思表示，法律会推定其接受继承。[②] 如果继承人要放弃继承，必须在遗产处理完毕之前以书面的方式作出。正如上述案例，生存配偶继续居住使用房屋，仍然未对房屋进行继承析产，所有继承人均沉默。在这一次继承中，继承已经发生，只是尚未对作为遗产的部分房屋进行实际处理。但该房屋不能理所当然地均归生存配偶所有。

当生存配偶去世后，又发生一次继承。此时，其生前虽立遗嘱，但也只能处分其个人财产。在上一次继承中，这套房屋的一半份额已发生继承，并不完全是生存配偶的个人财产。

可见，如夫妻一方去世的，其生存配偶既是部分夫妻共同财产的所有人，也是遗产的继承人。故生存配偶一方取得的财产为“原则上一半的夫妻共同财产”和“另一半夫妻共同财产中应由配偶继承的遗产份额”的总和。这部分财产才是生存配偶一方的遗产。比如，甲乙作为夫妻，共同拥有一套房屋，并生育一名子女小甲。甲去世时，甲父在世，甲母已先于甲死亡。此时，房屋的 1/2 产权属于乙，

---

① 《民法典继承编的解释（一）》第一条第一款：继承从被继承人生理死亡或者被宣告死亡时开始。

② 《民法典》第一千一百二十四条第一款：继承开始后，继承人放弃继承的，应当在遗产处理前，以书面形式作出放弃继承的表示；没有表示的，视为接受继承。

1/2产权属于甲的遗产。乙、小甲、甲父均为法定继承人，分别继承1/6的房屋份额。乙死亡时拥有房屋2/3的产权，其所立的遗嘱只能针对2/3的房屋产权，而不能对整套房屋份额立遗嘱。

343. 宅基地使用权和宅基地上自建房可以继承吗？

对于合法取得的宅基地使用权和合法报建的自建房，属于遗产的范围。然而，由于宅基地使用权属仅限于农村集体成员使用，当继承人依然是该村集体成员时，继承不存在法律上障碍。当继承人已经迁出该村集体户口，又或者以非农户口身份迁入该村户籍，此时是否可以继承宅基地使用权？

2020年9月9日，自然资源部《对十三届全国人大三次会议第3226号建议的答复》第六条规定："关于农村宅基地使用权登记问题。农民的宅基地使用权可以依法由城镇户籍的子女继承并办理不动产登记。根据《继承法》规定，被继承人的房屋作为其遗产由继承人继承，按照房地一体原则，继承人继承取得房屋所有权和宅基地使用权，农村宅基地不能被单独继承。《不动产登记操作规范（试行）》明确规定，非本农村集体经济组织成员（含城镇居民），因继承房屋占用宅基地的，可按相关规定办理确权登记，在不动产登记簿及证书附记栏注记'该权利人为本农民集体经济组织原成员住宅的合法继承人'。"

据此，即使继承人不是村集体成员，按照房地一体原则，也可以依法继承宅基地使用权及合法上盖的自建房屋。但如果宅基地上没有盖房屋或者房屋是违章建筑，继承人又不是村集体成员的，则无法单独继承宅基地使用权。

344. 被保险人的保险金可以继承吗？

根据《保险法》第四十二条第一款的规定，被保险人死亡后，有下列情形之一的，保险金作为被保险人的遗产，由保险人依照《继承法》（现为《民法典》）的规定履行给付保险金的义务：（1）没有指定受益人，或者受益人指定不明无法确定的；（2）受益人先于被保险人死亡，没有其他受益人的；（3）受益人依法丧失受益权或者放弃受益权，没有其他受益人的。

因此只有在没有受益人的情况下，被保险人的保险金才能作为其遗产处理。当投保人在保单中指定了受益人，则保险金归受益人所有，不属于遗产。指定死亡后的受益人，是投保时的常规注意事项。合理安排受益人，是对家庭财产管理的一种重要方式。

345. 职工因公死亡、革命军人牺牲后对其亲属的抚恤金可以继承吗？

《民法典》第一千一百二十二条第一款规定："遗产是自然人死亡时遗留的个人合法财产。"而死亡抚恤金是死者所在单位或相关部门给予其特定家属的经济补偿和精神抚慰，而非死者生前已实际存在的属于死者本人的合法财产。因此，死亡抚恤金不属于遗产，不能继承。

346. 承包人死亡时尚未取得的承包收益可以继承吗？

根据《民法典继承编的解释（一）》第二条的规定，承包人死亡时尚未取得承包收益的，可以将死者生前对承包所投入的资金和所付出的劳动及其增值和孳息，由发包单位或者接续承包合同的人合理折价、补偿。其价额作为遗产。因此承包收益需综合投入资金、劳动及其增值和孳息进行合理折价后得出的价额才能作为被继承人遗产处理。

347. 被继承人在赌博中赢取的赌资可以继承吗？

根据《民法典》第一千一百二十二条第一款的规定，遗产是自然人死亡时遗留的个人合法财产。被继承人赢取的赌资系进行非法活动取得的财物，依法应予追缴没收，不属于被继承人的遗产。

348. 被继承人贩卖毒品取得的款项可以继承吗？

根据《民法典》第一千一百二十二条第一款的规定，遗产是自然人死亡时遗留的个人合法财产。被继承人收受的毒资系进行非法活动取得的财物，依法应予追缴没收，不属于被继承人的遗产。

349. 被继承人居住的直管公房可以继承吗？

直管公房是指国有房屋和集体所有的房屋，由国家房地产管理部门经营管理，其性质不同于一般的城市商品用房，是中国特殊体制下遗留的产物。如被继承人没有购买公房所有权的，其只有承租权而没有所有权。故在司法实践中，如被继承人未购买公房所有权的，直管公房不属于被继承人的财产，也不属于被继承人的遗产。①

---

① "由于诉争房屋的性质为公房，所有权属于国家，承租方只有使用的权利。具体到本案，杨某某死后只会产生公房使用权的移转，而不会产生公房的继承问题。"见四川省宜宾市中级人民法院（2020）川 15 民终 2196 民事判决书，来源：中国裁判文书网。

350. 被继承人入股公司的办公大楼可以继承吗?

《公司法》第二十八条第一款规定，股东以非货币财产出资的，应当依法办理其财产权的转移手续。因此如被继承人以办公大楼所有权出资的，该办公大楼归公司所有，不属于被继承人的财产，也不属于被继承人的遗产。但继承人可以继承被继承人持有的公司股权。

351. 已购买的在建期房可以继承吗?

甲在生前向开发商购买期房一套，已支付了首付款，剩余款项通过银行按揭支付。甲死亡时，尚未取得房屋所有权登记。那么，这套期房可以继承吗?

根据《民法典》第二百零九条第一款的规定，不动产物权的设立、变更、转让和消灭，经依法登记，发生效力；未经登记，不发生效力，但是法律另有规定的除外。由于房屋尚未登记在甲的名下，甲尚未取得房屋所有权。因此，该房屋不属于甲的遗产。但甲与开发商签订了房屋购买合同，对开发商享有相应的债权，同时由于向银行按揭贷款，对银行负有债务。继承人可以继承甲的债权债务，请求开发商履行合同，将房屋登记在其名下。

352. 虚拟网络财产及虚拟货币可以继承吗?

根据《民法典》第一百二十七条的规定，法律对数据、网络虚拟财产的保护有规定的，依照其规定；第一千一百二十二条第一款规定，遗产是自然人死亡时遗留的个人合法财产。从以上规定可以看出，我国法律认可虚拟网络财产的财产属性，因此对于被继承人去世时名下合法的虚拟网络财产，继承人可依法继承。不过，对于一些平台账号的使用权，其继承依然受制于平台与用户之间的协议。

对于比特币等虚拟货币的合法性，即比特币等虚拟货币能否作为其所有人的合法财产受法律保护，目前争议较大。

从现有规定看，根据中国人民银行等五部委于2013年12月5日发布的《关于防范比特币风险的通知》（银发〔2013〕289号）第一条规定，比特币应当是一种特定的虚拟商品，不具有与货币等同的法律地位，不能且不应作为货币在市场上流通使用。该通知同时说明，比特币交易作为一种互联网上的商品买卖行为，普通民众在自担风险的前提下拥有参与的自由。2021年9月15日，中国人民银行、中央网信办、最高人民法院等发布了《关于进一步防范和处置虚拟货币交易炒作风险的通知》，明确规定：“虚拟货币不具有与法定货币等同的法律地位。比特币、以太币、泰达币等虚拟货币具有非货币当局发行、使用加密技术及分布式账户或类似技术、以数字化形式存在等主要特点，不具有法偿性，不应且不能作为货币在市场上流通使用。”

从部分司法实践看，法院更是通过前述规定中关于比特币是特定虚拟商品的描述，结合比特币等虚拟货币自身性质，认定比特币等虚拟货币具备虚拟财产、虚拟商品的属性，应受到法律的保护。[①] 不过，据我们了解到的一些离婚时分割虚拟货币的案子，法院认为“关于投资10000元虚拟货币的问题，因该投资系虚拟货币，且为我国法律所禁止，张某亦表示愿意将该投资账户转让给甘某，故本院对此不予处理”。[②]

可见当前规定及司法实践对于比特币等虚拟货币的处理争议相当大。尤其是涉及虚拟货币的对价时，因其不能流通，不能与人民币兑换，故法院一般难以支持按照交易市场的价格来析产分割，即难以支持继承取得虚拟货币的一方当事人向其他继承人折价补偿人民币。目前，一般按虚拟货币的数量继承析产，而不涉及虚拟货币的财产价值，反而在理论上存在被支持的可能性。

根据我国对比特币的管理政策，且根据遗产属于自然人死亡时遗留个人合法财产的性质，故难以排除继承发生时相关比特币已不属于受法律保护的虚拟财产的风险。

353. 死亡赔偿金可以继承吗？

死亡赔偿金是否可以继承，取决于其性质。若认为是对死者的赔偿，则属于遗产；若认为是对近亲属的赔偿，则不属于遗产。

最高人民法院《关于空难死亡赔偿金能否作为遗产处理的复函》（〔2004〕民他字第26号）中答复：“空难死亡赔偿金是基于死者死亡对死者近亲属所支付的赔偿。获得空难死亡赔偿金的权利人是死者近亲属，而非死者。故空难死亡赔偿金不宜认定为遗产。”

因此，死亡赔偿金不可以继承。但在近亲属之间的分配，则缺乏明确的法律规

---

① “因比特币具有价值性、稀缺性、可支配性等特点，故其具备了权利客体的特征，符合虚拟财产的构成要件。中国人民银行等部委曾发布《关于防范比特币风险的通知》（2013年）、《关于防范代币发行融资风险的公告》（2017年）等文件，虽然否定了此类‘虚拟货币’作为货币的法律地位，但上述规定并未对其作为商品的财产属性予以否认，我国法律、行政法规亦并未禁止比特币的持有。《关于防范比特币风险的通知》中更提及，‘从性质上看，比特币应当是一种特定的虚拟商品’。因此，比特币具备虚拟财产、虚拟商品的属性，应受到法律的保护。”见上海市第一人民法院（2019）沪01民终13689号民事判决书，来源：中国裁判文书网。

② 详见（2017）鄂02民终1458号民事判决书。

定。有些法院会参照遗产的法定继承来处理①，且分割时参与分配的近亲属也不必然平均分配。法院在审理时还会酌情考虑各近亲属的客观情况，如近亲属对死者的经济依赖程度、生活紧密程度、扶养关系及生活困难、健康状况等因素。② 最高人民法院曾就相关问题发出复函，在考虑相关死亡赔偿金分配时，应考虑受害人情况，子女是否成年等因素，在作出赔偿决定时，应适当照顾未成年人的利益，并应就赔偿请求人各自获得的赔偿金额直接作出决定。③

354. 公司章程规定继承人不能继承股东资格，该怎么办？

公司自然人股东去世后，将发生股权继承。根据《公司法》第七十五条的规定，自然人股东死亡后，其合法继承人可以继承股东资格；但是，公司章程另有规定的除外。可见，继承人能否继承股东资格，仍以公司章程为准。如公司章程规定继承人不能继承股东资格的，相关继承人则无法成为公司股东。

当继承人遇到这种情况时，只能继承股权所代表的财产权利了。各地在司法实践中通常认为未取得股东资格的继承人有权从股权价款中得到补偿。如广东省高级人民法院《关于民商事审判实践中有关疑难法律问题的解答意见》在第八条“有限责任公司股东身份是否可以继承取得”部分就规定，在公司章程另有规定或继承人不愿继承股东资格等情形下，继承人仅享有股权中的财产权，由股权价款中得到补偿。

二、遗嘱的方式和继承的生效

355. 继承的方式有哪些？

根据《民法典》第一千一百二十三条的规定，继承开始后，按照法定继承办

---

① “死亡赔偿金及丧葬费发生在该公民死亡后，不属于该公民死亡时遗留的个人合法财产，故不属遗产，但为避免诉累，可以参照法定继承进行处理，即在扣除相关丧葬费用后由尚在世的各继承人平分。”见广州市白云区人民法院（2019）粤0111民初32083号民事判决书，来源：中国裁判文书网。

② “死亡赔偿金作为对死者近亲属财产损害的一种补偿，不属于遗产，由死者近亲属共同享有，在分割时应主要考虑因受害人死亡给近亲属生活带来的消极影响程度大小，根据近亲属的具体情况确定其应获得的份额。”见广州市中级人民法院（2016）粤01民终17号民事判决书，来源：中国裁判文书网。

③ 《最高人民法院赔偿委员会关于如何处理石晓丽等5人请求赔偿一案的批复》（法赔复〔1996〕2号）回复：根据《国家赔偿法》第六条第二款的规定，石晓丽等5位赔偿请求人都享有申请国家赔偿的权利，各自都应获得一部分赔偿金。赔偿金不应按份额平均分割，考虑到受害人崔洪福及其妻已与父母分家，子女尚小等因素，在作出赔偿决定时，应适当照顾未成年人的利益，并应就赔偿请求人各自获得的赔偿金额直接作出决定。

理；有遗嘱的，按照遗嘱继承或者遗赠办理；有遗赠扶养协议的，按照协议办理。因此《民法典》所规定的继承方式有：法定继承、遗嘱继承（包括遗赠）以及遗赠扶养协议继承三种方式。

法定继承是指法律规定的继承人（以下简称法定继承人）按照法定的顺序等相关规定继承被继承人遗产。

遗嘱继承是指法定继承人通过有效遗嘱对遗产进行继承。

遗赠是指法定继承人以外的人通过遗嘱所赠取得遗产。遗嘱继承和遗赠都通过遗嘱实现，但当遗嘱在法定继承人范围内指定继承人的话，那就属于遗嘱继承；若遗嘱在法定继承人以外挑选取得遗产的人，那就是遗赠。

遗赠扶养协议是指遗赠人和扶养人之间签订遗赠扶养协议，约定扶养人履行遗赠人的生养死葬的义务，遗赠人的财产在其死后转归扶养人所有。遗赠扶养协议可以在一定程度上解决失独老人、单身无后、无人照顾等人群的养老问题。因为，这份协议里的扶养人既可以是没有法定扶养义务的亲属，也可以是朋友邻居，还可以是养老机构。

356. 继承从什么时间开始起算？

有些人误以为被继承人尚未死亡就可以发生继承，这是错误的。继承从被继承人死亡时开始，《民法典继承编的解释（一）》第一条第一款规定："继承从被继承人生理死亡或者被宣告死亡时开始。"

死亡分为两种，一种为生理死亡，另一种为宣告死亡。

生理死亡也就是指机体各器官生理功能逐渐减退直至衰竭，尤其全脑、心或肺功能因老化而发生的自然衰竭，导致不能维持生活功能而死，又称老死或衰老死，生理死亡的以老死或者衰老死的时间为继承开始的时间。

《民法典》第四十八条规定："被宣告死亡的人，人民法院宣告死亡的判决作出之日视为其死亡的日期；因意外事件下落不明宣告死亡的，意外事件发生之日视为其死亡的日期。"宣告死亡的，根据以上规定确定的死亡日期，为继承开始的时间。

357. 一场事故中长辈与晚辈均去世，如何继承？

甲、甲父、甲小明、甲小芳四人一起出行，甲父是甲的父亲，甲是甲小明、甲小芳的父亲。他们均在同一场交通事故中不幸死亡。这种情况，如何确定继承人呢？谁先死，谁后死，财产的继承会大不一样。

《民法典》第一千一百二十一条第二款规定：“相互有继承关系的数人在同一事件中死亡，难以确定死亡时间的，推定没有其他继承人的人先死亡。都有其他继承人，辈份不同的，推定长辈先死亡；辈份相同的，推定同时死亡，相互不发生继承。”

第一，每个人的死亡时间都能确定，则按确定的死亡时间来开始继承。比如，甲当场死亡，甲父送医院抢救无效死亡。显然，甲先于甲父死亡。甲父可以继承甲的遗产，而不是甲继承甲父遗产。

第二，若难以确定死亡时间的，则按法律推定的死亡顺序死亡。甲小明和甲小芳是兄妹，均为同辈，故推定同时死亡。

第三，甲和甲父之间有继承关系，甲和甲小明、甲小芳之间有继承关系。推定死亡时间时，要看他们还有没有其他继承人。如甲母、甲父的父母早已去世，又无其他子女，则甲父无其他继承人，同时由于甲父是长辈，所以要推定甲父先去世。甲的妻子也是甲的继承人，甲是有其他继承人的。甲是甲小明、甲小芳的长辈，所以推定甲先于甲小芳、甲小明死亡。

综上，甲先继承甲父的财产，成为夫妻共同财产；甲的夫妻共同财产的一半作为遗产，由妻子和甲小芳、甲小明继承。甲小明、甲小芳死亡后，其财产由甲的妻子继承。

三、继承权的取得、丧失和例外

358. 胎儿是否具有继承权？

胎儿的继承权需要分情况讨论：

（1）腹中尚未出生的胎儿。遗产分割时，应当保留胎儿的继承份额。如果是多胞胎的，则应按胎儿的数量保留继承份额。

（2）出生后不久就死亡的胎儿。如果胎儿出生后不久即死亡，则该保留份额为该婴儿所有，但应由该婴儿的法定继承人按法定继承处理。

（3）胎儿出生时即为死胎。如果胎儿出生时即为死胎，该保留的份额由其他继承人再分割。

359. 出嫁的女儿是否享有继承权？

出嫁的女儿有继承权。《民法典》第一千一百二十六条规定，继承权男女平等，所以不管是男还是女，都有继承权，而且不管女儿是否出嫁，均享有继承权。

一些人认为财产应当由家里的男性继承，嫁出去的女儿没有继承权，这与我国几千年来的封建传统思想根深蒂固有关，但现在随着老百姓法律意识的提高与普法工作的大力开展，我们可以看到越来越多的父母开始通过遗嘱方式为嫁出去的女儿预留财产，且有越来越多的女性敢于走上法庭，争取依法分割属于自己的那一份遗产。

360. 养子女是否享有继承权？

《民法典》第一千一百二十七条规定，子女为第一顺序继承人之一。《民法典》继承编中所称子女，包括婚生子女、非婚生子女、养子女和有扶养关系的继子女。

故，养子女也享有继承权。当然，这里的养子女是经过合法手续收养的子女。

361. 子女和父母签订“亲子关系脱离协议”后，子女不尽赡养义务的，是否享有继承权？

现实中，有些人因为各种各样的原因和父母“断绝关系”，并从此不相往来，在父母去世前，并没有尽赡养义务。《民法典》第一千一百三十条第一款、第三款、第四款规定，同一顺序继承人继承遗产的份额，一般应当均等。对被继承人尽了主要扶养义务或者与被继承人共同生活的继承人，分配遗产时，可以多分。有扶养能力和有扶养条件的继承人，不尽扶养义务的，分配遗产时，应当不分或者少分。

成年子女有赡养扶助父母的法定义务。所谓的赡养，包括经济上的供养、生活上的照料和精神上的慰藉。父母给予了子女生命，子女对自己的父母，不管处于何种情况，都有赡养的义务，没有赡养能力的，如无收入的残疾人、精神病人之类的无民事行为能力人、限制民事行为能力人除外。有赡养能力的继承人，不尽赡养义务的，分配遗产时应当不分或者少分。这也体现了公民权利与义务具有对等性，公民在行使权利的同时必须履行相应义务。即使子女和父母签订“亲子关系脱离协议”后，也属于无效的协议，无法免除赡养父母的义务。子女不尽赡养义务时，在分配遗产时，应当少分或者不分，即可能丧失部分或者全部继承权。

362. 父母在遗嘱中未分财产给子女或者子女明确表示放弃继承，该子女可以不尽赡养义务吗？

现实中，一些子女会因为少分或者不分得父母的财产而心生不满，进而不想赡养父母，其实这是违反法律规定的。

赡养父母是中华民族的传统美德，《老年人权益保障法》第十九条第一款规定："赡养人不得以放弃继承权或者其他理由，拒绝履行赡养义务。"上述法律也规定了赡养父母是子女的法定义务。因此，赡养父母作为一项法定义务，不因为父母对财产的分割和处置而免除，也不以分得父母的财产为前提条件而拒绝履行。

主动放弃继承权也不是拒绝赡养父母的理由。因为明确表示放弃继承是子女单方的决定，是子女自己单方放弃了自己的继承权，但赡养父母是一项法定义务，不因子女放弃自己的继承权而免除。

363. 签了离婚协议的配偶是否享有继承权？

现实生活中，往往有很多意外情况出现。比如夫妻双方已经签订了离婚协议，但还没拿到离婚证。假设一方死亡了，其配偶是否有继承权呢？这个取决于双方的婚姻关系是否已经依法解除。

《民法典》第一千零八十条规定，完成离婚登记，或者离婚判决书、调解书生效，即解除婚姻关系。而根据《民法典》第一千零七十六条第一款的规定，夫妻双方自愿离婚的，应当签订书面离婚协议，并亲自到婚姻登记机关申请离婚登记。也就是说，双方只有亲自到婚姻登记机关申领并取得离婚证后，婚姻关系才正式解除。否则，双方的婚姻关系并未解除。因此，在婚姻关系存续期间一方死亡了，其配偶作为第一顺序继承人有继承权。

364. 复婚共同生活但未登记的一方是否享有继承权？

我国《民法典》第一千一百二十七条规定："遗产按照下列顺序继承：(一) 第一顺序：配偶、子女、父母；(二) 第二顺序：兄弟姐妹、祖父母、外祖父母。继承开始后，由第一顺序继承人继承，第二顺序继承人不继承；没有第一顺序继承人继承的，由第二顺序继承人继承。本编所称子女，包括婚生子女、非婚生子女、养子女和有扶养关系的继子女。本编所称父母，包括生父母、养父母和有扶养关系的继父母。本编所称兄弟姐妹，包括同父母的兄弟姐妹、同父异母或者同母异父的兄弟姐妹、养兄弟姐妹、有扶养关系的继兄弟姐妹。"

其实，从这个法条不难看出，我国法律在继承人这个问题上，不但给了范围，还给了顺序。同时，在这个法条中，还对可能存在争议的亲属范围，例如子女、父母等，也作出了明确规定。可唯一没有对"配偶"的范围进行一个说明。

其实，复婚共同生活但未登记的一方，是否有合法的继承权，要看双方是否具有法律上的夫妻关系。正常来说，若复婚共同生活的行为发生在 1994 年 2 月 1 日前，则可以构成事实婚姻，相互之间有继承权。1994 年 2 月 1 日以后以夫妻名义共同生活，但未领取结婚证的，不存在事实婚姻，仅为同居关系，同居双方并非夫妻关系，在这样的情况下同居关系中的一方死亡，另一方无权以配偶身份继承遗产。若同居一方对该被继承人承担了较多扶养义务的，则可以根据《民法典》第一千一百三十一条适当分得财产。

365. 法人组织是否享有继承权？

我国《民法典》第一千一百二十三条规定，继承开始后，按照法定继承办理；有遗嘱的，按照遗嘱继承或者遗赠办理；有遗赠扶养协议的，按照协议办理。由此可以看到，法律规定的继承方式有三种，分别是法定继承、遗嘱继承、遗赠。

我们都知道，法定继承主要针对的是自然人之间的继承。因此，法人组织不是自然人，肯定不是法律规定中的继承人。在法定继承的范围内，法人组织是无法取得继承权的。

那么，法人组织是否一定是无继承权呢？

在 1985 年 10 月 1 日生效实施的《继承法》中只是规定，公民可以立遗嘱将个人财产赠给国家、集体或者法定继承人以外的“人”。至于受赠者是否可以是法人等组织，并未具体明确。

然而，法律总是随着社会生活的发展一步步成熟和完善起来的。随着我国人口老龄化程度加深，养老问题也成了全社会重点关注问题。特别是有遗产的孤寡老人，如果能扩大扶养人的范围，就可以让他们在“老有所依”这个问题上，有更多的选择权。

因此，《民法典》第一千一百三十三条就扩展了原《继承法》中关于受遗赠人范围的规定，明确规定自然人可以立遗嘱将个人财产赠与国家、集体或者法定继承人以外的组织、个人。将“组织”确认纳入了受遗赠的范围内。所以，根据《民法典》第一千一百三十三条的规定，法人是可以通过接受遗赠的方式获得有限的继承权的。

366. 继承人有哪些行为时会导致其继承权丧失？

继承人拥有对遗产的继承权，受法律保护，也不容许受到侵犯。即非有法定的事由，非经法定的程序，任何人不得非法剥夺继承人的继承权。那在什么情况下，继承人会丧失自己的继承权呢？

根据《民法典》第一千一百二十五条①的规定，丧失继承权的事由，有以下五种：

（1）故意杀害被继承人。

继承人故意杀害被继承人是一种严重的犯罪行为。无论是从伦理上来讲，还是从法律上来讲，继承人故意杀害了被继承人，还不被剥夺继承权，就天理难容了。所以，继承人故意伤害被继承人的，无论是既遂还是未遂，也不论是否受到刑事责任的追究，都丧失继承权。当然，在这里，要重点提醒，法律规定的是“故意杀害”，而不是“过失犯罪”，也不包括因正当防卫致被继承人死亡。

（2）为争夺遗产而杀害其他继承人。

从古至今，中华传统美德中的家庭美德就一直倡导“尊老爱幼”“兄友弟恭”“夫妻和睦”，即倡导亲属在家庭生活中和睦相处。如果为了争夺遗产而杀害其他继承人，不仅违背了社会大多数人的认知，还有可能构成刑事犯罪。所以，与故意杀害被继承人一样，不论是既遂还是未遂，也不论是否受到刑事责任的追究，都会丧失继承权。但我们需要注意的是，并非所有的杀害其他继承人的行为都会导致丧失继承权。而是只有在为争夺遗产的情况下，杀害其他继承人才会丧失继承权。

（3）遗弃被继承人，或者虐待被继承人情节严重。

尊老、敬老、爱老一直是我们中华民族的优良传统，但是，生活中虐待、遗弃老人的现象也时有发生。这些违反社会伦理道德的行为，除了会遭到社会谴责外，也不会被法律所容忍。所以，继承人存在严重虐待被继承人和遗弃被继承人时，法律同样剥夺继承人的继承权。

（4）伪造、篡改、隐匿或者销毁遗嘱，情节严重。

伪造、篡改、隐匿或者销毁遗嘱的行为，侵犯了被继承人立遗嘱的权利，同时也侵犯了其他继承人的继承权。如果继承人为了获得更多的遗产，存在伪造、篡改、隐匿或者销毁遗嘱的行为，则不利于家庭亲属之间的亲情关系和睦，也不利于社会生活环境的安定。

---

① 《民法典》第一千一百二十五条：继承人有下列行为之一的，丧失继承权：（一）故意杀害被继承人；（二）为争夺遗产而杀害其他继承人；（三）遗弃被继承人，或者虐待被继承人情节严重；（四）伪造、篡改、隐匿或者销毁遗嘱，情节严重；（五）以欺诈、胁迫手段迫使或者妨碍被继承人设立、变更或者撤回遗嘱，情节严重。继承人有前款第三项至第五项行为，确有悔改表现，被继承人表示宽恕或者事后在遗嘱中将其列为继承人的，该继承人不丧失继承权。受遗赠人有本条第一款规定行为的，丧失受遗赠权。

（5）以欺诈、胁迫手段迫使或者妨碍被继承人设立、变更或者撤回遗嘱，情节严重。

这款规定是《民法典》中新增的一款规定。从这款规定中，我们看到立法者希望最大限度地保障被继承人真实意思实现。因此，不论继承人是采取欺诈的手段还是胁迫的手段，只要导致被继承人的真实意思歪曲，情节严重的，就会丧失继承权。

在第三种至第五种情况下，继承人是不是必然丧失继承权呢？如果继承人确有悔改表现，被继承人表示宽恕或仍然将继承人列在遗嘱继承人中的，该继承人也还是会有继承权的。

法律赋予了被继承人宽恕继承人的权利，也赋予了继承人改过自新的机会和得到被继承人宽恕后恢复继承权的权利。这有利于家庭矛盾在家庭内部化解，鼓励犯错者积极改正，回归社会正道。

367. 遗嘱指定的继承人故意杀害被继承人，该继承人还有继承权吗？

遗嘱指定的继承人故意杀害被继承人，该继承人会被剥夺继承权。

首先，根据《民法典继承编的解释（一）》第八条的规定，遗嘱指定的继承人有民法典第一千一百二十五条第一款第一项“故意杀害被继承人”或者第二项“为争夺遗产而杀害其他继承人”的行为，可以确认遗嘱无效，并确认该继承人丧失继承权。当该继承人丧失继承权后，遗嘱中涉及的遗产转为法定继承，由其他法定继承人继承。

我们需要注意的是，故意杀害被继承人，只会导致丧失对该被继承人的遗产的继承权。该继承人依然有权继承其他被继承人的遗产。比如，张三的父亲叫张大三，母亲叫李四。张三故意杀死了父亲张大三，张三仅丧失了对其父遗产的继承权，但仍有权继承其母亲李四的遗产。

368. 为了争夺遗产而杀害其他继承人，施害人还有继承权吗？

《民法典》第一千一百二十五条第一款第二项规定，为争夺遗产而杀害其他继承人的，丧失继承权。那么，“为争夺遗产”如何理解？是否一定将其他继承人杀死才丧失继承权呢？故意伤害致其他继承人重伤，也会丧失继承权吗？

（1）“为争夺遗产”如何理解？

其实，从字面上就不难理解。行为人杀害其他继承人的目的是争夺遗产。如果行为人只是出于其他恩怨纠纷而杀害其他继承人，则不必然丧失继承权。

例如：张三、张小三是兄弟，张三发现自己的妻子与张小三存在不正当男女关系，一怒之下，杀死了张小三。显然，张三是仇杀他人，而不是为了争夺遗产。

（2）是否一定将其他继承人杀死才丧失继承权呢？

尽管《民法典》和《民法典继承编的解释（一）》都没有明确规定，为争夺遗产杀害其他继承人的，应当达到什么程度才丧失继承权。但我们认为，为争夺遗产杀害其他继承人的，不论既遂还是未遂都应丧失继承权。

从这条法律条文的立法目的来看，是为了惩治为侵占遗产而伤害其他继承人的行为，并不以导致其他继承人死亡后果为要件。故为争夺遗产而故意杀害其他继承人未遂的，也应当确认其丧失继承权。

（3）故意伤害致其他继承人重伤，也会丧失继承权吗？

答案是否定的。《民法典》第一千一百二十五条没有将“故意伤害其他继承人的行为”列入其中。因此，即使存在为争夺遗产而故意伤害其他继承人的行为，也不必然丧失继承权。

369. 子女遗弃、虐待父母的，子女还有没有继承权？

根据《民法典》第一千一百二十五条的规定，继承人遗弃被继承人，或者虐待被继承人情节严重的，丧失继承权。因此，原则上继承人实施了遗弃被继承人或者虐待被继承人情节严重时，就丧失了继承权。而这里的继承人和被继承人的范围就已涵盖了子女和父母。即子女遗弃、虐待父母的，子女原则上丧失继承权。

需要注意的是，法律上对于遗弃和虐待被继承人而丧失继承权的认定要求是不同的。继承人遗弃被继承人的，无论遗弃行为或导致的后果是否严重，即失去了继承权。

那什么是遗弃呢？遗弃，是指家庭成员中负有赡养、扶养、抚养义务的一方，对需要赡养、扶养和抚养方，不履行其应尽的义务的违法行为。例如，父母不抚养未成年子女；成年子女不赡养无劳动能力或生活困难的父母；配偶不履行扶养对方的义务等。遗弃以不作为的形式出现，该为而不为，致使被遗弃人的权益受到侵害。

举个例子：张三嫌弃年老生病的母亲，不愿照顾母亲而将其带至乡下，由母亲独自居住生活，从此不给生活费和治疗费，对母亲不闻不问。年老体弱的母亲多年来都是由村委照顾照料，村委多次联系张三回来赡养母亲，张三均以各种理由拒绝。后来母亲发生意外事故去世。此时，对于母亲的遗产，张三是否享有继承权呢？答案是张三没有继承权。虽然，张三的遗弃行为并未导致母亲死亡或伤残，但只要实施了遗弃的行为，即丧失继承权。

至于虐待被继承人，只有情节严重的情况下，才会丧失继承权。根据《民法典》第一千一百二十五条的规定，虽然子女遗弃、虐待父母会丧失继承权，但继承人的继承权丧失是相对的。如果实施遗弃、虐待行为后，有悔改表现，而且得到了被继承人的宽恕和原谅，仍然可以恢复继承权。

370. 如何确定虐待被继承人的行为属于“情节严重”？

虐待、遗弃老人的现象在社会上时有发生。这些违反社会道德伦理的行为，在受到社会谴责的同时，也应当受到法律的制裁。根据《民法典》第一千一百二十五条第一款第三项的规定，继承人遗弃被继承人，或者虐待被继承人情节严重的，丧失继承权。

那么，如何认定虐待被继承人的行为属于“情节严重”？

无论是民法典还是民法典继承编的司法解释，其实都没有对虐待被继承人的情况进行具体的罗列。但根据《民法典继承编的解释（一）》第六条规定，判断虐待继承人情节是否严重，是从实施虐待行为的时间、手段、后果和社会影响等方面进行综合判断的。

因此，我们得明白，“虐待”，具体是指经常以打骂、冻饿、捆绑、强迫超体力劳动、限制自由、凌辱人格等各种方法，从肉体、精神上迫害、折磨、摧残共同生活的家庭成员的行为。虐待可以是积极的、作为的方式；也可以表现为消极的、不作为的方式。

虐待行为与偶尔打骂或者偶尔体罚行为的明显区别是：虐待行为往往是经常甚至一贯的，具有相对连续性的家庭暴力，且这种长期的、连续性的家庭暴力让被继承人的精神或身体受到了严重的损害。故，偶尔一次的打骂、冻饿等行为，并不能直接认定为虐待情节严重。当然，如果仅一次的打骂，已将被继承人打成轻伤，无论该行为是否被认定为“虐待”或追究刑事责任，这样的行为，对于继承权的评定范围有一定的影响。

何谓情节严重？一般而言，被人民法院以“虐待罪”判刑的，应视为情节严重。因为虐待罪本身是情节犯，虐待他人情节严重的构成犯罪；施害人因虐待而被撤销监护资格的，应视为情节严重；而对于并没追究刑事责任的虐待施害人，则以次数、手段、是否发生轻伤或轻伤以上、被害人自杀轻生等后果来综合认定。

371. 伪造、篡改、隐匿或者销毁遗嘱的一方，还有没有继承权？

根据《民法典》第一千一百二十五条第一款第四项的规定，继承人伪造、篡改、隐匿或者销毁遗嘱，情节严重的，丧失继承权。即，原则上，伪造、篡改、隐匿或者销毁遗嘱的一方，在法律认定为情节严重的情况下，会丧失继承权。

那“情节严重”的标准又是如何认定的呢？《民法典继承编的解释（一）》第九条规定：“继承人伪造、篡改、隐匿或者销毁遗嘱，侵害了缺乏劳动能力又无生活来源的继承人的利益，并造成其生活困难的，应当认定为民法典第一千一百二十五条第一款第四项规定的‘情节严重’。”

例如：张三的妻子去世时，张三伪造遗嘱独吞妻子遗产，导致没有劳动能力又没有生活来源的岳父母无法继承遗产，并造成其生活困难。张三伪造遗嘱的行为，就属于本条中所说的“情节严重”。

那是否只要继承人实施伪造、篡改、隐匿或者销毁遗嘱的行为，就必然丧失继承权呢？答案是否定的。在这里，我国《民法典》也给了继承人改过自新的机会，即《民法典》第一千一百二十五条第二款规定，继承人确有悔改表现，被继承人表示宽恕或者事后在遗嘱中将其列为继承人的，该继承人不丧失继承权。因此，虽然继承人实施了伪造、篡改、隐匿或者销毁遗嘱的行为，但事后确有悔改表现，也得到了被继承人的原谅，还是可以享有继承权的。

372. 继承人以欺诈、胁迫手段迫使或者妨碍被继承人设立、变更或者撤回遗嘱，其还有没有继承权？

继承人以欺诈、胁迫手段迫使或者妨碍被继承人设立、变更或者撤回遗嘱的情形，属于《民法典》第一千一百二十五条第一款第五项规定的继承人丧失继承权的五种情形之一，是《民法典》新增的一种法定丧失继承权的情形。

判断继承人的行为是否符合此种情形以及该继承人实施了丧失继承权的行为后还有没有继承权，需要综合考虑其行为的情节严重程度，以及其是否有悔改表现，是否得到被继承人的宽恕或者有其他有效遗嘱等情形而综合判断。我们建议参照以下思路去判断：

首先，我们要判断继承人是否实施了欺诈和胁迫的手段。所谓欺诈手段是指继承人故意告知虚假情况，或者故意隐瞒真实情况，诱使被继承人作出错误的意思表示。比如，大儿子欺骗父亲，称弟弟为了遗产想要谋害父亲。父亲因为大儿子的欺骗变更了遗嘱内容，将其原本给小儿子的遗产份额给了大儿子。

所谓胁迫手段是指以给被继承人及其亲友的生命健康、荣誉、名誉、财产等造成损害为要挟，迫使被继承人作出违背真实意思表示的行为。比如，继承人威胁被继承人，如果不立遗嘱让其继承房产，则杀害被继承人或杀害被继承人的配偶，被继承人心生恐惧，害怕继承人伤害自己或配偶，从而不得不订立遗嘱确定自己房产由该继承人继承。

继承人是否实施了以上手段，是判断是否符合此种情形的标准，如果继承人实施其他手段，则不应适用此情形。

其次，继承人是否丧失继承权，我们还要判断继承人实施两种手段的严重程度，是否造成了此情形规定的胁迫或妨碍了被继承人设立、变更或者撤回遗嘱的后果。比如，在上述例子中，父亲根本不相信大儿子，并没有改变原来的遗嘱。那么，大儿子则不会丧失继承权。

最后，继承人存在上述丧失继承权的情形后，是否得到被继承人的宽恕。实施欺诈、胁迫行为的继承人，并非绝对丧失继承权。当被继承人对其宽恕后，则恢复继承权。

373. 什么是继承人宽恕制度？

继承人宽恕制度是指被继承人在情感上对继承人的故意或过失行为予以谅解和宽恕，并且对继承人继承身份或资格再次认可、肯定与承认，表示愿意恢复继承人丧失的继承权。

继承人宽恕制度是《民法典》新增的一个制度，《民法典》第一千一百二十五条第二款规定，继承人实施法定的丧失继承权行为后，确有悔改表现，被继承人表示宽恕或者事后在遗嘱中将其列为继承人的，该继承人不丧失继承权。该制度给丧失继承权的继承人一个改过自新的机会，让他们可以在认识到自己的错误后努力弥补，善待被继承人且修正自己的不当行为，重新取得继承的权利。

我们在理解继承人宽恕制度时，需要特别注意以下几点：

第一，继承人宽恕制度的前提是继承人丧失了继承权，《民法典》第一千一百二十五条第一款规定了五种情形下，继承人会丧失继承权：（1）故意杀害被继承人；（2）为争夺遗产而杀害其他继承人；（3）遗弃被继承人，或者虐待被继承人情节严重；（4）伪造、篡改、隐匿或者销毁遗嘱，情节严重；（5）以欺诈、胁迫手段迫使或者妨碍被继承人设立、变更或者撤回遗嘱，情节严重。

继承人宽恕制度并不代表对所有被依法剥夺继承权的情形都可以适用宽恕制度。上述五种丧失继承权的情形，分为绝对丧失继承权和相对丧失继承权，绝对丧失继承权即继承权一旦被依法剥夺则无法挽救，其中第一种故意杀害被继承人和第二种为争夺遗产而杀害其他继承人为绝对丧失继承权的情形，无论是否被追究刑事责任，都丧失了被宽恕的基础，不得恢复继承权。而相对丧失继承权是继承人被依法剥夺继承权后，可以依据继承人宽恕制度，重新获得继承权，可适用于第三至第五三种情形。

第二，适用宽恕制度，需要继承人确有悔改表现，根据法律要求悔改需要具有实质意义的表现。比如，对具有遗弃、虐待被继承人行为的，继承人积极悔改，积极赡养被继承人，在精神和物质上给予被继承人关爱。

第三，被继承人是否宽恕继承人，关键在于被继承人是否在自愿的基础上作出明确宽恕表示。比如，母亲对于儿子的忏悔或是弥补过错的行为，明确表示接受孩子的悔过，或是在遗嘱中列明儿子可以继承自己的遗产，说明被继承人以行动表明自己已经原谅和宽恕了该继承人。

374. 继承人宽恕制度中，哪些行为可以视为宽恕继承人的形式？

根据《民法典》第一千一百二十五条第二款的规定，被继承人表示宽恕和被继承人将继承人列为继承人的行为可以视为宽恕继承人的形式，以下我们对这两种宽恕的形式进行相应的分析：

第一种宽恕形式是被继承人表示宽恕，即对继承人的悔改行为明确表示原谅、宽恕。比如，儿子用打骂、恐吓的方式逼迫母亲订立遗嘱让全部财产由他继承而丧失继承权后，儿子认识到自己错了，不应该为了遗产而胁迫母亲，主动向母亲承认错误并道歉，并用心照顾关爱母亲。此后母亲看儿子确实悔改，则表示已经原谅儿子。此种情形属于被继承人表示宽恕，儿子的继承权可以得到恢复。

第二种宽恕形式是被继承人事后在遗嘱中将其列为继承人。继承人在实施《民法典》第一千一百二十五条第一款第三项至第五项的行为导致丧失继承权的情况下，被继承人在遗嘱中仍然列明该继承人的继承权利和义务，则该继承人恢复继承权。

对于继承人宽恕制度的形式，我们还需要特别注意以下几点：

第一，宽恕无论是何种形式，必须是以被继承人自愿为原则，任何个人或单位均不得强迫或干涉。

第二，继承人能否得到宽恕进而恢复继承权，关键还要看继承人是否确有悔改表现。继承人的悔改表现是指认识到自己的错误，并努力弥补、修正。继承人有具体的悔改表现，不能仅有口头上的认错，更要有实际行动修正自己的错误。比如，对被继承人精神和物质上的关爱，使得此前的不法行为给被继承人造成的损伤得以弥补。

375. 继承人丧失继承权的，是否必须通过司法裁判确认？

继承人发生丧失继承权的情况，必须向人民法院提起诉讼，通过诉讼程序由人民法院判决最终确定继承人是否丧失继承权。

继承权的丧失是指依法剥夺继承人的继承资格，继承人丧失继承遗产的资格，不再具有继承人的法律地位，即丧失了其继承遗产的可能性。

《民法典继承编的解释（一）》第五条规定："在遗产继承中，继承人之间因是否丧失继承权发生纠纷，向人民法院提起诉讼的，由人民法院依据民法典第一千一百二十五条的规定，判决确认其是否丧失继承权。"

因此，只有人民法院才能认定继承人是否丧失继承权，其他任何单位或者个人无法判断或确认继承人丧失继承权。

376. 丧失继承权的时间节点是在判决生效时，还是追溯到继承开始时？

法院判决继承人丧失继承权的，继承人丧失继承权的时间节点是在判决生效时，还是追溯到继承开始时，法律未作明确规定。从法理的角度分析，我们认为丧失继承权追溯到继承开始时更符合立法本意。

《民法典继承编的解释（一）》第五条规定："在遗产继承中，继承人之间因是否丧失继承权发生纠纷，向人民法院提起诉讼的，由人民法院依据民法典第一千一百二十五条的规定，判决确认其是否丧失继承权。"

由此可见，继承权的丧失与否需要由法院作出最终的判断，在性质上属于确认之诉。确认之诉不同于形成之诉，不引起民事法律关系的变动或消灭，只是对某种民事法律关系的确认或否认。因此，民事法律关系的确认或否认要追溯到民事法律关系发生之时。

而法律规定继承从被继承人死亡时开始。此时，继承人产生继承权。因此，继承权的有无，需要追溯到继承权产生之时。比如，儿子为霸占遗产故意杀害母亲，人民法院经过审理认定儿子符合法定丧失继承权的情形，确认儿子丧失继承权，儿子丧失继承权的时点不是判决生效之时，而是继承开始之时，即其母亲死亡时。

377. 继承人是否可以放弃继承权，如何放弃继承权？

根据《民法典》第一千一百二十四条的规定，继承人可以在继承开始后，遗产处理之前，以书面方式放弃继承权。

放弃继承权是一种权利，但是继承人放弃继承权亦有一定限制，我们需要特别注意以下要点：

（1）继承人放弃继承权有时间的限制。

首先，只能在继承开始之后，才可以放弃继承权。继承开始的时间点是被继承人死亡时。所以，继承人没法在被继承人生前表示放弃继承。

其次，需要在遗产分割之前表示放弃，否则推定为接受继承。

一般而言，遗产的分割包括全体继承人共同参与处分或通过公证继承，若产生争议则会通过司法裁判方式作出。全部继承人在公证处做继承公证时，表示都接受继承。则公证处出具继承公证后，即意味着遗产已作出处理。此时继承人若表示放弃继承，实际上放弃的是其已经通过继承取得的财产，而不是继承权。以上两种放弃方式有何实际区别呢？举例来说，在甲乙双方的婚姻关系存续期间，甲通过继承所得的财产默认为甲乙双方的夫妻共同财产，除非被继承人遗嘱指定由甲个人继承。当甲将财产继承下来后，该财产已转化为夫妻共同财产，此时其放弃的不再是继承权，而是放弃了夫妻共同财产，则会损害其配偶乙的财产利益。

若是通过诉讼进行继承析产的，继承人口头表示放弃继承，法院需要制作笔录让继承人签字。若继承人在诉讼过程中放弃继承后又反悔的，应当说明理由，法院据情况决定。在法院作出生效裁判后，当事人不能放弃继承权。

（2）继承人放弃继承权的形式，明确必须以书面形式表示，不可以采用口头等非书面的形式，以此确定继承人放弃继承的意思是确定无误的。

（3）继承人需要向其他继承人或遗产管理人作出放弃继承的表示。在诉讼过程中，应向法院表达放弃继承。

（4）不能放弃继承的情形。《民法典继承编的解释（一）》第三十二条规定，继承人放弃继承权如果会导致其不能履行法定义务，则放弃继承权的行为无效。该限制主要从被继承人相关债务人的利益考虑而设置。此条规定的“法定义务”，在实践中主要有以下几个方面：

第一，继承人有责任、有能力尽法定抚养或赡养义务而不尽，从而导致被继承人形成的债务。比如，被继承人生病，继承人有法定支付赡养费的义务，但继承人不支付赡养费，导致被继承人因治疗产生医药费的债务，则继承人不能以放弃继承而免予承担该债务的清偿责任。

第二，被继承人死亡后产生的丧葬费，因为支付被继承人丧葬费是继承人的法定义务亦是公序良俗的要求，继承人不能以放弃继承而拒绝支付丧葬费。除上述情形外，认定放弃继承无效，同时要考虑当事人的主观态度是否故意。

378. 婚前购房出首付的一方婚后去世，该遗产应该如何划分？

婚前出首付购买房屋的夫妻一方婚后去世，该房产并不当然全部属于遗产，还需要判断夫妻另一方是否对该房产享有份额，具体我们可以从以下几种主要情形进行分析：

第一，婚前购房时，一方出首付，该房屋在结婚前登记在首付一方个人名下，婚后房屋按揭贷款均是首付一方用其个人财产支付，则该房屋应属于该首付出资一方的个人财产，其去世后，该房产全部份额应属于其遗产，按照遗嘱或者法定继承进行分割。

第二，婚前购房时，一方出首付，但婚后由夫妻双方共同还贷，该房屋登记在夫妻双方名下，由双方共同共有，若夫妻双方无特定财产约定，则该房产应属于夫妻双方的共同财产。遗产分割时，应依法先将一半分出为其配偶所有，剩余部分为被继承人的遗产，按照遗嘱或者法定继承进行分割。

第三，婚前购房时，一方出首付，但婚后由夫妻双方共同还贷，该房屋登记在出首付一方的个人名下，若夫妻双方无特定财产约定，则该房产婚后夫妻共同还贷部分及相应增值部分应属于夫妻共同财产。分割遗产时应将夫妻共同财产中属于生存配偶一方的份额先分割出来，剩余部分为被继承人的遗产，按照遗嘱或者法定继承予以分割。

如该房产存在剩余房贷未还的情况，剩余房贷部分的处理方式则要看遗产的具体分割方式，以及以上不同情形进行具体的分析：

第一，如果属于第一种该房屋全部属于被继承人的遗产的情形，剩余未还房贷部分属于被继承人的个人债务。继承人应在继承的财产范围内承担该债务。

第二，如果属于第二种该房屋属于夫妻共同共有财产的情形，剩余未还房贷部分应属于夫妻共同债务，其中一半应由被继承人的配偶承担，另外一半应属于被继承人的债务，遗产分割时应依法对该债务进行处理，对该房屋剩余的价值进行分割。

第三，若该房屋仅婚后共同还贷部分及增值部分属于夫妻共同财产的，剩余未还房贷部分应属于被继承人的个人债务。继承人应在继承的财产范围内承担该债务。

379. 继承是指对被继承人生前的全部权利和义务的继承，还是仅继承财产？

继承应是指对被继承人生前全部权利和义务的继承，而不仅是对财产的继承。

《民法典》第一千一百六十一条第一款规定：“继承人以所得遗产实际价值为限清偿被继承人依法应当缴纳的税款和债务。超过遗产实际价值部分，继承人自愿偿还的不在此限。”

可见，继承人应在其所得遗产实际价值内负责清偿被继承人依法应当缴纳的税款和债务，继承人放弃继承的，则可不负相应的清偿责任。

认定遗产范围思维导图

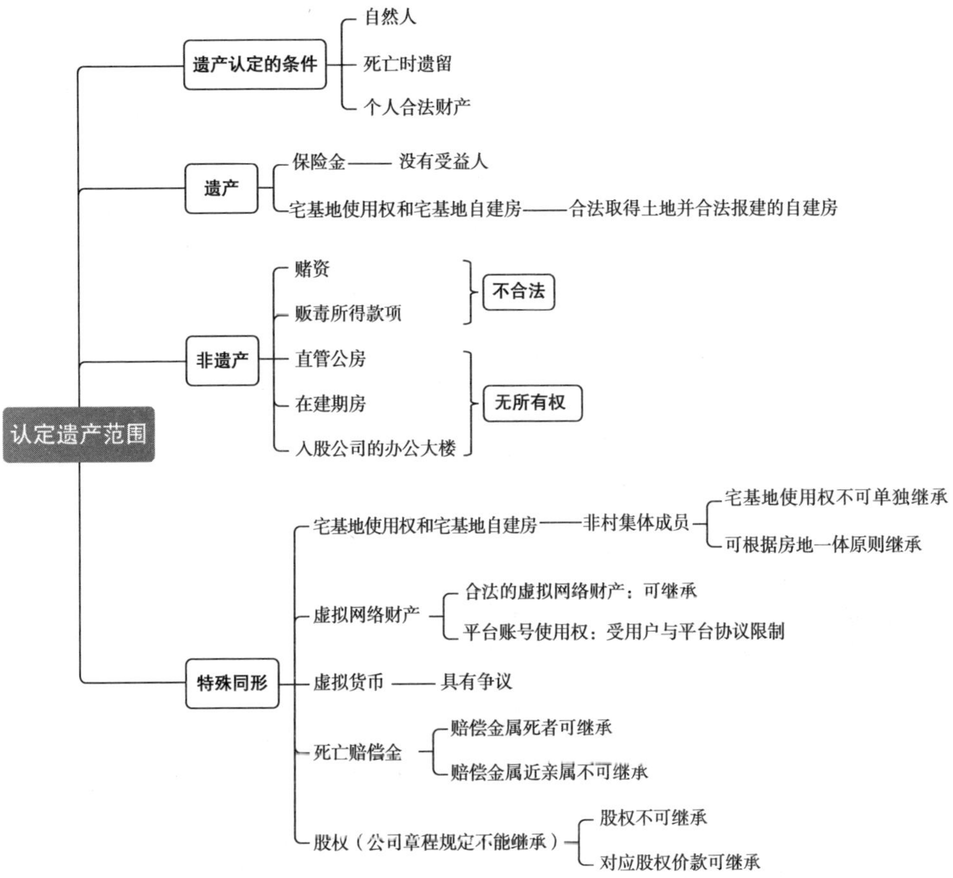

遗嘱的方式和继承的生效思维导图

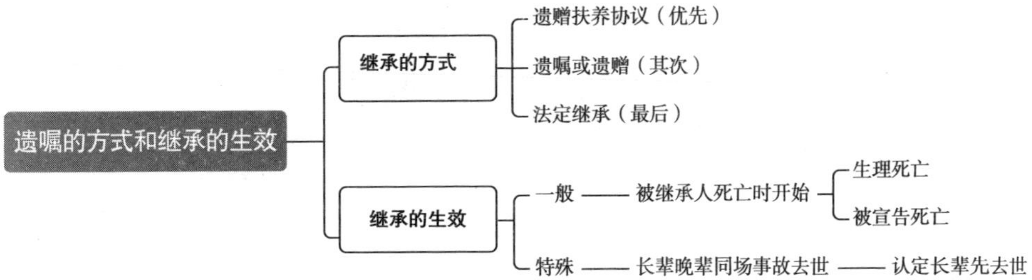

继承权取得、丧失和例外思维导图

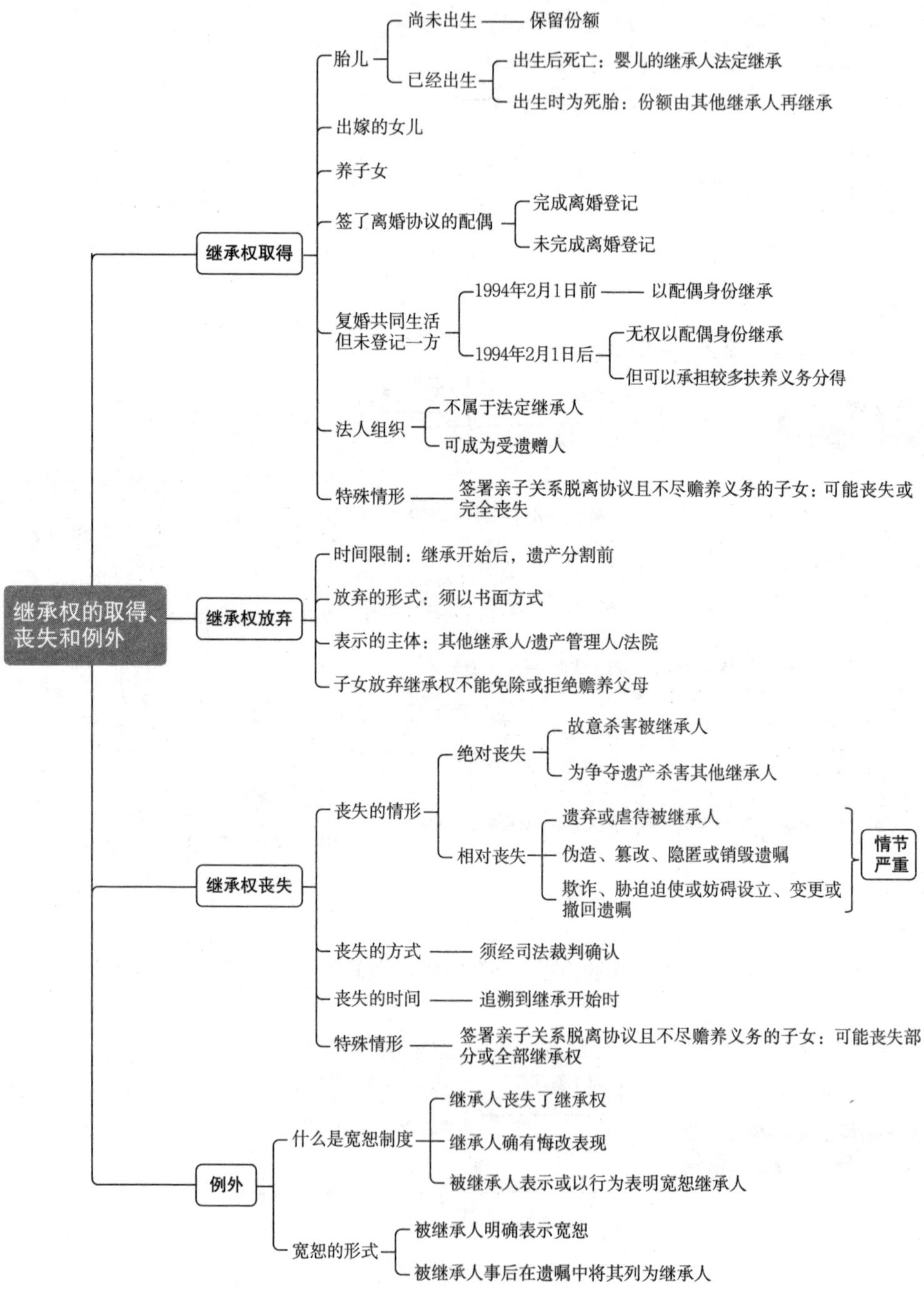

第二章 法定继承

380. 什么是法定继承?

根据《民法典》等有关规定，法定继承是指自然人死亡后，由与他具有法律规定的关系的自然人取得其在生前遗留下来的财产及财产性权益的法律制度。

法定继承分第一顺序继承人及第二顺序继承人。第一顺序继承人包括：配偶、子女、父母；第二顺序继承人包括：兄弟姐妹、祖父母、外祖父母。

只有在第一顺序法定继承人已死亡且没有代位继承人或转继承人的情况下，才由第二顺序法定继承人进行继承。其中，子女包括婚生子女、非婚生子女、养子女和有扶养关系的继子女；父母包括生父母、养父母和有扶养关系的继父母；兄弟姐妹包括同父母的兄弟姐妹、同父异母或者同母异父的兄弟姐妹、养兄弟姐妹、有扶养关系的继兄弟姐妹。

但需要注意的是法定继承的效力等级问题。除法定继承外，法律上还有遗嘱继承、遗赠、遗赠扶养协议。从效力优先级而言，遗赠扶养协议>遗嘱继承和遗赠>法定继承。这也就意味着，只有在不存在遗赠扶养协议、遗嘱或遗赠文书的情况下，才会发生法定继承，否则，将以上述法律文书作为继承的依据，而阻却法定继承的发生。简而言之，法定继承是最常见但却非效力最优先的继承方式，可以理解为法定继承权是一种法定的可期待权利，但被继承人可以通过遗赠扶养协议、遗嘱或遗赠文书等行为选择其他的遗产处分意愿，该自由处分意愿是受到法律的充分尊重和保护的。

现实生活中，出现一些法定继承人误以为有法定继承权就等于拥有遗产份额的错误观念，进而不履行法定赡养、抚养、扶养义务的恶劣行径。最终被继承人决定在生前立遗嘱指定由其他人继承。对于这些不尽义务的继承人而言，可谓得不偿失。故法定继承人还是需要尽好相应的赡养、抚养、扶养义务，以便让该可期待权利实际转化为实实在在的财产权益。

特别提醒的是，有下列情形之一的，遗产中的有关部分也同样按照法定继承办理：

(1) 遗嘱继承人放弃继承或者受遗赠人放弃受遗赠；

（2）遗嘱继承人丧失继承权或者受遗赠人丧失受遗赠权；

（3）遗嘱继承人、受遗赠人先于遗嘱人死亡或者终止；

（4）遗嘱无效部分所涉及的遗产；

（5）遗嘱未处分的遗产。

381. 法定继承中，各继承人继承遗产的份额是均等的吗？

根据《民法典》第一千一百三十条“同一顺序继承人继承遗产的份额，一般应当均等”的规定，各继承人继承遗产的份额一般是均等的。

但法律同时规定①：对生活有特殊困难又缺乏劳动能力的继承人，分配遗产时，应当予以照顾；对被继承人尽了主要扶养义务或者与被继承人共同生活的继承人，分配遗产时，可以多分；有扶养能力和有扶养条件的继承人，不尽扶养义务的，分配遗产时，应当不分或者少分。法律之所以这样规定，是基于和谐、互助、友爱家风的价值观和善良风俗所考虑，同时照顾弱者，鼓励继承人积极、主动履行法定义务，对于多尽法定义务的继承人可以允许适当多得遗产，该规定是与公平等民法精神所相符的。

此外，法律也规定，继承人协商同意的，也可以不均等。这就意味着，只要继承人之间达成合意，也可以书面约定不均等继承遗产。如日常生活中常见的部分法定继承人放弃对于遗产份额的继承，也有的是放弃对于遗产份额（常见为房产）的继承，换取适当的货币补偿。总而言之，只要不违反法律的强制性规定或侵犯第三人的合法权益，法律对于继承人之间的该种意思自治和权利处分是予以充分认可的，这也与民法精神所相符。

382. 被继承人的兄弟姐妹与配偶、父母、子女的继承顺序一样吗？

不一样。《民法典》第一千一百二十七条规定法定继承分第一顺序继承人及第二顺序继承人。

第一顺序继承人包括：配偶、子女、父母；第二顺序继承人包括：兄弟姐妹、祖父母、外祖父母。只有在第一顺序法定继承人已死亡且没有代位继承人或转继承人的情况下，才由第二顺序法定继承人进行继承。

---

① 《民法典》第一千一百三十条：同一顺序继承人继承遗产的份额，一般应当均等。对生活有特殊困难又缺乏劳动能力的继承人，分配遗产时，应当予以照顾。对被继承人尽了主要扶养义务或者与被继承人共同生活的继承人，分配遗产时，可以多分。有扶养能力和有扶养条件的继承人，不尽扶养义务的，分配遗产时，应当不分或者少分。继承人协商同意的，也可以不均等。

之所以这样规定顺序，是基于法定继承是以一定的人身关系为前提的，依据继承人与被继承人之间的血缘、姻亲关系的亲疏以及生活关系的依赖程度。父母的养育之恩，作为第一顺序继承人显然没有问题；配偶作为最亲近、对生活依赖最高、共同创造财富和度过余生的人，作为第一顺序继承人也是没有问题的；子女作为第一顺序继承人显然也是与我国传统以来的思想价值观相吻合的。而在被继承人最为亲近的人去世后，兄弟姐妹作为与被继承人共同成长以及在日常生活中还时有帮扶的人，作为第二顺序继承人继承遗产，以防家族财产流失，也是符合我国传统以来的思想价值观的。此外，祖父母、外祖父母身为日常生活中对孙子女、外孙子女多有帮扶、协助抚养的长辈作为第二顺序继承人显然也是没有异议的。

特别提醒的是，《民法典》第一千一百二十九条还规定，丧偶儿媳对公婆，丧偶女婿对岳父母，尽了主要赡养义务的，作为第一顺序继承人。该条特别规定的意义在于弘扬优秀家风，让失独老人老有所依，对虽无法定义务但仍念旧情尽“孝心”的丧偶儿媳、女婿予以鼓励和肯定，符合中华民族的传统美德。

383. 被继承人的孙子女、外孙子女是法定继承人吗？

不是的。之所以没有将孙子女和外孙子女列为法定继承人，是出于三方面的考虑：

首先，在法律层面上，孙子女和外孙子女在被继承人的子女先于被继承人死亡时对于（外）孙子女父母本可继承的被继承人遗产份额是具有转继承权和代位继承权的，故从法律体系上而言，并无必要再另行作为法定继承人。

其次，在道德层面上，孙子女和外孙子女并非祖父母、外祖父母的法定赡养人，其对于祖父母、外祖父母并无法定义务，根据权利、义务相对等的原则，孙子女和外孙子女不作为法定继承人也是符合该原则的。实际上，在实践中祖父母、外祖父母通过“遗嘱”将遗产在百年之后直接给予孙子女、外孙子女的行为，在法律上的性质也只是遗赠，而非大多数人理解的遗嘱继承。

最后，按照传统的宗族观念，每一旁系分支为一房人，在继承时每一房人作为一个利益共同体，如将孙子女和外孙子女作为法定继承人，将可能发生因每房孙子女人数的不均导致遗产分配不均的情形，容易增加家庭矛盾，显然这并非被继承人之本意，也不利于维持家庭和睦友爱。

384. 祖父母、外祖父母能否继承孙子女、外孙子女的遗产？

可以。日常生活中，大部分的祖父母、外祖父母对于孙子女、外孙子女都有程度不浅的生活帮扶和经济帮扶。生活上，随着社会压力的加大和二孩、三孩政策的稳步推进，子女及其配偶大多需同时上班工作，接送孙子女、外孙子女上学、放学，做饭，帮忙照看孙子女、外孙子女，已成为大多数祖父母、外祖父母的日常生活常态，这无疑会占用老一辈本该安享晚年的宝贵时光。更不用说负责照料留守儿童的祖父母、外祖父母，抑或独力抚养孙子女、外孙子女的失独祖父母、外祖父母。这无疑需要花费他们巨大的精力、心神和时光。

根据权利、义务相对等的民法基本原则，为帮扶抚养孙子女、外孙子女付出巨大的祖父母、外祖父母，作为第二顺序的法定继承人，本为法律应有之义，是结合现实生活状态的可行之举。

385. 男女双方未登记结婚但以夫妻名义同居多年，另一方能继承对方的遗产吗？

这个问题需要区别对待：

第一种情况是 1994 年 2 月 1 日之前男女双方未登记结婚但以夫妻名义同居且符合结婚的实质要件的，属于事实婚姻，法律是予以承认和保护的，一方作为另一方的配偶当然享有法定继承权。

第二种情况是 1994 年 2 月 1 日之后男女双方未登记结婚但以夫妻名义同居的，仅为同居关系。根据《民法典》的规定，法定继承包括：配偶、子女、父母、兄弟姐妹、祖父母、外祖父母，以及尽了主要赡养义务的丧偶儿媳和丧偶女婿。除此以外，法律并未赋予其他任何人以法定继承人的身份。故同居关系的一方对于对方是不享有法定继承权的。

这时候可能有人会问，那对于第二种情况而言对于同居一方就真的完全不能分得对方的财产吗？答案显然也不是那么简单。

首先，同居关系中往往涉及认定同居期间所产生的财产属于个人财产还是共有财产。当同居一方死亡发生继承时，往往需要另一方同居人与继承人通过协议或诉讼确认析出哪些属于被继承人的个人财产以及其在共有财产中所占的份额后，继承人方可顺利继承。

其次，即使同居一方并非法定继承人，但如其符合《民法典》第一千一百三十一条所规定的情形①，虽然不是法定继承人，但在生前对死者扶养较多，也是可以

---

① 《民法典》第一千一百三十一条：对继承人以外的依靠被继承人扶养的人，或者继承人以外的对被继承人扶养较多的人，可以分给适当的遗产。

适当分得被继承人遗产的。

最后，“对被继承人扶养较多”一般是指：对被继承人生活提供了主要经济来源，或者在劳务等方面给予了主要扶助的。但需注意的是，司法审判中，人民法院一般从严把握该标准，即需要达到较高的证明标准。

386. 男女双方领取结婚证而尚未共同生活的，另一方能继承对方的遗产吗？

可以。法律规定配偶是法定的第一顺序继承人，并未区分是否有共同生活的问题。这也就意味着，只要双方还是配偶身份，相互享有无条件的法定继承权，并不因是否有共同生活、分居、感情破裂而有所影响。根据法律的相关规定，男女双方领取结婚证而尚未共同生活的，仅是可以起诉要求返还彩礼，但在双方婚姻关系解除前，依然享有法定继承权。

这里需要注意的是，男女双方领取结婚证后虽未共同生活，但由于我国是采取登记婚姻以及婚后夫妻共同财产制的，故在登记结婚后，需双方并未共同生活，但在婚姻关系存续期间被继承人所取得的财产均属于夫妻共同财产，在实际继承前，需先划分出属于配偶占有的一半份额，剩下一半才作为遗产进行继承。同理，配偶在婚姻关系存续期间取得的财产也属于夫妻共同财产，被继承人对此占有的一半份额也作为遗产进行继承。

此外，如男女双方领取结婚证较长而一直未共同生活，在被继承人身患重疾之际依然拒不履行扶养义务的，其他继承人是可以根据法律的规定要求其少分遗产的；情节严重的，如因其拒不履行扶养义务遗弃被继承人导致其死亡的，其他继承人还可以根据法律的规定要求剥夺其法定继承权。

387. 从未共同生活过的同父异母或同母异父的兄弟姐妹之间有继承权吗？

有的。根据《民法典》第一千一百二十七条的规定，兄弟姐妹是第二顺序法定继承人，这里的兄弟姐妹包括同父母的兄弟姐妹、同父异母或者同母异父的兄弟姐妹、养兄弟姐妹、有扶养关系的继兄弟姐妹。

我国采取的法定继承依据是血亲和姻亲相结合的原则，其中主要适用的血亲中，除了百分之百的血亲关系人，有部分的血亲关系或者说血缘也可以适用。同父异母或同母异父的兄弟姐妹属于50%的血亲，故也可以成为有法定继承权的亲属关系人。

此外，按照我国的法律规定，血亲包括自然血亲和拟制血亲，从逻辑上而言，既然没有血缘关系和互相扶养事实的拟制血亲养兄弟姐妹都可以互为法定继承人，那么50%血亲的同父异母或同母异父的兄弟姐妹更应可以互为法定继承人。

最后，需要注意的是，法律规定只针对继兄弟姐妹要求具备扶养关系才有继承权，除此以外，无论是同父异母或者同母异父的兄弟姐妹，还是养兄弟姐妹的相互继承均不要求具有扶养关系即扶养事实。这是由继兄弟姐妹基于父母婚姻结婚，而婚姻又具有不稳定性的特点所决定的。在三者中，养兄弟姐妹关系是相对稳定的，同父异母或者同母异父的兄弟姐妹关系则是不变的，故法律才有此区分。

388. 非婚生子女与婚生子女享有同等的继承权吗？

非婚生子女与婚生子女享有同等的继承权。

根据《民法典》第一千一百二十七条的规定，子女是第一顺序法定继承人，这里的子女包括婚生子女、非婚生子女、养子女和有扶养关系的继子女。

非婚生子女，是指不具有合法婚姻关系的男女所生育的子女。在我国，不合法的男女两性之间的关系，是不受法律保护的。但对非婚生子女的保护还是以尊重自然人权利本身出发，予以保障的。非婚生子女本人是无辜的，根据过错责任对等原则，也不应该由其来承担。我国的《未成年人保护法》等法律法规，都是将儿童利益最大化和儿童身心的健康成长放在第一位的，并不以是否婚生子女而有所区别。既然非婚生子女的社会权益与他人无异，那么基于血缘亲属关系的继承权利，受到法律的支持和保障也很正当。

389. 非婚生子女如何取得生父母遗产的继承权？

非婚生子女与婚生子女享有同等的继承权，那就延伸到另一个问题：非婚生子女如何取得生父或生母的继承权？这个前提就是，必须证明非婚生子女与生父母存在血缘亲子关系。这里有两种情形：

第一种是生父母均配合取得亲子关系证明的。

如前所述，父母虽然没有夫妻关系，但只要确定是生父母与子女间的亲子关系，法律同样保障非婚生子女的法定继承权。但需要注意的是，与婚生子女不同的是，对于婚生子女是采取法定推定原则，即只要子女是出生在父母婚姻关系存续期间的，则法律自然以出生证明推定为是夫妻双方的子女，除非有相反的证据足以证明，婚生子女无须自行证明该夫妻是生父母。

而对于非婚生子女则是采取证明原则，即非婚生子女必须证明其与生父及生母的亲子关系，证明文件一般包括出生证明、户口簿，在上述证据缺失或有瑕疵的情况下，只能通过医学DNA鉴定亲子关系。

第二种则是无法获得亲子关系证明的。

现实中，往往因为生父母的不正当关系，比如生父母另有婚姻，或者不愿意承担抚养非婚生子女的责任的，就产生了虚假登记子女信息或隐瞒另一方的信息，甚至是将子女登记在无关的第三方名下。这就导致非婚生子女与生父母间不能正常获得亲子关系证明。这时，需要提起诉讼申请法院认定，由法院按照程序要求当事人作亲子关系医学鉴定。

《民法典》第一千零七十三条规定："对亲子关系有异议且有正当理由的，父或者母可以向人民法院提起诉讼，请求确认或者否认亲子关系。对亲子关系有异议且有正当理由的，成年子女可以向人民法院提起诉讼，请求确认亲子关系。"

需要注意的是，提起亲子关系认定的诉讼，要有必要的证据，以证明子女与生父或生母具备亲子关系的盖然性，否则，人民法院有可能不予受理或驳回诉讼请求。

在获得亲子关系证明后，非婚生子女与婚生子女的继承方式别无二致。

390. 父母亡故后，当事人主张自己为继承人同父异母的兄弟姐妹，继承人不配合血缘鉴定，该怎么办?

父母亡故后，有人主张自己是死者的非婚生子女，要求与婚生子女做血缘鉴定，以达到共同继承被继承人的遗产的目的。婚生子女拒不配合进行血缘鉴定，当事人该怎么处理呢?

（1）亲子鉴定和血缘鉴定

亲子鉴定特指父母与子女之间的常规亲生血缘关系鉴定，而血缘鉴定是指依据遗传学的基本原理，采用 DNA 分型检测技术来综合评判争议个体之间是否存在亲生、隔代或其他血缘关系。血缘鉴定和亲子鉴定是包含与被包含的关系。

同父异母/同母异父的兄弟姐妹在另一方不配合进行血缘鉴定的情况下是否可以适用推定继承身份原则？对此虽然没有明确的法律规定，但司法解释中有关于拒绝亲子鉴定适用推定原则的规定。

（2）法律及相关司法解释的规定

《民法典婚姻家庭编的解释（一）》第三十九条第一款规定："父或者母向人民法院起诉请求否认亲子关系，并已提供必要证据予以证明，另一方没有相反证据又拒绝做亲子鉴定的，人民法院可以认定否认亲子关系一方的主张成立。"

《最高人民法院关于民事诉讼证据的若干规定》（2019 修正）第九十五条规定："一方当事人控制证据无正当理由拒不提交，对待证事实负有举证责任的当事人主张该证据的内容不利于控制人的，人民法院可以认定该主张成立。”

当婚生子女不配合进行血缘鉴定时，是否可以适用以上推定的方式确认或否认继承身份？最高人民法院的主流观点认为，一方要求与其同父异母的兄弟或姐妹进行血缘关系鉴定，对方如果不配合做鉴定，在缺乏必要证据的情况下，法院不能推定一方的主张成立。

因此是否适用推定原则，不能一概而论，主张诉求的一方是否提供了必要证据足以在事实和逻辑上达到充分的盖然性是关键。司法实践中，也有不少案例在依据必要证据的前提下支持适用了推定原则，我们来看看。

案例 1：

刘 3 烨为刘某标的婚生子。刘 1 峰、刘 2 苗起诉主张其为刘某标的非婚生子女，并提供了出生医学证明、幼儿园新生报名表、生活照片等予以证明。其中出生医学证明中刘某标的居民身份证号码与本案刘某标的一致，刘 3 烨亦确认照片中的人是刘某标本人，结合原审法院调取刘 2 苗出生资料显示刘 2 苗父亲为刘某标。在刘 1 峰、刘 2 苗经鉴定为全同胞兄妹的情况下，本案可认定刘 1 峰、刘 2 苗已提供必要的证据予以证明。在此情况下经原审法院和二审法院释明刘 3 烨均拒绝进行亲缘鉴定，原审法院适用《最高人民法院关于适用〈中华人民共和国婚姻法〉若干问题的解释（三）》第二条第二款的规定，依法推定刘 1 峰、刘 2 苗与刘某标存在亲子关系正确，二审法院予以维持。

案例 2：

舒某 1 主张其与黎某 2 存在亲子关系，并提交了黎某 2 的存折、照片、处理丧葬事宜有关的单据及多名证人的证人证言等证据，已能够证明舒某 1 的母亲与黎某 2 关系亲密，舒某 1 与黎某 2 之间存在亲子关系具有高度可能性。舒某 1 的同父异母兄弟黎某 1 虽对证人证言提出异议，但未能提供证据证明证人存在伪证的情况，仅凭其怀疑、推测不能排除证人证言的证据效力。而黎某 1 对舒某 1 出生证、户口簿等材料提出的异议及其本人的举证均不能完全排除舒某 1 与黎某 2 存在亲子关系的可能性。现因黎某 2 已经死亡，舒某 1 不可能通过与黎某 2 进行亲子鉴定以确定双方是否存在亲子关系，在此客观条件下，舒某 1 一再申请对其与黎某 1 是否为同父异母兄弟进行鉴定，进而以此判断舒某 1 与黎某 2 是否存在亲子关系。舒某 1 的该项鉴定请求合理，也是查清涉案事实最有效、最便捷的方法。黎某 1 作为本案的直接利害关系人，对于舒某 1 提交的证据没有相反证据可推翻，又拒绝做鉴定，一审法院根据《最高人民法院关于适用〈中华人民共和国婚姻法〉若干问题的解释

（三）》第二条第二款规定推定舒某1与黎某2存在亲子关系并无不当，二审法院予以维持。

391. 继承人生活有特殊困难又缺乏劳动能力，在分配遗产时可以主张多分吗？

在这种情况下，继承人可以主张多分遗产。我们来看看案例：老王有五个子女，其中小儿子王五未婚，在一次交通事故中失去了双腿，丧失了劳动能力，没有生活来源，老王去世后，在分配遗产时王五是否可以主张多分？

《民法典》第一千一百三十条规定："同一顺序继承人继承遗产的份额，一般应当均等。对生活有特殊困难又缺乏劳动能力的继承人，分配遗产时，应当予以照顾……"依据该条规定，王五原本应与其他兄姐平均分配继承，但其身有残疾且没有配偶子女照顾，属于丧失劳动能力且生活有困难的情况，可以依法主张多分遗产。法律保障继承人之间权利一致，但也倡导互谅互让、团结和睦、帮扶弱者的原则，以维护和睦团结的家庭氛围，构建和谐的家庭关系。

392. 岳父母、公婆对女婿、媳妇的遗产享有继承权吗？

这个问题要根据具体情况，具体分析：

一般情况下，岳父母、公婆对女婿、媳妇的遗产不享有继承权。依据《民法典》第一千一百二十七条的规定，女婿、媳妇的第一顺序继承人是其配偶、子女、父母；第二顺序继承人是其兄弟姐妹、祖父母、外祖父母。岳父、公婆不是女婿、媳妇的法定继承人，岳父母、公婆对女婿、媳妇的遗产不享有继承权。

但依据《民法典》第一千一百三十一条的规定："对继承人以外的依靠被继承人扶养的人，或者继承人以外的对被继承人扶养较多的人，可以分给适当的遗产。"如果现实中岳父母、公婆符合该条规定的情形，也是可以适当分得女婿、媳妇遗产的。

需要注意的是：这里岳父母、公婆可以适当分得女婿、媳妇遗产的依据是酌情分得遗产权，这与《民法典》第一千一百二十九条规定的丧偶儿媳对公婆、丧偶女婿对岳父母，尽了主要赡养义务的，作为第一顺序继承人是不同的，不能当然地以此倒推岳父母、公婆对女婿、媳妇的遗产享有继承权。

393. 养子女与生父母之间有继承权吗？

养子女和生父母之间没有法定继承权。

养子女与养父母因收养关系的成立而形成父母子女关系，养父母子女之间是一种拟制的血亲关系，养子女与养父母的收养关系一经成立，即产生了法律上的权利义务关系，其权利义务和亲生父母子女间的权利义务关系完全一致，养子女是养父母遗产的第一顺序继承人。《民法典》第一千一百一十一条第二款规定："养子女与生父母以及其他近亲属间的权利义务关系，因收养关系的成立而消除。"故养子女在其与生父母的关系未恢复前，其无权继承生父母的遗产。

394. 养子女对养父母和生父母均尽了较多义务，可以既继承养父母的遗产又继承生父母的遗产吗?

养子女与养父母的收养关系一经成立，就产生了法律上的权利义务关系，继承开始后，其是养父母第一顺序继承人，当然可以依法继承养父母的遗产。

而养子女也对生父母尽到了扶养义务的，《民法典继承编的解释（一）》第十条规定："被收养人对养父母尽了赡养义务，同时又对生父母扶养较多的，除可以依照民法典第一千一百二十七条的规定继承养父母的遗产外，还可以依照民法典第一千一百三十一条的规定分得生父母适当的遗产。"这里的《民法典》第一千一百三十一条规定的内容就是，对继承人以外的对被继承人扶养较多的人，可以分给他们适当的遗产。

综上所述，符合上述规定情况的养子女，是可以既继承养父母的遗产，又酌情继承生父母的遗产的。

395. 被拐卖儿童在寻得亲生父母以后是否可以同时享有对生父母和养父母的继承权?

收养子女应遵循《民法典》收养章节的规定；我国严禁买卖儿童或者借收养名义买卖儿童。根据我国《刑法》的规定，收买被拐卖的妇女、儿童的，处三年以下有期徒刑、拘役或者管制。依据相关规定，对"出卖亲生子女的，由公安机关依法没收非法所得，并处以罚款；以营利为目的，出卖不满十四周岁子女，情节恶劣的，借收养名义拐卖儿童的，以及出卖捡拾的，均应以拐卖儿童罪追究刑事责任"。

被拐儿童与养父母之间没有建立合法的收养关系，因此，被拐儿童在寻得亲生父母后，其对养父母的遗产不享有继承权；被拐儿童与亲生父母之间的父母子女关系没有解除，其仍是法定第一顺序继承人，享有生父母遗产的继承权。

396. 孙子是否可以代位继承爷爷在遗嘱中留给父亲的遗产?

小陈的爷爷老陈立遗嘱将唯一的房产交由儿子陈先生（小陈的父亲）继承，不幸的是，陈先生早于老陈去世，小陈能依据代位继承的规定继承该套房产吗？答案是否定的。

《民法典》关于代位继承的规定体现在“法定继承”一章中，因此，代位继承仅适用于法定继承，遗嘱继承中不适用代位继承。同时，遗嘱是立遗嘱人自由意志的体现，从遗嘱继承的立法本意而言，遗嘱继承不应任意推断更改。

《民法典》第一千一百五十四条规定：“有下列情形之一的，遗产中的有关部分按照法定继承办理：……（三）遗嘱继承人、受遗赠人先于遗嘱人死亡或者终止……”因此，陈先生先于其父亲老陈去世，遗嘱中有关陈先生继承遗产的相关内容失效，如果老陈没有再立遗嘱对该部分遗产进行处理，该部分遗产将按照法定继承办理，也就是由老陈的全部法定继承人继承，不能直接由陈先生的儿子小陈代替陈先生按遗嘱继承，但可以代位陈先生按法定继承老陈的遗产份额。

397. 继子女的生子女可以代位继承吗？

甲离婚后携带儿子甲明抚养，后认识乙并结婚。由于乙一直照顾、抚养甲明，遂双方形成继母继子关系。甲明长大成人后，组建了家庭，生育了甲小兵。在一次车祸中，甲明不幸去世。那么当乙去世时，甲小兵是否有权代位其父亲甲明继承乙的遗产？

《民法典》第一千一百二十八条第一款规定：“被继承人的子女先于被继承人死亡的，由被继承人的子女的直系晚辈血亲代位继承。”据此，甲小兵作为甲明的亲生儿子，完全可以代位甲明继承乙的遗产。这里需要注意的是，若甲小兵仅仅是甲明的继子女而没有形成抚养关系，依据《民法典继承编的解释（一）》第十五条的规定，则不能代位甲明继承乙的遗产。

398. 丧偶儿媳为公婆、丧偶女婿为岳父母养老送终的，其可以继承公婆或者岳父母的遗产吗？

《民法典》第一千一百二十七条规定，第一顺序的法定继承人为配偶、子女、父母，第二顺序的法定继承人为兄弟姐妹、祖父母、外祖父母。可见，儿媳和女婿并不在法定继承人的范围之内。而且儿媳和女婿与老人之间仅是姻亲关系，从权利义务方面来说，法律并未规定儿媳和女婿对老人有法定的赡养义务。

但在我国，儿媳有赡养公婆的优良传统，特别是父母年老无独立生活能力时，儿媳、女婿承担照料老人的情况并不在少数，这在司法审判中一直是给予关注和肯定的，因此，《民法典》第一千一百二十九条规定：“丧偶儿媳对公婆，丧偶女婿对岳父母，尽了主要赡养义务的，作为第一顺序继承人。”如此，丧偶儿媳对公婆，丧偶女婿对岳父母，俨然为女儿和儿子，尽孝赡养老人的则可以作为第一顺序继承人继承老人的遗产。

这一规定能激励丧偶儿媳和女婿更好地赡养老人，发挥家庭的社会职能，让老人老有所养，老有所依，安享晚年。

399. 如何认定丧偶儿媳对公婆、丧偶女婿对岳父母尽了主要赡养义务？

认定丧偶儿媳对公婆，丧偶女婿对岳父母“尽了主要赡养义务”的标准，是“对被继承人生活提供了主要经济来源，或在劳务等方面给予了主要扶助的，应当认定其尽了主要赡养义务或主要扶养义务”。其具体表现在以下三个方面：

（1）在经济上为老人生活提供了支持，是老人生活的主要经济依靠。

（2）为老人日常生活提供主要帮助，老人生活中的大小事务由其承担，如照料老人的衣食住行，以及生病时进行就医陪护等。

（3）照顾赡养老人的行为具有长期性。如偶尔的看望、有限的经济和劳务帮助等，不能视为尽了主要赡养义务。

为实现老有所养，鼓励晚辈赡养老人，故丧偶儿媳对公婆，丧偶女婿对岳父母尽了主要赡养义务应当鼓励，而且在法律上赋予权利义务对等的支持。

400. 丧偶儿媳改嫁了，还可以继承原婆婆的遗产吗？

先来看个案例：婆婆早年丧偶，小梅与丈夫一直与婆婆住在一起，不幸丈夫也去世了，小梅继续和儿子一起与婆婆共同生活，平时对婆婆照料有加，后来婆婆去世，生前留有遗嘱，死后将自己的大部分遗产留给儿媳，但要求是儿媳不能改嫁。这份遗嘱这样写有效吗？小梅是否能继承婆婆的遗产呢？

“婚姻自由”是我国宪法赋予公民的基本权利，也是基本婚姻制度，儿媳是否改嫁属于其个人的婚姻自由，是宪法赋予的权利，任何单位和个人无权干涉。而婆婆设立的遗嘱附条件要求儿媳小梅不得改嫁才能得到遗产，也就是限制了儿媳的婚姻自由权的结婚自由、离婚自由的权利，因此遗嘱是无效的。遗嘱无效，则按法定继承进行遗产继承。小梅对婆婆尽了主要赡养义务的，可作为第一顺序继承人继承遗产。

婚姻自由是公民的基本权利，因此，丧偶儿媳和女婿是否再婚，不影响其已享有的对婆婆和岳父母遗产的继承权。

401. 丧偶儿媳继承权及孙子的代位继承，能同时存在吗？

丧偶儿媳继承权及孙子的代位继承，可以同时存在。

《民法典继承编的解释（一）》第十八条就对这种情况作了规定："丧偶儿媳对公婆、丧偶女婿对岳父母，无论其是否再婚，依照民法典第一千一百二十九条规定作为第一顺序继承人时，不影响其子女代位继承。"

对公婆、岳父母尽了主要赡养义务的丧偶儿媳、女婿成为第一顺序继承人时，该继承权具有独立性，与第一顺序上的其他继承人的法律地位是平等的，可以以独立继承人的身份继承遗产。

在代位继承中，是因继承人先于被继承人死亡而产生的代位，代替其继承的权利。代位继承人无论人数多少，原则上只能继承被代位继承人有权继承的份额。也就是说，丧偶儿媳、女婿因为长期照顾公婆、岳父母，可以成为法定的第一顺序继承人；其配偶本就是第一顺序的继承人，只是继承权由儿子（即公婆的孙子）代位行使。因此，丧偶儿媳、女婿的继承权和子女的代位继承权是完全独立的，互不冲突影响。

402. 侄子、侄女能继承叔伯的遗产吗？

小陈的叔叔没有结过婚，只有一个哥哥，就是小陈的父亲。叔叔在 2020 年去世了，小陈的父亲已经去世多年。小陈负责料理叔叔的后事，发现叔叔剩下的唯一财产就是生前所住房屋，小陈咨询律师：叔叔的房产自己是否可以继承。律师告知小陈，侄子不是法定的继承人，所以小陈无权继承叔叔的房产，而且该房产还可能因为无人继承而被收归国有。

《民法典》第一千一百二十七条规定："遗产按照下列顺序继承：（一）第一顺序：配偶、子女、父母；（二）第二顺序：兄弟姐妹、祖父母、外祖父母。继承开始后，由第一顺序继承人继承，第二顺序继承人不继承；没有第一顺序继承人继承的，由第二顺序继承人继承……"第一千一百二十八条规定："被继承人的子女先于被继承人死亡的，由被继承人的子女的直系晚辈血亲代位继承。被继承人的兄弟姐妹先于被继承人死亡的，由被继承人的兄弟姐妹的子女代位继承。代位继承人一般只能继承被代位继承人有权继承的遗产份额。"

根据以上规定可以看出，《民法典》并未将侄、甥子女列在法定继承人中，而是通过扩大了代位继承的范围，将被代位继承人扩大至第二顺序法定继承人中的兄弟姐妹，从而将代位继承人扩大至侄、甥子女。即只有在没有第一顺序法定继承人、适用第二顺序法定继承的情况下，当被继承人的兄弟姐妹先于被继承人死亡时，赋予被继承人的兄弟姐妹的子女享有代位继承权。

《民法典》作出如此调整，是因为《民法典》实施前，代位继承人仅限于被继承人的子女，对直系血亲的权益进行特别保护符合被继承人的意愿。但是，现实中，在被继承人没有直系血亲的情况下，被继承人仍会倾向于将遗产留给旁系血亲，而不是被收归国有。《民法典》增加被继承人的兄弟姐妹为被代位人，积极回应社会需要，避免个人遗产成为无主财产，更大范围地保护了私有财产。

因此，如果上述案例发生在《民法典》实施以后，根据新的规定，叔叔没有第一顺序的继承人，小陈的父亲作为叔叔第二顺序的继承人，先于叔叔去世，小陈就成为叔叔的合法代位继承人，可以代位继承叔叔的遗产。

403. 对被继承人尽了主要扶养义务或者与被继承人共同生活的继承人，可以多分遗产吗？

这里的“扶养”，泛指特定亲属之间根据法律的明确规定而存在的经济上相互供养、生活上相互扶助照顾的权利义务关系，囊括了长辈亲属对晚辈的“抚养”，平辈亲属之间的“扶养”和晚辈对长辈亲属的“赡养”三种具体形态。扶养包括物质扶养和精神扶养。继承人负担被继承人的衣食住行，请保姆或亲自照顾等是物质扶养；继承人与被继承人保持沟通交流，给予被继承人精神抚慰，或者没有共同生活继承人经常或不间断看望、安抚被继承人等是精神扶养。

根据《民法典》第一千一百三十条及其司法解释规定，对被继承人尽了主要扶养义务或与被继承人共同生活的继承人，可以多分遗产，这是属于鼓励型不均等分配。

同一顺序的法定继承人，在生活状况、劳动能力和对被继承人所尽的扶养义务等方面条件基本相同或相近时，所继承的遗产份额应当均等，这是对同一顺序继承人权益的平等保护。同时，为了贯彻权利与义务相一致的原则，弘扬中华民族的优良传统，更好地保护老年人的合法权益，《民法典》对尽了主要扶养义务或者与被继承人共同生活的继承人给予鼓励，给予多分遗产的权利。

404. 对有扶养能力和条件，但不尽扶养义务的继承人，应当不分或者少分遗产吗？

根据《民法典》第一千一百三十条及其司法解释规定，被继承人生前需要继承人扶养，继承人有扶养能力和有扶养条件但不尽扶养义务，应当不分或者少分遗产。这是法定继承中的惩罚性不均等分配遗产规则。

这一规则主要针对的是继承人有扶养能力和扶养条件，且被继承人又需要继承人的扶养，而继承人却拒绝履行扶养义务的情形。比如：一对退休夫妻，女方去世前有重大疾病，其退休收入不足以支撑生活和高昂的医疗费用，而男方身体健康，且名下有房，有退休收入和租金收入，简单理解是男方有钱有闲，具备扶养的能力和条件，但男方拒绝履行扶养义务，虽然同住一层楼不同单元，但男方对女方不闻不问，既不照顾女方又不给予金钱支持；女方多次提出离婚，要求分割共有财产，遭到男方无情拒绝。男方作为女方的法定继承人之一，就应适用惩罚性不均等分配遗产规则，对男方继承份额给予少分或不分处理。

需要注意的是：继承人有扶养能力和扶养条件，愿意承担扶养义务，但被继承人有固定收入和劳动能力，明确表示不要求继承人扶养的，分配遗产时，一般不影响其继承份额。

405. 什么情况可以认定为对被继承人尽了主要的赡养义务或主要扶养义务？

根据《民法典继承编的解释（一）》第十九条“对被继承人生活提供了主要经济来源，或者在劳务等方面给予了主要扶助的，应当认定其尽了主要赡养义务或主要扶养义务”的规定，一般情况下，对被继承人是否尽了主要赡养义务或扶养义务，可以从以下几方面判断：

第一，对被继承人提供主要经济来源，负担被继承人的生活费用。

第二，在劳务方面给予被继承人主要扶助，给予被继承人生活上的照料，承担做饭、护理等照顾被继承人的主要劳务。

第三，给患病被继承人提供就医护理和医疗费用支持。

第四，提供主要经济来源和在劳务方面给予主要扶助是长期性和经常性的，短期的生活照料和支付一次医药费不能认定是尽了主要赡养义务或者扶养义务。比如：只是给予一次性或临时性照料或经济帮助，或给予的物质帮助数额并不多。

另外，对于年纪较大的被继承人，同住继承人必然要承担较多的劳务，可以认定尽了主要赡养义务。但也不能机械地认定同住继承人就一定会对被继承人尽了主要赡养义务或者扶养义务。比如以下情形：

第一，与父母同住的继承人，表面看似“赡养”，实为“啃老”。同住不能成为履行主要赡养义务的“保护伞”。

第二，未与父母同住的继承人，为赡养父母出钱出力，还对父母嘘寒问暖，给予父母精神上的抚慰。未与父母同住的继承人同样可认定尽了主要赡养义务或者扶养义务。

第三，被继承人年纪不大，有自理能力和经济来源，不需要同住继承人承担过多的赡养义务或者扶养义务。

406. 继承人以外的依靠被继承人扶养的人，可以分得遗产吗？

“继承人以外的依靠被继承人扶养的人”，读上去非常拗口。首先我们要理解，这个人不是死者的法定继承人，但一直得到死者生前扶养、照顾。这类人，可否分得死者的遗产？现实中不乏这样的例子，比如，孤儿被非亲非故的好心人资助，生活和学业均获得保障。孤儿不是好心人的法定继承人，本不具备继承人资格，但在特定情况下，可以酌情分得好心人的遗产。

《民法典》第一千一百三十一条规定：“对继承人以外的依靠被继承人扶养的人，或者继承人以外的对被继承人扶养较多的人，可以分给适当的遗产。”这是《民法典》规定酌情分得遗产制度。

建议按以下思路去理解和判断继承人以外的人，是否享有酌情分得遗产权：

首先，被继承人生前未通过遗嘱或遗赠等方式处分其全部财产。酌情分得遗产权，只存在于法定继承的情形。

其次，与被继承人之间存在特殊的扶养关系，即在被继承人生前一直依靠被继承人扶养，在被继承人去世后生活没有着落。

最后，酌情分得的遗产份额，主要视酌情分得遗产人的具体情况而定，一般来说应当少于继承人的平均份额，但特殊情况下也可以与继承人均等或高于继承人的平均份额。

407. 没有劳动能力，又没有独立生活来源的继承人，可以要求多分遗产吗？

《民法典》第一千一百三十条第二款规定：“对生活有特殊困难又缺乏劳动能力的继承人，分配遗产时，应当予以照顾。”第一千一百四十一条规定：“遗嘱应当为缺乏劳动能力又没有生活来源的继承人保留必要的遗产份额。”

可见，不论是法定继承还是遗嘱继承、遗赠均应考虑没有劳动能力又没有生活来源的继承人的继承份额，这是贯彻养老育幼原则的具体表现。实践中，对生活有特殊困难又缺乏劳动能力的继承人在予以照顾多分遗产时，需要注意哪些问题呢？主要应注意适用的条件：

第一，继承人应当同时具备“生活有特殊困难”和“缺乏劳动能力”两个条件。“生活有特殊困难”是指继承人没有独立生活来源或其经济收入难以维持最起码的生活水平。“缺乏劳动能力”是指继承人年幼尚无劳动能力，或因年迈、疾病等原因，丧失或部分丧失劳动能力的情况。若虽有特殊困难但具有劳动能力，或虽缺乏劳动能力但生活并无特殊困难均不在照顾之列。

第二，对于这类继承人，在取得遗产份额上应多于其他继承人。照顾的界限和具体份额应根据其生活特殊困难和缺乏劳动能力的程度决定。

第三，继承人是否有特殊困难，是否缺乏劳动能力，应以遗产分割时的情况作为判断标准。

408. 有扶养能力和扶养条件，但因被继承人明确表示不需要扶养，而没有尽扶养义务的继承人有权要求分配遗产吗？

权利义务相一致原则是我国继承制度中的重要原则。《民法典》第一千一百三十条及其相关司法解释规定，对有扶养能力和扶养条件却不尽扶养义务的继承人应当不分或少分。但实践中不能一概而论，在满足以下四个条件的情况下，因故未履行扶养义务的继承人，也有权要求分得遗产：

第一，有扶养能力和扶养条件的继承人，未尽扶养义务，是基于被继承人明确表示不需要扶养的“客观”原因，而不是继承人主观上不乐意或怠于履行扶养义务。

第二，在被继承人明确表示不需要扶养的“客观”前提下，被继承人能“自力更生”，也就是被继承人有自理能力和持续性收入，能保证其维持正常生活，其可通过个人意愿照料自己或雇用保姆等，拒绝继承人扶养后不至于影响其正常的生活质量。

第三，被继承人“自力更生”的状态持续至被继承人去世。即被继承人明确拒绝继承人扶养后，且在被继承人去世前，未发生突发和变故，未出现收入锐减，或失去自理能力等需要继承人履行扶养义务之情况。

第四，继承人虽未尽物质上的扶养，但定期看望被继承人、陪同被继承人聊天等，给予被继承人精神上的抚慰。物质扶养可以拒绝，但精神扶养不可断绝。

409. 邻居对被继承人尽了主要扶养义务，可以要求分得适当遗产吗？

这是上文提及的酌情分得遗产制度，邻居的权利应该如何实现的问题。邻居如对被继承人尽了主要扶养义务，被继承人死亡后，邻居当然可以通过协商、起诉等方式主张分得适当遗产。

现实中，有许多无儿无女的独居老人长年依靠邻居照顾。如何判断“邻居”是否有权主张分得适当遗产，建议按照以下思路去判断：

第一，“邻居”不具有《民法典》第一千一百二十七条规定的法定继承人身份。这里的“邻居”是一个群体的代表，不仅限于居住在旁边的邻居，还存在于其他不具有继承人身份的亲友之间。

第二，“邻居”与被继承人之间具有扶养关系。法律规定的扶养不仅包含经济上的资助，还包括生活上的扶助、心理上的关爱等情形。

第三，被继承人未通过遗嘱、遗赠处分其全部遗产。也就是说，这种情况仅存在于法定继承中，若存在遗嘱或遗赠已经处分被继承人全部遗产，则“邻居”无权主张酌情分得遗产。

邻居在满足上述三个条件的情况下，有权通过协商或起诉的方式主张分得适当遗产。

410. 法定继承人根据遗嘱取得部分遗产后，是否还可以按照法定继承取得遗嘱以外的遗产？

可以的。《民法典》第一千一百五十四条第五项规定，遗嘱未处分的遗产，按照法定继承办理。

法定继承人根据遗嘱取得部分遗产后，还有资格依此规定按法定继承取得遗嘱以外的遗产。

但实践中也存在按照法定继承无法取得遗嘱以外的遗产的情形。如遗嘱继承人恰好是第二顺序继承人，则可能无法按法定继承取得遗嘱以外的遗产。例如，老王和太太离婚时分得 A、B 二套房屋，老王有三个女儿和一个哥哥；老王生前立了一份遗嘱，A 房屋由其哥哥全部继承，该遗嘱未对 B 房屋予以处分。B 房屋应按法定继承，由老王的第一顺序法定继承人——三个女儿继承，老王的哥哥是第二顺序继承人，在有第一顺序继承人的情况下，老王的哥哥是不能按法定继承取得遗嘱以外的遗产即 B 房屋的。

411. 继承人可以协商确定被继承人遗产分割的时间、办法和份额吗？

一般在法定继承中是可以协商上述事务的。

法定继承不同于遗嘱继承，法定继承人的范围、继承顺序及遗产分配原则，都必须根据法律的直接规定，任何人无权变更。但对于遗产从何时开始分割、采用何种方法分割以及各继承人所得的具体遗产份额等问题，由于各个家庭的情况不一，法律没有硬性规定。继承人之间可本着互谅互让、和睦团结的精神，协商处理遗产问题，避免发生继承纠纷。互谅互让要求继承人在分割遗产时要相互照顾，心平气和地解决矛盾冲突，对法律规定需要特殊照顾的继承人，如缺乏劳动能力、生活特殊困难的继承人，应当适当多分遗产。协商分割遗产不仅有利于家庭关系的和谐稳定和团结，而且能够实现遗产继承的公平合理。

第一，遗产分割的时间。遗产分割的时间与继承开始的时间不同，《民法典》第一千一百二十一条第一款规定："继承从被继承人死亡时开始。"被继承人生物死亡或被宣告死亡时继承即开始，遗产分割的时间只能在继承开始之后。遗产分割应当在继承开始后的什么时间内进行，我国法律没有作出规定。按照遗产分割自由原则，在继承开始后的任何时间，继承人都有权要求分割遗产。但《民法典》第一百八十八条规定："向人民法院请求保护民事权利的诉讼时效期间为三年。法律另有规定的，依照其规定。诉讼时效期间自权利人知道或者应当知道权利受到损害以及义务人之日起计算。法律另有规定的，依照其规定。但是，自权利受到损害之日起超过二十年的，人民法院不予保护，有特殊情况的，人民法院可以根据权利人的申请决定延长。"由此可知，遗产分割提出的时间，也是有时效规定的，即便是自由协商，最好也不要超过法律保护的时限。

第二，遗产分割的办法。《民法典》第一千一百五十六条规定："遗产分割应当有利于生产和生活需要，不损害遗产的效用。不宜分割的遗产，可以采取折价、适当补偿或者共有等方法处理。"所以分割的办法，应秉持该原则予以协商处理。

第三，遗产分割的份额。《民法典》第一千一百五十三条规定："夫妻共同所有的财产，除有约定的外，遗产分割时，应当先将共同所有的财产的一半分出为配偶所有，其余的为被继承人的遗产。遗产在家庭共有财产之中的，遗产分割时，应当先分出他人的财产。"第一千一百五十九条规定："分割遗产，应当清偿被继承人依法应当缴纳的税款和债务；但是，应当为缺乏劳动能力又没有生活来源的继承人保留必要的遗产。"继承人在协商确定遗产分割的份额时，必须依法先清理遗产中的其他份额，扣除相关部分：①被继承人依法应缴纳的税款和债务；②被继承人遗嘱指定由法定继承人中的一人或数人继承的遗产；③遗赠给国家、集体、社会组织或其他个人的财产；④对继承人以外的依靠被继承人扶养的人，或者继承人以外的对被继承人扶养较多的人给与适当的份额；⑤为胎儿保留的必要份额。在扣除了遗产中可能包括的上述必要的部分后，才能将剩余部分依法由各法定继承人协商取得。协商中也应注意，继承协议应采用书面形式，尤其是放弃继承权的，更应该明确声明。

412. 继承人如果对遗产分割的时间、办法和份额协商不了，该如何解决？

《民法典》第一千一百三十二条规定："继承人应当本着互谅互让、和睦团结的精神，协商处理继承问题。遗产分割的时间、办法和份额，由继承人协商确定；协商不成的，可以由人民调解委员会调解或者向人民法院提起诉讼。"

继承人向人民调解委员会申请调解的，则在人民调解委员会的主持下，由人民调解委员会依据国家法律法规政策的规定，在查明事实、分清责任的基础上，根据继承人的特点和继承纠纷的性质、难易程度、发展变化的情况，采取灵活多样的方式方法，对纠纷进行斡旋、疏导，促使各继承人在自愿的基础上互谅互让，自愿达成协议，并按照协议切实履行。

继承人也可以直接向有管辖权的人民法院提起继承诉讼，由人民法院处理继承纠纷是最终的、具有强制执行力的纠纷解决方式。

413. 继承人起诉继承遗产，应向哪个法院起诉？

《民事诉讼法》第三十四条第三项规定："因继承遗产纠纷提起的诉讼，由被继承人死亡时住所地或者主要遗产所在地人民法院管辖。"

公民的住所地也就是公民的户籍所在地。如：老李死亡时住所地在A市，其主要遗产所在地也在A市，则A市法院具有管辖权，继承人可以向A市人民法院起诉。如老李死亡时住所地在A市，其主要遗产所在地在B市，则A市人民法院、B市人民法院都有管辖权，继承人可以任选A市人民法院或者B市人民法院提起诉讼。

如果被继承人的遗产分散在几个地区，该向哪个法院起诉呢？这时应以遗产的数量和价值先确定主要遗产所在地，进而再确定管辖法院。需要注意的是，如果主要遗产是不动产，也并不是按照不动产纠纷来确定管辖法院，而应当按照继承纠纷来确定管辖法院，遵循被继承人死亡时住所地或者主要遗产所在地人民法院确定管辖法院。

法定继承思维导图

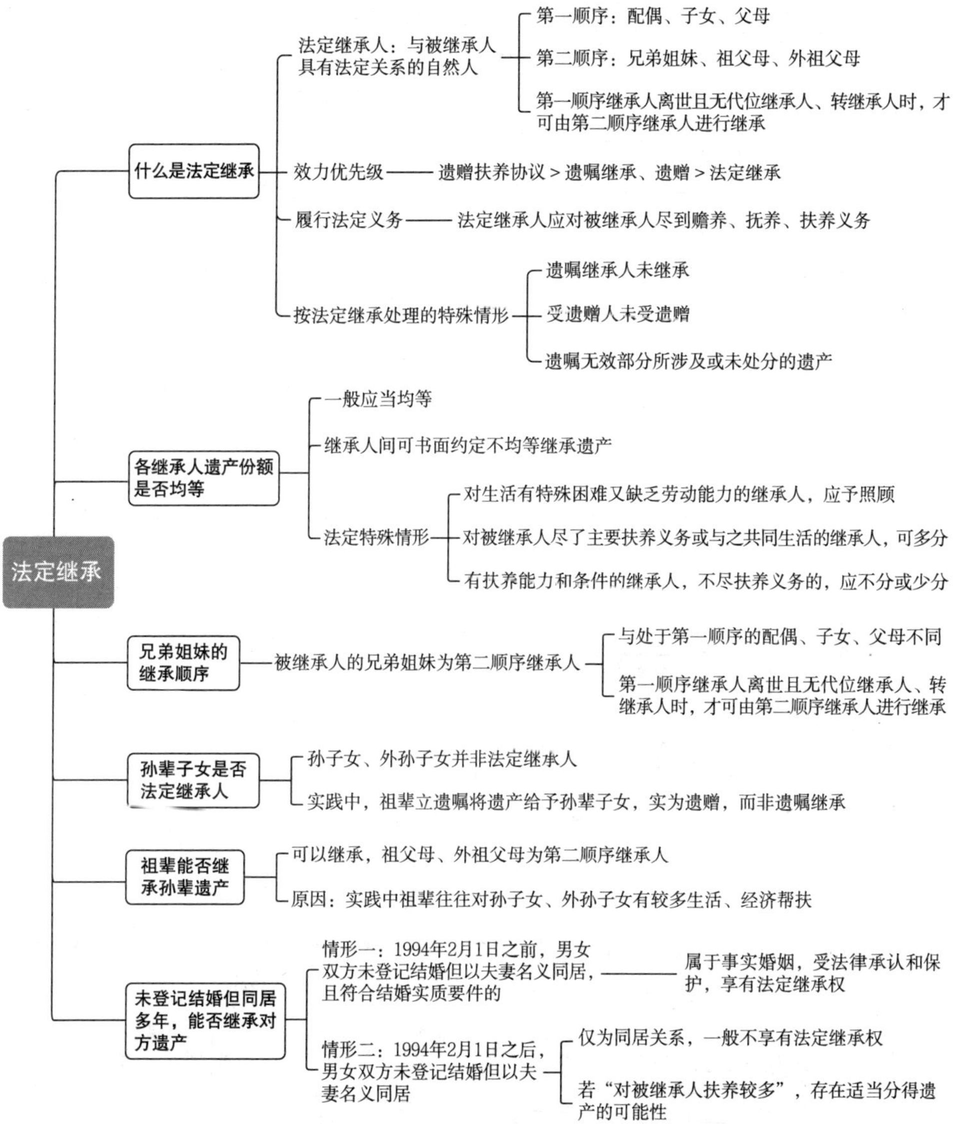
法定继承
什么是法定继承
法定继承人：与被继承人具有法定关系的自然人
第一顺序：配偶、子女、父母
第二顺序：兄弟姐妹、祖父母、外祖父母
第一顺序继承人离世且无代位继承人、转继承人时，才可由第二顺序继承人进行继承
效力优先级
遗赠扶养协议 > 遗嘱继承、遗赠 > 法定继承
履行法定义务
法定继承人应对被继承人尽到赡养、抚养、扶养义务
按法定继承处理的特殊情形
遗嘱继承人未继承
受遗赠人未受遗赠
遗嘱无效部分所涉及或未处分的遗产
各继承人遗产份额是否均等
一般应当均等
继承人间可书面约定不均等继承遗产
法定特殊情形
对生活有特殊困难又缺乏劳动能力的继承人，应予照顾
对被继承人尽了主要扶养义务或与之共同生活的继承人，可多分
有扶养能力和条件的继承人，不尽扶养义务的，应不分或少分
兄弟姐妹的继承顺序
被继承人的兄弟姐妹为第二顺序继承人
与处于第一顺序的配偶、子女、父母不同
第一顺序继承人离世且无代位继承人、转继承人时，才可由第二顺序继承人进行继承
孙辈子女是否法定继承人
孙子女、外孙子女并非法定继承人
实践中，祖辈立遗嘱将遗产给予孙辈子女，实为遗赠，而非遗嘱继承
祖辈能否继承孙辈遗产
可以继承，祖父母、外祖父母为第二顺序继承人
原因：实践中祖辈往往对孙子女、外孙子女有较多生活、经济帮扶
未登记结婚但同居多年，能否继承对方遗产
情形一：1994年2月1日之前，男女双方未登记结婚但以夫妻名义同居，且符合结婚实质要件的
属于事实婚姻，受法律承认和保护，享有法定继承权
情形二：1994年2月1日之后，男女双方未登记结婚但以夫妻名义同居
仅为同居关系，一般不享有法定继承权
若“对被继承人扶养较多”，存在适当分得遗产的可能性

接上图

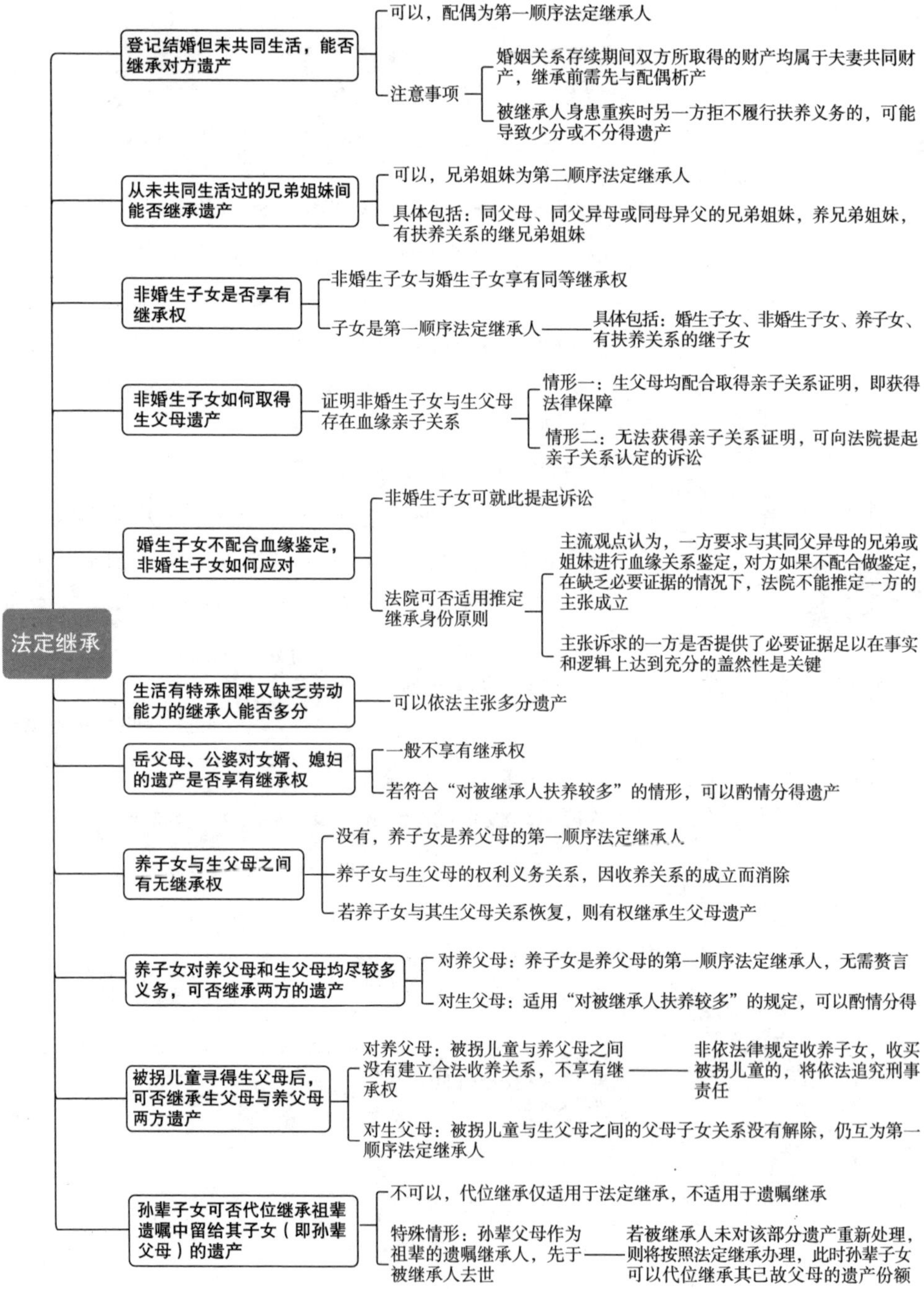
法定继承
登记结婚但未共同生活，能否继承对方遗产
可以，配偶为第一顺序法定继承人
注意事项
婚姻关系存续期间双方所取得的财产均属于夫妻共同财产，继承前需先与配偶析产
被继承人身患重疾时另一方拒不履行扶养义务的，可能导致少分或不分得遗产
从未共同生活过的兄弟姐妹间能否继承遗产
可以，兄弟姐妹为第二顺序法定继承人
具体包括：同父母、同父异母或同母异父的兄弟姐妹，养兄弟姐妹，有扶养关系的继兄弟姐妹
非婚生子女是否享有继承权
非婚生子女与婚生子女享有同等继承权
子女是第一顺序法定继承人
具体包括：婚生子女、非婚生子女、养子女、有扶养关系的继子女
非婚生子女如何取得生父母遗产
证明非婚生子女与生父母存在血缘亲子关系
情形一：生父母均配合取得亲子关系证明，即获得法律保障
情形二：无法获得亲子关系证明，可向法院提起亲子关系认定的诉讼
婚生子女不配合血缘鉴定，非婚生子女如何应对
非婚生子女可就此提起诉讼
法院可否适用推定继承身份原则
主流观点认为，一方要求与其同父异母的兄弟或姐妹进行血缘关系鉴定，对方如果不配合做鉴定，在缺乏必要证据的情况下，法院不能推定一方的主张成立
主张诉求的一方是否提供了必要证据足以在事实和逻辑上达到充分的盖然性是关键
生活有特殊困难又缺乏劳动能力的继承人能否多分
可以依法主张多分遗产
岳父母、公婆对女婿、媳妇的遗产是否享有继承权
一般不享有继承权
若符合“对被继承人扶养较多”的情形，可以酌情分得遗产
养子女与生父母之间有无继承权
没有，养子女是养父母的第一顺序法定继承人
养子女与生父母的权利义务关系，因收养关系的成立而消除
若养子女与其生父母关系恢复，则有权继承生父母遗产
养子女对养父母和生父母均尽较多义务，可否继承两方的遗产
对养父母：养子女是养父母的第一顺序法定继承人，无需赘言
对生父母：适用“对被继承人扶养较多”的规定，可以酌情分得
被拐儿童寻得生父母后，可否继承生父母与养父母两方遗产
对养父母：被拐儿童与养父母之间没有建立合法收养关系，不享有继承权
非依法律规定收养子女，收买被拐儿童的，将依法追究刑事责任
对生父母：被拐儿童与生父母之间的父母子女关系没有解除，仍互为第一顺序法定继承人
孙辈子女可否代位继承祖辈遗嘱中留给其子女（即孙辈父母）的遗产
不可以，代位继承仅适用于法定继承，不适用于遗嘱继承
特殊情形：孙辈父母作为祖辈的遗嘱继承人，先于被继承人去世
若被继承人未对该部分遗产重新处理，则将按照法定继承办理，此时孙辈子女可以代位继承其已故父母的遗产份额

接上图

- **法定继承**
  - **继子女的生子女可否代位继承**
    - 可以
    - 被继承人的子女先于被继承人死亡的，由被继承人的子女的直系晚辈血亲代位继承
  - **丧偶儿媳为公婆、丧偶女婿为岳父母养老送终的，能否继承其遗产**
    - 尽了主要赡养义务的丧偶儿媳、女婿可作为公婆、岳父母的第一顺序继承人
    - 注意：儿媳和女婿本身并不在法定继承人的范围之内，且无法定赡养义务
  - **如何认定丧偶儿媳对公婆、丧偶女婿对岳父母尽了主要赡养义务**
    - 在经济上为老人生活提供了支持，是老人生活的主要经济依靠
    - 为老人日常生活提供主要帮助，老人生活中的大小事务由其承担
    - 照顾赡养老人的行为具有长期性
  - **丧偶儿媳、女婿再婚，还能否继承原公婆、岳父母的遗产**
    - 丧偶儿媳、女婿是否再婚，不影响其已享有的对公婆、岳父母遗产的继承权
      - 若丧偶儿媳对公婆、丧偶女婿对岳父母尽了主要赡养义务，可作为第一顺序继承人继承其遗产
      - 婚姻自由是我国公民的基本权利，任何单位和个人无权干涉，若原公婆、岳父母在遗嘱中加以限制，该遗嘱无效，按法定继承办理
  - **丧偶儿媳、女婿继承权与其子女的代位继承，能否同时存在**
    - 可以同时存在，两者独立存在、互不冲突
    - 丧偶儿媳对公婆、丧偶女婿对岳父母，无论其是否再婚，符合法定条件作为第一顺序继承人时，不影响其子女代位继承
  - **侄子、侄女能否继承叔伯的遗产**
    - 只有在没有第一顺序继承人、适用第二顺序法定继承的情况下，当被继承人的兄弟姐妹先于被继承人（叔伯）死亡时，被继承人的兄弟姐妹的子女（侄子侄女）才享有代位继承权
  - **对被继承人尽了主要扶养义务或与其共同生活的继承人，可否多分遗产**
    - 可以，属于鼓励型不均等分配
    - 此处“扶养”为泛指，包括长辈亲属对晚辈的“抚养”、平辈亲属之间的“扶养”、晚辈对长辈亲属的“赡养”三种具体形态，既有物质扶养也有精神扶养
  - **对有扶养能力和条件，但不尽扶养义务的继承人，是否应当不分或者少分遗产**
    - 应当，属于惩罚性不均等分配
    - 注意：继承人有扶养能力和条件，愿意承担扶养义务，但被继承人有固定收入和劳动能力，明确表示不要求继承人扶养的，分配遗产时，一般不影响其继承份额
  - **如何认定“对被继承人尽了主要赡养义务或扶养义务”**
    - 提供主要经济来源，负担被继承人的生活费用
    - 在劳务方面给予被继承人主要扶助，给予生活上的照料
    - 给患病被继承人提供就医护理和医疗费用支持
    - 以上行为是长期性和经常性的
    - 注意：同住≠尽了主要赡养义务或扶养义务

接上图

- **法定继承**
  - **继承人以外的依靠被继承人扶养的人，可否分得遗产**
    - 可以酌情分得遗产
    - 注意：仅存在于法定继承中
  - **没有劳动能力、又没有独立生活来源的继承人，可否要求多分遗产**
    - 法定继承、遗嘱继承、遗赠均应照顾此类继承人的遗产份额
    - 注意事项
      - 继承人应当同时符合“生活有特殊困难”和“缺乏劳动能力”两个条件
      - 对于此类继承人，在取得遗产份额上应多于其他继承人
      - 继承人是否有特殊困难、是否缺乏劳动能力，应以遗产分割时的情况作为判断标准
  - **有扶养能力和条件，但因被继承人明确表示不需要扶养、而没有尽扶养义务的继承人是否有权要求分配遗产**
    - 需满足四个条件
      - 未尽扶养义务，是基于被继承人明确表示不需要扶养的“客观”原因，而非继承人主观上不乐意或怠于履行扶养义务
      - 被继承人有自理能力和持续性收入，能保证其维持正常生活
      - 被继承人“自力更生”的状态持续至其去世
      - 物质扶养可以拒绝，但精神扶养不可断绝
  - **邻居对被继承人尽了主要扶养义务，可否要求分得适当遗产**
    - 满足三个条件，该邻居有权通过协商或起诉的方式主张分得适当遗产
      - 不具有《民法典》第1127条规定的法定继承人身份
      - 与被继承人之间具有扶养关系
      - 被继承人未通过遗嘱、遗赠处分其全部遗产
  - **法定继承人根据遗嘱取得部分遗产后，是否还可以按照法定继承取得遗嘱以外的遗产**
    - 可以，遗嘱未处分的遗产，按照法定继承办理
    - 注意：若该继承人是第二顺序法定继承人，则可能无法取得遗嘱以外的遗产
  - **继承人可否协商确定被继承人遗产分割的时间、办法和份额**
    - 一般情况下可以
    - 注意事项
      - 遗产分割的时间：最好不要超过法律保护的时限，一般为3年
      - 遗产分割的办法：应当有利于生产和生活需要，不损害遗产的效用
      - 遗产分割的份额：扣除法定必要部分后，才可就剩余部分进行协商；继承协议应采用书面形式
  - **继承人对遗产分割的时间、办法和份额协商不成，应如何解决**
    - 继承人应当本着互谅互让、和睦团结的精神，协商处理继承问题
    - 可以由人民调解委员会调解或者向人民法院提起诉讼
  - **继承人起诉继承遗产，应向哪个法院起诉**
    - 由被继承人死亡时住所地或者主要遗产所在地人民法院管辖
      - 以遗产的数量和价值确定主要遗产所在地

第三章　遗嘱继承

414. 如何订立有效遗嘱？

遗嘱是指自然人生前按照法律的规定，根据自己的意愿来处分自己的财产及安排与此有关的事务并于死亡后发生效力的单方民事行为。根据《民法典》第一千一百三十三条第一款的规定，自然人可以依照本法规定立遗嘱处分个人财产。有效的遗嘱可以排除法定继承，如果自然人所立的遗嘱是无效的，则遗产会按照法定继承的方式进行分配。

遗嘱需要符合法律规定的要件，才能有效。遗嘱的形式有六种，分别是自书遗嘱、代书遗嘱、打印遗嘱、录音录像遗嘱、口头遗嘱以及公证遗嘱，每一种遗嘱的形式都被进行了严格的规定，具体内容如下：

（1）自书遗嘱也俗称“亲笔遗嘱”，要求由遗嘱人自己亲笔书写遗嘱全文和注明年、月、日，即遗嘱里的每一个字，都需要由遗嘱人亲自书写。因此，一份有效的自书遗嘱至少需要符合以下这些要求：全部内容都是由遗嘱人亲笔书写；遗嘱人的签名是其亲笔签名，其所签的名字必须是其正式的姓名，即遗嘱人的身份证、户口簿登记的姓名全称（身份证与户口簿登记不一致的，以户口簿登记为准）；遗嘱人需要在遗嘱上亲笔注明年、月、日。

（2）代书遗嘱又称为“代笔遗嘱”，即遗嘱是由他人代为书写的意思。一份有效的代书遗嘱需要符合法律规定的要求。

代书遗嘱应当有两个以上见证人在场见证，由其中一人代书，并由遗嘱人、代书人和其他见证人签名，注明年、月、日。需要注意的是，并非所有人都能够作为代书遗嘱的见证人。无民事行为能力人、限制民事行为能力人、其他不具有见证能力的人、继承人、受遗赠人、与继承人有利害关系的人、与受遗赠人有利害关系的人是不能作为遗嘱见证人的。

（3）打印遗嘱，是《民法典》增加的遗嘱形式。

打印遗嘱应当有两个以上见证人在场见证。遗嘱人和见证人应当在遗嘱每一页签名，注明年、月、日。见证人的限制与上述代书遗嘱的见证人限制一样。

（4）录音录像遗嘱，应当有两个以上见证人在场见证，遗嘱人和见证人应当在录音录像中记录其姓名或者肖像，以及年、月、日。见证人的限制与上述代书遗嘱的见证人限制一样。

（5）口头遗嘱。遗嘱人在危急情况下，可以立口头遗嘱。口头遗嘱应当有两个以上见证人在场见证。危急情况消除后，遗嘱人能够以书面或者录音录像形式立遗嘱的，所立的口头遗嘱无效。

（6）公证遗嘱由遗嘱人经公证机构办理。

由此可见，遗嘱的形式有且仅有六种，每种形式的遗嘱的有效条件都有着严格的法律规定。自然人在订立遗嘱时，建议根据自己的实际情况，选择适合自己的遗嘱形式，比如遗嘱人不会写字或不便写字的，就不能选择自书遗嘱这种形式，当选择好哪种遗嘱形式后，则需要严格按照法律规定进行订立，比如：见证人及代书人的选定、整个订立过程需要遵守哪些条件等，这些都是需要自然人在订立遗嘱时慎重考虑的。如果遗嘱未能按照法律规定的形式订立，则不产生法律效力。因此，自然人在订立遗嘱时，需要严格按照法律规定进行，才能确保遗嘱的效力。

415. 什么是遗嘱继承？

遗嘱继承是指由被继承人指定的继承人可以依照被继承人生前所设立的遗嘱，取得遗嘱确定的遗产份额。被指定的继承人只能是法定继承人中的一人或数人，如果被指定的继承人是法定继承人以外的人，则属于遗赠。依据《民法典》第一千一百三十三条第一款的规定，自然人可以依照本法规定立遗嘱处分个人财产，根据遗嘱处分的方式有三种，分别是遗嘱继承、遗赠和设立遗嘱信托，遗嘱继承是遗嘱处分个人财产的其中一种方式。

416. 一份有效的遗嘱有哪些必备条款？

（1）遗嘱人的主体信息。

如遗嘱人的姓名、性别、身份证号码、出生日期、住址等主体信息，具体明确的主体信息可以确定遗嘱人的身份。

（2）遗嘱处分的财产状况（名称、数量、所在地点等）。

遗嘱人只对自己的财产享有处分权利，在订立遗嘱时，应把要处分的财产状况写清晰，避免出现因财产状况陈述模糊不清，无法确定是哪个财产，导致该遗嘱无法实现遗嘱人的真实意愿。比如遗嘱处分的是不动产，最好把房屋在不动产中心登记的地址和产权证号完整写上；比如遗嘱处分的是汽车，最好把汽车的车牌号、品牌、车架号写上。

（3）遗嘱人对财产的具体处理意见。

遗嘱人应把对财产的具体处理意见写清楚，即需要明确写清楚哪个财产由某某继承，避免出现歧义。尤其是指定的继承人已婚的情况下，如果不希望遗产成为夫妻共同财产，还应当在遗嘱中明确表示只由某某个人继承，与配偶无关。

（4）如果有遗嘱执行人的，应当写明执行人的姓名、性别、身份证号码、年龄、住址等。此处道理与第一项的遗嘱人主体信息相同，具体明确的主体信息可以确定遗嘱执行人的身份。

（5）遗嘱制作的日期以及遗嘱人的签名。

遗嘱人的签名必须是遗嘱人本人的签名。另外，根据《民法典》第一千一百四十二条第三款的规定，立有数份遗嘱，内容相抵触的，以最后遗嘱为准。遗嘱的实际制作日期可以用作判断哪一份是最后的遗嘱。

（6）各种遗嘱的生效必备条件。

《民法典》规定的每种遗嘱都有其法定的必备条件，遗嘱人在订立遗嘱时应严格按照法律规定进行，比如有的遗嘱是需要见证人在场见证的，就需要依法进行见证。

417. 什么是遗嘱见证人？

遗嘱见证人是指能够证明遗嘱是由遗嘱人本人所订立的，以及能够证明所立遗嘱的内容是遗嘱人的真实意思表示的人。

具备见证能力的完全民事行为能力人才能成为遗嘱见证人。遗嘱见证人应当是自然人，因为遗嘱见证人的设立就是为了确保遗嘱内容是真实的。由于当遗嘱需要执行时，遗嘱人已经死亡，最清楚遗嘱意思表示的立遗嘱本人是无法向继承人表示遗嘱的真伪的，所以需要有见证人以其亲眼所见、亲耳所闻来证明遗嘱是否为遗嘱人的真实意思表示，因此，遗嘱见证人需要是具备见证能力的完全民事行为能力人。

继承人、受遗赠人以外的人才能成为遗嘱见证人以及与继承人、受遗赠人无利害关系的人才能成为遗嘱见证人。这两类人员的规定主要是排除与遗产有密切关系的人有可能因各种原因对遗嘱人产生影响，致使遗嘱人无法在遗嘱中表达自己的真实意愿，故是否与遗嘱有直接或间接的利害关系，也是判断能否作为遗嘱见证人的标准。

有的遗嘱人为了慎重起见，叫来不少家人亲戚在立遗嘱现场。如果这些在场的家人亲戚本身就是继承人、受遗赠人或者是与继承人、受遗赠人有利害关系的人，则无法起到遗嘱见证的作用。

律师见证的遗嘱，属于见证遗嘱，与普通人见证的遗嘱没有法律性质上的区别。而公证员“见证”的遗嘱，实际上是公证遗嘱。

418. 什么人不能担任遗嘱见证人？

根据《民法典》第一千一百四十条的规定，无民事行为能力人、限制民事行为能力人以及其他不具有见证能力的人、继承人、受遗赠人、与继承人有利害关系的人、与受遗赠人有利害关系的人是不能作为遗嘱见证人的。

上述不能作为遗嘱见证人的人员可分成三类：

一类是无民事行为能力人、限制民事行为能力人以及其他不具有见证能力的人。

这类人员主要是根据其是否具有完全民事行为能力来区分。只有完全民事行为能力人才能作为遗嘱见证人。自然人是否具有完全民事行为能力，是根据其年龄及精神状况来区分的。完全民事行为能力人是指能够完全辨认自己行为的成年人（年满十八周岁），以及能够完全辨认自己行为的十六周岁以上能够以自己劳动收入为主要生活来源的人。

一类是继承人、受遗赠人。这类人员的限制是从利害关系方面去考量的。遗嘱本质上涉及的就是各继承人之间的利益关系。遗产是固定的，有继承人分多了，就有继承人分少了。由于有利益的驱使，由这类有密切利益关系的人作为见证人，其有可能或者有动机对遗嘱人施加额外的影响，使得遗嘱人订立违背自身意愿的遗嘱。因此，从常理来说，毫无利益关系的人更能保证其中立的态度。

一类是与继承人、受遗赠人有利害关系的人。比如，继承人的妻子，就不能担任遗嘱见证人。因为继承人继承下来的遗产，默认成为夫妻共同财产。

遗嘱见证人能够证明遗嘱是由遗嘱人按照自己的真实意愿订立的，以保证遗嘱人能够在生前充分按照自主意愿处分自己的财产。遗嘱见证人的设置是为了保证遗嘱的真实性，需要满足一定条件的、有见证能力的人来作遗嘱见证人。

419. 什么是口头遗嘱？

口头遗嘱是我国法定遗嘱形式之一，口头遗嘱看似简单，但为了保证口头遗嘱的真实性以及可信性，法律对口头遗嘱的有效订立程序有着较多的要求。

《民法典》第一千一百三十八条规定，遗嘱人在危急情况下，可以立口头遗嘱。

口头遗嘱应当有两个以上见证人在场见证。危急情况消除后，遗嘱人能够以书面或者录音录像形式立遗嘱的，所立的口头遗嘱无效。根据上述法律规定，口头遗嘱可以解读为：在危急的情况下，遗嘱人可以通过口头表达的方式来表达自己过世后的财产如何处理的意愿。

420. 平日的承诺可以视为口头遗嘱吗？

某人在平日经常说“过世后遗产留给儿子×××”。这样承诺是否成立口头遗嘱？我们可以知道，某人平日里并没有处于危急情况，也没有找见证人见证。因此，不符合口头遗嘱的要求，无法成立口头遗嘱。

421. 口头遗嘱有效需要什么条件？

要想做到一份口头遗嘱有效，需要满足以下条件：

（1）遗嘱人必须处于危急的情况，才可以立口头遗嘱。法律虽然没有明确何为处于危急情况，但通过实际一般的理解为：遗嘱人面临死亡或失去意识等危险，客观上无法采用其他方式立遗嘱。比如，遇到意外事故、被困于荒岛与外界失去联系且自己无法书写遗嘱、突然病危等情况，根本来不及也没能力采用其他方式立遗嘱。

（2）立口头遗嘱时，需要有两位见证人在场。之所以要求见证人在场，一方面需要见证人将来证明遗嘱的内容，另一方面也需要见证人证明当时确实处于危急的情况，无法采用其他方式立遗嘱。因此，在危急的状态下，不妨检查下手机是否可用，采用录音录像立遗嘱。

（3）遗嘱人在立口头遗嘱时尚处于意识清醒的状态。

（4）危急情况尚未消除之前，口头遗嘱可以继续保持有效。但危急情况消失后，遗嘱人一旦客观上有条件采用书面形式或录音录像等方式，口头遗嘱就失效了。如果遗嘱人想继续保留口头遗嘱的意愿，必须在去世之前订立其他法定形式的遗嘱。

422. 什么是自书遗嘱？

自书遗嘱也俗称“亲笔遗嘱”，要求由遗嘱人自己亲笔书写遗嘱全文和注明年、月、日，即是遗嘱里的每一个字，都需要由遗嘱人亲自书写。

在《民法典》实施之前，遗嘱人将遗嘱内容通过电脑文稿打印出来，再在打印稿中签名。该类遗嘱是否属于自书遗嘱，一直存在争议。因为，自书遗嘱不需要见证人，而代书遗嘱则需要见证人。性质往往决定了这类遗嘱是否有效。

现在《民法典》明确规定，打印稿签名的遗嘱，不属于自书遗嘱。自书遗嘱需要每一个字都是遗嘱人所写。

自书遗嘱唯一的好处就是遗嘱人可以随时自己写一份遗嘱，便利且没有任何费用。然而，自书遗嘱也有其内在难以克服的缺点：

第一，自书遗嘱所处分的财产是否能做到明确、合法有效，需要遗嘱人本身有较高的法律水平。

第二，自书遗嘱时遗嘱人的精神状态如何，是否存在影响行为能力的状况，是否存在他人诱导、胁迫的情形？当遗嘱人去世后，若其立遗嘱时有一些比较严重的精神类或其他影响行为能力的就诊记录，其他法定继承人可能会对遗嘱的效力产生质疑。

第三，自书遗嘱的保管也成为一个现实问题。当遗嘱人去世后，继承人不知道遗嘱的存在，或丢失了遗嘱，那么就要按照法定继承处理。

第四，自书遗嘱的笔迹是否为遗嘱人所写？由于缺乏见证人，当遗嘱人去世后，其他继承人不予承认，就只能通过诉讼解决。诉讼时，还应提供遗嘱人其他可靠的笔迹文书进行对比鉴定，鉴定笔迹是否为遗嘱人所书写。

423. 自书遗嘱有效需要什么条件？

在实务中，需要把自书遗嘱做到合法有效，需要满足以下条件：

第一，整份遗嘱需要全部由遗嘱人手写，不能部分打印、部分自己手写，也不能部分他人代写、部分自己手写。为了证明该份遗嘱是自己亲笔所写，可以在书写遗嘱的同时，进行同步录像予以保留。

第二，遗嘱需要手写签名并注明年、月、日，以证明是遗嘱人所写及立遗嘱的时间。若存在多份遗嘱，遗嘱人在其中一份手写遗嘱中没有落款时间，则无法判断该份遗嘱是否为最新有效的遗嘱。

第三，遗嘱人订立遗嘱时须具备完全行为能力。一般而言，如果并非暮年老人或存在精神病史或其他严重病史的人，法律根据其年满十八周岁推定为完全行为能力人。遗嘱人为了安全起见，在书写遗嘱之前，可以先去三甲医院对精神状态进行诊断。

第四，遗嘱处分的财产信息，既可以采用概括式的，也可以结合列举式的。所谓概括式的遗嘱是指本人的财产均由某某继承，或某类财产由某某继承。列举式则要求财产信息明确无误，比如位于某某地址的房产由某某继承。如果因为财产信息指向不明，最终无法确定，或指向第三人名下的财产，则很可能该部分的遗嘱不具有法律效力，转而发生法定继承。

第五，遗嘱处分财产时不能违反法律强制性规定。比如，遗嘱需要为未成年继承人、胎儿、缺乏劳动能力又没有生活来源的继承人保留必要的份额。如果遗嘱没有为他们保留必要份额，出现争议时法院会酌情为他们保留遗产份额，该遗嘱会部分无效。

第六，遗嘱处分财产时，不能违背公序良俗。比如，遗嘱人有配偶却与他人同居或保持不正当两性关系，订立遗嘱时将财产遗赠给情人或非法同居者的，明显违背公序良俗而无效。

424. 打印遗嘱怎么才有效？

打印遗嘱是《民法典》应时代发展而规定的一种新的遗嘱形式。根据《民法典》第一千一百三十六条的规定，打印遗嘱需要满足两个条件：

（1）遗嘱人要在每一页打印遗嘱上签名和注明年、月、日。显然只有存放在电脑中的电子文件，即使见证人看到遗嘱人自己打字形成该份文稿，亦不成为打印遗嘱。

（2）有两名见证人在场，在每一页打印遗嘱上签名和注明年、月、日。大家需要注意的是，遗嘱人与见证人要满足时空一致性。[①] 见证人必须在遗嘱人打印、签名的整个过程，且同时签上自己的名字。见证人不能因为遗嘱人的自述，没有看到过程，事后去签名字。

当然，打印遗嘱作为遗嘱的一种，亦需要满足遗嘱的实质要件。如：见证人须满足见证人的条件；遗嘱人具有完全民事行为能力，订立遗嘱时未受到欺诈、胁迫等；遗嘱处分的财产信息明确无误，未违反法律强制性规定和公序良俗等。

425. 录音录像遗嘱怎么才有效？

录音录像遗嘱，同样是《民法典》应时代发展而规定的一种新的遗嘱形式。与自书遗嘱、打印遗嘱相比，录音录像遗嘱给予文化水平较低的遗嘱人便利，同时录音录像遗嘱更容易确定遗嘱人的身份，也更容易体现遗嘱人的精神状态。而自书遗嘱的笔迹是否为遗嘱人所写，则需要更复杂的手段进行鉴别。

从《民法典》第一千一百三十七条看，录音录像遗嘱除了同样需要具备有效遗

---

① 曹守晔：《民法典继承编条文理解与司法适用》，法律出版社2020年版，第125页。

嘱的实质要件外，还必须具备两个形式要件：第一，录音录像遗嘱应当有两个以上见证人在场见证。第二，遗嘱人和见证人应当在录音录像中记录其姓名或者肖像，以及年、月、日。

根据实践经验，我们认为要制作一份良好、有效的录音录像遗嘱，需要注意以下问题：

第一，尽量先将遗嘱内容形成书面文字，以便在录音录像时更容易保持清晰、连贯的口述。

第二，进行录音录像前，遗嘱人、见证人应坐在一起面对镜头或录音器，保证整个录制过程中头像均出现在镜头画面中。

第三，进行录音录像时，一开始应由遗嘱人口述当时的年、月、日及几时几分，遗嘱人的名字、身份证号码，要录制一份遗嘱，并由某某人和某某人担任见证人。随后，见证人也应表明其身份（名字、身份证号码）并表示愿意担任见证人，保证其与继承人无利害关系。

第四，整个录音录像的过程保持连贯，不能中途有人离场，也不能中断录音录像后，再继续录制，最终形成几段录音录像。

第五，在制作录音遗嘱结束前，见证人也应口述一段话，表明其见证了整个录音的过程。

第六，录音录像文件最好保留在原始的载体中，即当初录制该文件时的手机或内存卡。在日后的争议中，可以提供录音录像的原始文件及载体供鉴定，证明其完整性、未剪切或其他后期加工。同时，为了防止文件丢失，应及时制作光盘或其他备份。

426. 子女胁迫父母订立的遗嘱有效吗？

《民法典》第一千一百四十三条第二款规定："遗嘱必须表示遗嘱人的真实意思，受欺诈、胁迫所立的遗嘱无效。"可见，遗嘱人受胁迫所订立的遗嘱本身是无效的。在法律救济上，遗嘱人本身可以通过立新的遗嘱来推翻此前受胁迫订立的遗嘱。但实务中，遗嘱人可能未必有这样的法律意识，不知道可以再立遗嘱，而通过另外的遗书表达了当时受胁迫的情况。其他继承人发现了这个情况，可提供证据证明遗嘱人在受到胁迫的情况下订立该份遗嘱，从而主张遗嘱无效。当然，现实生活中还会出现其他的证据，比如遗嘱人的短信聊天记录出现过一系列的胁迫信息，能否反映出当时订立遗嘱的背景。

此外，遗嘱人在生前基于子女对另外近亲属的生命安全胁迫或者以揭露隐私、破坏其人设等方式胁迫，如与多名异性有不正当关系、作品为枪手所写等。遗嘱人在生前并不敢修改遗嘱，死后也没有遗书说明情况。那么，其他继承人也只能多方寻找证据，以证明存在胁迫的情形，实属不易。

427. 合立遗嘱有效吗?

合立遗嘱，通常又称为共同遗嘱，是指两个以上遗嘱人基于共同意思表示而订立的一份遗嘱，对其死亡后各自或共同遗留的财产指定继承人继承的一种遗产继承方式。

假设甲、乙为夫妻，拥有共同共有的房屋一套，其共同立了一份遗嘱，指定该房屋由儿子继承。随后，乙自立一份遗嘱，指定其拥有的该房屋的份额由女儿继承。

如果认为共同遗嘱是遗嘱人的共同意思表示，后续的修改也应由双方协商修改，而不能由一方擅自修改。

如果认为遗嘱人可以自己的个人财产份额订立遗嘱，虽然遗嘱由数位遗嘱人共同订立，但本质上是处分自己的遗产。那么，每一位遗嘱人均有权单方修改遗嘱，处分自己的遗产。

我国《民法典》并没有明确规定该类遗嘱。结合我国《民法典》对遗产及遗嘱的规定，我们倾向于认为遗嘱人虽然共同把处分遗产的意愿写进同一份遗嘱中，本质上仍然是只能处分自己的个人财产。

第一，无论是甲先死亡，还是乙先死亡，抑或同时死亡，夫妻关系自然解除，双方不存在共同共有关系的基础，自然房屋应在继承时进行夫妻析产。《民法典》第一千一百二十二条第一款规定："遗产是自然人死亡时遗留的个人合法财产。"因此，死亡一方的财产份额属于遗产；生存一方的财产份额是其个人财产，并非遗产。

第二，《民法典》第一千一百三十三条第一款规定："自然人可以依照本法规定立遗嘱处分个人财产，并可以指定遗嘱执行人。"因此，甲乙均有权以立遗嘱的方式处分其个人财产。双方在世时，房屋虽然是共同的，但有一方去世了，不存在夫妻关系，房屋自然要区分各自份额。遗嘱自然对各自的财产份额产生效力。

第三，上述合立的遗嘱，并没有约定修改遗嘱需要双方同意。当然，如果共同的遗嘱中存在这样限制性约定，那么将会产生大的争议。

为了避免日后的争议，我们不建议当事人采用合立遗嘱的方式处分遗产，宜各自订立一份遗嘱，只处分属于自己财产的份额。

428. 出现多份遗嘱，以哪份为准？

遗嘱人从立遗嘱到遗嘱生效的这段时间，可能会因种种原因比如钱变多了、家庭关系复杂了、继承人不履行附随义务等，产生想要修改以前订立的遗嘱内容的想法。这个想法一旦实施，实质上是变更或撤回了原有遗嘱，包括可能会增加新的内容、删除或改变已有内容，是遗嘱自由原则在继承领域的具体体现。

司法实践当中，有关数份遗嘱的争议往往存在于有多个继承人争夺遗产的案件中，而且往往各个继承人对遗嘱的效力问题各执一词，彼此之间矛盾较深难以自我调和。人民法院在审理继承纠纷案件时尤为慎重，往往结合以下几个因素进行判断哪份遗嘱为准：

首先，根据现行法律规则判断数份遗嘱在内容及形式上是否均合法有效。只有数份遗嘱都合法有效的前提下，才会涉及进一步判断以哪份为准的问题，否则人民法院会直接采信并适用有效遗嘱的内容。

其次，在多个遗嘱都有效的情况下，再判断数份遗嘱之间的内容是否互相抵触。如果数份遗嘱所处分的内容都不一样，那么各自处分的内容同时适用。比如遗嘱人在数年前写了遗嘱将自己名下的房产指定大儿子继承，之后又写了份遗嘱把自己名下的存款和基金等指定小儿子继承，此时两份遗嘱并不互相抵触，那么可以同时适用。此外，在判断数份遗嘱内容是否抵触时，除了处分遗产范围之外，还可能涉及变更指定继承人、变更继承份额、变更附随义务等情况。

最后，在数份有效遗嘱存在内容抵触的情况下，再判断数份遗嘱订立的时间顺序。依据《民法典》第一千一百四十二条的规定，通常会以最后有效的遗嘱为准。

大家在处理该类继承纠纷案件中，还需要特别注意的是：

第一，变更或撤销遗嘱时，遗嘱人必须仍是完全民事行为能力人。

第二，变更或撤销遗嘱的决定，必须是遗嘱人的真实意思表示。

第三，变更或撤回遗嘱的方式不是必须订立新的遗嘱。想要变更或撤回遗嘱，遗嘱人除了可以通过在新遗嘱中明示自己想要变更的意思表示以外，还可以通过实施某些行为等默示的方式进行变更或撤回。比如遗嘱人把自己名下房产指定由大儿子继承，之后遗嘱人又把房子卖掉了用于自己消费或给了小儿子，这时虽然没有明确表示变更或撤回遗嘱，但卖房子的行为可以推定已经将遗嘱进行了变更或撤回。

429. 继承人先于被继承人死亡的，遗嘱还有效吗？

甲立了一份遗嘱，房子 1 由大儿子继承，房子 2 由女儿继承。若大儿子先于甲死亡。那么，这份遗嘱还有效吗？

第一，甲可能会因为大儿子的死亡，重新立遗嘱，改变房子 1 的归属。那么，日后房子 1 的继承就要按新的遗嘱来继承。

第二，甲可能也没有重新立遗嘱。大儿子死亡了，大儿子无法继承遗嘱中的房子 1。同时，由于代位继承只规定在法定继承中。因此，当甲没有重新立遗嘱时，其死亡后房子 1 转为法定继承，即由甲的妻子和女儿继承。

430. 遗嘱什么时候生效?

我国法律规定遗嘱是死因法律行为。一般情况下，一份有效的遗嘱在被继承人死亡时即可发生法律效力，被继承人死亡的时间点即为遗嘱生效的时间点。简言之，遗嘱生效通常意味着遗嘱人已死亡，且遗嘱本身合法有效。

一份遗嘱往往都会经历遗嘱成立、变更/撤回（若有）、遗嘱生效三个过程：

其一，遗嘱成立指的是符合法律规定形式与内容要件，且属于遗嘱人自己真实的意思表示，遗嘱即可成立有效。不是继承人必须参与订立过程，遗嘱人单方即可成立遗嘱。

其二，遗嘱生效指的是遗嘱产生法律效力，是在遗嘱人死亡后才能发生法律效力，只有在遗嘱人死亡后继承人才有权按遗嘱内容依法处理遗产。

其三，在遗嘱生效前的任一时刻，遗嘱人都可以自己的意思变更或者撤回遗嘱。

遗嘱除了死亡时生效这一情形以外，还可以在遗嘱中附上特定的条件或期限，约定在条件满足后或期限到达后生效，此时遗嘱的生效时间点也会随着遗嘱确定的生效条件或期限而发生改变。

生活中常常碰到混淆遗嘱有效与遗嘱生效的事例。比如有些继承人会要求老人提前订立遗嘱将财产指定自己一人继承，等到遗嘱一旦有效成立，继承人未等到老人去世，就要实际占有或管理财产。老年人遭遇到这种情况时，务必根据实际情况，注意合理运用遗嘱生效前有权变更、撤回的权利，以及本书介绍的有关遗嘱执行人等法律手段与工具。

431. 公证遗嘱效力优于其他遗嘱吗?

我国法律对公证遗嘱效力是否优先适用的司法观点客观上已发生了改变。

在民法典实施以前，我国《继承法》第二十条规定了公证遗嘱效力最高的原则。即，相较于自书、代书、录音录像、口头遗嘱，公证遗嘱的效力是最高的，若在数份有效遗嘱之间内容抵触的情况下，优先适用公证遗嘱的内容。

但是在 2021 年 1 月 1 日以后，随着我国《民法典》的实施，第一千一百四十二条已对原有继承法的规定内容进行了修订，法律取消了公证遗嘱优先的规定。

在涉及判断公证遗嘱是否效力优先适用的案件中，还需要特别注意的是适用民法典的时间效力对上述问题认定的影响：

第一，遗嘱人在民法典实施前立有公证遗嘱的，民法典实施后未立有新遗嘱的，死亡后，因该份遗嘱内容与其他遗嘱相抵触发生争议的，公证遗嘱仍具有最高效力。

第二，遗嘱人在民法典实施前立有公证遗嘱的，民法典实施后又订立新遗嘱的，死亡后，因该份公证遗嘱内容与新遗嘱相抵触发生争议的，不考虑公证遗嘱的效力优先问题，以新遗嘱为准。

432. 遗嘱可以附随义务吗？

《民法典》第一千一百四十四条规定："遗嘱继承或者遗赠附有义务的，继承人或者受遗赠人应当履行义务。没有正当理由不履行义务的，经利害关系人或者有关组织请求，人民法院可以取消其接受附义务部分遗产的权利。"

因此我国法律明确规定允许遗嘱人在订立遗嘱的同时，明确表示遗嘱继承人或者受遗赠人在接受遗产的同时必须实施一定的行为，这种遗嘱即为附义务的遗嘱。

那么，对遗嘱继承人来说，附义务意味着想要取得遗产，就必须履行相应的义务，如果不履行，意味着丧失继承遗产的权利或者已经取得遗产被利害关系人取消继承权。

显然，不是遗嘱人订立的任何义务都要去履行，这种义务要具备一定的正当性，一般而言，笔者建议从以下思路判断是否构成不履行义务的正当理由：第一，义务违反了我国法律、行政法规的强制性规定；第二，义务违背了公序良俗原则；第三，义务在客观上无法实现；第四，义务人遭受了不可抗力等。

在遇到上述情况下，遗嘱继承人可以不履行相应义务，也有权取得相应遗产。

对利害关系人或有关组织来说，在判断请求法院取消遗嘱继承人接受附义务部分遗产的权利是否得到支持时，需要注意以下两点：

第一，义务是否具有确定性。在订立遗嘱时，遗嘱继承人或受遗赠人设定的义务具有确定性。区别于附条件的遗嘱，后者本质上是否满足继承的条件还处在不确定的状态。只有附义务的遗嘱，义务人无正当理由不履行，利害关系人或有关组织才有权提起诉讼。

第二，义务对应的是遗嘱中的全部遗产还是部分遗产。这点是民法典对继承法的修订内容，如果遗嘱继承人应当履行的义务对应的是整个遗嘱全部财产的内容，那么取消接受的是遗嘱中的全部遗产；如果只是一部分遗产设定了义务，只能取消其接受附义务部分遗产的权利。

433. 老年人可以将财产遗赠给保姆吗?

根据《民法典》遗嘱继承的相关规定，自然人可以通过遗嘱处分自己的财产。保姆悉心照顾老人，老人自身的意愿也不违背公序良俗，老人可以将财产遗赠给保姆。然而，如果老人本身有配偶，却与保姆保持不正当两性关系的，该类遗赠则往往因严重违反公序良俗而无效。

实际上，无偿的遗赠，不一定能保护老人的利益。从遗嘱切实落实到实现老人个人的愿望角度出发，可以签订遗赠扶养协议：

（1）根据《民法典》第一千一百五十八条规定，自然人可以与继承人以外的组织或者个人签订遗赠扶养协议。按照协议，该组织或者个人承担该自然人生养死葬的义务，享有受遗赠的权利。老人可以通过签订遗赠扶养协议使得双方权利义务明确。

（2）在设立遗嘱或遗赠扶养协议时应充分考虑自身子女情况，预留必要份额避免出现不必要的争端。

434. 遗嘱人可以撤回、变更遗嘱吗?

可以。《民法典》第一千一百四十二条规定："遗嘱人可以撤回、变更自己所立的遗嘱。立遗嘱后，遗嘱人实施与遗嘱内容相反的民事法律行为的，视为对遗嘱相关内容的撤回。立有数份遗嘱，内容相抵触的，以最后的遗嘱为准。"

因此，遗嘱人可以根据自身的意愿撤回、变更遗嘱。但同时，应注重如何让遗嘱有效以达到自己的意愿。对于遗嘱的设立，有自书遗嘱、代书遗嘱、打印遗嘱、录音录像遗嘱、公证遗嘱及一般仅在危急情况下生效的口头遗嘱。遗嘱人可以根据自身的意愿选择上述方式变更遗嘱或撤回遗嘱。

435. 遗嘱将财产留给情人，可以吗?

《民法典》第一千一百三十三条第一款规定："自然人可以依照本法规定立遗嘱处分个人财产，并可以指定遗嘱执行人。"任何人均有权立遗嘱，指定由某人继承遗产。当接受遗产的人不是法定继承人时，该继承属于遗赠继承。然而，法律民事行为是否有效，除了遵循《民法典》继承编的规定外，还要符合总则编的规定。

《民法典》第一百四十三条规定："具备下列条件的民事法律行为有效：(一) 行为人具有相应的民事行为能力；(二) 意思表示真实；(三) 不违反法律、行政法规的强制性规定，不违背公序良俗。"通常而言，有配偶者与他人建立不正当两性关系，本身违反夫妻忠实义务，违背公序良俗。出轨方将属于自己的财产份额立遗嘱指定由情人继承，大多数是基于其与情人之间的两性关系。因此，这类遗嘱通常也会被认定违背公序良俗。

436. 遗嘱保管需要注意哪些问题？

大多数人订立遗嘱的目的就是想让自己的遗产按照自己希望的方式去分配，避免家庭成员因为遗产分配发生纠纷。所以如何订立有效遗嘱成为大多数人首要关注的问题。但是人们往往忽略了另一个非常重要的问题，遗嘱应当如何保管。

如果忽视遗嘱保管的问题，很有可能使得遗嘱无法发挥作用，甚至是白费功夫。

首先，不妥善保存遗嘱，遗嘱可能会丢失毁损。订立遗嘱后，若只是选择找一个地方存放遗嘱，则很有可能因为虫鼠啃咬、存放条件不当等原因导致遗嘱缺乏完整性，无法体现遗嘱人的真实意思，或是因为搬家迁居、粗心遗忘导致遗嘱丢失。

其次，若是遗嘱人提前将遗嘱交给其他亲属朋友保管，难免会造成遗嘱内容的泄露，非但可能无法达成利用遗嘱避免家庭矛盾的爆发的目的，反而使得家庭矛盾提前爆发，鸡犬不宁。

最后，遗嘱人如果自行保管遗嘱，不交给其他人，也对遗嘱保密，那么若意外或者急病发生，则有可能导致遗嘱永远"不见天日"，无法发挥其作用。

所以，想要遗嘱顺利完成使命，除了第一步订立了有效遗嘱之外，还要解决遗嘱保管的问题。

除了自己保管、交给其他亲戚朋友保管外，遗嘱人还可以将遗嘱交给律师事务所或公证处做公证遗嘱。经过公证遗嘱，公证处会有档案保管，即使公证书丢失，将来也可以调取出来。而律师事务所保管遗嘱，也有异曲同工的优点：

第一，律师服务于被继承人，安全性高。律师接受被继承人的委托，代理与被继承人约定的事项，严格按照与被继承人的约定帮助执行遗嘱，且律师受到行业协会等的管理，应当对提供过的法律服务建立档案及保管。

第二，律师可以基于专业知识，向被继承人提供专业意见，并且对被继承人的情况定期回访，防止因为被继承人的财产发生变动等原因造成遗嘱对于遗产分配不全面的情况发生。

一个合适的遗嘱保管方式是遗嘱顺利执行的必要条件，对于各种保管方式需要遗嘱人自行比对优缺点进行选择。

437. 遗嘱中关于不能再婚的条件是否有效？

遗嘱是遗嘱人关于财产分配个人意志的体现，很多人在订立遗嘱时，会在遗嘱中附加条件，写明之后继承人达成其中的条件时，才获得继承资格。设定“不能再婚”也是一些遗嘱中会存在的条件，常出现在一些“老夫少妻”家庭中，丈夫比妻子年长许多，或者夫妻一方中患有某种影响寿命的疾病。一些遗嘱人不希望在自己死后，自己的配偶拿着大笔遗产与其他人再次组建家庭，仿佛自己为他人做了嫁衣，遂在遗嘱中写明若配偶再婚，则无资格继承自己的遗产。

公民可以按照《民法典》规定订立遗嘱处分自己的财产，遗嘱形式必须符合法定形式。《民法典》第一千一百四十四条规定：“遗嘱继承或者遗赠附有义务的，继承人或者受遗赠人应当履行义务。没有正当理由不履行义务的，经利害关系人或者有关组织请求，人民法院可以取消其接受附义务部分遗产的权利。”

但同时《民法典》第一千零四十二条也规定“禁止包办、买卖婚姻和其他干涉婚姻自由的行为”。在遗嘱中附带“不得再婚”的条件即属于限制他人婚姻自由的行为。附条件的民事行为，如果所附条件是违反法律规定或者无法发生的，应当认定该民事行为无效，所以该类条件属于无效条件，法院不会支持以一方继承人不得再婚为理由，来判决继承人丧失继承资格。

438. 遗嘱里面处分了全部夫妻共同财产的，该如何认定？

《民法典》第一千一百二十三条第一款规定：“自然人可以依照本法规定立遗嘱处分个人财产，并可以指定遗嘱执行人。”第一千一百五十三条规定：“夫妻共同所有的财产，除有约定的外，遗产分割时，应当先将共同所有的财产的一半分出为配偶所有，其余的为被继承人的遗产。遗产在家庭共有财产之中的，遗产分割时，应当先分出他人的财产。”

可见，遗嘱只能处分个人财产，而不能处理属于他人的那部分财产。但日常生活中，很多人对什么是可以处分的“个人财产”存在疑问，没有一个清晰的概念，尤其是对于夫妻来说，夫或妻一方往往对什么是可以写在自己单人遗嘱里的“个人财产”存在认知误区，往往直接将夫妻共同财产写在自己单人遗嘱里。

因此，在分割遗产时，应当先将共同所有的财产的一半分出为配偶所有，其余的为被继承人的遗产，按遗嘱继承。

439. 遗嘱里面未给胎儿留有份额，该如何处理？

《民法典》第一千一百五十五条有关“胎儿保留份额”规定，遗产分割时，应当保留胎儿的继承份额。胎儿娩出时是死体的，保留的份额按照法定继承办理。那么，若遗嘱当中没有为胎儿保留份额，是否影响遗嘱的效力以及发生继承时遗产将如何进行处理便成为问题。

《民法典继承编的解释（一）》第三十一条规定：“应当为胎儿保留的遗产份额没有保留的，应从继承人所继承的遗产中扣回。为胎儿保留的遗产份额，如胎儿出生后死亡的，由其继承人继承；如胎儿娩出时是死体的，由被继承人的继承人继承。”

由此可见，遗嘱没有为胎儿保留份额并不会导致整份遗嘱无效。在继承的时候，需要先从遗产中扣回一部分作为胎儿的保留份额，其余的遗产按遗嘱继承，遗嘱没有涉及的遗产则按法定继承。

胎儿出生后，按以下情形继承保留的份额：

（1）如果胎儿出生时是活体的，该保留份额为该婴儿所有，由其母亲代为保管，母亲在胎儿成年以前去世的，转为其他监护人保管，直至胎儿成年。

（2）如果胎儿出生后不久即死亡，该保留份额为该婴儿所有，但应由该死婴或去世的儿童的法定继承人按法定继承规则进行处理。

（3）如果胎儿出生时为死体，已预先保留的份额则由被继承人的继承人根据法定继承规则进行分配。

440. 遗嘱里未给没有劳动能力且没有经济来源的子女留有份额，该如何处理？

《民法典继承编的解释（一）》第二十五条规定：“遗嘱人未保留缺乏劳动能力又没有生活来源的继承人的遗产份额，遗产处理时，应当为该继承人留下必要的遗产，所剩余的部分，才可参照遗嘱确定的分配原则处理。继承人是否缺乏劳动能力又没有生活来源，应当按遗嘱生效时该继承人的具体情况确定。”

可见，遗嘱没有给没有劳动能力又没有生活来源的子女保留份额时，不会导致整份遗嘱无效。遗嘱未涉及的遗产，可以由全部继承人按法定继承分割。若法定继承所得的遗产，足以保障该子女的生活需要，则不影响遗嘱效力。若遗嘱处分了所有遗产，却没有保留份额，则在处理遗产时需要保留必要的遗产由该子女继承，剩余部分才可参照遗嘱继承。

441. 遗嘱中没有给未成年子女留有份额，该如何处理？

通常来说，未成年子女属于“缺乏劳动能力、没有生活来源的继承人”，可参照上一问答的方式处理遗产。

然而，在一些特殊情形里，年满十六周岁的未成年子女属于完全民事行为能力人，具有独立的经济来源。《民法典》第十八条第二款规定：“十六周岁以上的未成年人，以自己的劳动收入为主要生活来源的，视为完全民事行为能力人。”显然，这类未成年子女不属于遗嘱应当保留份额的继承人。

442. 能否通过遗嘱将自身的遗体、器官进行捐赠？

《民法典》第一千零六条规定：“完全民事行为能力人有权依法自主决定无偿捐献其人体细胞、人体组织、人体器官、遗体。任何组织或者个人不得强迫、欺骗、利诱其捐献。完全民事行为能力人依据前款规定同意捐献的，应当采用书面形式，也可以订立遗嘱。自然人生前未表示不同意捐献的，该自然人死亡后，其配偶、成年子女、父母可以共同决定捐献，决定捐献应当采用书面形式。”

因此，具有完全民事行为能力的人，可以通过遗嘱的形式将自身人体细胞、人体组织、人体器官、遗体进行捐赠。若通过遗嘱捐赠遗体、器官的，遗嘱应当符合法定的形式要求。

443. 遗嘱中关于死亡抚恤金归属的内容是否有效？

李某生前系某地政府部门离休职工，共生育三名子女，长女李某甲、次子李某乙、三子李某丙，其妻子和父母均已去世。离休后，李某与三子李某丙一直共同居住生活。后李某因病去世，李某原单位向其家属发放死亡抚恤金数万元。生前，李某曾立下遗嘱，写明其死后单位发放的死亡抚恤金由其三子李某丙继承。对于如何分割李某的死亡抚恤金，李某丙主张按其父生前遗嘱独自继承；其他两名子女则主张死亡抚恤金不是遗产，应由三名子女共同平均分享。因李某子女三人不能达成一致意见，单位将李某的死亡抚恤金存在该局，未予发放。后李某甲和李某乙二人将李某丙诉至法院，请求依法分割李某死亡抚恤金。

我们已经详细分析过，死亡抚恤金、死亡赔偿金不是对死者的赔偿，而是对其近亲属和其生前被扶养人的生活补助费和精神抚慰，不属于遗产。故遗嘱中关于死亡抚恤金、死亡赔偿金的内容无效，且不能按继承处理。

遗嘱继承思维导图

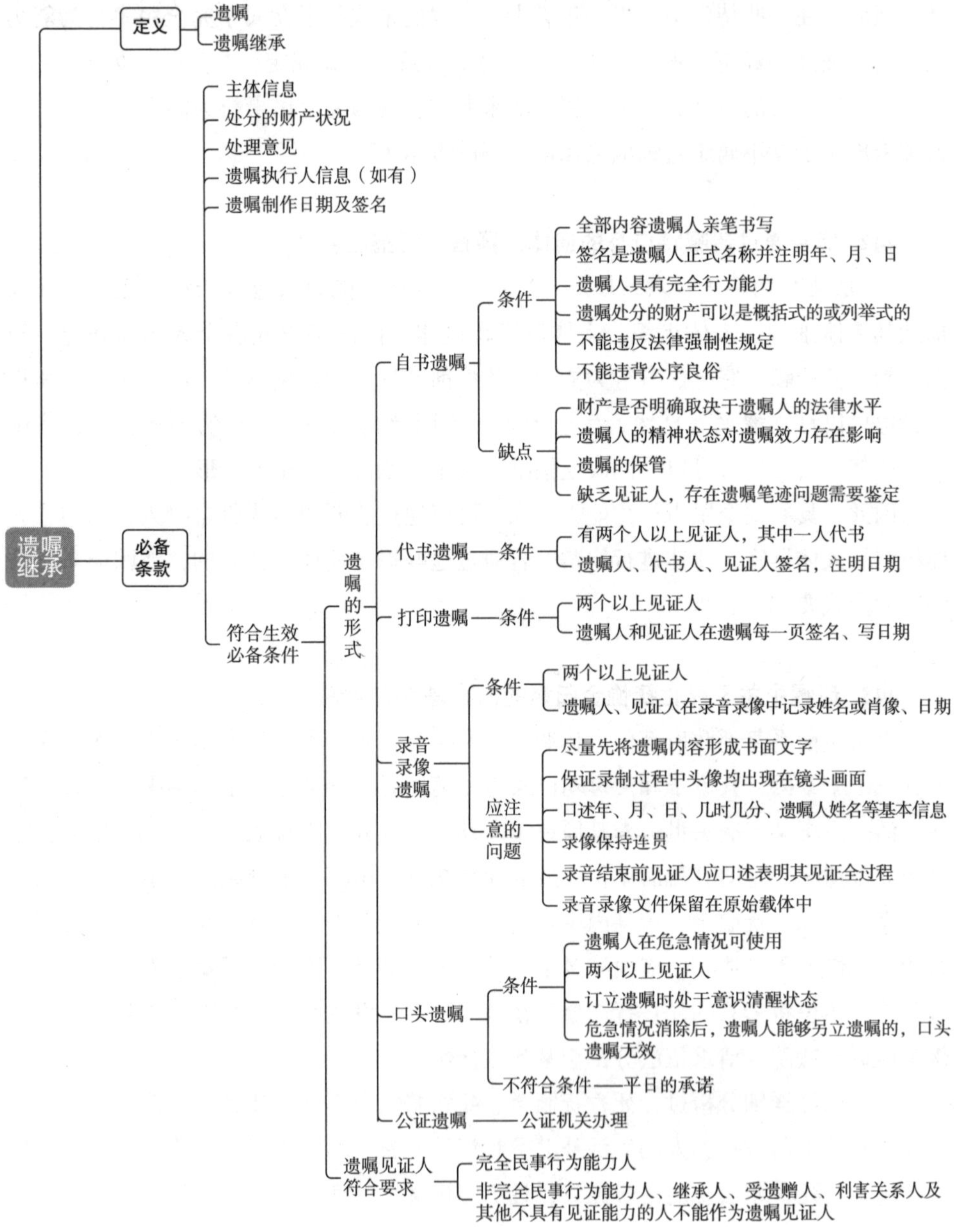
遗嘱继承
定义
遗嘱
遗嘱继承
必备条款
主体信息
处分的财产状况
处理意见
遗嘱执行人信息（如有）
遗嘱制作日期及签名
符合生效必备条件
遗嘱的形式
自书遗嘱
条件
全部内容遗嘱人亲笔书写
签名是遗嘱人正式名称并注明年、月、日
遗嘱人具有完全行为能力
遗嘱处分的财产可以是概括式的或列举式的
不能违反法律强制性规定
不能违背公序良俗
缺点
财产是否明确取决于遗嘱人的法律水平
遗嘱人的精神状态对遗嘱效力存在影响
遗嘱的保管
缺乏见证人，存在遗嘱笔迹问题需要鉴定
代书遗嘱——条件
有两个人以上见证人，其中一人代书
遗嘱人、代书人、见证人签名，注明日期
打印遗嘱——条件
两个以上见证人
遗嘱人和见证人在遗嘱每一页签名、写日期
录音录像遗嘱
条件
两个以上见证人
遗嘱人、见证人在录音录像中记录姓名或肖像、日期
应注意的问题
尽量先将遗嘱内容形成书面文字
保证录制过程中头像均出现在镜头画面
口述年、月、日、几时几分、遗嘱人姓名等基本信息
录像保持连贯
录音结束前见证人应口述表明其见证全过程
录音录像文件保留在原始载体中
口头遗嘱
条件
遗嘱人在危急情况可使用
两个以上见证人
订立遗嘱时处于意识清醒状态
危急情况消除后，遗嘱人能够另立遗嘱的，口头遗嘱无效
不符合条件——平日的承诺
公证遗嘱——公证机关办理
遗嘱见证人符合要求
完全民事行为能力人
非完全民事行为能力人、继承人、受遗赠人、利害关系人及其他不具有见证能力的人不能作为遗嘱见证人

接上图

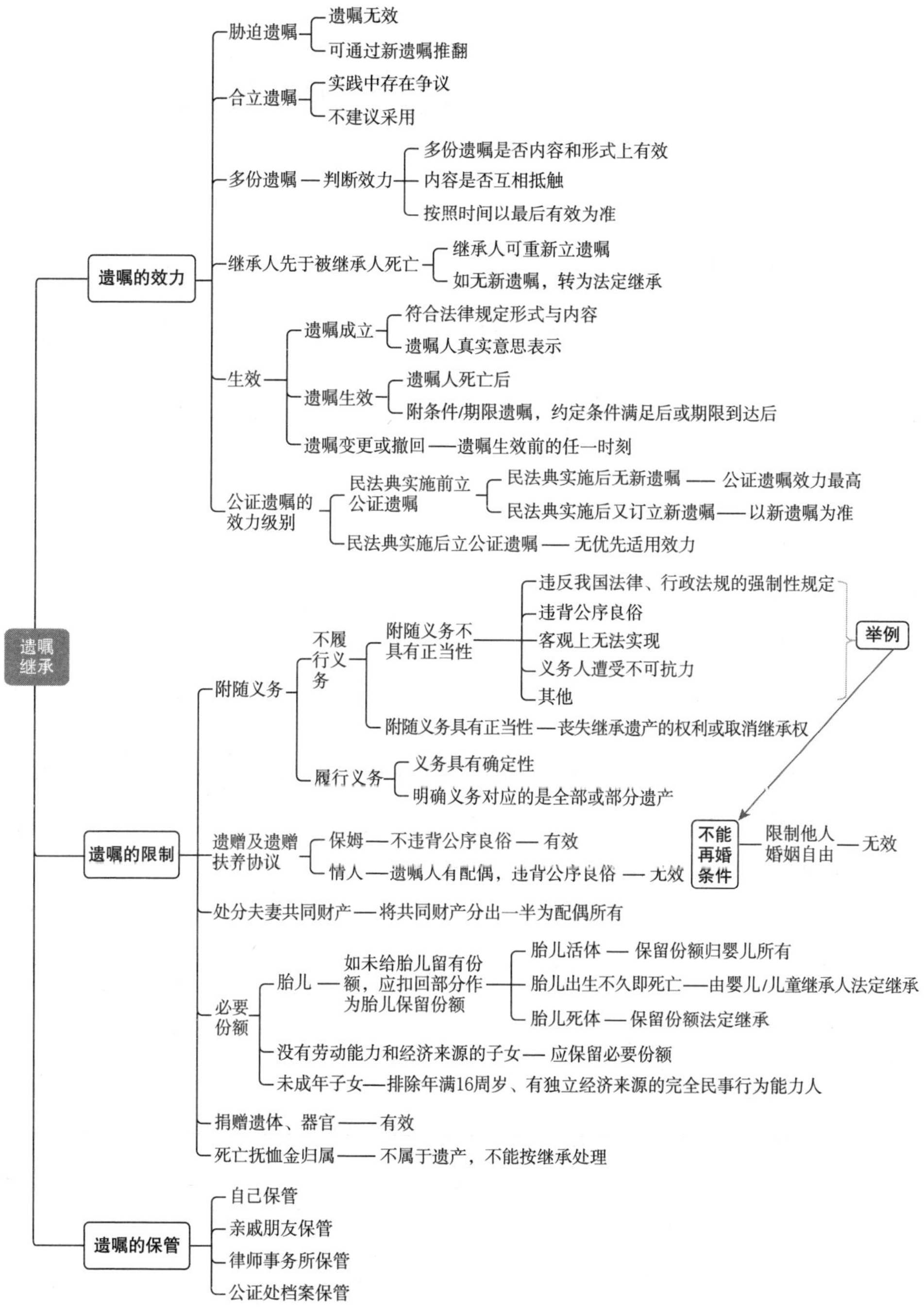
遗嘱继承
遗嘱的效力
胁迫遗嘱
遗嘱无效
可通过新遗嘱推翻
合立遗嘱
实践中存在争议
不建议采用
多份遗嘱 — 判断效力
多份遗嘱是否内容和形式上有效
内容是否互相抵触
按照时间以最后有效为准
继承人先于被继承人死亡
继承人可重新立遗嘱
如无新遗嘱，转为法定继承
生效
遗嘱成立
符合法律规定形式与内容
遗嘱人真实意思表示
遗嘱生效
遗嘱人死亡后
附条件/期限遗嘱，约定条件满足后或期限到达后
遗嘱变更或撤回 —— 遗嘱生效前的任一时刻
公证遗嘱的效力级别
民法典实施前立公证遗嘱
民法典实施后无新遗嘱 —— 公证遗嘱效力最高
民法典实施后又订立新遗嘱 —— 以新遗嘱为准
民法典实施后立公证遗嘱 —— 无优先适用效力
遗嘱的限制
附随义务
不履行义务
附随义务不具有正当性
违反我国法律、行政法规的强制性规定
违背公序良俗
客观上无法实现
义务人遭受不可抗力
其他
举例
附随义务具有正当性 — 丧失继承遗产的权利或取消继承权
履行义务
义务具有确定性
明确义务对应的是全部或部分遗产
遗赠及遗赠扶养协议
保姆 — 不违背公序良俗 — 有效
情人 — 遗嘱人有配偶，违背公序良俗 — 无效
不能再婚条件
限制他人婚姻自由 — 无效
处分夫妻共同财产 — 将共同财产分出一半为配偶所有
必要份额
胎儿 — 如未给胎儿留有份额，应扣回部分作为胎儿保留份额
胎儿活体 — 保留份额归婴儿所有
胎儿出生不久即死亡 — 由婴儿/儿童继承人法定继承
胎儿死体 — 保留份额法定继承
没有劳动能力和经济来源的子女 — 应保留必要份额
未成年子女 — 排除年满16周岁、有独立经济来源的完全民事行为能力人
捐赠遗体、器官 —— 有效
死亡抚恤金归属 —— 不属于遗产，不能按继承处理
遗嘱的保管
自己保管
亲戚朋友保管
律师事务所保管
公证处档案保管

第四章 遗赠和遗赠扶养协议

444. 遗赠和赠与有什么区别？

赠与行为在日常生活中的运用非常普遍，小到朋友之间赠送礼品，大到结婚时父母向子女赠送房产，都属于赠与。赠与是财产所有权转移的一种形式。遗赠是通过订立遗嘱的方式赠送财产给他人。遗赠和赠与都是将财产无偿地送给他人，但由于遗赠是通过订立遗嘱这种特殊的方式来进行，这使得遗赠和赠与有明显的不同，主要区别如下：

第一，两者的法律性质不同。

赠与是一种双方法律行为，赠与行为的完成包括赠与人将自己的财产无偿给予受赠人以及受赠人表示接受这两部分内容，如果受赠人不接受，则赠与不成立。比如说，你买多了一套书，想把它送给你的一个朋友，但这个朋友说他已经有这套书了，不需要了。你与朋友之间就没有赠与关系。可见，赠与实际上是一种合同关系，须由赠与人与受赠人双方合意而成。

而遗赠是一种单方法律行为，遗赠人可以依照自己单方的意愿通过订立遗嘱将遗产赠与受赠人，无须征得受赠人的同意。只要遗嘱依法订立，遗赠就成立了。受赠人可以接受，也可以不接受，接受与否都不影响遗赠本身的效力。

第二，两者生效的时间不同。

赠与在赠与人与受赠人达成合意时生效，生效时间一定是在赠与人生前，而遗赠是在遗赠人死亡后才生效。

第三，两者采用的方式不同。

赠与可以采用签订书面合同的方式，也可以采用口头形式。而遗赠一般采用书面或录音录像的形式订立，遗赠人也可在危急情况下立口头遗嘱，但需两个以上的见证人在场见证，且若遗嘱人在危急情况消除后，遗嘱人能够以书面或录音录像形式立遗嘱的，所立的口头遗嘱无效。

第四，两者可处分的财产范围不同。

赠与是赠与人生前处分其财产的行为。原则上，除了违背公序良俗或者为了逃避债务而实施的赠与之外，赠与人都可以按照自己的意愿处分自己的所有财产，法律一般不作限制性的规定。

遗赠是遗赠人通过订立遗嘱来处分其财产的行为，须遵守法律关于遗嘱的相关规定。如果遗赠人的继承人中有缺乏劳动能力又没有生活来源的人（如未成年子女、年老的父母等），遗赠人必须为他们保留必要的遗产份额，不能将全部财产进行遗赠。

第五，两者对撤销或撤回的限制不同。

我国《民法典》第六百五十八条第一款规定，赠与人在赠与财产的权利转移之前（指动产交付之前、不动产转移登记之前）可以撤销赠与。但是，有除外情形：其一，经过公证的赠与合同不得撤销；其二，具有救灾、扶贫、助残等公益、道德义务性质的赠与合同不得撤销。

比如说，一个人在结婚后，口头承诺把自己婚前的一套房子赠与自己的配偶。在这套房子实际过户给配偶之前，他是随时可以撤销赠与的。但如果这个人和配偶签订了书面的赠与合同并进行了公证，他就不能撤销赠与了。此外，一些企业、名人在募捐活动中承诺了捐款、捐赠物资，这些捐赠也是不可以撤销的。

根据我国《民法典》第一千一百四十二条第一款的规定，遗嘱人可以撤回、变更自己所立的遗嘱。遗赠人在生前可以随时按照法定程序撤回自己通过遗嘱设立的遗赠。对此，法律上没有限制性的规定。

通过以上分析可知，赠与和遗赠是两种完全不同的法律行为，适用于不同的情形。简单总结如下：

赠与是财产所有人在生前处理财产的一种方式，只要不违反公序良俗，不是恶意逃避债务，法律都予以保护。赠与人可在赠与成立后依约转移财产所有权，也可以在财产所有权转移之前随时撤销赠与（前述两种不得撤销的赠与合同除外）。

遗赠是财产所有人处理身后遗产的一种方式，遗赠人生前可以随时变更、撤回遗赠。遗赠于遗赠人死亡之后才生效，因此，受遗赠人依法表示接受遗赠的，其在遗赠人死亡后才可以取得遗赠财产的所有权。

445. 可以遗赠的财产有哪些？

根据我国《民法典》第一千一百三十三条的规定，属于自然人个人合法所有的财产，都可以作为遗赠的财产。在理解这个问题时应当注意以下事项：

（1）要注意将个人财产与夫妻共同财产进行区分。

如果遗赠人已婚或者有过婚姻，则要注意哪些财产是遗赠人的个人财产，哪些财产是遗赠人与配偶的夫妻共同财产。对于个人财产，遗赠人可以自行处置；对于夫妻共同财产，遗赠人只能处理该财产中属于自己的份额。

（2）不能继承的遗产，也不能进行遗赠。

根据《民法典》第一千一百二十二条的规定，法律规定或者根据其性质不得继承的遗产，不得继承。

其一，法律规定不能继承的财产包括：

国有自然资源利用权，如取水权、采矿权、捕捞权等。这些权利都是经过国家严格审核后，通过行政许可取得的，只能属于取得许可的特定的人。

宅基地使用权。宅基地使用权与特定的集体经济组织成员的身份有关，有一定的福利色彩，具有专属性。如果宅基地上建有房屋，在房屋发生继承的情况下，根据“地随房走”的原则，宅基地使用权随之转移；如果宅基地上没有建设房屋，则该宅基地不得继承。

房屋的居住权。居住权是通过签订合同取得的对他人的住宅享有的占有、使用的权利。这个权利属于合同中约定的居住权人，该居住权人去世的，其享有的居住权不得继承。

其二，依据性质不能继承的财产，主要指与被继承人人身有关的专属性债权。比如：子女对父母的抚养费请求权、父母对子女的赡养费请求权、夫妻间的扶养费请求权，等等。这些权利专属于被继承人本人，被继承人去世的，这些权利随之丧失，因此不能继承。

综上，前述法律规定和依据性质不能继承的遗产，都专属于被继承人本人，不能继承。同样的道理，这些财产也不能进行遗赠。

（3）遵守遗嘱必留份制度。

原则上，遗赠人可以依照自己的意愿独立自主地处理自己的财产。但因遗赠人通过订立遗嘱设立，必须遵守我国法律规定的遗嘱必留份制度。也就是说，如果遗赠人的继承人中有缺乏劳动能力又没有生活来源的人，则遗赠人应当为其保留必要的遗产份额。

比如，遗赠人有未成年子女的，或者遗赠人的父母年老丧失劳动能力也没有生活来源的，遗赠人都应该为他们保留必要的遗产份额，不能将自己的财产全部进行遗赠。

446. 遗赠人可以要求受遗赠人履行指定的义务吗？

根据我国《民法典》第一千一百四十四条的规定①，我国法律允许遗赠附有义务，只要附加的义务不违反法律的强制性规定、不违背公序良俗，受遗赠人就应当履行。

比如说，遗赠人可以立遗嘱将房产赠与其朋友，同时要求其朋友履行照顾遗赠人老母亲的义务；遗赠人可以立遗嘱将一定数额的资金赠与某大学，同时要求该大学用其中部分资金设立指定项目的奖学金，等等。

由于遗赠属于单方民事法律行为，遗赠人在遗嘱中设立遗赠并附加义务时，并不需要征得受遗赠人的同意。因此，受遗赠人可以通过接受或者放弃受遗赠的方式选择是否履行遗赠所附加的义务。如果接受遗赠，则应当履行附加义务；如果放弃遗赠，当然就不需要履行附加义务了。

比如，在前面提到的遗赠人订立遗嘱赠与朋友房产，同时要求朋友照顾其老母亲的例子中，遗赠人的朋友接受了遗赠的房产，他就必须照顾遗赠人的母亲；如果遗赠人的朋友不想照顾遗赠人的母亲，他就不能接受遗赠的房产。

需要注意的是，遗赠于遗赠人死亡后生效，如果受遗赠人接受了遗赠财产，但又无正当理由不履行遗赠所附义务，此时遗赠人已经去世，这种情况有没有相应的监督机制呢？我国《民法典》第一千一百四十四条和《民法典继承编的解释（一）》第二十九条②规定了这种情况的处理方法。

根据前述规定，如果发生受遗赠人无正当理由不履行遗赠所附义务的情况，经利害关系人（包括受益人或者其他继承人）或者有关组织请求，人民法院可以取消其接受附义务部分遗产的权利，由提出请求的继承人或者受益人负责按遗嘱人的意愿履行义务，接受遗产。

447. 遗赠财产是否需要经过继承人或者受遗赠人的同意？

经常有遗赠人在有遗赠意愿时会担心，如果把自己的遗产赠送给他人，没有征得自己配偶或者子女的同意，这样的遗赠有没有效力？

遗赠是单方的法律行为，遗赠人有权利按照自己的意愿，通过订立遗嘱的方式

---

① 《民法典》第一千一百四十四条：遗嘱继承或者遗赠附有义务的，继承人或者受遗赠人应当履行义务。没有正当理由不履行义务的，经利害关系人或者有关组织请求，人民法院可以取消其接受附义务部分遗产的权利。

② 《民法典继承编的解释（一）》第二十九条：附义务的遗嘱继承或者遗赠，如义务能够履行，而继承人、受遗赠人无正当理由不履行，经受益人或者其他继承人请求，人民法院可以取消其接受附义务部分遗产的权利，由提出请求的继承人或者受益人负责按遗嘱人的意愿履行义务，接受遗产。

将自己的财产赠送给他人，也可以根据自己的意愿随时撤回或者变更遗赠内容。通俗一点来讲，就是我的财产我做主，别人无权干涉。

因此，遗赠财产不需要经过继承人或者受遗赠人的同意。

当然，由于受遗赠人接受遗赠有比较严格的法律规定，即受遗赠人必须在知道受遗赠后六十日内，作出接受遗赠的表示，到期没有表示的，视为放弃接受遗赠。因此，为避免将来发生因受遗赠人未及时明确表示接受遗赠，导致其无法接受遗赠财产的情况，遗赠人可以在事前将遗赠的意愿告知受遗赠人，以便受遗赠人及时应对。

此外，在遗赠附有义务的情况下，有可能会出现因受遗赠人不愿意履行义务而不接受遗赠的情况，导致遗赠人的遗愿落空。因此，遗赠人可以事先就遗赠及所附义务的相关事宜与受遗赠人进行协商，以便更加稳妥地处理遗产相关事宜。

448. 遗赠需要见证人吗？

遗赠是通过订立遗嘱的方式进行的，因此，遗赠应当遵守我国法律关于遗嘱订立的相关规定。

遗嘱属于要式法律行为，自然人订立遗嘱必须符合法律规定的形式，不符合法定形式的遗嘱是无效的遗嘱。

根据我国《民法典》第一千一百三十四条至第一千一百三十九条的规定，遗嘱订立的法定形式包括自书遗嘱、代书遗嘱、打印遗嘱、录音录像遗嘱、口头遗嘱、公证遗嘱这六种类型。其中订立自书遗嘱、公证遗嘱不需要见证人，订立代书遗嘱、打印遗嘱、录音录像遗嘱、口头遗嘱，都应当有两个以上的见证人在场见证。

因此，判断遗赠是否需要见证人，取决于遗赠人采用哪种遗嘱形式，如果遗赠人通过订立自书遗嘱、公证遗嘱进行遗赠的，不需要见证人；如果遗赠人通过订立代书遗嘱、打印遗嘱、录音录像遗嘱、口头遗嘱进行遗赠的，则需要见证人进行见证，并且见证人的人数、见证人应当履行的职责都应当符合前述《民法典》中关于各遗嘱形式的相关规定。

449. 爷爷立遗嘱指定遗产由孙子继承，属于遗嘱继承还是遗赠？

遗赠和遗嘱继承的主要区别在于接受遗产的主体是不是法定继承人。因此，判断爷爷指定其遗产由孙子继承是遗嘱继承还是遗赠，取决于孙子是不是爷爷的法定继承人。

这个问题有一定的争议。目前主流的观点认为孙子不是爷爷的法定继承人。依据是我国《民法典》第一千一百二十七条的规定。根据该条规定，法定继承的顺序和继承人的范围如下：第一顺序：配偶、子女、父母；第二顺序：兄弟姐妹、祖父母、外祖父母。可见，孙子女、外孙子女没有包含在法定继承人范围内。因此，孙子不是爷爷的法定继承人，爷爷立遗嘱指定遗产由孙子继承属于遗赠。

这样的法律规定可能跟很多人的认知不一致。在普通民众中，基于家产代代往下传承的传统观念和祖孙之间的亲密关系，有不少人认为孙子一定是爷爷的法定继承人。在爷爷立遗嘱指定由孙子继承遗产的情况下，孙子并不知道这种情况属于遗赠。因此，常常会发生孙子没有按照法律规定的要求，在知道受遗赠后六十日内明确表示接受遗赠，最终无法得到相应遗产。

在学术界和司法实践中，关于这个问题也一直有不同的意见。其中呼声比较高的意见认为，根据《民法典》第一千一百二十八条规定的代位继承制度，在祖父母、外祖父母的子女先去世的情况下，该子女的子女，也就是孙子女、外孙子女代替其去世的父母直接继承祖父母、外祖父母的遗产。此时，孙子女、外孙子女应当认定为祖父母、外祖父母的法定继承人。

对于以上争议问题，最高人民法院目前还没有出台权威的司法解释，但有的省份的高级人民法院对此出台了审判指导性意见。

例如，上海市高级人民法院 2016 年颁布了《关于继承纠纷案件若干争议问题处理意见》（上海高院民一庭调研与参考〔2016〕3 号），其中第二点内容为：祖父母立“公证遗嘱”将财产给孙子女，其性质为遗嘱继承还是遗嘱赠与？倾向意见认为，法定继承人是指依照法律规定的范围和顺序直接承受被继承人遗产的继承人。根据继承法第十条关于法定继承人范围及继承顺序的明确规定，孙子女、外孙子女并不在继承人之列，其继承祖父母或外祖母遗产的方式是代位继承或转继承。因此，祖父母、外祖父母即使通过“公证遗嘱”的形式将遗产留给孙子女、外孙子女，其性质仍属于遗赠，而不是遗嘱。同时，根据继承法规定，受遗赠人应当在知道受遗赠后两个月内，作出接受或者放弃接受遗赠的表示，到期没有表示的，视为放弃受遗赠。目前在广州和国内绝大多数法院的判例中，基本上都是持这样的观点。

综上所述，虽然存在一定的争议，但是目前司法实践中主流的观点仍然认为，孙子不是爷爷的法定继承人。因此，爷爷立遗嘱指定遗产由孙子继承，主流观点认为属于遗赠。孙子如果要接受遗赠，应当按照法律规定及时作出接受遗赠的明确表示。

450. 哪些主体可以接受遗赠？

我国《民法典》第一千一百三十三条第三款规定了受遗赠人的范围，包括国家、集体、法定继承人以外的组织、个人。

对比原《继承法》第十六条第三款的规定，《民法典》的前述规定中新增了法定继承人以外的“组织”作为受遗赠人，这就将企事业单位、社会团体、基金会、社会服务机构、行政机关、居民委员会、村民委员会等所有法人或非法人的组织机构全部包括在内，进一步扩大了受遗赠人的范围。

这就是说，只要不是遗赠人的法定继承人，其他的任何个人和组织，以及国家和集体，都可以接受遗赠。

在理解受遗赠人的主体资格时我们应当注意：

第一，继承是从被继承人死亡时开始的，受遗赠人只有在继承开始时尚处于生存或者存续的状态，才具有接受遗赠的能力。

因此，如果受遗赠人先于遗赠人死亡或者终止的，在继承开始时，受遗赠人已经不存在，其已不具备受遗赠的能力，这种情况下，遗赠财产则由法定继承人继承；如果受遗赠人在继承开始后已经表示了接受遗赠，但在遗产分割前死亡的，其接受遗赠的权利转移给他的继承人。

例如：老张有两个儿子。因老张在年老时得到其朋友老李的悉心照顾，于是老张立遗嘱将其存款中的 10 万元遗赠给老李。但不幸的是，老李由于身体不好，先于老张去世了。这种情况下，如果老张没有再重新立遗嘱处理遗赠给老李的这 10 万元，这笔款项就由老张的两个儿子来继承。

而如果老李没有先于老张去世，而且老李在知道受遗赠后，马上明确表示了接受遗赠。但是，在老张去世后，他的两个儿子没有及时处理他的遗产。不久，老李也去世了，老李的继承人是他的儿子小李。这种情况下，老李所享有的受遗赠的权利转移给小李，小李有权取得这 10 万元的遗赠财产。

第二，胎儿也可以作为受遗赠人。

根据我国《民法典》第十六条的规定，受遗赠是一种对胎儿有利的民事行为，因此，胎儿虽未出生，但其也有资格接受遗赠。胎儿的法定代理人可以代为实施接受遗赠的表示。但如果胎儿娩出时是死体的，其接受遗赠的资格自始不存在，这种情况下遗赠无效，遗赠财产由遗赠人的法定继承人来继承。

451. 遗赠人有未成年子女需要抚养，可否将全部财产遗赠给国家、村集体？

遗嘱自由是各国继承立法普遍遵守的一项重要原则，我国的继承立法中也体现了这一原则。但任何自由都不是绝对的，遗嘱自由也有一定的限制。

根据我国《民法典》第一千一百四十一条的规定，遗嘱应当为缺乏劳动能力又没有生活来源的继承人保留必要的遗产份额。这就是独具中国特色的遗嘱必留份制度，该制度是对遗嘱自由原则在一定条件下的限制，体现了我国法律对弱势群体合法权益的保护。

遗赠是通过订立遗嘱的方式设立的，必须遵守我国法律关于遗嘱的相关规定，因此，遗嘱必留份制度也同样适用于遗赠。

遗赠人的未成年子女是其法定继承人，未成年子女缺乏劳动能力，也没有生活来源，属于遗嘱必留份制度的保护对象。因此，遗赠人在订立遗嘱时，必须为未成年子女保留必要的遗产份额，不能将全部财产遗赠给国家、村集体。

未成年子女在适用遗嘱必留份制度时应当注意：

第一，根据《民法典继承编的解释（一）》第二十五条第二款的规定，继承人是否缺乏劳动能力又没有生活来源，应当按遗嘱生效时该继承人的具体情况确定。因此，遗赠人的未成年子女是否适用必留份制度，要看在遗赠生效时（遗赠人死亡时）该子女是否成年。

第二，如果遗赠人没有为未成年子女保留必要的遗产份额，而且该未成年子女在遗嘱生效时仍未成年，相关当事人因此发生纠纷引发诉讼的，由法院结合个案的具体情况，酌情确定应当为该未成年子女保留的遗产份额，剩余遗产再参照遗赠人的遗嘱进行处理。

452. 夫妻一方遗愿是身故后将财产赠与婚外情对象有效吗？

（1）遗愿将财产赠与婚外情对象的性质

立遗嘱人对自己合法的私有财产享有处分权，遗嘱人可以将遗嘱交由其法定继承人中的任何一位，如妻子、孩子或是自己的父母。在法律上，婚外情对象与出轨一方的法律关系不被法律所承认，故婚外情对象不属于法定继承人的范围，该遗嘱应该定性为遗赠，婚外情对象若取得遗产，是基于其接受遗赠而不是通过遗嘱继承的方式。

（2）遗赠给婚外情对象违背公序良俗，是否会影响该遗赠的效力

能否直接以违背公序良俗而剥夺遗嘱人对私有财产的处分权，在司法实践中，仍然是一个有争议的话题。

我国《宪法》赋予了公民对自己合法的私有财产有自由处分的权利，包括转让、赠与或立遗嘱遗赠给他人等权利。《民法典》第一千一百二十五条规定了受遗

赠人丧失受遗赠权的诸多情形，但《民法典》并没有规定“与有配偶者同居的第三者”会丧失受遗赠权。

夫妻一方有婚外情，违反了“禁止有配偶者与他人同居”“夫妻应当互相忠实”的规定。而婚外情对象，破坏他人家庭，破坏社会秩序，这种行为，为国家法律所禁止，也是我们坚决否定和谴责的行为。出于对婚外情和婚外第三者的痛恨和气愤，有人认为对该遗赠行为应认定为无效，以此来保护合法婚姻关系中的无过错方，净化社会风气。法院作出相关判决时，亦会担心，如果承认“遗赠给婚外情对象”的意思表示有效，将可能会起到助长不良之风的消极效应。

对于是否可以“违背公序良俗”为由认定该遗赠行为无效，司法实践尚未统一。《民法典》第一百五十三条第二款规定了违背公序良俗的民事法律行为无效。有的法院认为遗嘱虽系遗嘱人的真实意思表示，但其内容和目的违反了法律规定和公序良俗，损害了社会公德，破坏了公共秩序，应属无效民事行为①；而有的法院从尊重公民对财产的自由处分权的角度出发，认为虽然该遗赠有违社会善良风俗，应予以谴责，但法律对受赠人的身份和主体资格并没有限制性规定，赋予了公民遗嘱自由的权利，任何公民生前均有权依法处分其个人所有的合法财产②，从而认定该遗赠行为合法有效。

453. 遗赠什么时候生效？

遗赠是单方法律行为，立遗嘱人的遗嘱一经作出，该遗赠成立。如老王在2012年立下一份遗嘱，载明：我百年之后，我名下的房产交由我的保姆张某继承，2012年12月20日。即该份遗嘱自2012年12月20日成立。应当明确的是，遗赠是遗嘱人死后生效的法律行为，此时老王还未死亡，遗赠尚未生效。

遗赠生效的时间是遗嘱人死亡时开始。受遗赠人有权接受遗赠，也有权不接受，接受或拒绝遗赠的行为亦属于单方法律行为。《民法典》第一千一百二十四条规定受遗赠人应当在知道受遗赠六十日内作出相应（接受或放弃受遗赠）的意思表示；到期没有表示的，视为放弃受遗赠。

通常来说，遗赠对受遗赠人是有益的，但不排除受遗赠人出于某些原因不愿接受遗赠，因此不能违背受遗赠人的意愿而强制其接受遗赠，故法律赋予了受遗赠人

---

① 可参考案例详见深圳市中级人民法院（2019）粤03民终21725号民事判决书，来源：中国裁判文书网。

② 可参考案例详见广州市中级人民法院（2018）粤01民终3273号民事判决书，来源：中国裁判文书网。

接受或放弃遗赠的自由。同时，为了避免受遗赠人无限期拖延作出意思表示而影响其他合法继承人的权益，法律规定受遗赠人作出接受遗赠意思表示的时间为从知道受遗赠起六十日内；若受遗赠人没有在法律规定的时间内作出表示的，将会导致其权利超过期限不能行使，视为受遗赠人放弃该权利。

454. 受遗赠人怎样表示接受遗赠？

（1）接受遗赠的意思表示方式

《民法典》第一百四十条规定，作出意思表示有明示和默示两种方式。沉默只有在有法律规定、当事人约定或者符合当事人之间的交易习惯时，才可以视为意思表示。

受遗赠人以明示方式作出接受遗赠的意思表示一般认为有以下方式：向法院提起诉讼；向公证机关提出办理继承公证的申请；向人民调解组织提出调解申请；向其他继承人或遗产管理人提出。

应当注意的是，若选择向其他继承人或遗产管理人提出，应注意保留相关证据，证明其已提出接受遗赠的事实及作出意思表示的具体时间。

受遗赠人以默示的方式作出接受遗赠的意思表示，存在较大的法律风险，比如有的受遗赠人手中一直持有《遗嘱》原件，但没有其他证据可以佐证其作出接受遗赠的意思表示的时间，有可能会被法院认定为其没有在法律规定的时间内作出接受的意思表示。但在司法实践中，亦有一些涉及以默示的方式作出接受遗赠意思表示的案件同样得到了法院的支持。比如，一些法院认可受遗赠人长期居住在受遗赠房产中，这一实际占有遗赠物的行为，可以视为受遗赠人接受遗赠的意思表示[①]；且有一些法院进一步认为即使受遗赠人只实际占有遗嘱中列明的其中一处房产，也不影响受遗赠人主张另一未实际占有的房产的权利[②]，也视为受遗赠人接受遗赠的意思表示。

（2）接受遗赠的意思表示对象

《民法典》明确规定，受遗赠人如接受遗赠，必须作出相应的意思表示，但并没有规定受遗赠人应向何人作出意思表示。

按照目前的司法实践，接受遗赠的意思表示的相对方一般包括法定继承人、遗产管理人、遗嘱执行人、法院等第三方组织。至于是否可以向不特定的第三人表示接受遗赠，还尚无定论。

---

① 可参考案例详见广州市中级人民法院（2017）粤01民终19569号民事判决书，来源：中国裁判文书网。

② 可参考案例详见广东省高级人民法院（2014）粤高法民申字第785号民事裁定书，来源：中国裁判文书网。

(3) 若受遗赠人为未成年人，应该怎样接受遗赠

“隔代亲”逐渐成为一种社会现象。一些老人立下遗嘱，将身故后的财产赠与尚未成年的孙子女。在未成年孙子女未作出接受遗赠表示时，能否认定未成年人已放弃受遗赠权而无权依据遗嘱载明的份额继承遗产？

未成年人分为无民事行为能力人和限制民事行为能力人。根据原《继承法》第六条的规定，无民事行为能力人的受遗赠权由法定代理人代为行使；而限制民事行为能力人的受遗赠权由法定代理人代为行使，或在征得法定代理人同意后行使。虽然上述的规定已被废除，但《民法典》总则部分亦有相关的规定。

若未成年人的法定代理人在知道受遗赠后六十日内作出代为放弃受遗赠的意思表示，可否即以此否定未成年人的受遗赠权呢？

根据原《关于贯彻执行〈中华人民共和国继承法〉若干问题的意见》第八条之规定，法定代理人代理行使继承权、受遗赠权，一般不能放弃继承权、受遗赠权。明显损害被代理人利益的，应认定其代理行为无效。由此可见，即使法定代理人代为作出放弃受遗赠权，也可能会被认定为无效。虽前述意见已失效，但其立法精神主要在于保护无民事行为能力人及限制民事行为能力人的合法权益不受侵害，故若法定代理人代为作出放弃受遗赠的意思表示损害到未成年人的合法利益的，仍应认定该代理行为无效，不可以此认定未成年人放弃受遗赠的权利。

若法定代理人在知道受遗赠后六十日内未作出任何意思表示，是否可认定未成年人放弃受遗赠呢？

对此，法律没有明确的规定。有的观点认为，法定代理人代为行使放弃受遗赠权，尚可能被认定为无效行为，从而肯定未成年人仍享有受遗赠权；而法定代理人没有作出任何否定的意思表示，更可以以此肯定未成年人未丧失受遗赠权。但在司法实践中，有的法院则认为，由于未成年人的法定代理人在法定期间未作出接受或放弃受遗赠的意思表示，应当视为放弃受遗赠。①

455. 如何认定受遗赠人接受遗赠的时间？

对于这一问题，应当分情况进行讨论：

(1) 受遗赠人在遗嘱人生前即知晓遗嘱的内容

实践中，通常由于遗嘱人直接将遗嘱等文书交给受遗赠人保管，甚至将遗赠所

---

① 可参考案例详见广州市荔湾区人民法院（2016）粤0103民初2559号民事判决书，来源：中国裁判文书网。

涉的财产，如房产、汽车等先交由受遗赠人占有、使用，使得受遗赠人提前就知道遗赠的内容。但因遗嘱人死亡之前，遗赠尚未生效，遗嘱人随时可以对遗赠的内容予以变更或撤回，受遗赠人接受遗赠的权利尚处于不确定的状态。

故在这种情况下，受遗赠人表达接受遗赠的最早起算点，应当从遗嘱人死亡之日起计算。[①] 若受遗赠人自遗嘱人生前便实际占有、使用受遗赠财产，并持续至遗嘱人死亡后，可以认定受遗赠人接受遗赠的时间为遗嘱人死亡时。

（2）受遗赠人在遗嘱人死亡后才知晓遗嘱的内容

根据《民法典》第一千一百二十四条之规定，在这种情况下，是以受遗赠人知道遗赠之日作为起算点。自受遗赠人知道遗赠之日起六十日内，受遗赠人对相对人作出接受遗赠的意思表示，以此来认定受遗赠人接受遗赠的时间。

456. 什么情况下受遗赠人丧失受遗赠权利？

虽然遗赠是遗嘱人对其私有财产处分权的表现，但若受遗赠人存在法定的道德沦丧、不可宽恕的行为时，则可以从法律上剥夺受遗赠人的权利。

根据《民法典》第一千一百二十五条之规定，受遗赠人存在下列行为之一的，受遗赠人丧失受遗赠权：

（1）故意杀害被继承人。此处应当注意的是，受遗赠人故意杀害被继承人的，不论是既遂还是未遂，均应当确认其丧失受遗赠权。

（2）为争夺遗产而杀害其他继承人。此处应当注意的是，这里仅限于受遗赠人是“为争夺遗产”而杀害其他继承人的情形。若受遗赠人因为与其他继承人有感情纠葛或其他缘由而将其杀害，并不会必然导致受遗赠权的丧失。

（3）遗弃被继承人，或者虐待被继承人情节严重。“虐待被继承人情节严重”，可以综合实施虐待行为的时间、手段、后果和社会影响等方面认定。虐待被继承人情节严重的，不论是否有追究刑事责任，均可确认其丧失受遗赠权。

（4）伪造、篡改、隐匿或者销毁遗嘱，情节严重。受遗赠人若实施上述行为，侵害了缺乏劳动能力又无生活来源的继承人的利益，并造成其生活困难的，应当认定为“情节严重”。

（5）以欺诈、胁迫手段迫使或者妨碍被继承人设立、变更或者撤回遗嘱，情节严重。

---

① 可参考案例详见广州市南沙区人民法院（2019）粤0115民初6832号民事判决书，来源：中国裁判文书网。

除了前述五种情形外，若受遗赠人先于遗嘱人死亡，由于遗赠是自遗嘱人死亡时才生效，因此在这种情况下受遗赠人亦丧失了受遗赠的权利；若遗赠附有义务的，受遗赠人应当履行义务，没有正当理由不履行义务的，经利害关系人或者有关组织请求，人民法院亦可以取消其接受附义务部分遗产的权利。

此外，若遗嘱人以其行为方式撤回了该份遗赠，受遗赠人亦丧失受遗赠权利。比如老王订立遗嘱，载明在老王身故后，由保姆张某取得其名下的房产。订立遗嘱后，老王与老李达成买卖协议，将这套房产以300万元的价格卖给了老李。老王以他出卖房屋的行为撤回了对保姆张某的遗赠，保姆张某不能再凭借该份遗嘱主张房产的权利。

另外，应当注意的是，对于继承人的宽恕制度，是《民法典》的创新性亮点，但法律明确规定宽恕制度不适用于遗赠。[①] 也就是说，受遗赠人一旦实施了《民法典》第一千一百二十五条第一款的行为，如故意杀害遗赠人、篡改遗嘱等，均会导致绝对丧失受遗赠的权利。

457. 受遗赠人先于遗赠人去世的，遗产怎样处理？

受遗赠人先于遗赠人去世的，根据《民法典》第一千一百五十四条之规定[②]，遗产中的有关部分按照法定继承处理。

代位继承指的是在法定继承中，被继承人的子女先于被继承人死亡的，由被继承人的子女的直系晚辈血亲代位继承。如甲与乙结婚，并生育了丙，丙与丁结婚生育了戊，丙先于甲死亡，甲亦于不久后死亡，但未立下遗嘱。丙原本作为甲的法定继承人，可以继承甲的遗产，但由于丙先于甲死亡，故丙有权继承的遗产份额将由戊代位继承。

代位继承制度仅适用于法定继承情形，在遗嘱继承与遗赠中均不适用。这是由于遗嘱继承或遗赠中，立遗嘱人随时可以撤回或变更遗嘱，权利人尚处于不确定的

---

① 《民法典》第一千一百二十五条：继承人有下列行为之一的，丧失继承权：（一）故意杀害被继承人；（二）为争夺遗产而杀害其他继承人；（三）遗弃被继承人，或者虐待被继承人情节严重；（四）伪造、篡改、隐匿或者销毁遗嘱，情节严重；（五）以欺诈、胁迫手段迫使或者妨碍被继承人设立、变更或者撤回遗嘱，情节严重。继承人有前款第三项至第五项行为，确有悔改表现，被继承人表示宽恕或者事后在遗嘱中将其列为继承人的，该继承人不丧失继承权。受遗赠人有本条第一款规定行为的，丧失受遗赠权。

② 《民法典》第一千一百五十四条：有下列情形之一的，遗产中的有关部分按照法定继承办理：（一）遗嘱继承人放弃继承或者受遗赠人放弃受遗赠；（二）遗嘱继承人丧失继承权或者受遗赠人丧失受遗赠权；（三）遗嘱继承人、受遗赠人先于遗嘱人死亡或者终止；（四）遗嘱无效部分所涉及的遗产；（五）遗嘱未处分的遗产。

状态。且遗赠是自遗嘱人死亡时才生效，遗赠生效的条件之一为受遗赠人尚在世。若受遗赠人先于遗嘱人去世的，遗赠未能生效，受遗赠人的权利未能实际取得，其子女不能代位继承，遗产中的有关部分应当按照法定继承进行处理。

若认可代位继承制度可适用于遗赠，则可能会阻碍遗嘱人行使其对私有财产的处分权。比如老王立下遗嘱，在其身故后将名下的房产赠与保姆张某，然而保姆张某不幸车祸遇难，后老王重新立下遗嘱，将遗产赠与某街道办。如果此时保姆张某的儿子以代位继承为由，要求继承老王身故后的房产，则会违背老王的遗愿，这与我国的尊重行为人意思自治的立法思想也是相违背的。

458. 受遗赠人放弃受遗赠的，遗产怎样处理?

《民法典》赋予了受遗赠人接受或放弃受遗赠的权利，一些受遗赠人出于某些原因，不愿意接受遗嘱人所给予的馈赠，选择了放弃受遗赠权，此时遗产应当按照下列情况处理：

（1）遗嘱人有其他继承人的

根据《民法典》第一千一百五十四条之规定，受遗赠人放弃受遗赠，遗产中的有关部分按照法定继承处理。这是适用于遗嘱人还有其他继承人的情况。比如，甲是乙的好朋友，经常陪伴并照顾乙，乙与其亲人关系均不好，乙因此立下遗嘱，在其身故后，全部财产赠与甲。在乙身故后，甲向乙的法定继承人明确表示放弃该遗赠，故乙的遗产按照法定继承来处理，由乙的法定继承人继承有关遗产。

（2）遗嘱人已无其他继承人的

根据《民法典》第一千一百六十条之规定①，在受遗赠人放弃受遗赠后，遗嘱人已无其他继承人可继承该遗产，则要进一步判断遗产的归属问题：若立遗嘱人生前是集体所有制组织成员的，则所涉遗产归该组织所有；若立遗嘱人生前不属于集体所有制组织成员的，则所涉遗产归国家所有，用于公益事业。

459. 受遗赠人接受遗赠后，在遗产分割前死亡的，其接受遗赠的权利如何处理?

根据《民法典继承编的解释（一）》第三十八条之规定，继承开始后，受遗赠人表示接受遗赠，并于遗产分割前死亡的，其接受遗赠的权利转移给他的继承

---

① 《民法典》第一千一百六十条：无人继承又无人受遗赠的遗产，归国家所有，用于公益事业；死者生前是集体所有制组织成员的，归所在集体所有制组织所有。

人。所谓“继承开始后”，是指被继承人死亡后。

受遗赠人接受遗赠后，其权利已处于确定的状态。在遗产分割前，受遗赠人是否还在世，不影响受遗赠权的取得。因此，受遗赠人接受遗赠的权利可转移给他的继承人。比如，老王将房产遗赠给小张，小张在老王身故后向老王的其他继承人表示接受该遗赠。不幸的是，在遗产还未分割之前，小张因病去世，则此时小张接受遗赠的权利转移给小张的法定继承人。而不是由老王的法定继承人来继承。

相反，如果小张先于老王死亡的，其丧失受遗赠的权利，小张的法定继承人无法代位继承老王的遗产。

460. 能否撤销遗赠？

“撤销”与“撤回”是两项不同的民事法律行为。撤回发生在意思表示尚未生效时，而撤销则发生在意思表示已生效后。

遗赠系遗嘱人对于私有财产处分权的表现，其系由遗嘱人本人作出的意思表示，具有人身专属性。遗赠是于遗嘱人死后才发生法律效力，故遗赠生效时，遗嘱人已去世，已无法再作出“撤销”的意思表示，故遗赠不能发生撤销的法律效果。但遗嘱人可于其生前撤回遗赠。

我国《民法典》第一千一百四十二条第一款规定了遗嘱人可以撤回、变更自己所立的遗嘱。遗嘱的撤回和变更有明示和推定两种方式，主要有以下三种情形：

（1）遗嘱人以书面或口头等形式撤回已立的遗嘱。

（2）遗嘱人实施与遗嘱内容相反的民事法律行为。比如老王订立遗嘱，载明在老王身故后，由保姆张某取得其名下的房产。订立遗嘱后，老王与老李达成买卖协议，将这套房产以300万元的价格卖给了老李。老王以他出卖房屋的行为撤回了对保姆张某的遗赠，保姆张某不能再凭借该份遗嘱主张房产的权利。

（3）立有数份遗嘱，内容相抵触，则以最后的遗嘱为准。比如，老王原本在其遗嘱中载明，在其身故后，由保姆张某取得其名下的房产。后又订立一份遗嘱，将该房产遗赠给自己的侄女李某。老王先后的两份遗嘱，处置的遗产是相同的，却变更了受遗赠人，此时应以在后的一份遗嘱的内容为准。应注意的是，老王所立的第二份遗嘱亦应满足遗嘱的有效要件。

461. 何谓遗赠扶养协议？

遗赠扶养协议是指被扶养人与扶养人之间订立的，关于扶养人履行被扶养人的生养死葬义务，被扶养人的财产在其死后转归扶养人所有的协议。相对于遗嘱、遗赠，遗赠扶养协议对社会公众而言没那么熟悉，但其作为解决特定人群的生养死葬问题的法律工具，具有非常重要的意义，我们有必要好好了解一下。

（1）遗赠扶养协议的法律特征

首先，遗赠扶养协议是一种协议。协议是一种双方法律行为，因此，需要双方当事人意思表示达成一致方能成立。这是遗赠扶养协议与遗赠、遗嘱的本质区别。遗赠、遗嘱都是单方法律行为，遗赠人、遗嘱人单方作出意思表示即可。遗赠扶养协议作为双方法律行为，一旦成立生效，对双方当事人都有法律约束力，双方必须严格遵守，否则将构成违约。遗赠扶养协议的双方当事人一方是被扶养人，另一方是扶养人。

其次，遗赠扶养协议是双务有偿法律行为。不仅扶养人有扶养另一方的义务，受扶养人也需要按照约定将自己的遗产赠与对方。遗赠扶养协议是有偿的，双方都需要向对方支付对价。扶养人支付对价的方式就是负责受扶养人的生养死葬，受扶养人就是通过死后将遗产赠与扶养人的方式支付对价。

最后，遗赠扶养协议为要式法律行为。遗赠扶养协议需要以书面方式作出。因为双方达成遗赠扶养协议后，协议的履行期限往往较长，且扶养人在受扶养人死亡后才能取得遗产，如果没有书面协议，受扶养人死亡后，将死无对证，无法确认双方是否存在真实的遗赠扶养关系。

（2）遗赠扶养协议主要解决的问题

根据《民法典》第一千一百五十八条的规定可知，遗赠扶养协议主要解决的是自然人的生养死葬问题。

“养儿防老”是大部分中国家庭的养老模式，但仍有不少家庭面临社会养老问题。独生子女家庭、失独家庭、子女不在身边的家庭、丁克家庭、单身人群、孤寡老人等群体，社会扶养的需求尤为突出。

我国当前社会养老机制仍不健全，以至于人们的养老问题不能完全依赖社会的帮扶，社会养老也无法完全满足不同人群的需求。随着我国人口老龄化问题的不断加深，社会扶养问题只会越来越突出。遗赠扶养协议作为社会养老的一种手段，有助于妥善解决相当一部分人群的个性化养老问题，成为未来解决我国养老难题、遗产分配等问题至关重要的法律手段。

（3）遗赠扶养协议与遗嘱的区别

我国遗产分割的主要方式是法定继承和遗嘱继承，遗嘱是人生前决定自己去世后遗产分割的法律工具。遗赠扶养协议与遗嘱的区别主要在于：

第一，性质不同。遗赠扶养协议属于双务行为，需要双方同意才有效，而遗嘱属于单行为，不需要他人作出意思表示。

第二，主体不同。遗赠扶养协议由被扶养人和扶养人双方订立，被扶养人为自然人，扶养人为法定继承人以外的其他公民或集体所有制组织，即遗赠扶养协议中的扶养人并非被扶养人的法定继承人。而遗嘱由完全民事行为能力人单方订立，不需要遗嘱继承人作出意思表示，遗嘱继承人只限于《民法典》继承编所规定的法定继承人的范围。

（4）遗赠扶养协议与遗赠的区别

遗赠是指自然人通过订立遗嘱的方式，将其所有的财产在其死后无偿地赠送给法定继承人以外的任何个人或国家、组织等。遗赠扶养协议与遗赠均为向特定人赠与财产，接收财产的主体均不包括法定继承人，两者有很多相同之处，但又有区别。主要区别在于：

第一，性质不同。和遗嘱一样，遗赠也是单方法律行为，而遗赠扶养协议是双方法律行为，订立的协议为双务合同。

第二，对价不同。遗赠扶养协议中的权利取得是有偿的，扶养人取得赠与财产的前提是履行了协议中约定的对应义务。而遗赠中受赠人获得赠与的权利是无偿等，无对等义务。

第三，生效时间不同。遗赠扶养协议一般从订立之日即生效，扶养人履行对被扶养人的义务，而赠与财产的获得需待被扶养人死亡后方能实现。而遗赠的意思表示在作出后并不立即生效，需待遗嘱人去世后生效。

462. 哪些人需要订立遗赠扶养协议？

遗赠扶养协议制度是具有中国特色的一种法律制度。遗赠扶养协议制度源于我国农村地区的“五保户”制度。“五保户”就是在农村地区无劳动能力、无生活来源又无法定赡养、扶养义务人，或者其法定赡养、扶养义务人无赡养、扶养能力的，由集体经济组织负责其供养及死后的丧葬。继承法制定时，将此项制度予以法律化，规定了遗赠扶养协议制度。吸收“五保户”制度发展起来的遗赠扶养协议制度，在法律形式、权利义务对价等方面虽然与“五保户”制度不同，但初衷未变，仍然是解决社会养老问题的重要法律手段。

结合遗赠扶养协议的法律概念、立法目的等分析，需要订立遗赠扶养协议的人群一般有以下特征：

（1）身体上的弱势群体。即需要被照顾的人，如老年人、残疾人、病患、生活无法自理人群等需要被扶养的人。

(2) 有社会扶养需求。家庭作为最小的社会单元，家庭成员之间的扶养往往由家庭成员负责，如果家庭成员无法承担扶养义务，则需要社会扶养。当然，社会扶养的方式不止遗赠扶养协议，如养老社区、养老院等均是可选方式，遗赠扶养协议往往是有确定扶养人才适用。

(3) 有合适的扶养人。这是最难也是最重要的，遗赠扶养协议包含了“遗赠”和“扶养”两大重要内容，遗赠为财产关系，而扶养为类身份关系，故遗赠扶养协议具有人身属性，找到合适靠谱的扶养人，对于被扶养人而言最为重要，扶养人往往是“不是亲人胜似亲人”的人。

(4) 有一定财产基础。遗赠扶养协议往往是有偿的，扶养以遗赠财产为对价。如纯为道德义务，扶养人仅有义务没有权利，一般不会签订遗赠扶养协议，可能适用其他社会扶养制度。

463. 遗赠扶养协议的签订主体是谁?

如上所述，遗赠扶养协议为双务合同，签订主体为被扶养人和扶养人。关于被扶养人已在前述内容中分析，这里主要分析作为扶养人一方主要有哪些主体。

根据《民法典》的相关规定可知，扶养人主要包含个人和组织，个人为除法定继承人以外的人，即除了以下主体之外的自然人：配偶、子女、父母；兄弟姐妹、祖父母、外祖父母。

上述所称子女，包括婚生子女、非婚生子女、养子女和有扶养关系的继子女。上述所称父母，包括生父母、养父母和有扶养关系的继父母。上述所称兄弟姐妹，包括同父母的兄弟姐妹、同父异母或者同母异父的兄弟姐妹、养兄弟姐妹、有扶养关系的继兄弟姐妹。

需要注意的是，在发生代位继承的情况下，代位继承人亦作为法定继承人，不能成为遗赠扶养协议的主体。

关于作为扶养人的组织，在立法过程中发生过变化。

已废止的《继承法》第三十一条第二款曾规定，公民可以与集体所有制组织签订遗赠扶养协议。而《民法典》第一千一百五十八条则规定，自然人可以与继承人以外的组织或者个人签订遗赠扶养协议。《民法典》吸收了《继承法》关于遗赠扶养协议的规定并进一步修改完善，并将扶养人的范围从“集体所有制组织”拓宽到“组织”。这里的组织既可以是法人，也可以是非法人组织。当然，应当是具备承担养老职能的组织。

464. 法定继承人能够与受扶养人签订遗赠扶养协议吗？

《民法典》第一千一百五十八条规定，自然人可以与继承人以外的组织或者个人签订遗赠扶养协议。因此，《民法典》明确将法定继承人排除在遗赠扶养协议之外，法定继承人不能与受扶养人签订遗赠扶养协议，这一点是毋庸置疑的。为何法定继承人不能作为遗赠扶养协议的签订主体呢？

首先，法定继承人与被继承人之间具有无法解除的扶养与被扶养的关系，即继承人对被继承人有法定的扶养义务。这种关系是建立在血亲、姻亲的基础上的，由法律直接规定，因此无须再签订协议进行约定。

其次，如果允许法定继承人作为遗赠扶养协议的签订主体，则可能产生不公平的局面。例如：李老爷有三个子女李一、李二和李三，因李三比较孝顺贴心，李老爷与李三签订遗赠扶养协议，由李三履行生养死葬义务，李老爷死后所有财产均归李三。大家设想一下，李一、李二是否还会对李老爷尽孝呢？该如何对李老爷尽孝呢？作为子女本来享有同等的继承权，却因一纸协议产生了纷争。

最后，遗赠扶养协议制度设计的初衷，是在孤寡老人，或者是部分子女不在身边或者子女不尽赡养义务的情况下所设定的一种补充养老方式，其与法定继承制度、遗嘱制度、遗赠制度相互补充，因此，不能将法定继承人规定到遗赠扶养协议的主体当中。

可见，如允许法定继承人作为遗赠扶养协议的签订主体，不仅有悖于法律规定的赡养义务，也不符合传统美德。

465. 儿媳或女婿可以与被扶养人签订遗赠扶养协议吗？

对于那些子女早于父母离世的家庭来说，儿媳、女婿便成为老人养老送终的可选途径。那么儿媳、女婿到底能否成为遗赠扶养协议的签订主体呢？

一种观点认为，儿媳、女婿不能成为遗赠扶养协议的签订主体，认为儿媳、女婿本身就有义务赡养老人，根本不用签这个协议。

另一种观点认为，儿媳、女婿可以成为遗赠扶养协议的签订主体，因为其并非法律规定的法定继承人的范围，其当然可以成为遗赠扶养协议的签订主体，且实际生活中这样的需求普遍存在，如果将儿媳、女婿排除在遗赠扶养协议之外，不利于保障老年人的合法权益。

我们认为，在遗赠扶养协议双方均具有相应的民事行为能力，意思表示真实的情况下，儿媳或女婿与被扶养人签订的遗赠扶养协议应合法有效。主要理由如下：

第一，儿媳、女婿能否成为遗赠扶养协议的签订主体，取决于儿媳是否被排除在法定继承人之外。已废止的《继承法》以及新颁布的《民法典》规定的法定继承人并不包括儿媳、女婿，可知法律并未将儿媳、女婿排除在遗赠扶养协议的签订主体之外。

第二，儿媳对公婆、女婿对岳父母并无法定的赡养义务，允许儿媳、女婿与被扶养人签订遗赠扶养协议，有利于保障双方的利益。《老年人权益保障法》第十四条第二款、第三款规定，赡养人是指老年人的子女以及其他依法负有赡养义务的人。赡养人的配偶应当协助赡养人履行赡养义务。可见，儿媳、女婿承担的是“协助”赡养的义务，并非法定的赡养义务人。而在老人的子女去世后，儿媳、女婿往往成为最有可能履行老人生养死葬义务的人，允许被扶养人与儿媳、女婿签订遗赠扶养协议，明确双方的权利义务，既尊重了被扶养人的自主选择，也能更好地调动儿媳、女婿的积极性，保障他们的权益，达到双赢，更好地实现遗赠扶养协议的立法目的。

466. 遗赠扶养协议一般包含哪些内容？

顾名思义，遗赠扶养协议包含“遗赠”与“扶养”两方面的主要内容。为实现合同的目的，根据合同法的一般原理，遗赠扶养协议一般包括以下主要内容：

一是协议双方的当事人。协议应当载明受扶养人的姓名、身份证号码、住址等基本信息，以及扶养人个人的姓名、身份证号码、住址或者组织的名称、住所等基本信息。

二是扶养人的义务和被扶养人的权利。扶养的主要义务包括两个方面：一方面就是“生养”。在被扶养人生存期间，扶养人需要承担对受扶养人生活上的照料和扶助义务，特别是在被扶养人生病时应当提供照护，在协议中应尽量写明照料的标准和水平。另一方面就是“死葬”。在被扶养人死亡后，扶养人应当负责办理被扶养人的丧事，包括按照受扶养人的遗愿办理遗体火化、埋葬等事宜。这些是扶养人的义务，同时也是被扶养人的权利。

三是被扶养人的义务，也就是扶养人的权利。扶养人的权利主要就是根据协议取得被扶养人所赠与的遗产。因此，双方应当在协议中写明，被扶养人拟将哪些遗产赠与扶养人。同时还应约定受扶养人在世期间不得擅自处分协议所涉及的财产。

四是协议的解除。双方可以在协议中约定，如果一方违反约定，另一方有权要求解除遗赠扶养协议，并要求对方承担相应的补偿责任。比如，约定如果扶养人拒绝履行扶养义务，被扶养人有权解除合同，且不必向扶养人支付费用；还可以约定如果被扶养人擅自处分协议所涉及的财产，扶养人可以解除协议，并要求被扶养人支付相应的供养费用。

五是争议的解决条款。双方可以在协议中约定一旦发生争议，可以通过哪些途径解决，通过仲裁，还是调解，还是诉讼方式。同时应尽量明确约定争议解决的具体机构。

467. 遗赠扶养协议何时生效？

根据合同法的一般原理，遗赠扶养协议自协议成立之日起即生效，但相对不一般合同而言，遗赠扶养协议双方权利义务产生的时间比较特殊。扶养人的扶养义务在协议签订后即需要履行，一直持续到被扶养人去世安葬，其才获得遗赠财产的权利，也即被扶养人遗赠财产的义务，发生在被扶养人去世后。故遗赠扶养协议是生前行为和死后行为的结合，具有“异时履行性”的特征。遗赠扶养协议的生效主要体现在以下方面：

（1）遗赠扶养协议对扶养人的效力

扶养人应当根据遗赠扶养协议中的约定，对被扶养人履行生养死葬的义务，对应的其可以取得在被扶养人去世后获得遗赠财产的权利。

首先，是履行生养死葬的义务。该义务在遗赠扶养协议签订后即生效履行，且该义务是持续性的，且时间一般较长。如扶养人无正当理由不履行扶养义务，或者履行义务不符合约定，比如虐待、歧视、侮辱被扶养人，降低扶养标准等，被扶养人有权解除合同。

其次，是获得遗赠财产的权利。该权利是在被扶养人死亡后才享有的，在被扶养人生存期间，扶养人无权要求取得遗赠财产。此外，获得遗赠财产需以适当履行扶养义务为对价，如果扶养人不履行或者不完全履行扶养义务，则将丧失获得部分或者全部遗赠财产的权利。

（2）遗赠扶养协议对被扶养人的效力

被扶养人的权利是有权要求扶养人履行扶养义务，对应的义务是在其去世后将财产遗赠给扶养人，隐含的义务还包括被扶养人在生前不能擅自处分遗赠财产，否则应当承担赔偿损失等违约责任。

468. 无民事行为能力人的监护人能代为签订遗赠扶养协议吗？

现实生活中，无民事行为能力人都需要他人的照顾。比如，在这样的一起案例里①，雷某甲多年前和妻子离婚受到刺激，出现精神失常。从 2004 年 12 月起开始

① （2021）黔 0302 民初 4259 号案。

多次在遵义市精神病院住院治疗，被诊断为精神分裂症。雷某甲的兄弟姐妹经过协商以及法院指定由雷某乙担任雷某甲的监护人。

我们都知道，无民事行为能力人都需要有监护人。雷某甲既没有妻子，也没有子女，孤身一人，非常需要他人的照顾。雷某乙虽然是雷某甲的监护人，但平常不一定有那么多时间照顾雷某甲。于是，雷某乙找到雷某甲的侄子来负责照顾雷某甲，并与其侄子签订遗赠扶养协议。

显然，这份协议是由监护人雷某乙主导并签订的，并不是雷某甲本人能够签订的协议。那么，这份协议会得到法律的认可吗？法院经过审理认为，监护人有权代理行使权利，且有效解决雷某甲的扶养事宜，并不损害雷某甲的利益，故确认协议合法有效。

如前所述，需要签订遗赠扶养协议的人往往是身体上的弱势群体，而相当一部分是无民事行为能力人，对于该部分群体，其无法或者没有能力签订遗赠扶养协议，只能由其监护人代理签订。

这类协议一般是有效的，但需要特别注意的是，监护人必须为被扶养人的利益所为，除为维护被扶养人利益外，不得处分被扶养人的财产，不得损害被扶养人的合法权益。

在遗产继承中，由于遗赠扶养协议的效力高于其他方式，实际上排除了法定继承人的继承权，而无民事行为能力人的监护人通常也是其中的继承人之一，有可能通过签订遗赠扶养协议的方式处分被扶养人的财产，损害其他继承人的利益。因此，监护人代替无民事行为能力人签订的遗赠扶养协议并不当然有效，法院应当严格审核该类遗赠扶养协议的效力，避免出现损害被扶养人利益的行为。

469. 遗赠扶养协议能被解除吗？

如前所述，遗赠扶养协议属于双务合同，根据合同法的一般原则，协议当然可以解除。一般而言，协议解除的原因可能是一方的情况发生变化，如扶养人丧失扶养能力、扶养人不履行扶养义务、双方关系恶化等。解除的方式主要有以下几种：

（1）协商解除

遗赠扶养协议是自愿协商签订的，如双方同意，当然也可以协商解除遗赠扶养协议。一般而言，如因被扶养人的过错导致解除协议的，被扶养人应对扶养人已尽的扶养义务在经济上给予适当补偿；如因扶养人的过错导致解除协议的，被扶养人一般无须给予扶养人经济补偿。

（2）一方违约导致协议解除

遗赠扶养协议一般会约定违约处理条款，也可以约定解除合同的事由，解除合同事由发生时，解除权人可以解除合同。如没有约定，根据《民法典》合同编的相关规定，如出现一方表明不履行等情形，另一方可以解除合同。

需要指出的是，遗赠扶养协议对比一般的民事合同，具有人身属性和人身依附性，被扶养人的生养死葬非常依赖扶养人，如扶养人丧失扶养被扶养人的意愿，事实上遗赠扶养协议的目的便很难实现，因此，现实当中遗赠扶养协议的解除十分常见。

470. 遗赠扶养协议对被扶养人的继承人有法律约束力吗？

陈甲与李乙在A省生活工作，婚后购买了一套房屋。双方生育一名女儿陈女，由于陈甲重男轻女思想严重，一直对陈女不予重视和态度冷漠。李乙因病去世后，陈女也因学业原因长期在B省读书，毕业后留在B省工作和组建家庭。陈甲在退休前因车祸造成身体残障，行动不便长期需要药物控制病情，但陈女常年不在身边无法陪伴和照顾，陈甲遂住进了老人院。

陈甲没有劳动收入且退休金较少，但又需要承担养老服务费和日常生活费医疗费，负担较重，于是陈甲与老人院签署了《遗赠扶养协议》，约定由老人院负责陈甲的日常起居饮食、生养死葬，并由老人院承担陈甲住在该院期间的全部养老服务费用。作为补偿对价，陈甲同意将婚后购买的房屋在其百年归老后遗赠给老人院。

协议签订后，陈甲在老人院安享晚年直到去世。陈甲去世后，陈女要求继承房屋，因此与老人院就房屋的归属产生争议。

老人院认为已经依照遗赠扶养协议履行了生养死葬义务，应该获得房屋所有权，陈女作为女儿也应当尊重父亲的意愿。

但陈女表示，作为陈甲唯一的家庭成员，陈甲未经其同意将家庭重大资产用于签订《遗赠扶养协议》并赠与老人院，导致家庭资产流失，明显不符合常理，而且该房屋属于陈甲和李乙的夫妻共同财产，因此陈女对房屋享有继承权，该房屋应当由陈女优先继承，不同意执行《遗赠扶养协议》。

问题来了，老人院和陈女哪一方会优先取得房屋所有权？陈甲将夫妻共同财产作为《遗赠扶养协议》的标的物，对陈女有约束力吗？

第一，从《遗赠扶养协议》的签署主体和协议内容来看，老人院和陈甲符合法律规定的主体资格，《遗赠扶养协议》内容符合陈甲的自身需求，减轻了其生前的经济负担，也保障了其老有所养，老有所依，没有违反法律规定，也符合公序良俗，因此协议合法有效。陈女作为陈甲的继承人应予以尊重。

第二，从陈甲与老人院履行协议情况来看，被扶养人陈甲在签署协议后没有再向老人院支付服务费，老人院主动承担全部服务费和履行了生养死葬义务，老人院实际履行了协议义务。因此陈甲作为被扶养人生前对于自己的财产进行了对价处分，在扶养人即老人院按照《遗赠扶养协议》履行扶养义务后，该协议应对被扶养人的继承人即陈女有法律效力，在被扶养人死亡后有关财产转移给扶养人。

当然，如老人院没有根据协议约定提供生养死葬，生前经常让陈甲衣食住行没有保障，或者死后没有履行为其丧葬的义务等，由于老人院违反了该协议约定，并不当然获得遗赠财产，陈女也有权主张解除协议。

第三，关于遗赠扶养协议和法定继承的优先顺序。虽然陈女是陈甲的第一顺序法定继承人，但根据《民法典》第一千一百二十三条的规定，提及遗产的分配顺序，即“有遗赠扶养协议的，按照协议办理”，所以遗赠扶养协议对于被扶养人的继承人有法律约束力，且效力优先于法定继承。

但本案还有个特殊情况，由于该房屋是陈甲和李乙的夫妻共同财产，所以陈甲只能处分属于自己的财产份额，而李乙的财产份额则适用法定继承来处理。陈女对李乙享有的房屋财产份额仍具有法定继承权。

需要提醒注意的是，如出现以下情形，可能导致遗赠扶养协议无效或者因违约被解除：

（1）被扶养人一般可能是存在行动不便或者其他病症的老年人，法律人格上可能是无民事行为能力人或者限制民事行为能力人，以上因素将会影响到协议效力。

我们建议在签署遗赠扶养协议时，先为被扶养人做好身体健康体检和精神状态评估，有需要的话由被扶养人的近亲属或者两个以上没有利害关系的见证人见证。

（2）扶养人要严格按照遗赠扶养协议约定履行衣食住行医葬的义务，避免因为违约被解除或者终止协议，导致无法符合遗赠条件。

此类案件较为常见，继承人生前没有履行对老人的赡养义务，老人过世后，大部分继承人不知道老人遗产如何分配，突然有家庭成员以外人员或者非继承人要分配遗产，从心理上难以接受，所以很有可能对遗赠扶养协议的效力提出异议，因此注意签订时、履行时都要谨慎，才能保障扶养人受遗赠的权利。

471. 被扶养人死亡后，扶养人可以根据遗赠扶养协议当然取得遗赠财产吗？

案例 1：

关大爷与居委会签署《遗赠扶养协议》，约定由居委会对其进行照顾，承担日常衣食住行的费用并负责生养死葬，死后将自身的财产遗赠居委会。子女在关大爷去世后，认为居委会提供的扶养“并不到位”，但能获得数百万元的遗产，表示付出和“收入”不成正比，提出要求继承老人遗产。

案例2：

何奶奶与邻居刘某签署《遗赠扶养协议》，约定由刘某对其进行照顾，承担日常衣食住行的费用并负责生养死葬，死后将自身的财产遗赠刘某。协议签订时，刘某尽心尽力照顾何奶奶。后来刘某结婚组建了家庭，无法正常照顾何奶奶，不久何奶奶得病但没有得到及时救治而死亡。何奶奶子女认为刘某提供的扶养“并不到位”，但能获得数百万元的遗产，表示付出和“收入”不成正比，提出要求继承老人遗产。

上述两个案例中，同样签署了《遗赠扶养协议》，但是由于履行协议的程度存在差异，也会导致法律后果不一致。

被扶养人和扶养人签订遗赠扶养协议后，根据《民法典》第一千一百五十八条的规定，扶养人一般需要履行了生养死葬的义务后才享有受遗赠的权利。被扶养人死亡后，扶养人并非当然可以根据遗赠扶养协议取得遗赠财产，其前提条件是遗赠扶养协议没有违反法律法规强制性规定、双方自愿签订、双方签订时具有民事行为能力，如果是限制民事行为能力人应该是在意识清楚的情形下签订协议才有效，即这个被扶养人在签订协议的时候精神上是没有障碍的。如果被扶养人为精神上、认知上有障碍的无民事行为能力人，如典型的有老年痴呆相关的疾病，那么需要监护人签字确认，该协议才具有法律效力。另外，扶养人没有违反遗赠扶养协议约定导致协议被解除的情形，那么被扶养人死亡后，扶养人可以根据遗赠扶养协议取得遗赠财产。

在案例1中虽然子女认为居委会提供的扶养“并不到位”，表示付出和“收入”不成正比，但是经过法院审查，居委会已经举证证明完全按照遗赠扶养协议约定履行了生养死葬义务，保障了被扶养人晚年的生活质量。法院考虑的是生活扶养照顾和精神慰藉无法用金钱衡量，最后法院判决认可遗赠扶养协议的效力，遗产归居委会所有，这也彰显了从实际出发，尊重被扶养人对财产处分的权利，保障了老有所养，也保障了扶养人的付出获得应有回报，扶养人对于被扶养人精神上的关怀照顾得到了肯定。

而案例2中，虽然刘某在签署协议时和协议生效后的一段时间内有履行照料照顾义务，但是后来由于其自身原因导致没有足够精力和时间继续履行扶养协议，让被扶养人没有得到及时照顾和救治，导致遗赠扶养协议的扶养目的没有实现，所以被扶养人的子女有权提出异议和主张解除协议，也就是说，在这样的情况下，扶养人并不必然会取得财产。

总的来说，遗赠扶养协议发生在非继承人之间以及个人与组织之间，而且是一份长时间的契约，因此需要协议双方有充分的信任基础，更需要扶养人有社会责任和敬老爱老之心。在我国社会保障制度尚不完善、社会保障体系尚不健全的情况下，充分发挥遗赠扶养协议的作用具有举足轻重的意义。有利于调动社会养老机构、民间救助机构的积极性，满足养老形式多样化的需求，从而推进我国养老事业的发展，不断提升老人等弱势群体的生存质量与人格尊严。

472. 遗赠扶养协议的扶养人先于被扶养人死亡，扶养人的继承人可以继承遗赠财产吗?

陈某与妻子离异，妻子带着婚生子改嫁。陈某退休后经营小食店，邀请了远房亲戚郑某夫妇过来帮忙。陈某与郑某夫妇在长期相处中产生互信，陈某与郑某签署了《遗赠扶养协议》，约定陈某无须再向郑某支付工资，并由郑某对其进行照顾并负责生养死葬，陈某死后将自己全部积蓄遗赠给郑某。协议签订不久，郑某因车祸去世。郑某妻子夏某继续与陈某生活，并照顾陈某到终老。陈某死后，夏某拟用陈某的积蓄用于扩大小食店经营，陈某的儿子陈小某认为，自郑某死后，原《遗赠扶养协议》已经终止，陈某没有与夏某签署新的《遗赠扶养协议》，因此夏某不是扶养人，更没有权利获得和处分遗赠财产。夏某觉得特别委屈，自己和丈夫郑某半辈子都在陪伴和照顾陈某，虽然自己没有与陈某重新签订新的协议，但在丈夫去世后也秉承其遗愿，完成对陈某生养死葬的义务。双方争执不下，当地居委会组织调解，经过友好协商，达成调解协议，由夏某取得陈某的大部分遗产。

案例的争议点在于，遗赠扶养协议的扶养人先于被扶养人死亡，扶养人的继承人能继承遗赠财产吗?

关于在遗赠扶养协议履行过程中，扶养人先于被扶养人死亡时，如何处理遗赠扶养协议以及扶养人的继承人是否可以继承遗赠财产的问题，当前法律并未予以明确规定。笔者认为，应综合考虑遗赠扶养协议的内容以及合同权利义务是否可被继承等问题。

《民法典》第一千一百五十八条明确规定："自然人可以与继承人以外的组织或者个人签订遗赠扶养协议。按照协议，该组织或者个人承担该自然人生养死葬的义务，享有受遗赠的权利。"可见，遗赠扶养协议的权利义务内容涵盖生养死葬，若扶养人先于被扶养人死亡，则必然无法继续履行扶养照顾被扶养人以及在被扶养人去世后办理丧葬事宜的义务。因此，在扶养人基于死亡无法全面履行遗赠扶养协议的情况下，相应地也无法在被扶养人死亡后取得协议约定的遗产。

因此，我们认为，扶养人的继承人是无法基于继承取得遗赠财产的。但是，这并不意味扶养人的继承人无法取得遗赠财产。

若扶养人的继承人想要取得遗赠财产，则应该以承担遗赠扶养协议的义务为前提。遗赠扶养协议具有较强的人身属性，被扶养人往往是基于对扶养人的信任才与扶养人签订遗赠扶养协议。一方面，若扶养人的继承人想要继续承担遗赠扶养协议的义务，应该取得被扶养人的同意，否则有违被扶养人订立协议的初衷；另一方面，扶养人的继承人应当具备扶养照顾被扶养人的条件，这需要综合考虑该继承人的扶养条件和扶养能力。因此，若扶养人先于被扶养人死亡，在被扶养人的同意下，扶养人的继承人继续履行遗赠扶养协议约定的义务，则其得以在被扶养人去世后取得遗赠财产。若被扶养人不同意由扶养人的继承人来继续履行协议的内容，且扶养人生前无违约行为的，被扶养人应该返还扶养人支付的供养费用，该笔费用可由扶养人的继承人继承。

回到本案，虽然夏某没有与陈某重新签订新的《遗赠扶养协议》，但是夏某是按照原来的扶养标准和条件继续履行了扶养义务，而且陈某一直默认和接受夏某提供的扶养服务，并未提出异议或主动终止，可视为实际变更了扶养协议的主体，因此夏某可以取得遗赠财产。反之，如果夏某没有完全按照原来扶养条件提供扶养，如搬离了陈某的住所不再共同生活，或者因觊觎陈某财产强迫陈某接受扶养等，都会影响到协议效力并会因此丧失取得遗赠财产的权利。

遗赠扶养协议的履行期间较长，对于扶养人的身体健康和状态来说也是有一定的要求。我们建议，签署遗赠扶养协议时可以约定若因扶养人原因导致无法继续履行扶养义务的解决方案，如选定多一名遗赠扶养人或指定由扶养人的继承人继续履行协议，被选定和指定的人员也需要与被扶养人签订协议确认。

473. 被扶养人与扶养人签订遗赠扶养协议后，无正当理由拒绝对方扶养的该如何处理？

周某早年出国打拼，晚年回国养老。周某无结婚无生育子女，回国后请外甥曾某过来照顾自己生活起居。周某与曾某签署了《遗赠扶养协议》，约定由曾某对其进行照顾，曾某承担日常衣食住行的费用并负责生养死葬，死后周某将全部积蓄遗赠曾某。为了更好照顾周某，曾某协同家人搬来与周某一墙之隔的小区，换了较为轻松的工作执行弹性上班时间。双方生活一段时间后，周某又与甲老人院签订了老人院服务协议。周某遂向曾某提出不再需要其继续扶养，死后也不会向其赠与财产，让曾某尽快安排好自己的工作生活。曾某和家人对周某的决定表示了尊重，但认为自己为照顾周某付出了很多，希望周某能给予适当补偿。但周某认为，签署《遗赠扶养协议》是你情我愿的事情，曾某作为晚辈对周某尽孝道是本分的事情，不应斤斤计较，况且协议没有履行完毕，认为曾某的要求不合理。

曾某究竟能否主张合理的补偿呢？如果可以，应当如何衡量其付出的价值呢？

在实践中，被扶养人在签订遗赠扶养协议之后无正当理由拒绝扶养人扶养的，主要指被扶养人给扶养人履行义务设置障碍，更多地体现在被扶养人拒绝收取扶养人的生活费等方面。被扶养人此类行为一般会产生两种结果：第一种为解除遗赠扶养协议，被扶养人偿还扶养人已支付的供养费用；第二种为遗赠扶养协议继续履行。

遗赠扶养协议是一种平等、有偿和互有权利义务关系的民事协议，对被扶养人和扶养人双方均具有约束力，双方应当按照约定履行义务，但在双方协商一致的基础上可以解除。

《民法典继承编的解释（一）》第四十条规定："继承人以外的组织或者个人与自然人签订遗赠扶养协议后，无正当理由不履行，导致协议解除的，不能享有受遗赠的权利，其支付的供养费用一般不予补偿；遗赠人无正当理由不履行，导致协议解除的，则应当偿还继承人以外的组织或者个人已支付的供养费用。"

可知，被扶养人无正当理由不履行遗赠扶养协议，导致协议解除的，应当偿还扶养人已支付的供养费用。扶养人对于其已向被扶养人支付的供养费用金额承担举证责任。但因为扶养行为不同于一般商业行为，扶养过程中的支出较为琐碎，要求扶养人完善保存所有支出凭证较为苛刻。在扶养人无法提供充分证据主张其实际支出数额的情况下，应充分考虑扶养人对被扶养人在精神上的陪伴、共同生活期间的照顾护理等情况，酌情确定被扶养人应当偿还的供养费用金额。北京市第三中级人民法院作出的（2014）三中民终字第 02961 号案件中，在扶养人无法就供养费用完成举证证明责任的情况下，原审法院综合扶养人在被扶养人生病住院期间进行护理照顾的价值、被扶养人在协议约定被扶养人与扶养人共同生活以便于履行扶养义务的情况下将扶养人的妻子赶走等情形，酌情确定被扶养人应补偿给扶养人的费用金额，二审法院维持原审判决。

若在扶养人不存在违反遗赠扶养协议的前提下，尽管被扶养人存在无正当理由拒绝扶养人扶养的情形，但鉴于协议的继续履行更有利于对老年人的扶养照顾和保障其安度晚年，则法院可能会驳回当事人解除协议的诉讼请求。在广东省肇庆市中级人民法院作出的（2019）粤 12 民终 862 号案件中，被扶养人以扶养人长期未支付生活费为由起诉解除遗赠扶养协议，但经法院审理查明，在扶养人已自愿提高每月生活费金额之后，被扶养人再次单方面要求扶养人提高生活费未果，便拒绝接收扶养人支付的生活费，扶养人并不存在违约行为。因此，法院认为，在扶养人愿意继续履行扶养义务的情况下，被扶养人主张解除遗赠扶养协议的理据不足，维持原审法院驳回被扶养人诉讼请求的判决。

综上可见，在扶养人没有违约行为时，被扶养人无正当理由拒绝扶养人履行扶养义务的，若双方协商一致同意，或者继续履行协议将产生背离协议目的的效果即无法实现对老年人权益的保障，则协议可解除，但被扶养人应当对扶养人已经支付的供养费用进行补偿。若扶养人不同意解除协议且继续履行有利于保障被扶养人的权益，则协议将继续履行。

474. 扶养人不履行遗赠扶养协议时，被扶养人该怎么办？

李大爷膝下无子，年纪大了身体也越来越差。李大爷名下有一套房产，他也一直担心自己过世后房子的处理。李大爷一直和小区的保安张先生来往较多。于是，两人在2020年6月签订了《遗赠扶养协议》，约定以后由张先生照料李大爷的生活，负责李大爷的饮食、医疗、生养死葬等费用，李大爷去世后，张先生可按协议约定获赠李大爷生前的房产。然而，自2020年8月1日起，张先生并未再继续照料李大爷，孤苦无依的李大爷只好靠邻居帮助生活。为了避免日后的麻烦，李大爷向法院提起了诉讼，请求法院判令解除他与张先生签订的《遗赠扶养协议》。法院认为，因2020年8月1日后张先生未继续履行扶养义务，其行为已经违背了《遗赠扶养协议》订立的初衷，无法保障李大爷的老年生活，遂依法判决解除了双方签订的《遗赠扶养协议》。

在日常生活中，有些人没有直系晚辈亲属或者继承人，为了保障自身晚年生活有人照顾，他们可以选择和继承人之外的可以托付的人签订遗赠扶养协议，约定由受遗赠人即扶养人对遗赠人即被扶养人进行扶养，在被扶养人去世后，扶养人享有被扶养人约定的生前财产。遗赠扶养协议签订后，扶养人应严格遵守协议约定，按照约定和法律规定履行扶养义务。如果扶养人不履行遗赠扶养协议，被扶养人怎么处理才能保障自己的合法权益呢？被扶养人是否可以终止遗赠扶养协议呢？扶养人还能继续享有受遗赠的权利吗？

作为自然人的个人，可以和继承人以外的组织或者个人签订遗赠扶养协议。按照协议，该组织或者个人承担自然人生养死葬的义务，享有受遗赠的权利。本案中，李大爷和张先生签订《遗赠扶养协议》是双方的真实意思表示。

遗赠扶养协议一经签订，双方必须认真遵守协议的各项规定。扶养人必须认真履行扶养义务。如果扶养人无正当理由不履行协议约定的义务，或者以非法手段谋取被扶养人的财产，经被扶养人或者被扶养人的亲属或有关单位请求，人民法院可以判决解除遗赠扶养协议。协议解除的，双方基于协议的权利义务终止，扶养人不再享有受遗赠的权利。① 如果扶养人不认真履行扶养义务，致使被扶养人经常处于生活困难、缺乏照料的状态，人民法院可以酌情对遗赠财产的数额给予限制。

本案中，因张先生无正当理由不履行《遗赠扶养协议》，法院判决解除双方的协议的行为合情合理，张先生在李大爷去世后无权获赠房产。

475. 因扶养人无正当理由不履行协议导致协议解除的，是否需补偿其已支付的供养费用？

2019 年年初，陈老伯的妻子因交通事故受伤瘫痪，卧床不起，陈老伯年事已高，没有子女，两人都需要人照顾。陈老伯考虑到跟邻居王大妈比较谈得来，而王大妈也是独居，就与王大妈协商签订遗赠扶养协议。经过沟通，双方最后签订协议，主要内容为：陈老伯及其妻子现年事已高，身残体弱，无人照顾，由王大妈照顾夫妻两人的生活及死后事宜，并在夫妻两人去世后将夫妻两人的一切财产（主要是陈老伯的房产）赠与王大妈。随着陈老伯身体状态和自主意识变差，生活自理程度大大降低，王大妈为了照顾两名老人而占用了自己大量的时间和精力，因此产生了厌恶情绪，于是提出不再继续扶养二老，同时要求陈老伯退还其过去两年来对陈老伯两夫妇支付的供养费用，并解除遗赠扶养协议。

问题来了，王大妈主动提出解除扶养协议还可以主张补偿吗？

《民法典继承编的解释（一）》第四十条规定："继承人以外的组织或者个人与自然人签订遗赠扶养协议后，无正当理由不履行，导致协议解除的，不能享有受遗赠的权利，其支付的供养费用一般不予补偿；遗赠人无正当理由不履行，导致协议解除的，则应当偿还继承人以外的组织或者个人已支付的供养费用。"

在遗赠扶养协议中，扶养人与被扶养人双方互负权利义务，扶养人履行义务在先，享受权利在后；被扶养人享受权利在先，履行义务在后。因此扶养人必须尽扶养义务，让被扶养人安度晚年，从而切实感受到当初作出遗赠扶养决定的欣慰和被扶养的温暖。

但自然人担任扶养人时会因各种原因导致不能继续履行合同义务，包括扶养人身体变差无法胜任扶养事宜或被扶养人单方提出解除扶养协议。此时，扶养人已经履行了部分扶养义务，也产生了必要的供养费用和付出了劳务。因此，非扶养人主观不愿

---

① 《民法典继承编的解释（一）》第四十条：继承人以外的组织或者个人与自然人签订遗赠扶养协议后，无正当理由不履行，导致协议解除的，不能享有受遗赠的权利，其支付的供养费用一般不予补偿；遗赠人无正当理由不履行，导致协议解除的，则应当偿还继承人以外的组织或者个人已支付的供养费用。

意继续履行合同的，在此情况下，当扶养关系解除时，扶养人可以主张合理的补偿。

然而，扶养人无正当理由拒不履行扶养协议的扶养义务时，比如不支付供养费用、对被扶养人不闻不问、将被扶养人送进老人院以规避扶养义务，甚至以非法手段谋取被扶养人的财产等。这必然无法达到被扶养人订立协议时的目的，甚至侵害了被扶养人合法利益。被扶养人有权要求解除扶养协议，而扶养人已支付的供养费用和付出的劳务，均无须予以补偿。

如果被扶养人是限制民事行为能力人或者无民事行为能力人的，也可以经被扶养人的近亲属或有关单位请求，由人民法院裁决剥夺扶养人的受遗赠权。

如果因为扶养义务人的行为致使被扶养人经常处于生活困难、缺乏照料的情况时，人民法院亦可以酌情对遗赠财产的数额给予限制。也就是说，在扶养协议被解除的情况下，扶养人能否获得供养费用的补偿，主要看扶养协议解除的原因，如果是扶养人无正当理由不履行协议导致协议解除的，则无法获得补偿。

回到案例中，二老是出于对王大妈的长期信赖才签署扶养协议，而在二老最需要他人照顾时，王大妈虽然有能力继续履行协议却因为个人原因不愿意继续履行协议，让二老生活陷入困顿中。王大妈随意解除协议应视为无正当理由拒绝履行协议。

可见，遗赠扶养协议因其具有极强的人身属性，对当事人之间的身份关系产生重要影响。鉴于遗赠扶养协议的目的在于保障老年人能够安享晚年，扶养方承担对被扶养方生养死葬的义务，对于“生养死葬”义务应当做扩大理解，扶养义务包括生养死葬，经济上供养，生活上照料，精神上抚慰等内容。因为遗赠扶养协议目的在于保护老年人的利益，如果老年人对扶养方的扶养并不满意，应当给予老人任意解除权，反之当扶养人无正当理由解除协议时，应对其获得补偿权利进行限制，从而更好地保护老年人权益。

476. 遗赠扶养协议与遗嘱发生冲突，如何处理？

方阿姨早年丧夫，独自一人带大孩子赵某，赵某成年后出国留学并留在国外工作。方阿姨年过七旬后身体每况愈下，由于无人照顾，便与外甥女刘某签订了一份遗赠扶养协议。该协议约定：方阿姨作为被扶养人将自己名下位于北京市朝阳区某小区的房屋赠与刘某，前提是刘某在该协议签订之日起，承担方阿姨今后医疗费、生活费等全部费用；若扶养人不履行协议约定的内容，则无权受赠该房屋。

后方阿姨又订立了一份公证遗嘱。该遗嘱的主要内容是将遗赠扶养协议中约定的房产及其他财产交由自己的儿子赵某继承，且之前签订的所有涉及该房产的协议均失效。今年年初方阿姨去世，赵某回国料理后事，赵某与刘某因为房屋权属的问题争执了起来。刘某认为自己按照遗赠扶养协议的约定，照顾方阿姨到终老，有权获得房屋；而赵某却持遗嘱称方阿姨的财产全部归自己所有。双方互不妥协，一气之下刘某起诉到法院，要求确认房屋的所有权归她所有。

遗赠扶养协议与遗嘱产生冲突，应该以哪份为准呢？刘某能不能获得房屋呢？

《民法典继承编的解释（一）》第三条规定："被继承人生前与他人订有遗赠扶养协议，同时又立有遗嘱的，继承开始后，如果遗赠扶养协议与遗嘱没有抵触，遗产分别按协议和遗嘱处理；如果有抵触，按协议处理，与协议抵触的遗嘱全部或者部分无效。"

因此，遗赠扶养协议的效力优先于遗嘱。当遗赠扶养协议与遗嘱发生冲突时，应当按照遗赠扶养协议的内容处理，与遗赠扶养协议没有抵触的部分才按照遗嘱处理，与遗赠扶养协议抵触部分的遗嘱为无效遗嘱。

案例中，方阿姨与刘某签订的遗赠扶养协议已经对房屋进行了处分，后订立的遗嘱中又将其交给儿子继承，与遗赠扶养协议的内容是相冲突的，遗嘱中关于房屋处分的内容是无效的。刘某在全面履行了遗赠扶养协议的义务后，可以按照协议获得该房屋的所有权。

我们认为，扶养人在与被扶养人签署遗赠扶养协议之前，享有知情权。其可以了解与遗赠扶养协议相关的信息，例如被扶养人的家庭成员（如赡养人情况）、遗赠财产的权属情况、价值、被扶养人的身体健康情况、被扶养人有无订立与遗赠扶养协议存在冲突的遗嘱等，在了解以上信息后再签署协议才能更好地保障协议双方的权益，避免以后与被扶养人子女产生冲突，或者导致受赠权益落空等问题。

477. 在法定继承、遗嘱（遗赠）、遗赠扶养协议并存的情况下，哪个效力优先？

彭伯伯没有结婚，膝下无子女。彭伯伯用毕生积蓄购买了一套房屋颐养天年。邻居陈叔叔日常对彭伯伯照顾有加，经常陪伴彭伯伯，还帮彭伯伯修缮房屋。彭伯伯与陈叔叔签署了协议约定，陈叔叔负责彭伯伯生养死葬，彭伯伯死后将房屋遗赠给陈叔叔。后来彭伯伯侄子彭甲从国外回来探望彭伯伯，彭伯伯对侄子疼爱有加，于是到公证处订立遗嘱决定死后将房屋遗赠给彭甲。后来彭甲回到国外继续工作。彭伯伯在参加社区活动时认识刘阿姨，二人志趣相投互生情愫，彭伯伯与刘阿姨登记结婚。婚后刘阿姨母亲病重，刘阿姨回老家照顾病重的母亲，二人分居异地。彭伯伯为了让刘阿姨有多份保障，在居委会两名工作人员的见证下，自书遗书表示百年归老后，将自己的房屋全部归刘阿姨。没有等到刘阿姨回来团聚，彭伯伯突发急病去世，陈叔叔料理了彭伯伯丧葬事宜。

陈叔叔作为遗赠扶养协议的扶养人、刘阿姨作为继承人、彭甲作为受遗赠人，都认为自己是房屋的权属人，在法定继承、遗嘱、遗赠扶养协议并存情况下，请问彭伯伯的房屋应该归谁呢？

《民法典》第一千一百二十三条规定："继承开始后，按照法定继承办理；有遗嘱的，按照遗嘱继承或者遗赠办理；有遗赠扶养协议的，按照协议办理。"《民法典继承编的解释（一）》第三条规定："被继承人生前与他人订有遗赠扶养协议，同时又立有遗嘱的，继承开始后，如果遗赠扶养协议与遗嘱没有抵触，遗产分别按协议和遗嘱处理；如果有抵触，按协议处理，与协议抵触的遗嘱全部或者部分无效。"

可见，原则上遗赠扶养协议的效力最优，遗嘱或遗赠次之，法定继承排在最后。当几种继承方式存在冲突的情况时，它们之间的效力又该如何确定呢？

首先，在通常情况下，如果被继承人生前没有立下有效的遗嘱，则应该按照法律规定的继承的范围和顺序发生继承，这就是法定继承的概念由来。法定继承与遗嘱继承是继承制度中的两种继承方式，法定继承作为遗嘱继承的补充，在没有遗嘱也没有遗赠扶养协议，或者遗嘱以及遗赠扶养协议不足以涵盖被继承人全部财产的情况下，未涉及的财产部分，应按照法定继承处理。

其次，遗赠扶养协议与遗嘱或者遗赠的遗产处理方式存在冲突的，优先按照遗赠扶养协议处理，与协议相抵触的遗嘱或遗赠全部或者部分无效。即使存在公证遗嘱的情况下，也要遵循遗赠扶养协议的效力优先原则。

这主要是因为遗赠扶养协议是继承人与受赠人就生养死葬相关问题达成的合意，签订的双方以履行约定的义务来促成协议成就，若是以时间较为靠后的遗嘱或者是经过公证的遗嘱否定遗赠扶养协议，则有违诚实信用原则。因此，当遗赠扶养协议和遗赠或者遗嘱都涉及同一财产时，应当优先按照遗赠扶养协议处理。因此，案例中，陈叔叔签署的遗赠扶养协议享有优先权。

最后，当遗嘱与遗赠两种方式并存时，相关法律并没有对于这二者的效力作出明确的约定，若对于同一财产，既有遗嘱又有遗赠时，则需综合考虑订立遗嘱或者遗赠的时间先后、二者的形式合法性、被继承人的意思表示是否真实等条件综合判断。也就是说，如果彭伯伯没有与陈叔叔签订遗赠扶养协议，而是先订立了遗嘱将房屋遗赠给侄子彭甲，后又订立遗嘱将房屋赠与妻子刘阿姨，则根据民法典的规定，以订立在后的遗嘱效力优先，即该房屋应归刘阿姨所有。同时需要注意，根据《民法典》第一千一百二十四条的规定，遗赠与遗嘱相比，程序上设置了需要受遗赠人接受的环节，即受遗赠人应当在知道受遗赠后六十日内，作出接受或者放弃受遗赠的意思表示；到期没有表示的，视为放弃受遗赠。

遗赠扶养协议本质上是一个民事合同，但因其内容的特殊性，因而与一般的民商事合同有所不同。《民法典》继承编反映了社会化养老趋势将逐渐迈入正轨，为了适应这种趋势，遗赠扶养协议的应用范围也会逐步扩大到一些专门的组织和机构，为了保护这种交易的顺利进行，法律赋予遗赠扶养协议以最优的法律效力。《民法典》继承编在充分尊重被继承人的个人意志的基础上，也最大限度地考虑了物尽其用的原则，以保证继承制度更加符合社会需求。

遗赠思维导图

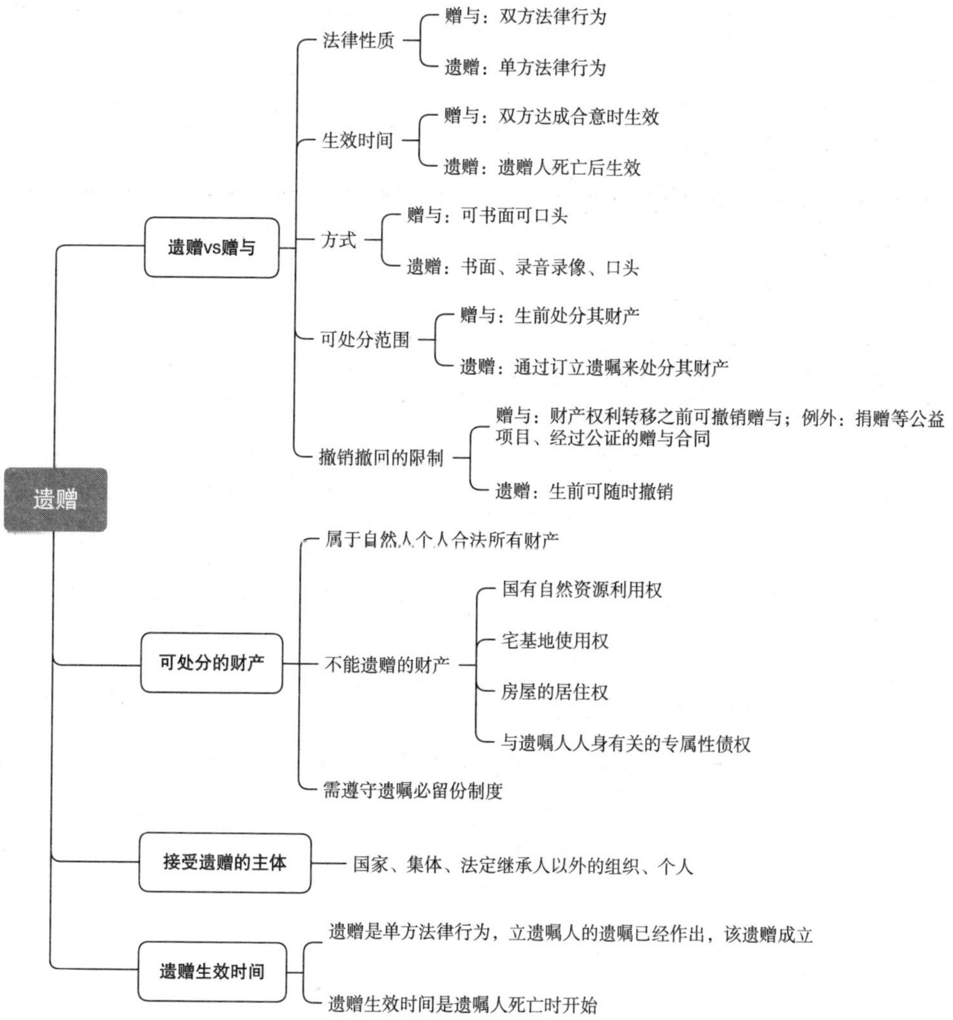

接上图

- 遗赠
  - 接受遗赠的意思表示
    - 方式
      - 明示 —— 向法院提起诉讼；向公证机关提出办理继承公证的申请；向人民调解组织提出调解申请；向其他继承人或遗产管理人提出
      - 默示 —— 存在较大法律风险
    - 对象 —— 法律没有明确规定受遗赠人应当向何人作出意思表示
  - 受遗赠人接受遗赠的时间
    - 生前知晓 —— 从遗嘱人死亡之日计算
    - 死后知晓 —— 自受遗赠人知道遗赠之日起60日内
  - 丧失受遗赠权利
    - 故意杀害被继承人的
    - 为争夺遗产而杀害其他继承人
    - 遗弃被继承人、虐待被继承人，情节严重
    - 伪造、篡改、隐匿或者销毁遗嘱，情节严重
  - 延伸问题
    - 法律允许遗赠附有义务，但不能违反法律的强制性规定、不违背公序良俗
    - 遗赠人有权按照自己的意愿，订立遗嘱的方式将自己的遗产赠送给他人，不需要经过继承人或受遗赠人的同意
    - 通过代书遗嘱、打印遗嘱、录音录像遗嘱、口头遗嘱进行遗赠的，需要见证人
    - 受遗赠人先于遗赠人去世的，根据《民法典》第1154条，遗产中有关部分按照法定继承处理
    - 受遗赠人放弃受遗赠
      - 遗嘱人有继承人的，有关部分按法定继承处理
      - 遗嘱人无其他继承人的
        - 属于集体所有制组织成员的，所涉遗产归该组织所有
        - 不属于集体所有制组织成员的，所涉遗产归国家所有，用于公益事业
    - 受遗赠人接受遗赠后，在遗产分割前死亡的，其接受遗赠的权利转移给他的继承人
    - 遗赠是于遗嘱人死后才发生法律效力，故遗赠生效时，遗嘱人已去世，已无法再作出“撤销”的意思表示，故遗赠不能发生撤销的法律效果，但遗嘱人可于生前撤回遗赠

签订遗赠扶养协议思维导图

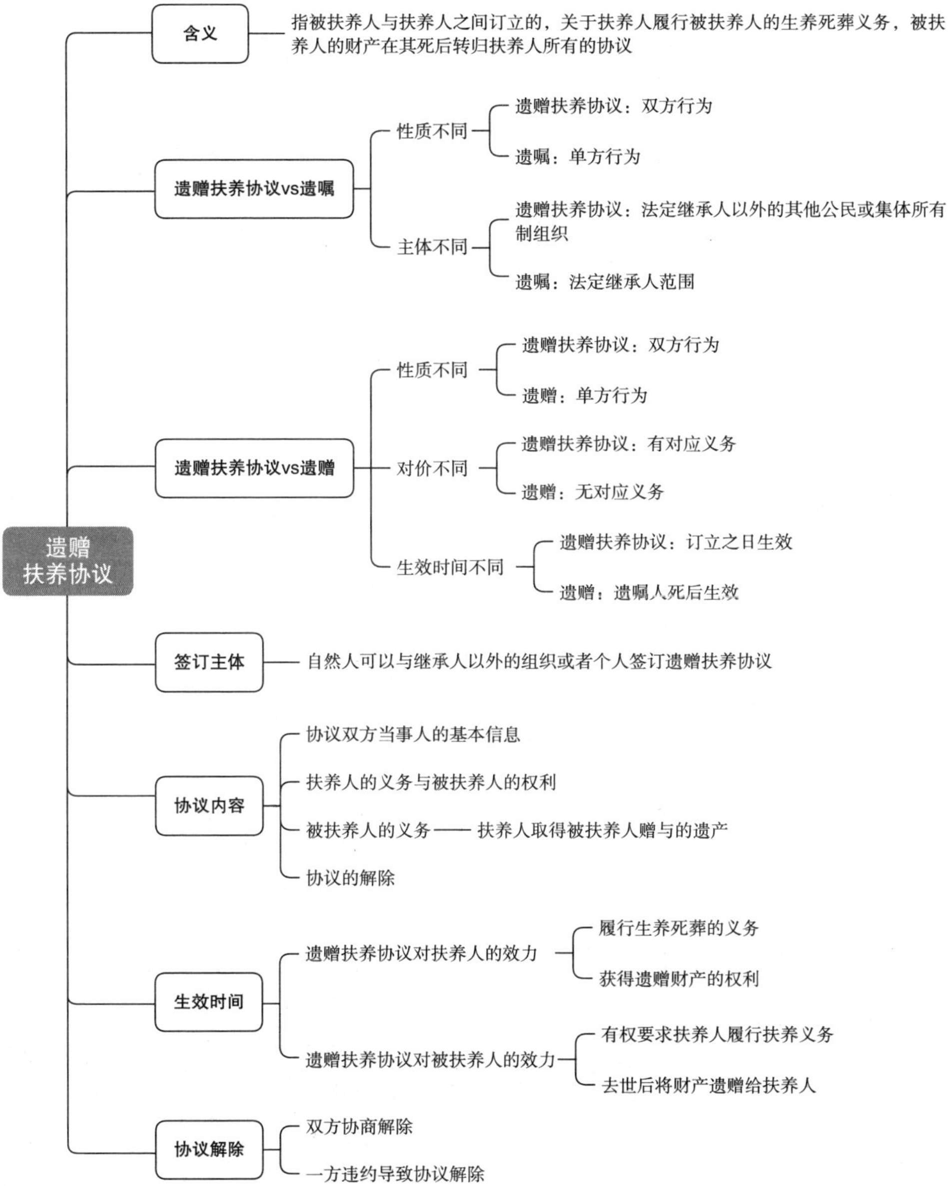

接上图

- 遗赠扶养协议
  - 延伸问题
    - 无民事行为能力人的监护人能否代为签订遗赠扶养协议
      - 可以，但监护人必须为被扶养人的利益所为，否则不得处分被扶养人的财产，不得损害被扶养人的合法权益
    - 被扶养人死亡后，扶养人是否根据遗赠扶养协议当然取得遗赠财产
      - 遗赠扶养协议签订没有违反法律强制性规定、双方自愿、双方签订时具有民事行为能力
      - 扶养人履行了生养死葬义务
    - 遗赠扶养协议的扶养人先于被扶养人死亡的，扶养人的继承人能否继承遗产
      - 遗赠扶养协议的权利义务内容涵盖生养死葬，若扶养人先于被扶养人死亡，则必然无法继续履行扶养照顾被扶养人以及在被扶养人去世后办理丧葬事宜的义务。在扶养人基于死亡无法全面履行遗赠扶养协议的情况下，相应地也无法在被扶养人死亡后取得协议约定的遗产
    - 被扶养人与扶养人签订遗赠扶养协议后，无正当理由拒绝对方扶养的
      - 解除协议
        - 双方协商一致同意，或者继续履行协议将产生背离协议目的的效果即无法实现对老年人权益的保障，则协议可解除，但被扶养人应当对扶养人已经支付的供养费用进行补偿
      - 继续履行
        - 扶养人不同意解除协议且继续履行有利于保障被扶养人的权益
    - 扶养人不履行遗赠扶养协议时，被扶养人该怎么办
      - 如果扶养人无正当理由不履行协议约定的义务，或者以非法手段谋取被扶养人的财产，经被扶养人或者被扶养人的亲属或有关单位请求，人民法院可以判决解除遗赠扶养协议
      - 如果扶养人不认真履行扶养义务，致使被扶养人经常处于生活困难、缺乏照料的情况的，人民法院可以酌情对遗赠财产的数额给予限制
    - 因扶养人无正当理由不履行协议导致协议解除的，是否需补偿其已支付的供养费
      - 扶养人无正当理由不履行，导致协议解除的，不能享有受遗赠的权利，其支付的供养费用一般不予补偿
    - 遗赠扶养协议与遗嘱发生冲突，如何处理
      - 遗赠扶养协议效力优于遗嘱
    - 在法定继承、遗嘱（遗赠）、遗赠扶养协议并存的情况下，哪个效力优先
      - 被继承人生前无立下有效遗嘱，则应按照法定继承的范围和顺序发生继承
      - 遗赠扶养协议与遗嘱或者遗赠的遗产处理方式存在冲突的，优先按照遗赠扶养协议处理，与协议相抵触的遗嘱或遗赠全部或者部分无效
      - 若对于同一财产，既有遗嘱又有遗赠时，则需综合考虑订立遗嘱或者遗赠的时间先后、二者的形式合法性、被继承人的意思表示是否真实等条件综合判断

第五章　遗产的处理、遗嘱执行人以及遗产管理人

478. 遗产分割的原则有哪些？

根据民法典继承编的相关规定，我们可以把遗产分割的原则总结为：物尽其用原则、有利于生产生活原则，一般情况下均等分配、特殊情况不均等分配原则。

在遗产分割中，应当不损害遗产的使用价值，要使遗产发挥最大效益，考虑是否有生产效益，是否有利于生活的需要。我们可以通过一个例子去理解。

小明和大明的父亲过世后，留了一套学区房给他们两个，大明名下没有房子，也没有生育小孩；小明名下有2套房屋，还有一个准备上小学的小孩，父亲留下的学区房正好对口小孩的学校。大明小明都想要这套学区房的产权，双方对这套学区房的产权归哪一方争执不下，双方诉至法院。最后法院判决学区房归大明，由大明对小明进行折价现金补偿。

既然遗产的分割要考虑生产、生活的需要，现在小明的小孩要上学，为什么法院不将这套学区房产权归小明，让小明的小孩可以上学。法院在该案中还考虑了大明由于名下没有房子，没有地方可以住，相较于小明的小孩上学，该案中充分考虑了大明基本生活的需要，将房屋产权判给了大明，保障大明基本的生活需求。

在遗产分配上，遗产分割要遵循一般情况下平均分配，特殊情况可以不均等分配的原则。在继承人条件都差不多的情况下，一般都遵循均等分配原则。如果在继承人中出现下面几种特殊情况，可以不均等分配：区分特殊情况，进行多分、少分或者不分。

（1）生活有困难又缺乏劳动能力的继承人，大致可以归纳为：没有收入来源的老、幼、病、残。

（2）对有能力扶养被继承人，而又没有尽到扶养义务的继承人，对其应当不分或者少分遗产。

（3）最后，遗产的分割也尊重继承人的真实意愿，如继承人都同意的情况下，可以按照继承人的意思进行不均等分配。

479. 对于夫妻共有的财产，在发生继承时，如何处理？

《民法典》第一千一百五十三条第一款规定："夫妻共同所有的财产，除有约定的外，遗产分割时，应当先将共同所有的财产的一半分出为配偶所有，其余的为被继承人的遗产。"

因此，如果夫妻双方有签署协议约定财产归各自所有，则按双方协议约定确定各自的财产；如果夫妻双方没有签署婚内财产协议，对夫妻财产未作约定，就要根据财产的状况来判断属于共同财产还是个人财产。

对于夫妻共有的财产，在发生继承时，需要先分割出个人财产，只有属于被继承人的个人财产，才能作为被继承人的遗产，故而在针对夫妻共有财产部分，应先要将共同财产的一半分出来预留给配偶，剩下的一半方可作为遗产进行分割。

被继承人的婚前财产、明确指定受赠人为其个人的财产、专用生活用品等，这些都属于个人财产，因此，在发生继承时，也可以作为遗产进行继承处理。

480. 对于家庭共有的财产，在发生继承时，如何处理？

《民法典》第一千一百五十三条第二款规定："遗产在家庭共有财产之中的，遗产分割时，应当先分出他人的财产。"

比如，张三有一个厂房，厂房的产权登记了张三一家四口的名字，每人各占25%的所有权，该厂房的产权属于按份共有，张三死亡后，只有张三所占25%的所有权才属于遗产，其他三人的份额应当保留，不能作为遗产进行分割。但在实务中，也有些财产本身并没有明确家庭成员之间的份额，这就需要在办理继承公证及过户时，需要其他共有人一起明确各自的份额。

481. 对于同居期间形成的财产，在发生继承时，如何处理？

对于以夫妻共同生活的男女，但又不办理结婚登记的，都属于同居关系。因此，同居期间形成的财产，在继承时会根据不同的情况处理：

（1）双方具有事实婚姻关系，相互作为法定第一顺序继承人。

具有事实婚姻关系的男女双方，在事实婚姻同居期间形成的财产要按照婚姻法来认定是否属于夫妻共同财产。死者的婚前个人财产，可以全部作为遗产，配偶则是第一顺序的继承人。双方共有的财产，在继承时要分割出一半作为配偶的财产，剩余的一半作为遗产进行继承。

（2）双方不具有事实婚姻关系，相互之间无法定继承资格。

当双方不具有夫妻关系时，一方自然不会是另一方的法定继承人。当一方死亡，另一方并不理所当然能继承遗产。

一方同居前形成的财产，另一方无出资，那么该财产就是一方的个人财产。在其死亡后，全部作为遗产处理。双方在同居期间形成的财产，也并不理所当然地属于共同财产，原则上要按约定认定份额。在无约定的情况下，一般按出资比例认定份额。对于共有财产，在继承之前须将他人的共有份额分割处理，剩余部分才能作为遗产进行继承。

最后需要注意的是，双方所生的子女虽然是非婚生子女，但其地位与婚生子女平等，是法定第一顺序继承人。

482. 如何办理公司股权的继承？

公司股权分为股东资格以及对应的财产权，如公司章程规定了禁止通过继承方式取得股东资格的行为，继承人则只能对股权折价后对应的财产权进行继承。

如公司章程没有限制继承人继承股东资格的规定，那么，如自然人股东死亡后，继承人自然可以依据《民法典》第一千一百二十三条的规定，对其所有的股权进行继承。有遗嘱的，依照遗嘱发生继承，没有遗嘱的，对股权进行均等份额的分割。

这里有一个容易混淆的地方，在股权转让过程中，一般都规定股东对转让的股权在同等条件下，有优先购买权。但对于因继承而发生转让的股权，股东不能以《公司法》第七十一条的规定行使优先购买权。

483. 如何办理保险的继承？

继承法意义上的保险包括商业保险的现金价值和保险金以及养老保险的保险金：

在商业保险合同中，如被保险人已经指定了受益人的，在被保险人死亡后，被保险人的人身保险金应支付给受益人；如保险合同中未指定受益人的，在被保险人死亡后，其人身保险金则依据《民法典》第一千一百二十七条规定的继承顺序即法定继承办理继承。

根据《社会保险法》第十四条“个人死亡的，个人账户余额可以继承”的规定，参加职工基本养老保险的个人死亡后，其个人账户中的余额可以作为遗产依法办理继承。

484. 如何办理境外财产的继承？

一般而言，财产所在地国家或区域对于“继承”的手续均有所要求。以我们国家为例，继承人需要在公证处办理了继承公证后，才可以去相关部门办理取款、过户手续。因此，对于境外的财产，我们建议当事人了解该地继承所需要的手续文件。

如继承人之间无法达成一致意见需要诉讼解决的，宜在财产所在地法院进行该遗产继承的诉讼。即使死者在境内有部分遗产，境外有部分遗产，继承人也可以分别在两地法院起诉处理境内、境外的遗产。因为，法院判决生效后还涉及强制执行的事宜。大多数情况下，两地之间没有相互承认的条约，境外的判决难以拿到境内执行，境内的判决难以拿到境外执行。

485. 居住在境外的继承人如何继承内地的遗产？

居住在境外的继承人有两种方式继承内地的遗产，通过诉讼继承或者公证继承。

例如：某客户有个哥哥，哥哥居住在境外，他们的父母去世后，在内地留有一处房产。客户与哥哥都是继承人，房产在内地。

（1）现场办理继承公证：在境外的继承人需要先对自己的相关证明文件：亲属关系证明、身份证件等进行公证、认证手续，并经外交认证。上述材料经外交认证后，和内地的继承人一起到内地的公证处办理继承公证手续。

（2）境外委托继承公证：如果不便从境外回国办继承手续的，可以在境外先办理委托公证，并对相关证明文件包括授权委托书、亲属关系证明等文件进行公证、认证手续，并经外交认证。

上述继承权证明文件经外交认证后，在内地的继承人即可以和境外继承人授权的受托人一起到内地的公证处办理继承公证。

486. 能否拿着遗嘱去银行领取被继承人的银行存款？

中国银保监会、中国人民银行在 2021 年 1 月 28 日颁布《关于简化提取已故存款人小额存款相关事宜的通知》，根据该通知的规定，继承人在特定的条件下可以在银行支取小额存款。

第一，可以在同一法人银行业金融机构的账户支取合计不超过 1 万元人民币，各地银行可以上调支付金额，最高不得超过 5 万元。

第二，被继承人的配偶、子女或父母，凭着被继承人的死亡证明以及取款人的亲属关系证明，不管有没有拿着遗嘱，都可以办理取款。

第三，其他继承人或受遗赠人需要提供被继承人的死亡证明以及经公证的遗嘱，才可以办理取款。没有公证遗嘱，不能办理取款。

对于剩余的存款，继承人需要在公证处办理继承公证后方可支取。

487. 夫妻一方死亡后另一方再婚的，有权处分所继承的财产吗？

《民法典》第一千一百五十七条规定："夫妻一方死亡后另一方再婚的，有权处分所继承的财产，任何组织或者个人不得干涉。"

夫妻一方死亡后，另一方作为继承人有权继承其遗产。继承自被继承人死亡时开始，即使另一方再婚后才办理了继承手续，其继承的财产均为他的个人财产。因此，无论是原家庭成员，还是再婚后的配偶，均无权干涉他对财产的处理。

488. 夫妻离婚后不直接抚养孩子（特指未成年人）的一方死亡，遗产归小孩的，小孩的抚养权人有权处分小孩所继承的财产吗？

夫妻离婚后不直接抚养孩子的一方死亡，小孩从死亡一方取得遗产的，小孩的抚养权人一般不能处分小孩子的财产。因为小孩子的父母离婚了，其父亲或母亲死亡后，父母之间相互不发生继承。在死者没有订立遗嘱明确遗产不给小孩子的情况下，小孩有权以继承人的身份继承其所应得的被继承人遗产，且该遗产属于小孩子的个人财产，与直接抚养孩子的一方（父或母）无关。

根据《民法典》第二十七条第一款的规定，父母是未成年子女的监护人，故直接抚养孩子一方父母只是作为孩子的监护人。

《民法典》第三十五条第一款规定："监护人应当按照最有利于被监护人的原则履行监护职责。监护人除为维护被监护人利益外，不得处分被监护人的财产。"

据此，小孩的抚养权人应当按照最有利于小孩的原则履行监护职责。在一般情况下，除非是为了维护小孩子的利益，否则小孩的抚养权人不得处分小孩的财产。例如，若小孩在过世的母亲处继承了一辆轿车，由于孩子年仅三岁，孩子无法驾驶该轿车，若轿车长期停放不使用，必定贬值且产生相关维修费，故直接抚养孩子一方在该情况下，可以决定出售该轿车以维护孩子的利益。

489. 生前赠与他人财产的，继承人是否可以撤销赠与？

在现实生活中，有些人在临去世之前，将财产赠与他人。这个他人往往不是其子女，不是第一顺序的继承人。需要注意的是，此人在生前赠与财产，而不是立遗嘱说死后赠与他人财产。比如，有位老人觉得子女不孝顺，在临死前与公益机构签订赠与合同，打算将名下的两套房子赠与该公益机构。老人去世后，子女在办理继承的过程中，公益机构主张老人已经将房子赠与他们，要求该子女履行该赠与合同。那么，该公益机构可以要求老人的子女继续履行该赠与义务吗？子女是否可以认为损害其利益而撤销呢？

（1）关于能否要求继承人继续履行被继承人生前签订的赠与合同

《民法典》第六百五十七条规定："赠与合同是赠与人将自己的财产无偿给予受赠人，受赠人表示接受赠与的合同。"

赠与合同属于诺成性合同，即当事人如果就财产赠与达成了一致的意见，赠与合同就生效了。但是合同生效并不意味着受赠人就获得了财产的所有权。《民法典》第六百五十八条规定："赠与人在赠与财产的权利转移之前可以撤销赠与。经过公证的赠与合同或者依法不得撤销的具有救灾、扶贫、助残等公益、道德义务性质的赠与合同，不适用前款规定。"即赠与人享有任意撤销赠与的权利，可以在赠与财产的权利转移之前撤销赠与。所以，如果赠与合同涉及的是房子等不动产，则需要进行登记才能转移所有权，在进行登记之前，赠与人都可以撤销赠与；如果赠与合同涉及的是存款、车辆等动产，那么在实际交付这些财产之前，赠与人也可以撤销赠与。

然而，赠与人此时已经死亡，不可能作出撤销赠与的意思表示，故受赠人有权要求继承人继续履行被继承人生前签订的赠与合同。况且，上述例子是公益性赠与，就连老人本人都不能任意撤销赠与。

（2）继承人是否享有撤销赠与的权利

一般来说，任意撤销权只属于赠与人的权利。但此处讨论的是赠与人死亡后的情况，即赠与人因死亡已无法行使任意撤销权了，其继承人在特定情况下是否能行使撤销权？

《民法典》第六百六十四条第一款规定："因受赠人的违法行为致使赠与人死亡或者丧失民事行为能力的，赠与人的继承人或者法定代理人可以撤销赠与。"若是因受赠人的违法行为导致赠与人死亡的，继承人可以撤销赠与。除此之外，继承人不能撤销赠与。

490. 对于不宜分割的遗产，可以采取什么方式处理？

遗产分割是各共同继承人按其份额进行分配，以消灭遗产的共同所有关系为目的的一种法律行为。遗产份额发生在多个继承人共同继承的场合，遗产分割的效果是各共同继承人的共同共有关系的消灭，遗产上的权利义务分别归属于各个继承人，各继承人之间的连带债务责任，也因遗产的分割而终止。被继承人留下的遗产多种多样，有容易分割的财物，也有不宜分割的财物，具体如何分割才能充分发挥遗产的最大价值呢？

《民法典》第一千一百五十六条第二款规定："不宜分割的遗产，可以采取折价、适当补偿或者共有等方式处理。"

所谓"不宜分割的遗产"，是指如对遗产标的物本身进行实物分割，可能会改变其性质或损害其实际效用的遗产。"不宜分割的遗产"仅仅是"不宜"分割实物，而不是绝对不能分割。继承人一般都属于具有一定亲属关系的人，对于"不宜分割的遗产"，可以引导继承人本着互谅互让、和睦团结的精神，根据"有利于生产和生活需要，不损害遗产的效用"的原则，按照遗产标的物的种类、性能、经济作用以及继承人的需求、能力等，采取折价、适当补偿或共有等方法处理。根据这一规定，遗产分割的方式主要包括以下四种：

（1）实物分割

遗产分割在不违反前述分割原则的情况下，可以采取实物分割的方式。对可分物，可以作总体的实物分割。如对粮食，可划分出每个继承人应继承的数量；但对不可分物，则不能作总体的实物分割，只能作个体的实物分割。如对电视机、电冰箱等以整体发挥功能效用的物，就只能将其作为一个整体进行分割，否则将导致物的破坏且不能继续发挥效用。对不可分物不能作实物分割的，应当采取折价补偿的办法即补偿分割。

（2）变价分割

如果遗产不宜进行实物分割，或者继承人都不愿意取得该种遗产，则可以将遗产变卖，换取价金。然后，由继承人按照自己应继承份额的比例，对变卖后的价金进行分割。使用变价分割的方式分割遗产，实际上是对遗产的处分。所以，遗产的变卖应当经过全体继承人的同意。

（3）补偿分割

对于不宜实物分割的遗产，如果继承人中有人愿意取得该财产，则由该继承人取得遗产的所有权。然后，由取得该遗产所有权的继承人按照其他继承人应继承份额的比例，分别补偿给其他继承人相应的价金。应当指出的是，如果继承人中有多人愿意取得遗产的所有权，经协商无法达成协议，则应当根据继承人的实际需要和能力，从有利于发挥遗产效用的角度出发，确定由某个继承人取得。

（4）保留共有

遗产不宜进行实物分割，继承人又都愿意取得遗产的，或者继承人基于某种生产或生活需要，愿意继续保持遗产共有状态的，则可以采取遗产保留共有的分割方式，由继承人对遗产享有共有权，其共有份额按照应继承份额的比例确定。但是，在共有分割之后，继承人之间就不再是原来的遗产共有关系，而变成了普通的财产按份共有关系。

（5）实务需要注意的问题

对上述折价的方法及补偿的金额等，应采取继承人协商的方式进行，如经协商达不成一致，则应当根据继承人的实际需要和利用遗产的能力，遵循物尽其用的原则，从更好地发挥遗产效用的角度出发，由人民调解委员会调解或人民法院诉讼确定由某个继承人取得。

491. 执行遗嘱是否需要清偿债务和税费？清偿顺序是什么？

依据《民法典》第一千一百五十九条①及第一千一百六十二条②规定可以得出，无论是法定继承、遗嘱继承还是遗赠，取得遗产者都需要分别按照不同的情况，在结清了相应债务及税费后，才能获取相应的遗产及遗赠财产。

（1）关于取得遗产价值的规定

"限定继承原则"是继承人取得遗产所需遵循的基本原则。限定继承原则，是指继承人清偿被继承人的遗产债务只以遗产的实际价值为限，超过遗产实际价值的部分，继承人不负清偿责任。也就是说，继承人对被继承人的遗产债务承担的是以继承的遗产实际价值为限的有限清偿责任，而非无限清偿责任。继承人接受遗产后，对于被继承人生前依法应当缴纳的税款和个人所欠债务，仅在其接受的遗产的实际价值范围内，承担清偿义务。对于超出遗产实际价值的债务，可以不负清偿责任。当然，对于继承人自愿偿还超过所得遗产实际价值部分的被继承人生前应缴纳的税款和个人所负的债务的，属于继承人权利自治的范畴，法律对此并不进行限制。

如果继承人放弃继承，放弃继承的继承人不应承担遗产债务，即不应承担被继承人生前依法应缴纳的税款和所负的个人所欠债务。

---

① 《民法典》第一千一百五十九条：分割遗产，应当清偿被继承人依法应当缴纳的税款和债务；但是，应当为缺乏劳动能力又没有生活来源的继承人保留必要的遗产。

② 《民法典》第一千一百六十二条：执行遗赠不得妨碍清偿遗赠人依法应当缴纳的税款和债务。

（2）既有法定继承又有遗嘱继承、遗赠的情况下，被继承人的债务及税费如何承担及顺序

由《民法典》第一千一百六十三条规定①可知，既有法定继承又有遗嘱继承和遗赠的情况下，三种继承方式的继承人或受遗赠人清偿遗产债务顺序的规定如下：

在遗产已经被分割而尚未清偿遗产债务的情况下，如果在同一继承关系中既有法定继承又有遗嘱继承和遗赠的，从保护债权人利益的角度出发，同时考虑到各种继承方式的法律效力，清偿被继承人的债务应当遵循以下顺序：首先由法定继承人在其实际继承遗产的价值的范围内清偿被继承人依法应当缴纳的税款和债务；如其继承的遗产实际价值不足以清偿被继承人的全部债务时，剩余的债务则由遗嘱继承人和受遗赠人按比例所得的遗产清偿被继承人的债务。

492. 被执行人死亡，人民法院能否强制执行遗产继承人的财产？

《民法典》第一千一百六十一条规定：“继承人以所得遗产实际价值为限清偿被继承人依法应当缴纳的税款和债务。超过遗产实际价值部分，继承人自愿偿还的不在此限。继承人放弃继承的，对被继承人依法应当缴纳的税款和债务可以不负清偿责任。”

据此，继承人只需以其从被继承人处所得遗产实际价值为限清偿被继承人的税款和债务，即人民法院只能以遗产继承人从被继承人处取得遗产的实际价值为限去强制执行继承人的财产，至于遗产继承人的个人财产，法院不得执行。法律之所以这样规定，是由于遗产继承本来属于获利行为，若在继承遗产时，因被继承人生前仍有未缴税款及债务等原因导致继承人需要为此额外承担清偿责任的，违背了遗产继承为获利行为的原则，无异将被继承人的债务转嫁到继承人身上，不符合立法者的本意。

493. 如何确定遗嘱执行人？

《民法典》第一千一百三十三条第一款规定：“自然人可以依照本法规定立遗嘱处分个人财产，并可以指定遗嘱执行人。”即，遗嘱执行人由被继承人在遗嘱中指定。这也是遗嘱执行人唯一的产生方式。

同时，《民法典》第一千一百四十五条也规定：“继承开始后，遗嘱执行人为

---

① 《民法典》第一千一百六十三条：既有法定继承又有遗嘱继承、遗赠的，由法定继承人清偿被继承人依法应当缴纳的税款和债务；超过法定继承遗产实际价值部分，由遗嘱继承人和受遗赠人按比例以所得遗产清偿。

遗产管理人；没有遗嘱执行人的，继承人应当及时推选遗产管理人；继承人未推选的，由继承人共同担任遗产管理人；没有继承人或者继承人均放弃继承的，由被继承人生前住所地的民政部门或者村民委员会担任遗产管理人。”

由上述规定可知，若被继承人没有指定遗嘱执行人的，遗嘱执行人应该由遗产管理人担任。解决如何确定遗嘱执行人这一问题，实际上就是解决如何确定遗嘱管理人。

首先，我们要了解一下什么是遗产管理人。遗产管理人，是指对死者的财产进行妥善保存和管理分配的人。遗嘱执行人，是指有权执行遗嘱人所立遗嘱，使遗嘱内容得以实现的人或组织，包括处理被继承人身后之事、遵照遗嘱人的意愿分配遗产的行动或活动。遗产管理人与遗嘱执行人是包含关系，遗产管理人还包括遗产保管人等。通常情况下，遗嘱执行人是被执行人在遗嘱中明确指定的人，因此遗嘱执行人只适用于遗嘱继承的情形；而遗产管理人可以适用于法定继承、遗赠、无人继承遗产等其他所有情形。我国法律暂时没规定除了遗嘱约定方式以外如何确定遗嘱执行人，在继承开始后，遗嘱执行人将成为遗产管理人，故如何确定遗嘱执行人，我们认为可以参照《民法典》第一千一百四十五条之规定，以确定遗产管理人的方式确定遗嘱执行人，具体如下：

被继承人生前立有遗嘱明确指定遗嘱执行人的，该遗嘱执行人为遗产管理人，即遗产管理人就是遗嘱执行人。

没有遗嘱执行人的，继承人为遗产管理人，继承人为多人的，应当及时推选遗产管理人，由遗产管理人作为遗嘱执行人。

继承人未推选遗产管理人的，由全体继承人共同担任遗产管理人，由遗产管理人作为遗嘱执行人，以保证遗产的公平、合理分割。全体继承人行使遗产管理人的职责时，应以多数原则决议遗产管理事项。

没有继承人或者继承人均放弃继承的，由被继承人生前住所地的民政部门或者村民委员会担任遗产管理人，由遗产管理人作为遗嘱执行人。

总的来说，若被继承人生前有立遗嘱的，遗嘱中明确有指定遗嘱执行人的，该人员为遗嘱执行人；若被继承人没有订立遗嘱确定遗嘱执行人的，参照《民法典》中关于确定遗产管理人的规定确定遗产管理人，该遗产管理人为遗嘱执行人。

494. 遗嘱执行人对谁负责？

由于我国法律暂时没有针对遗嘱执行人对谁负责的相关规定，结合遗嘱执行人在继承后成为遗产管理人的特性，故遗嘱执行人具体需要对谁负责，可以参照遗产管理人的相关规定。

《民法典》第一千一百四十七条规定："遗产管理人应当履行下列职责：（一）清理遗产并制作遗产清单；（二）向继承人报告遗产情况；（三）采取必要措施防止遗产毁损、灭失；（四）处理被继承人的债权债务；（五）按照遗嘱或者依照法律规定分割遗产；（六）实施与管理遗产有关的其他必要行为。"《民法典》第一千一百四十八条规定："遗产管理人应当依法履行职责，因故意或者重大过失造成继承人、受遗赠人、债权人损害的，应当承担民事责任。"

由上述法条可以看出，遗嘱管理人的主要职责为制作遗产清单，向继承人报告遗产情况、防止遗产毁损灭失、处理被继承人的债权债务等职责，由此可以推断，遗产管理人需对包括继承人、受遗赠人、债权人等人员负责，即遗嘱执行人也需要对包括继承人、受遗赠人、债权人等人员负责。

495. 遗嘱执行人有权获得报酬吗？

遗产管理是一项复杂的管理活动，特别是在遗产较多的情况下，遗产管理人往往需要付出较多的劳动和时间，而且遗产管理人负有法定职责，在因故意或者重大过失给继承人、受遗赠人、债权人造成损害时还要承担法定责任。因此，学术界一般认为，遗产管理人应当有权利获得与自己劳动相应的报酬，这在一定程度上能够激励其尽职管理，也有利于实现权利义务的统一。

遗嘱执行人担任遗产管理人的，能否要求报酬，主要看当事人对此事项是否有约定。一般而言，被继承人指定遗嘱执行人的，会给付报酬。比如在遗嘱中写明，或者另行签订协议约定。若被继承人在遗嘱中未写明给予报酬，也未另行签订协议的，遗嘱执行人可否请求报酬？学者们对此问题认识不一。法律对此也没有明确规定，若以后出台的法律中对此有规定的，应依据法律规定处理。

496. 遗嘱执行人可以转委托吗？

《民法典》第一千一百三十三条第一款规定："自然人可以依照本法规定立遗嘱处分个人财产，并可以指定遗嘱执行人。"我国法律只确定了遗嘱指定的方式产生遗嘱执行人。

由于我国法律还没有明确规定遗嘱执行人能否转委托给第三人作为遗嘱执行人，我们认为，关于遗嘱执行人能否转委托，应该参考《民法典》第一百六十九条关于转委托的法律规定。

《民法典》第一百六十九条规定："代理人需要转委托第三人代理的，应当取得被代理人的同意或者追认。转委托代理经被代理人同意或者追认的，被代理人可以就代理事务直接指示转委托的第三人，代理人仅就第三人的选任以及对第三人的指示承担责任。转委托代理未经被代理人同意或者追认的，代理人应当对转委托的第三人的行为承担责任；但是，在紧急情况下代理人为了维护被代理人的利益需要转委托第三人代理的除外。”

因为遗嘱执行人执行遗嘱时，被继承人死亡是前提条件，即依据上述条文可知，一般情况下，因作为被代理人的被继承人，在遗嘱执行人需要转委托时，已近死亡，故遗嘱执行人无法取得被继承人的同意或追认，故不能进行转委托。但在紧急情况下遗嘱执行人为了维护被继承人的利益需要转委托第三人作为遗嘱执行人的，因为该转委托的行为目的在于保护遗产的价值，实际上该行为是有利于各继承人的，故对该转委托行为应该予以确认。

497. 遗嘱执行人与法定监护人在管理遗产时发生冲突怎么办？

遗嘱执行人，顾名思义就是按照遗嘱人的意志执行遗嘱的人。法定监护人，是指按照法律规定担任无民事行为能力人和限制民事行为能力人的监护人，履行监护职责的人。

根据《民法典》第一千一百四十五条的规定，遗嘱执行人在继承开始之后便成为遗产管理人，其职责之一就是按照遗嘱或者依照法律规定分割遗产。同时也根据法律规定，监护人的监护职责包括管理和保护被监护人的财产。

假设李四立遗嘱，将属于其个人份额的财产指定由儿子李小四继承，并指定李四母亲张三作为遗产执行人。当李四不幸意外身亡，发生继承时李四的母亲张三就是遗产管理人。此时，李小四尚未成年，李四的妻子王五是李小四的法定监护人。李四生前欠银行的贷款到期，如不及时偿还会产生利息，且银行会起诉拍卖相应的房屋，会对李四的遗产造成损失。张三认为需要及时变卖一些股票以偿还贷款；王五则认为这些财产是她儿子的，不应该出售股票，她才是儿子的法定监护人，才有权管理这些财产。当发生这类冲突时，该如何处理？

显然，李四去世后，遗产尚未处理前，财产依然还是遗产，而并没有转为李小四的财产。王五虽然是李小四的法定监护人，但仍不能对遗产进行管理。此时，依然在继承的过程中，应当由遗产管理人张三管理。当李小四把遗产继承下来后，如办理了继承公证手续及过户等，遗产才会转为李小四的个人财产。此时，王五作为儿子的法定监护人，则有相应的财产管理权。

498. 遗嘱执行人侵害其他继承人权益时如何救济？

根据《民法典》第一千一百四十五条的规定，继承开始后，遗嘱执行人为遗产管理人；没有遗嘱执行人的，继承人应当及时推选遗产管理人；继承人未推选的，由继承人共同担任遗产管理人。

在受到遗嘱执行人侵害时，其他继承人可以走法律途径，向法院起诉遗嘱执行人侵权行为。遗嘱执行人与继承人可能还会存在合同关系，遗嘱执行人违反约定作为义务损害继承人的人身或者财产权益，继承人亦可请求遗嘱执行人承担违约责任。

499. 遗嘱执行人侵害其他继承人权益时需要承担什么侵权责任？

遗嘱执行人的侵权行为分为作为侵权以及不作为侵权。

作为侵权又称对遗产的积极侵害，例如遗嘱执行人违背遗嘱将遗产分配给遗嘱继承人以外的人、以遗产偿还个人债务、出卖遗产后将价款据为己有、故意毁损遗产、低价转让甚至赠与遗产、不适当的遗产债务清偿等。

不作为侵权就是因负有法定作为义务或约定作为义务而不作为，构成不作为侵权。例如遗嘱执行人没有采取必要措施导致遗产毁损、灭失等。

遗嘱执行人侵害其他继承人权益时承担的有作为侵权责任以及不作为侵权责任，如返还财产、赔偿损失等。

500. 如何确定遗产管理人？

遗产管理人，就是对去世之人的财产进行清理、保存、管理和分配的人，并在管理过程中避免遗产遭受转移、隐藏、侵占、变卖等侵害行为。

根据《民法典》第一千一百四十五条以及第一千一百四十六条的规定，确定遗产管理人的方式有意定、选定、法定、法院指定四种。

（1）意定。由立遗嘱人根据自己个人意思确定遗嘱执行人。在继承开始后，遗嘱中确定的遗嘱执行人优先成为遗产管理人。

（2）选定。由继承人共同推选，立遗嘱人在立下遗嘱时并没有确定遗嘱执行人的情况下，他的继承人应当要及时推选遗产管理人。

（3）法定。根据法律规定直接确定遗产管理人，这种情况就有两种，一是如果继承人没有共同推选遗产管理人的，则由继承人共同担任；二是如果没有继承人或者继承人都放弃继承，那么由被继承人生前住所地的民政部门或者村民委员会担任遗产管理人。

（4）法院指定。如果对遗产管理人的确定有争议的，利害关系人可以向人民法院申请，要求法院指定遗产管理人。

注意，这里法律规定的是“可以”而不是“应当”，所以如果有“争议”并不必然导致法院指定，需要由利害关系人向法院申请。

501. 继承人可以作为遗产管理人吗？

《民法典》第一千一百四十五条规定：“继承开始后，遗嘱执行人为遗产管理人；没有遗嘱执行人的，继承人应当及时推选遗产管理人；继承人未推选的，由继承人共同担任遗产管理人；没有继承人或者继承人均放弃继承的，由被继承人生前住所地的民政部门或者村民委员会担任遗产管理人。”

根据该规定，当遗嘱没有指定遗嘱执行人时，继承人应当及时推选遗产管理人，但没有限定为“推选继承人以外的人作为遗产管理人”。

首先，根据“法无禁止即可为”这一法律的基本原则之一，通俗点说就是只要法律法规中无明确的禁止性规定，公民或法人可以大胆运用自己的私权利，自行约定即为或者不为某些行为。具体到这个问题就是，我们可以在立遗嘱时将自己的继承人确定为自己的遗嘱执行人，在继承开始的时候成为遗产管理人，处分、管理自己的遗产。

其次，根据该规定，继承人未推选遗产管理人的，由继承人共同担任遗产管理人。所以，继承人是可以作为遗产管理人帮助被继承人管理、处分遗产的。

502. 遗产管理人对谁负责？

遗产管理人的存在即是秉持公开、公平、公正的原则对遗产进行管理与分割，以维护遗产安全和完整、保障继承人和债权人的合法权益免受侵害。说白了，就是为了让继承人、受遗赠人、债权人的合法权益不受到侵害而设立的，因此遗产管理人对继承人、受遗赠人、债权人负责。根据《民法典》第一千一百四十八条的规定，遗产管理人如果不好好履行自己的职责，因故意或者重大过失造成继承人、受遗赠人、债权人损害的，应当承担民事责任。

503. 遗产管理人有哪些职责？

继承开始后，遗产管理人应当秉持合法、公平、公正、诚信的原则，对遗产进行清理、保护、管理、分配，以达到保护遗产安全和保障继承人、债权人以及其他利害关系人合法权益不受侵害的目的。根据《民法典》第一千一百四十七条的规定，遗产管理人的法定职责如下：

（1）清理遗产并制作遗产清单。

遗产管理人的首要任务当然是清理、理顺被继承人的遗产的基本情况，并且根据遗嘱的意思制作遗产清单；遗产管理人应当核查遗产清单里面列明的遗产是否存在、有无缺损，遗产管理人应当保障继承人随时查阅。

（2）向继承人报告遗产情况。

遗产管理人在清理梳理遗产并制作好遗产清单后，应通过继承人会议等方式向继承人报告遗产情况；报告遗产情况包括但不限于遗产的范围、遗产的保管人、遗产的折旧程度、遗产是否需要采取特别措施。

（3）采取必要措施防止遗产毁损、灭失。

遗产管理人采取防止遗产毁损、灭失的措施一般有以下几种：一是保存遗产。例如对易腐败、不适宜继续保管或者保管费用过高的遗产采取及时变卖等措施。二是处理被继承人或与被继承人相关的紧急事务。例如支付被继承人的医疗费或者丧葬费。三是缴纳被继承人生前应当缴纳的税费。四是处理被继承人生前经营事务，例如支付工人工资、奖金等。

（4）处理被继承人的债权和债务。

包括确定被继承人的债权债务、代为处理被继承人的债权、清偿税款债务。遗产管理人应当书面通知债权债务人申报。遗产管理人在代为收取债权后，应当妥善保管并及时更新遗产清单并告知继承人。

遗产管理人可以通过发律师函、提起或参加诉讼等方式处理被继承人的债权债务。遗产管理人应当按照法定清偿顺序清偿被继承人的债务。

（5）按照遗嘱或者依照法律规定分割遗产。在清偿债务税款后，若还有剩余财产，应当在继承人之间按照遗嘱进行分配。

（6）实施与管理遗产有关的其他必要行为。

504. 遗产管理人有获得报酬的权利吗？

关于遗产管理人是否能够获得报酬？这个问题的答案是肯定的。《民法典》第一千一百四十九条规定："遗产管理人可以依照法律规定或者按照约定获得报酬。"

遗产管理作为一项劳动，在市场经济下，遗产管理人依照遗嘱处分、管理立遗嘱人的财产，付出劳动、精力、心血等，为了尊重他人的劳动、遵循《民法典》公平原则，遗产管理人获得报酬是肯定的。

505. 遗产管理人的选定顺序有哪些？

根据《民法典》第一千一百四十五条规定，继承开始后，按照如下顺序选定遗产管理人：继承开始后，由遗嘱中确定的遗嘱执行人为遗产管理人管理、处分遗产；如果遗嘱中没有确定遗嘱执行人的，继承人应当及时推选遗产管理人；继承人没有推选的，则由继承人共同担任遗产管理人；没有继承人或者继承人均放弃继承的，由被继承人生前住所地的民政部门或者村民委员会担任遗产管理人。

根据上述法律规定，遗产管理人的产生顺序依次为遗嘱人指定、继承人推选、继承人共同担任、民政部门或者村委会担任，需要注意的是，如果对遗产管理人的确定有争议的，根据《民法典》第一千一百四十六条的规定，利害关系人可以向人民法院申请指定遗产管理人。

506. 遗产管理人制度有何作用？

经济基础决定上层建筑，遗产管理人制度的确定跟我国经济社会条件的变化有着密不可分的联系。我国早在2001年制定的《信托法》中就有涉及遗产管理人的概念，但是在《民法典》出台之前，我国法律中并不存在遗产管理人制度。部分规定中提及“遗产管理人”还是比较零散的。而《民法典》中对遗产管理人的增设，是大势所趋，实际上也是立法对新时代、新挑战的回应。

（1）有利于确定遗产范围。

随着经济的发展，现在的交易方式多种多样，我们的财产种类也是多种多样，比如股权、股票、债权、网络投资、网络虚拟财产等这些财产形式所涉及的价值比较大而且流动灵活，继承人在确定被继承人遗产范围时往往容易忽略该部分遗产。而遗产管理人的其中一个职责就是确定遗产范围，避免财产损失。

（2）有利于保障遗产权利人的利益。

遗产管理人的职责之一就是对遗产进行妥善的管理，避免遗产遭受损失、灭失，并为被继承人收取债权、偿还债务，这些职责归根结底就是为了维护继承人、受遗赠人的合法权益，使其尽早且完整地接受遗产。

（3）有助于无人继承遗产情形下纠纷的处理。

继承开始之后，并不一定会有继承人出现继承遗产。需要注意的是，暂时没有找到继承人并不代表没有继承人，在这个时间段，总不能让遗产就一直地放在某个地方，极其容易被遗忘或是遭受其他人私自处分、转移、隐匿或者侵占，或者自然灭失，因此需要设立遗产管理人制度保护、管理被继承人的遗产。

遗产管理人制度，在继承开始后，有专门的主体秉持公开、公平、公正的原则对遗产进行管理与分割，以维护遗产安全和完整、保障继承人、受遗赠人和债权人的合法权益免受侵害。

507. 被继承人生前委托他人办理事项，但在事项办理途中去世，受托人应如何处理？

一般情况下，受托人应当终止自己的代理行为，但是有特殊情况的除外。

被继承人生前委托他人办理事项，被继承人生前与受托人之间形成的是委托关系。这个问题所涉及的是《民法典》第九百三十四条、第九百三十五条。

委托合同的成立是以双方信任为基础，一般来说，如果委托合同中任一方死亡、丧失民事行为能力，委托人的继承人或者遗产管理人与受托人是否能够取得互相信任还是未知的，为了避免不必要的纠纷出现，法律规定一般情况下委托合同终止，受托人不能继续处理被继承人所委托的事务。当然，还有例外的情形：

第一，合同另行约定即使有委托人死亡情况发生，委托关系仍不消灭。

第二，因委托事务的性质不宜终止的。

第三，如果因为委托人死亡而委托合同终止，委托合同的终止将会损害委托人的利益时，此时的委托合同不能立即终止。受托人还应当采取必要的措施保护对方当事人的利益，直至委托人的继承人、遗产管理人或者清算人表明继续此前的委托事项。若委托属于有偿的，则受托人仍可以请求报酬。

508. 遗产管理人可以转委托吗？

转委托出现于《民法典》委托合同章，根据《民法典》第九百二十三条的规定，受托人应当亲自处理委托事务。经委托人同意，受托人可以转委托。转委托经同意或者追认的，委托人可以就委托事务直接指示转委托的第三人，受托人仅就第三人的选任及其对第三人的指示承担责任。而遗产管理人的委托成立有多种途径，且更多的是尊重被继承人遗愿、保护遗产价值以及保障继承人利益的主观意念设置的，所以不能完全套用委托合同法律关系。这个问题要通过区分遗嘱管理人的确定来源分别处理：

（1）由遗嘱指定的遗嘱管理人，无论是无偿还是有偿，都必须由管理人亲自处理相关事务，除非在遗嘱中明确转委托事项，否则，不能再行转委托。

（2）由继承人推举的管理人，可以通过与继承人协商，如果继承人同意确认，则可将管理人的部分职责转委托他人。

（3）民政部门或村民委员会作为遗产管理人的，其在履职过程中只能授权工作人员具体履职，而非转委托。

（4）由法院指定的管理人，如确有需要，只能通过利害关系人申请法院另行指定管理人，而非管理人自行转委托他人。

509. 遗产管理人侵害其他继承人权益时如何救济？

《民法典》第一千一百四十八条规定，遗产管理人应当依法履行职责，因故意或者重大过失造成继承人、受遗赠人、债权人损害的，应当承担民事责任。

为使遗产可能涉及的债权人、受遗赠人等遗产权利人的利益得到保障，遗产管理人负有善良管理人的注意义务，应当忠实、谨慎地履行管理职责。遗产管理人因故意或重大过失造成继承人、受遗赠人、债权人损害的，应当承担民事责任，对造成的损失予以赔偿。

510. 遗嘱执行人、遗产管理人和遗产保管人这三者有何区别？

遗嘱执行人和遗产管理人，是《民法典》继承编的条款中明确的法律定义。

遗嘱执行人，是由立遗嘱人在遗嘱中指定的执行人。一般而言，立遗嘱人和执行人之间事先有所沟通，明确遗嘱中的执行事务。遗嘱执行人的职权，是根据遗嘱的具体指定而享有的。遗嘱没有明示的，则不享有。在立遗嘱人去世之前，遗嘱执行人一般可能保管遗嘱并掌握财产信息等，以便届时顺利执行遗嘱的相关内容。

遗产管理人是在继承开始后，由法律规定的条件产生，并明确其具体职权的。遗嘱里有指定遗嘱执行人，在发生继承后，遗嘱执行人会自动转为遗产管理人。即使遗嘱里没有指定执行人、管理人，发生继承的时候也可以根据需要产生遗产管理人。

遗嘱执行人与遗产管理人区别主要在于：

（1）产生的来源不同。前者仅能通过遗嘱确定，而后者除了遗嘱，还可以通过继承人共同推举、法院指定等方式确定。

（2）事务的范围不同。遗嘱执行人的仅限于遗嘱指定的事务，而遗产管理人的还可能根据遗产处置期间遇到的债权债务等情势变更做应对和处理。

（3）履行的职责不同。遗嘱执行人仅按遗嘱宣布和处分遗产，而遗产管理人还可以对遗产进行规划管理，并就相关债务等对外事务做相应解决。

（4）诉讼的地位不同。在《民法典》实施后，遗产管理人具有独立的诉讼地位，同时可以申请追加为执行申请人或被执行人。

而遗产保管人，通常是指依法占有并负有保管遗产义务的人，可以由立遗嘱人生前指定，也可以由遗产管理人按照遗产的特殊情形委托指定。保管人仅就遗产做妥善管理尽责保护的义务，维持其完整和安全，没有其他主张权益。因遗产的类型不同，遗产保管人可以是普通人，也可以是具有一定专业能力的人。比如，古玩字画，就需要专业机构予以专业保管。

511. 什么是“无人承认继承”?

《民法典》第一千一百六十条规定：“无人继承又无人受遗赠的遗产，归国家所有，用于公益事业；死者生前是集体所有制组织成员的，归所在集体所有制组织所有。”

无人继承又无人受遗赠的遗产，也叫继承人旷缺，是指被继承人死亡时，没有法定继承人，又无遗嘱继承人和受遗赠人，或者其全部继承人都表示放弃继承或受遗赠人表示不接受遗赠，该情形即属无人继承又无人受遗赠的遗产。

形成无人继承又无人受遗赠的遗产的情形包括：

（1）没有法定继承人、遗嘱继承人和受遗赠人。

（2）法定继承人、遗嘱继承人放弃继承，受遗赠人放弃受遗赠。

（3）法定继承人、遗嘱继承人丧失继承权，受遗赠人丧失受遗赠权。

对于无人继承又无人受遗赠，即被继承人的遗产无人承受的，以善意适用为原则，法律规定该笔遗产归国家所有，用于公益事业。如果死者生前是集体所有制组织成员的，则归所在集体所有制组织所有。

遗产的处理、遗嘱执行人及遗产管理人思维导图

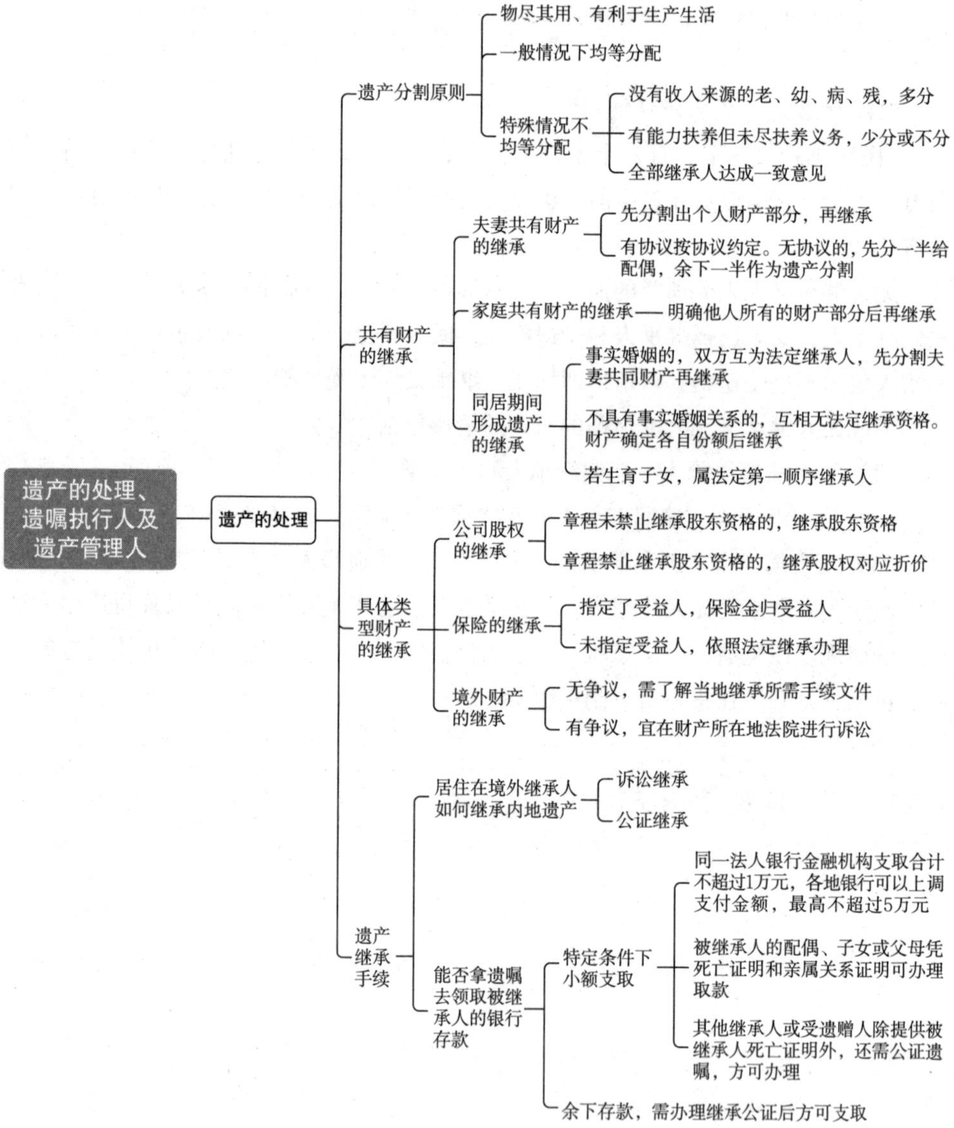

接上图

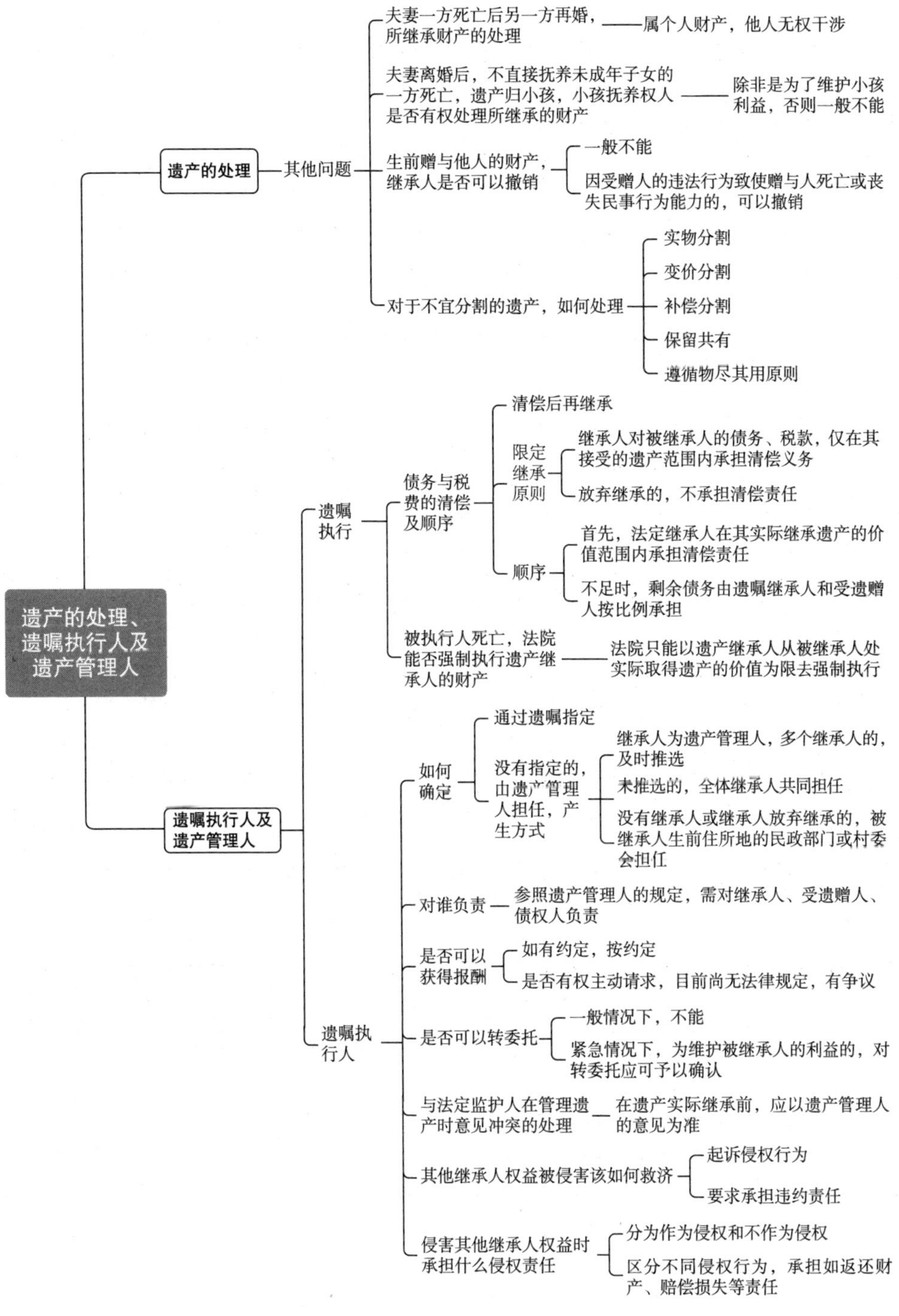
遗产的处理、遗嘱执行人及遗产管理人
遗产的处理
其他问题
夫妻一方死亡后另一方再婚，所继承财产的处理
属个人财产，他人无权干涉
夫妻离婚后，不直接抚养未成年子女的一方死亡，遗产归小孩，小孩抚养权人是否有权处理所继承的财产
除非是为了维护小孩利益，否则一般不能
生前赠与他人的财产，继承人是否可以撤销
一般不能
因受赠人的违法行为致使赠与人死亡或丧失民事行为能力的，可以撤销
对于不宜分割的遗产，如何处理
实物分割
变价分割
补偿分割
保留共有
遵循物尽其用原则
遗嘱执行人及遗产管理人
遗嘱执行
债务与税费的清偿及顺序
清偿后再继承
限定继承原则
继承人对被继承人的债务、税款，仅在其接受的遗产范围内承担清偿义务
放弃继承的，不承担清偿责任
顺序
首先，法定继承人在其实际继承遗产的价值范围内承担清偿责任
不足时，剩余债务由遗嘱继承人和受遗赠人按比例承担
被执行人死亡，法院能否强制执行遗产继承人的财产
法院只能以遗产继承人从被继承人处实际取得遗产的价值为限去强制执行
遗嘱执行人
如何确定
通过遗嘱指定
没有指定的，由遗产管理人担任，产生方式
继承人为遗产管理人，多个继承人的，及时推选
未推选的，全体继承人共同担任
没有继承人或继承人放弃继承的，被继承人生前住所地的民政部门或村委会担任
对谁负责
参照遗产管理人的规定，需对继承人、受遗赠人、债权人负责
是否可以获得报酬
如有约定，按约定
是否有权主动请求，目前尚无法律规定，有争议
是否可以转委托
一般情况下，不能
紧急情况下，为维护被继承人的利益的，对转委托应可予以确认
与法定监护人在管理遗产时意见冲突的处理
在遗产实际继承前，应以遗产管理人的意见为准
其他继承人权益被侵害该如何救济
起诉侵权行为
要求承担违约责任
侵害其他继承人权益时承担什么侵权责任
分为作为侵权和不作为侵权
区分不同侵权行为，承担如返还财产、赔偿损失等责任

接上图

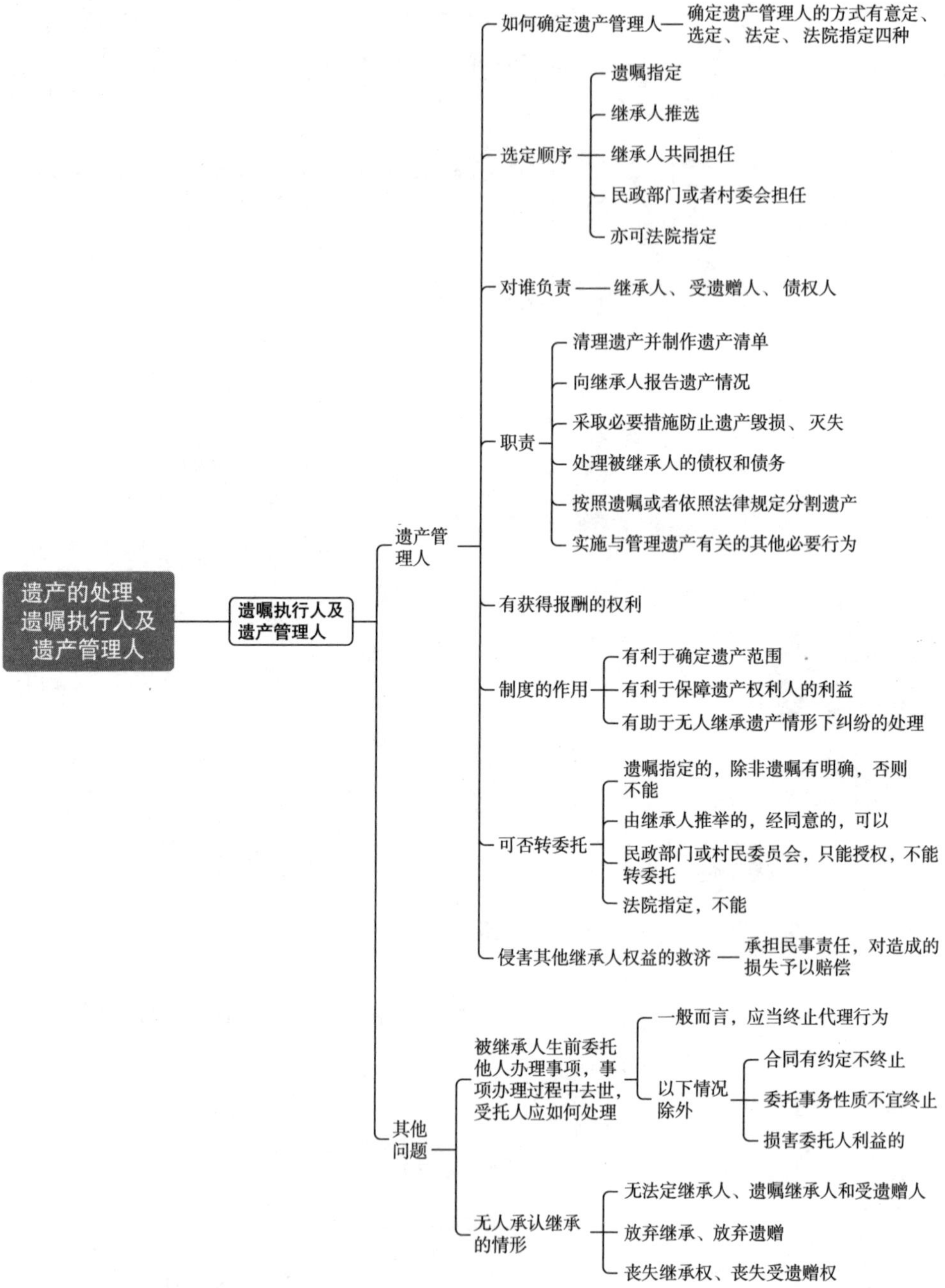
遗产的处理、遗嘱执行人及遗产管理人
遗嘱执行人及遗产管理人
遗产管理人
如何确定遗产管理人
确定遗产管理人的方式有意定、选定、法定、法院指定四种
选定顺序
遗嘱指定
继承人推选
继承人共同担任
民政部门或者村委会担任
亦可法院指定
对谁负责
继承人、受遗赠人、债权人
职责
清理遗产并制作遗产清单
向继承人报告遗产情况
采取必要措施防止遗产毁损、灭失
处理被继承人的债权和债务
按照遗嘱或者依照法律规定分割遗产
实施与管理遗产有关的其他必要行为
有获得报酬的权利
制度的作用
有利于确定遗产范围
有利于保障遗产权利人的利益
有助于无人继承遗产情形下纠纷的处理
可否转委托
遗嘱指定的，除非遗嘱有明确，否则不能
由继承人推举的，经同意的，可以
民政部门或村民委员会，只能授权，不能转委托
法院指定，不能
侵害其他继承人权益的救济
承担民事责任，对造成的损失予以赔偿
其他问题
被继承人生前委托他人办理事项，事项办理过程中去世，受托人应如何处理
一般而言，应当终止代理行为
以下情况除外
合同有约定不终止
委托事务性质不宜终止
损害委托人利益的
无人承认继承的情形
无法定继承人、遗嘱继承人和受遗赠人
放弃继承、放弃遗赠
丧失继承权、丧失受遗赠权